国家社科基金
后期资助项目

陌生的近邻
东方管理哲学研究

Strange Neighbors:
Study on Oriental Philosophy of Management

李萍 著

中国人民大学出版社
·北京·

国家社科基金后期资助项目
出版说明

后期资助项目是国家社科基金设立的一类重要项目，旨在鼓励广大社科研究者潜心治学，支持基础研究多出优秀成果。它是经过严格评审，从接近完成的科研成果中遴选立项的。为扩大后期资助项目的影响，更好地推动学术发展，促进成果转化，全国哲学社会科学工作办公室按照"统一设计、统一标识、统一版式、形成系列"的总体要求，组织出版国家社科基金后期资助项目成果。

全国哲学社会科学工作办公室

目　录

导　言 ·· 1
　第一节　东方管理哲学的意指 ································ 2
　第二节　东方管理哲学的研究缘起 ··························· 15
　第三节　东方管理哲学的类型划分 ··························· 23

上篇　日本管理哲学

第一章　日本管理的人性假设——自然人假设 ············ 43
　第一节　自然人假设的思想资源 ······························ 44
　第二节　自然人假设的基本特点 ······························ 49
　第三节　自然人假设下的管理对策 ··························· 54

第二章　日本管理组织概说 ···································· 62
　第一节　日本现代组织的出现 ·································· 63
　第二节　现代组织的基本结构 ·································· 73
　第三节　现代组织的运作原理 ·································· 85

第三章　日本管理思维方式 ···································· 102
　第一节　管理思维的逻辑起点 ·································· 102
　第二节　管理思维的现实结晶 ·································· 117
　第三节　管理精神主义 ··· 129

第四章　日本管理者 ··· 136
　第一节　管理者的角色 ··· 136
　第二节　管理者的品德 ··· 146

第三节　管理者的培养 …………………………………… 153

中篇　印度管理哲学

第五章　印度管理的人性假设——文化人假设 ………… 164
第一节　印度传统哲学的主题 …………………………… 164
第二节　人的定位及其义务 ……………………………… 171
第三节　出世与入世的对抗和和解 ……………………… 176

第六章　印度管理组织的前世今生 ……………………… 184
第一节　传统社会结构的遗产 …………………………… 184
第二节　现代经济政策的变迁及其后果 ………………… 198
第三节　创新社会管理的动因 …………………………… 209
第四节　现代企业的组织行为特征 ……………………… 217

第七章　印度管理思维方式 ……………………………… 222
第一节　协调多元并存的组织目标 ……………………… 222
第二节　等级支配下的组织交往 ………………………… 230
第三节　分歧共在的组织秩序 …………………………… 235

第八章　印度管理权威 …………………………………… 240
第一节　管理者的基本素质 ……………………………… 240
第二节　管理者与员工的关系 …………………………… 247
第三节　现代创业者 ……………………………………… 253

下篇　以色列管理哲学

第九章　以色列管理之基——现实人假设 ……………… 265
第一节　他者视野中的"现实人" ……………………… 265
第二节　"现实人"假设之管理原则 …………………… 272
第三节　管理中的内外之别 ……………………………… 282

第十章 以色列管理组织的特性 ·········· 289
  第一节 传统的会堂管理 ·················· 289
  第二节 现代组织的形态 ·················· 293
  第三节 现代组织控制原理 ················ 301

第十一章 以色列管理思维方式 ············ 308
  第一节 管理的传统基因 ·················· 308
  第二节 以色列企业家精神及其特点 ········ 314
  第三节 律法主义的现代发展 ·············· 319

第十二章 以色列管理者 ················ 326
  第一节 管理者的救世情怀 ················ 326
  第二节 管理者的锤炼 ···················· 332
  第三节 管理者的担当 ···················· 338

参考文献 ···································· 343
后　记 ···································· 353

导　言

对多数现代西方人而言，管理学、管理思想乃至管理哲学都是想当然的自家产物，即便不加"西方"二字，人们也不会误解，甚至有人将这样的打上了深刻的西方文化印记的管理学、管理思想、管理哲学当作"统一范本"。虽然人们脱口而出的是"管理学"，但在潜意识中所意指的只是"西方管理学"。对西方管理理论人们耳熟能详，对西方管理实践人们津津乐道，就充分说明了这一点。在此西方主义思潮下，一切东方的思想体系、文化产品乃至生活方式都会受到挑剔般的质疑。这是一种存在严重偏差的思维惯性。有人说，就像没有日本物理学、美国化学一样，也不可能有东方管理学，更遑论东方管理哲学。然而，以哲学、宗教、艺术为主体内容的人文学科本身就十分不同于社会科学，更有别于自然科学。无论是自然科学，还是社会科学，相比于人文学科，它们都有一个共同点，即追求普遍一致的真理。实证主义常常被认为是这类研究中最有效、最直接的验证方法。人文学科产生于人们对价值、生活意义等与人自身切近相关问题的追问，怎样赋予意义、赋予怎样的意义的回答都与民族的生活方式、个体思维习惯、社会通行的价值观念存在高度关联。即便在人文学科内部，也存在各自的衡量尺度，哲学有其独特的方法，文学有其自身的标准，这些方法和标准被大体接受，从而有了通称为"哲学"或"文学"的不同类型、种类、形态的研究。忘掉人文学科本身的特点而力图建立世界一统、全体一致的人文知识体系，不仅是不可能的，也是自欺欺人的。本书所要进行的东方管理哲学研究不仅包含了"东方"这一地域指标，同时也属于一种应用哲学式的现实化关注，因此，差异、多元、共在等将成为全书的关键词。

第一节　东方管理哲学的意指

人们大多倾向于把工作现场的管理研究归入工程技术领域，这样的管理学或管理理论（例如运筹学、工业管理等）的研究路径大多是描述性的（以经验事实或抽样样本为基础）①，相应地，那些关于社会、企业等人类组织的管理理论（例如教育管理、行政管理、人力资源管理等）则被置于社会科学之中。在本书中，笔者对"管理""管理学"的理解并不采取这一看似普遍的理解方式，而是接受了格里斯利的观点，他说："管理学基本上是以实践为基础的，也可以对它采取一定程度的学术研究（但非常有限）。它是各种不同学科的综合，就其自身来说并不是一门学科。"② 格里斯利相信，管理学不断吸收其他学科的成果，它本身无法脱离其他学科而独立自存，因此，"只要事情与组织管理有联系，那就是管理学问题，不管它是以社会学形式、心理学形式、经济学形式或其他什么形式来描述。实际上，管理学是一个包容性的学科领域"③。换句话说，管理学并非通常意义的专业（subject），而是研究领域（field），它集中、聚合、融汇了多种立场、方法、角度等。严格说来，格里斯利本人的观点仍然以经验主义、科学主义方法为主，本书侧重的不是管理学知识的谱系，而是对管理学知识的批判性省察，特别是力图注入东方代表性文化传统及其历史发展中的管理思想成果，因此，本书对管理思想采取规范性研究，提出一些基本判断或命题，围绕这些判断或命题并结合特定地域或社会组织的历史倾向和现代状况做出比较、互涉式研究。

一、"东方""东方思想""东方管理思想"的指称

案例1：

中美围绕GRE考试的文化冲突

成立于1947年的ETS是世界上最大的教育测量机构。ETS号称有

---

① 在当代出现了很多强调动态、非常规性和直觉主义方法的战略性研究，它们被统称为"后现代主义管理学"，但"后现代主义管理学"并非管理学的经典形式，它主要是作为批判立场的对立面而被引入的。

② 保罗·格里斯利：《管理学方法论批判——管理理论效用与真实性的哲学探讨》，刘庆林、王群勇译，人民邮电出版社，2006，第4页。

③ 同上书，第5页。

一个巨大的题库，每道题大体要用两年，每半年会大量加入新编写的题目，同时删除题库中过时的老题目（<30%）。每月月初，ETS从大题库中选出一部分题目（>50%），组成该月题库（即小题库）。然而，设计如此严密的一个巨大题库，却在庞大的中国考GRE大军面前显得不堪一击。

GRE正式考试前，全体考生必须签署一个誓词："我同意上述打印条款并证明我即为将在该中心参加考试的人，并且，我的姓名和地址将出现在申请准入屏上。我同意对所有的考试题完全保密，尤其是不向任何人和实体复制、泄露全部或任何部分试题。"事实上，大部分中国考生都没有遵守这个协议。中国人大多有考前押题、考后核对答案的习惯，其实，出了考场的人相互对答案就是泄露考题，这直接违反了他们当初的承诺。然而，多数中国人并不认为这种行为有违道德，相反，还往往会对押题精准的学校和个人推崇备至，由他们编写的各类复习资料畅销全国。

表面是道德诚信与否的问题，背后是中美两国考生对考试持有完全不同的价值态度。因为中美经历了完全不同的考试制度的生成或引入历程，对考试赋予的意义也十分不同，这些都源于各自有别的制度演进和文化传统。

（一）"东方"的指称

在日常语言中，"东方"总是在不同意义上使用，例如，在中国，有时它与"中国"同义，有时它指东亚，还有时它指整个亚洲等。语义上的模糊，致使许多交流或对话变得毫无针对性。因此，澄清词源、严格词语的语用和语意就非常必要。

大体说来，在中文语境下，关于"东方"的含义有如下不同理解[①]。

在地理意义上，东方或西方都只是一个相对的地理方位指称。地理意义上的东方或西方强调的只是共时态的空间差异，如东洋、近东、中东、远东等的划分。古代中国人所讲的"西天取经"、东夷南蛮之说也大多是从地理意义上立论的。然而，一旦确定了相对固定的坐标，大体上是可以

---

① 人们（包括东方人和西方人）通常以为"西方"是相对统一和一致的，其实不然。只是近现代以后的西方各国在（经济、市场、政治、宗教等）统一、联合方面做了许多工作，也确实取得了令人瞩目的成果，但不可否认，即便今天的西方各国之间也存在历史文化、社会生活、宗教传统乃至法律体系等方面的显著差异。

取得东方或西方所指含义的一致性判断，因此，地理上的区分只是个基础，理论价值或哲学分析的意义并不大。

历史意义上的东方或西方关注的则是时间流变，并且大多依据某个重大事件的走向加以划分，突出的是历时态的社会进程之前后差异。在历史意义上，东方通常与中央帝国制、亚细亚式等概念相关。古代西方人所理解的东方通常意指古埃及、伊斯兰世界、奥斯曼帝国等历史时期，现代西方人所言的东方则指以农业文明为主、正在迈向工业文明的国家或地区。

比较而言，宗教意义上的东方或西方不仅充满了纷争，而且包含了血腥的对抗，至今也未能获得比较一致的共识。其实，宗教并非一个统一体，而是包含了各种异质成分、随时可能带来冲突的敏感领域。各个宗教派别所提出的标准，在划分出东方或西方的同时，往往也意味着正统与异端的对立。一些世俗人士也会采取准宗教的划分方式，如美国学者亨廷顿的"文明冲突论"其实就借鉴了宗教立场。一般来说，宗教学上的西方大多是指基督教世界，东方则指伊斯兰教和儒教影响下巨大疆界内的多个社群。

政治学上的东西方划分的出现相对较晚，主要是二战后的产物。西方常常指资本主义世界，东方则指社会主义阵营，因此原来的东欧社会主义各国都曾被划归到东方之列。政治意义上的东西方主要是一种意识形态的划分，体现了现代资本主义与社会主义两大政治集团的对抗。但随着20世纪90年代初的苏联解体、东欧剧变，西方被等同于资本主义仍然可以成立，但东方不再只有社会主义了，还有伊斯兰主义、民族主义、地方主义等，政治意义上的东方增添了变数，显得更加扑朔迷离。

在文化学上，西方指以西欧为主的文明形态，东方则指以儒学、伊斯兰教、佛教或印度教为主的文明形态。文化意义上的东西方各有所长，都是自然环境和社会组织适应力的产物，各自的合理性都内在于它的现实性中，它的延续和长久生命力就是其活力的象征，因此，文化意义上的东方或西方只是描述性的，并非辨别优劣的价值排序。但由于"文化"本身是个伸缩性非常大的概念，大到可以把一切人类活动的成果都包括进去，小到仅仅指特定的行为方式，所以，文化意义上的东方或西方往往是含义最模糊的指称。相比于上述其他视角，文化学的划分有一个最大的长处，那就是它是世俗的、流动的、开放式的，这样，就可以容纳更多的、不断增加的新内容。不过，仅仅持有文化视角也是很有限的，因为它更接近人类学的描述，在理论上难以有独立且合理的建树。本书以思维方式、价值观为主线来进行东西方比较，也会部分借鉴文化学的观点，但主要是以哲学认识论为基本立场。因此，本书所采取的是狭义的文化[①]定义，主要指一个（些）民族久已形成的思维、文字、行为方式等相互作用所造成的现实状态。

在以上诸种视角之外，还有经济等方面的因素，但由于我们将经济的基础作用视为管理思想及其实践的预设前提，所以，就不单谈经济意义上的东方或西方的划分。众所周知，经济学和管理学是密切相关的，不仅早期管理学正是从经济学中分化出来的，而且至今管理学还仍然接受很多经济思想的结论作为自身的基本理论假设。

需要特别指出的是，不加任何限定地沿用"东方"或"西方"未必都站得住脚。并非任何对象都可以因其套上"东方"或"西方"就具有实际意义，相反，只有那些经过充分的理论阐述的东方或西方思想成果，才是有意义的。在本书中，"东方"或"西方"往往与传统文化以及传统文化影响下的社会状态、民族思维方式等有关，因此，在解释相应的社会结构、组织内人际交往、组织价值观等问题时，无法隔离这些问题中的传统文化意义及其现代后果，此时"东方式"或"西方式"的分别不仅不可或缺，而且变得十分重要。

上述的考察表明，"东方"的概念不仅语义多样，而且充满了分歧。为了克服这些困难，本书将在阐述中尽量采用具体的名词，如东方民族、东方文化传统、东方管理思想，而不单独使用"东方"，即"东方"被虚意化处理。本书以"东方民族"为主体。狭义的"东方民族"指生活于欧亚大陆东部、南部和中西部的人们，东方思想或文明就是由这些人创造出来的各种实物性和精神性成果。而且，由于东方主要国家的文化和社会结构都存在显著差异，很难用一个模式进行完全概括，所以，我们将之分成五个区域：东亚儒家-泛儒家文化圈、东南亚佛教文化圈、南亚印度教文化圈、西亚伊斯兰教文化圈和犹太文化圈。毫无疑问，中国是重要的东方

---

① "文化"是制约现实管理活动的重要因素之一。有学者指出："文化是人类特有的适应环境的能力、并把学来的技能和知识传授给下一代的能力。文化赋予人们一种他们是谁、属于哪个群体、他们应如何去做、他们应该做些什么的意识。文化影响人们的行为、道德和劳动生产力，文化还包括影响公司态度和行为的价值观和模式。文化常被认为是人类各种举止行为背后的驱动力，人们将文化概念作为解释政治、经济、发展和失败的一种社会背景。"（菲利普·R. 哈里斯、罗伯特·T. 莫兰：《跨文化管理教程》（第5版），关世杰主译，新华出版社，2002，第5页）

国家，也是东方文化的突出代表。在历史上，中国对周边国家和地区持续产生了显著的影响，中国古代思想和政治典章制度也构成了这些国家和地区的历史文化遗产，并被改造、内化为自身文明不可分割的一部分。舍去中国来谈"东方"是有欠缺的，也是不符合历史事实的。不过，关于中国的研究在中文文献中汗牛充栋，本书的绝大多数读者对中国都已经有了一定程度的了解，但对中国之外的其他东方国家却不甚了解，因此，本书的正文部分将只谈中国之外的东方世界及其文化思想和现代管理的哲学反思，以便给中文读者提供更多的素材和思考的借镜。因篇幅所限，本书集中选取了东亚（以日本为例）、南亚（以印度为例）和西亚（以以色列为例）作为代表进行论述。

（二）"东方思想"的含义

在明确了"东方""东方人"之后，让我们再进一步考察"东方思想"这一概念及其包含的问题。

首先应当看到，东方思想或西方思想的划分，实际上是与人们的自我理解和认知世界的立场等问题紧密相关的。换句话说，这样的划分并非认识对象本身的需要，而是认识者自我身份和主体状态的确认，所以，东西方思想的划分不是严格学科意义上的种属分类。

然而，东西方思想的划分仍然有其历史合理性和现实必要性。在东西方碰撞发生之前的数千年，受到自然条件的阻隔，东西方社会是各自相对独立发展的，15世纪的地理大发现推动了西方向世界的殖民扩张，"东方"开始真切地进入西方视野，但不是作为平等的一员而只是一个"他者"。从西方人的立场来说，"东方人"是他们最早意识到的他者，如古希腊人因知道自己与西亚"异邦人"之间的不同，从而更加清楚地自觉到了"希腊人意识"。近代西方殖民者的种族优越感也是在将东方人视为"劣等民族"的意识中获得的。与此同时，正是通过西方人的视角，东方人才被作为"东方人"而得到唤醒。人是在与他人接触时，知道了与他人的差异，也就认识到了自身。没有对他人的理解，就不能确认自身。而且，一旦与他者相联系，就会进行比较，东方思想与西方思想的比较，正是以二者有所区别为前提的。但是，比较不是为了固化差别，更非夸大差异，相反，它的积极意义是指示差别、反思自身，没有自我批判，就没有明确的自我意识，自身或他者也就无法得到真正的确立。

不过，持有反对存在整体的东方思想观点者大有人在。日本著名文化学者梅棹忠夫是坚定的日本文化独特论者，他认为日本文化之特殊在于它既不是西方式的，也非亚洲式的，它就是日本特有的，因此，他坚决反对东方文化的提法①。在他看来，东方或西方这样的二分法，是欧洲人依据他们的标准而提出来的，在这一划分下，只是注意到了作为主体（征服者）的欧洲和作为客体（被征服者）的亚洲，却忽视了范围同样广大的非洲和南美洲。把世界划分为东方和西方是荒谬的，这样的划分是不周延的。此外，他还指出，根据不同标准，会有不同的东方或西方分界，这就使得"东方"或"西方"的含义变得模糊和充满歧义，东方或西方本身的确定性也大打折扣。因此，所谓东方和西方的说法，只能不明确地表示某种地理位置。笔者认为，梅棹忠夫上述观点的潜台词是：没有东方或西方，只有日本或非日本，因为他曾指出，说日本是东方国家之一并不能标示出日本在世界的位置，说日本文化是东方文化的一种，同样缺乏测定其文化种别的刻度。不客气地说，他排斥东方或西方，是要确立以日本为原点的世界文化版图。果真如此的话，他反对"东方思想"的理由就不足为凭。

最系统、最彻底反对"东方学（思想）"的，非萨义德莫属。作为一名阿裔美国学者，他在其名著《东方学》一书中指出，"东方并非一种自然的存在"，"东方是有规可循的观念群"②，是权力、文化侵略和历史的产物。在萨义德看来，"东方"是近代以来，由西方传教士肇始，一批文人、政客、殖民者加盟其中的西方猎奇者的"人为创造物"，东方学是虚假的伪科学，充满了先入为主的、不切实际的臆想。萨义德的批判矛头主要针对始于殖民时期的西方世界的东方学，他对"东方学"的否定不乏振聋发聩的惊觉，确实看到了西方人视野中的偏见和自大。但他的见解多有偏激之处，特别是忽视了对被观察对象（东方社会或东方民族）的实体性的内在分析。

国内也有学者认为，"东方"的标榜是弱者的叹息，是抗击强势文化的无力自卫。在世界一体化的大趋势中，接受西方学术话语，纳入西方的经济、政治格局之中，才是识时务者的上策。在理论、文化、思想上分出"东方"或"西方"，如果不是自欺欺人，也只能是自绝于世界文明的大潮。

---

① 在日本，东方（洋）常常指称中国、日本之类的远东文化形态，实际上并不包括印度文化、中近东的伊斯兰文化等。
② 萨义德：《东方学》，王宇根译，三联书店，1999，第6、7页。

与此相对，也有不少学者认为"东方思想""东方宗教""东方文化"之类还是具有广泛的存在意义。许多中国学者，如梁漱溟、季羡林等都十分强调东方思想的实体性属性，印度著名诗人泰戈尔也持明确的肯定态度。笔者主张，东方思想或西方思想的划分并非本体论（本质论）意义上的探讨，而是存在论（现象学）意义上的分析，现有的关于东西方思想的各种探讨确实存在不尽"写真"或不够"全景"的缺陷。不管合适与否（价值论的角度），这样的二分概念还是可以成为各自族群认识世界的一种基本立场。也许在未来我们可以突破这样的二分立场，但是，在今日被不同政体和文化传统所控制的多元文化共存、多种传统因素同在的复杂世界格局下，东方思想或西方思想作为一种形成对他者的理解和在理解他者中形成自我的思维模型，依然是难以超越的。在此思维模型中，既包括将历史上欧洲对东方的支配予以正当化的内容，也包括东方社会扬弃西方文明的努力，即良莠并存。每一民族及其文化传统所提出的各自有别的理解，都构成了人类文明的宝贵财富和重要思想源泉。总之，我们今天使用"东方思想""西方思想"的概念，主旨是在确认二者的差别之同时，建立起自身和他者的立场，并推进二者的交流，达成相互沟通和理解，为人类思想的进步做出贡献。

日本现代中国文学研究的奠基人竹内好（1908—1977）曾提出了这样一个重要的议题：在东西对立的图式之中，西方与东方的关联性以及东方在抵抗西方入侵的过程中如何把握自我在现代形成的契机。竹内好明确指出"东西二元对立"思维具有虚假性，他认为西方与东方并不是真正的实体性地域概念。这提示我们：无论是东方人或西方人，关于东西方文化的理解都是个一言难尽的话题，言说者总是挣脱不了自身立场的局限，完全无法产生纯粹客观的理解，相反，总是会交织着各种难以厘清的主观性内容。认清这一点，我们就不必急于"站队""表态"或推测他人的意图，更为可取的立场是模糊言说者的主观动机，深究其所言说的内容。因为对照和比较东西方相关话题和文化现象，并深入挖掘其所蕴含的价值，就可以更加深刻地观照和认识西方文化的意义以及东方文化的价值，更重要的是，人们（无论是东方人还是西方人）才能够更加成熟地了解自身的观点只是许多文化体系中的一种非常微小的表现形式，这就有望避免民族自大式的妄想，营造平等对话的氛围，逐渐生成富有建设性的共识。

"东方"或者"西方"尚可依据人为统一标准而给出相对确定的划分，从而获得一致的共识，但是，"东方思想"或"西方思想"就难以明确厘清了。一方面我们缺少相对统一的划分依据，另一方面我们甚至都无法在众多的历史文献、思想遗产中做出合理的分类，因此，要明白无误地回答"东方思想"意指什么确实是个具有极大难度的任务。本书持有的是同理式认知主义立场，谈论东方思想或西方思想之重点并非分出你我，更非给出高下优劣之判别，相反，正如我们在上文指出的，目的只是清晰确认认识者的自我身份，从而提升认识者的主体程度。他者是自我的反镜，通过他者才能更深刻地把握自身，东方思想只有在与西方思想的对比、参照下才能被细致剖析。需要特别说明的是，中国是东方的一员，中国思想也是东方思想的重要组成部分，但本书的一个目标是弥补国内对其他东方国家之思想文化成果研究上的不足，故略去中国思想部分，这虽然会产生对东方思想整体性理解上的遗漏，但为了满足更为迫切的现实需求，这也是不得不付出的代价。

（三）何谓"东方管理思想"

在本书中，"东方管理思想"意指在东方主要国家所进行的管理活动以及对这些活动的理论总结。本书不涉及在美国的日本公司或者在欧洲的印度公司，也不谈在印度的西班牙公司管理，主要谈在日本、印度、以色列三国内本土企业和政府部门、民间组织的管理实践及其理论总结，同样，也会触及三国之间的借鉴和相互影响，例如印度对日本管理理论的吸收、日本对以色列管理的关注等内容。与通常的管理学研究不同，本书主要属于管理文化和管理价值方面的讨论，管理思想史以及为管理思想提供素材的社会思潮、文化观念、家庭制度等内容也会频繁涉及。

20世纪70年代以来，管理文化的兴起，促使人们意识到"管理"并非只是科学化的努力，以人际关系和组织氛围的亲密性、微妙性与信任等因素为主的、难以定量化的"软"内容，自此开始受到管理学界的高度重视。80年代，随着跨国比较管理研究的深入，日美之间、美欧之间、亚欧之间等的不同与差异日益成为管理现场和管理理论都无法忽视的重要论域，在管理学的方法论上，管理普遍主义、客观主义、科学主义等受到了极大挑战。"东方管理"或"东方管理思想"概念就是在这一背景下提出的。

由于地理的隔绝，不同地域的人们在历史、宗教、政治上形成了相对独立、各自区别的体系，这是造成不同地域思想差异的根源，乃至今天我们谈论东方管理思想都是基于这些差异的历史事实。不仅如此，这样的客观历史事实得到了文化传统的确认和重申，从而被作为文化资源或认识世界的出发点而得到延续。东方管理思想是与被称为东方的国家及其人民相联系的，这样的国家在由中世纪向近代、现代的转型中，有着相似的过程、使命和主题，这些都为东方管理思想的性质、表现形态等奠定了色调。即便"东方管理思想"并非严格的学术概念，它的所指亦非十分明确，却真切反映了现实的要求。

人们常说，世界历史，始于东方，然后向西方推进。以近代英国工业革命、法国大革命等为标志，西方人率先开启了新的文明形式，民主政治体制、自由竞争的市场体系和以个人主义为核心的社会价值观等成为现代世界的主导方向。这之后，东方各国（被强制）纳入西方的科学技术和经济政治的统治之下，东方人开始大量借鉴源于英国工业革命和法国大革命以来的全新观念，借此重新审视自身的社会、思想体系，也追随西方人接受了新的文明与野蛮之分、进步与落后之别，在承认自己失败或处于较低位势的前提下，为自己立下了摆脱落后、追赶西方的民族使命。在这样的现代化情形下，许多东方人也加入世界一体化的大合唱中，对东方思想、东方管理思想是否独立存在、存在的合理性等问题的思考却被严重忽视，似乎只有西方的独特性，而这样的独特性同时又具有普遍性甚至优越性而备受推崇。20世纪七八十年代以后，后殖民主义的解构思潮才使人们猛醒，并促使人们对西方主义、工业化等曾经被视为唯一标准的现代文明提出了质疑。

90年代以来出现的经济全球化，导致了在政治、外交乃至文化上的一体化格局的形成，东方与西方的分歧退居其次，趋同化正成为新的必然，有人据此提出，面向未来，东方或西方的划分将失去存在的根基。但是，这一论点忽视了这样一个重要事实：与经济全球化同时伴生的不仅有趋同的可能，还有多元主义和族群主义等的复兴。抗议一体化、力主民族自决与经济独立的各种思潮和民族文化自存运动在世界各地风起云涌。在加拿大有魁北克人脱离联邦的运动，在英国有脱欧和苏格兰独立的公投，在欧盟内也有公民抗议统一欧洲市场的群众集会，在亚洲和非洲等地则有提倡多元化的地方主义呼声，重新评估民族传统价值的努力一浪高过一浪。一元的、单向性的价值观不仅是令人窒息的，将成为人类的灾难，而且最终将导致人类创造力源泉的枯竭，因为只有多样性及其相互间的竞争与协作，才能成为人类社会健康发展的保障。

我们应当充分认识到，"东方思想"与"西方思想"或者"东方管理思想"与"西方管理思想"的差异在今天不是被填平，而是被彰显；不是被缩小，而是被扩大。各种后现代主义思潮冲击了自近代出现的西方价值中心主义和一元论主张，消解了本质主义立场，使边缘文化、少数族群文化的地位有所提升。带有殖民主义色彩和西方霸权姿态的统一模式受到越来越多的质疑，保护本民族文化、尊重各民族自己的生存状态，正成为一种新的世界潮流。我们不仅要警惕少数西方霸权者一统天下的企图，更要立足于各自文化传统去构建有说服力的管理理论以及有生机、有活力的现代管理文化，求得与西方管理组织、管理理论的共存共荣。

在科学主义管理理论看来，管理学给出的是普遍知识，一旦被理论逻辑、因果假设证明为真的管理原理应无条件地适用于所有管理组织，无论管理组织的类型或者身处怎样的文化传统和社会制度之中。然而，这样的管理观受到了无数实例的反证。科学主义管理理论在认知上的一个严重疏忽是误将科学探索管理规律当作人类认识管理组织、从事管理活动的唯一有效的方式，在人类历史长河中，众多民族都提出了很多有别于科学式管理的思想，如宗教体验、直觉感悟、文化价值的引领等，这些统称为"地方性知识"的管理思想在传统的东方国家非常盛行，长久以来发挥着切实的作用。仅仅用因果-客观性的科学分析方法，就很可能裁剪掉上述地方性管理知识。本书所要完成的"东方管理思想"的构建工作，正是要树立多元的管理观，矫正科学主义管理观的偏差，进一步地，借助描述、总结东方管理思想，最终为管理学的未来合理化发展做出管理哲学的反思。

二、"东方管理哲学"如何可能

哲学，通常被解释为对智慧的热爱，它是一门说理的学问。但听到"东方"，人们却鲜有相似的联想。西方人更可能想到"异国情调""不合常理"，多数东方人对此则十分矛盾，既有负面的印象，如"落后""野蛮"等，也有正面的评价，如"有活力""历史悠久"等。人们常说，在一张白纸上可以画出最新、最美的画，在旧画作上却很难一展宏图，因为同时破旧和开新难乎其难。有关文化传统习惯的哲学思考在此时更多体现出的是折中的艺术、平衡的技巧，但这些显然都不是经典哲学的表现方式。

我们每个人都可能做出程度不同的抽象思考，但并非任何抽象思考就直接等于哲学。同样，管理组织及其实践必须经过系统的哲学检视，才能进入管理哲学论域。"个人有一系列高度组织化的结构，围绕这些结构我们组织自己的'私人'世界。为了使我们的世界有序（我们觉察到了这个秩序），我们建构了一个思想体系。这种官能感知的智能综合体，与我们对自我、家庭、角色、组织、国家和宇宙的映像相关。这些结构成为我们思想运作以及幸福的基石或参照系。我们这个独特的系统对接触到的所有其他思想和经验发挥着排斥与吸收的作用。它们迅速地、几乎是自动地对我们每天所面临的众多感觉和感知确定意义。"① 之所以能够对管理学和管理实践进行哲学批判,最重要的是因为管理活动本身存在高低不同的层次。仅仅局限于日常事务水平(形而下),管理学就可能走向狭隘,必须时时上升到哲学高度,从战略、宏观层面去考察全局性的管理(形而上),才能对管理做出通盘的、未雨绸缪的规划。

不过,应当承认,管理哲学这个概念很难定义或对其做出精确测量,它的范围很大,可以包括高层管理者所持有的外延极广的信念、价值和态度,还包括企业日常经营中的雇佣政策、产品研发原则背后的指导理念等,我们可以想象管理哲学部分地体现在一个企业相对长时间持续存在的个性化特征之中,部分地体现在连续执行管理职能的企业领导者的个人观念之中,通过管理者们所信守的价值折射到日常经营活动中,从而为企业打上了特定的烙印。查尔斯·汉迪(Charles Handy)将管理者描述为全科医生(General Practitioner),一个有效的管理者是有丰富实践经验的人,他能够快速地对眼下的局势做出判断。因此,管理现场的管理哲学其实集中体现在管理者,特别是组织高层管理者的信念、价值等方面。

确实,由于西方多数国家曾在过去的数百年占据了学术界的话语霸权,对东方社会、东方文化等做了许多歪曲的理解,涂上了人为的、丑陋的色调,因此,已经形成的、过往的"东方学"充满了谎言。一些西方的东方学家用心险恶,一些东方学的观点难以卒读,但不可否认,仍有一大批东方学者不仅向人们提供了全新的观察视角,而且提出了许多有意义的、富有启示的忠告,如赖肖尔的日本学研究、费正清的汉学研究、中村元的印度佛教研究等。他们的学问绝不能归类到单纯的历史学、政治学、宗教学中去,他们确实是从宏观的、综合的立场考察了以亚洲某个区域为主的大范围研究对象的全部文化现象,构建了需要后人不断吸收、反复体会的知识体系。本书力图继承上述学者的学风,推进对东方管理哲学的研究。

本书集中探讨"东方管理哲学",这个领域充满了诸多未知的部分。与其他应用哲学论域一样,管理哲学体现了哲学的时代性和应用性。一般

---

① 菲利普·R. 哈里斯、罗伯特·T. 莫兰:《跨文化管理教程》(第5版),关世杰主译,新华出版社,2002,第84页。

而言，哲学是对思想的再思考，所以，它的对象是思想，它的成果还是思想，哲学研究得出的结论是一般性的、普遍性的。但东方管理哲学不得不引入文化学、社会学、历史学等多元视角，它以差异、分歧为表现形式，它要为西方中心主义的管理学世界争得东方思想或历史文化的一席之地，它目前还不能以分析见长，而以经验、事实陈述为主。

在当今日趋复杂、动态和充满诸种不确定性的全球化竞争之环境下，全新的管理思维和方法不断涌现。以耗散结构理论的诞生为先导而产生的一系列系统自组织理论或者说复杂性科学，就为人们提供了一个考察事物和现象的新视角，包括诸如非线性思维、整体性思维、过程思维、权变原则等。从管理哲学来看，管理理论追求的不是正确，而是实用，因此，管理理论具有较强的时效性。"本质上，管理知识都是局部性的而非普遍性的。"① 从这一意义上说，"管理"意味着管理现场、管理决策、管理者等十分具体可感的现象。管理与组织的情境、管理者的个体因素、民族文化传统等都有着无法割裂的深度关联，所以，从东方人的视角去看待管理，东方人所实际参与、推行的管理就会有自身独特之处。不过，历史文化的传承使东方民族在管理思维上大多表现出了传统主义倾向，即对既定的规则、内部组织、人际关系状况等给予尽可能多的尊重，在变革中强调与既有秩序的连续性，往往盛行折中主义和改良主义，所以，在东方国家，如以色列、沙特阿拉伯、印度，甚至日本，外来游客都可以惊奇地发现最古老的传统与最现代的组织形式相安无事地共处②。

严格说来，本书尚未提出作为独立的分支学科的"东方管理哲学"，而是以管理哲学立场讨论了"东方管理"。作为"东方管理的哲学"，本书的东方管理哲学研究强调的是哲学的"一"和管理学的"多"，即对东方主要国家为代表的地区文化传统延续和现代组织管理所衍生出的管理知识予以哲学的审视。通过对管理活动的人性预设、管理中的人（主要是管理者）、管理思维、管理组织这样四个方面检析出东方管理的哲学命题，我们发现，日本、印度、以色列三个国家在上述四个问题上都给出了有所区别又各自独立的回答，这些回答较好地解释了上述三国今日的管理理论呈

---

① 保罗·格里斯利：《管理学方法论批判——管理理论效用与真实性的哲学探讨》，刘庆林、王群勇译，人民邮电出版社，2006，"引论"。

② 中国的情况有些例外，由于20世纪以来的100年间出现了数次全面性地批判和否定传统的运动，传统文化的影响力大大下降，"中国式管理"中被反复援用的文化传统所具有的现实渗透力远比想象的要弱。

现和管理现场的实际状况。我们将在正文部分以三篇的方式分别做出详细阐述。

三、"东方管理哲学"中的开放性问题

尽管可以依据哲学对东方管理思想做出审视，但"东方管理哲学"离作为一门应用哲学的独立分支还有一段相当长的距离。理由如下：首先，这一领域的研究更多借助的是社会学、人类学、经济学、管理学等具体学科的素材，哲学介入做出分析的比重尚不充分，这就使得以批判、反思为主要特征的哲学分析发挥作用的空间不大。"东方管理哲学"以及"西方管理哲学"，与其说是分析的结论、推理的后果，毋宁说是经验事实的描述。其次，经典的哲学对象是比较明确的，但东方管理哲学的边界却不甚明了。不仅"管理"的概念众说纷纭，"东方"的概念也没有取得广泛一致的共识。不同场合，不同的人所称谓的"东方"内容是各自有别的，这就造成了十分混乱的局面，这也使"东方管理哲学"的独立存在变得更加困难。再次，哲学研究强调论证本身的逻辑性，其结论是通过遵循一定的逻辑原则而得出的，但在东方管理哲学的研究中，由于各民族思维方式的差异，这样的统一的逻辑原则或思维方式似乎并不存在。

因此，"东方管理哲学"并非学院式的系统性理论构建，而是对东方管理的文化基础、价值内涵、社会关系背景等的揭示，此处的"哲学"主要是文化哲学意义上的哲学，是一种广义的哲学概念，与狭义的哲学概念相比较，东方管理哲学中的哲学意味主要体现在两个方面：其一，此时的"哲学"是指整体性思考的意思，而不是反思性内容；其二，这样的研究以占有丰富的素材为前提，并对诸多素材间的关联做出有说服力的解释，这虽然可以提供一些偶然为真的知识，但不能产生必然为真的知识，衡量它的标准只能是有效性（utility），而非真假性（truth）。

尽管这样，我们依然认为，东方管理哲学不是"东方的管理哲学"，而是"东方管理的哲学"，即基于东方传统文化而形成的社会结构、组织形态以及管理实践等的不同而加以哲学式总结和提炼。这其实就意味着对东方管理思想进行哲学分析，这样的哲学分析主要是围绕东方管理思想资源和当代实践做出的研究，它属于地域性研究。

本书并不奢望可以建构东方管理哲学系统的理论体系，只是努力揭示东方管理思想的文化基础。本书的文风不是批判性的，而是建议式的，贯穿全书的并非通常的哲学式追问。文化背景与应用领域这样的双重限制，

致使即将展开的东方管理思想的哲学分析主要是描述性的，规范色彩和分析力度都大打折扣。这也是令笔者十分不安的一个缺陷。

然而，本书的这个局限在当下是难以克服的。一方面，东方的管理哲学要建立在东方管理的哲学基础之上，而目前国内外都缺乏关于东方管理的系统研究，若不首先下功夫做好东方管理的哲学奠基工作，东方的管理哲学就无从谈起。另一方面，与西方世界不同，虽然西方各国之间，如美、法、英、德、荷等存在诸多差异乃至分歧，但历史上的互动和战后各种现实政治、经济上的努力，例如欧洲共同市场的成熟、欧盟的达成、欧元的推出等都切实地深化了欧洲各国的连带关系。但在东方世界，战后的发展是各自独立的，鲜少相互联动的深度交流，这不仅造成了东方各国间的隔阂，也使得东方各国的管理实践和理论未能得到足够的总结、提升，在人们尚未充分意识到联合、合作、一体化的必要之前，本书的研究者无异于第一个试吃螃蟹的人，脚步歪斜、步履维艰就在所难免了。

需要指出的是，虽然本书因属于哲学的应用化或者说地域性知识哲学化研究，强调的是差异、多元等指标，但笔者并不主张相对主义，而是坚持承认在管理学、哲学等学科知识问题上普遍主义是合理的。例如默顿（Robert Merton）曾指出："有一些文化强调经济成就就是一个重要目标，但又使人们获得经济成就的机会受到严格限制。在这样的文化环境中，腐败会比较严重；相反，经济成就较低而获取相应手段的机会较多的国家，腐败程度较低。"① 可见，一个共识是：管理中的腐败主要与制度安排有关，并非一个学术问题，治理腐败有效的手段只能是法治，这可以说是达成了高度共识的管理学结论。

第二节　东方管理哲学的研究缘起

如果说因为东方文学、东方美学或东方宗教等都是人文学科，只要划定了问题论域的界限，给出了概念所指，大体的研究内容就可以明确，不同的学者之间就可以进行对话，那么管理学则不同，它属于社会科学，甚至它的某些内容还属于工程技术领域，具有更大程度的普适性，仅仅加上

---

① 转引自姚登权：《论腐败的文化根源与合格的权力意志》，《湖南师范大学社会科学学报》2009年第5期。

地域界标这样的简单处理是不合适的，就像我们很难说西方数学或东方天文学一样。这就促使我们：第一，必须抑制随意扩展"东方"这一限定词的冲动；第二，必须对"管理"概念做一个更宽泛的说明，使其具有更强的解释力。由于东方国家较早步入文明史，管理实践也要先于西方各国。在几千年的历史长河中，东方国家在管理实践方面保持了各自相对独立的发展，但因社会结构、历史文化和组织形态等方面的相似，在东方各国的管理实践大多具有某些共性的表现。这些都构成了东方管理思想形成的客观条件，对这些思想成果进行哲学提炼和升华，就是东方管理哲学的任务了。

一、比较管理研究的兴起

管理是什么？管理的本质何在？管理学迄今并未给出令所有人满意的答案。若结合各国的文化传统和各自的管理组织的特点来回答这些问题，就不难发现，人们对上述问题给出的答案并非纯粹的逻辑推理结果，而是各自文化传统所推崇的价值观念、人际交往方式、组织目标及其制约力等诸多因素综合作用下的适应性选择。具体到东方主要国家，日本、印度、以色列对此问题的回答也存在极大的不同。

对东方管理的关注，肇始于管理学界的比较研究。开风气之先者为日裔美籍学者大内。他于20世纪70年代始，持续多年研究日本公司的企业管理方法及其背后的文化价值理念，他充分意识到日本的管理方式较美国的效率为高，于是，尝试向美国企业界推广日本的经验。他改进美国的做法（A型），融入日本的成功因素（J型），最后形成新的、更具有普遍意义的管理方式（Z型）。支撑新的管理方式的理论就是"Z理论"，这一理论就是阐明Z型组织管理方式的核心理念。1981年他的著作《Z理论》甫一出版，立刻引起了广泛的讨论，由此引出了管理文化和比较管理研究这两个管理学的全新领域。

比较管理研究的理论假设是：并不存在统一的或无条件适用的管理模式，管理与各自的社会结构相联系，扎根于各自的文化传统，社会环境和文化传统等因素共同作用下促成了不同地区的管理形态，这些不同的管理形态因其实效和异质性的差别虽然可以进行理论研究，但不能简单移植或照搬。比较管理研究突破了经典管理学的理论局限，主要采纳社会学、人类学的方式深入考察具有显著差异的两个或多个国家，对它们各自的人际关系、思维方式、社会结构、经济政策等做出全面分析，确定区别，形成了比较管理研究自身的研究方法和独特的知识体系。在理论原则上，比较管理研究突破了以往西方中心主义的一元模式，强调了多元并立的管理方式的合理性。这样的多元性研究更符合后现代主义的主张，它与学习型理论、自主管理、权变理论一道，被划入"后现代管理"的范畴之中。在理论体系上，比较管理研究通常被认为是提供素材，为实际的管理者提供基本的背景知识，给予明智的可行建议，以及一些有助于减少文化冲突的管理现场经验。但比较管理研究所提供的管理知识是否真实有效，这一点受到了管理普遍主义者的质疑。

荷兰学派的代表人物霍夫斯泰德①将比较研究的触角延伸至经济活跃的七十多个国家。他和他的研究团队在这些国家或地区发放问卷，走访当事人，深度访谈众多管理者，通过预先设立的五个指标②来做出分类，从而确定这些国家或地区在管理实践中的具体做法和管理思想的不同倾向。霍夫斯泰德的研究将视野扩大到国家文化、民族历史和社会体制等宏观层面，这极大扩展了比较管理研究的范围，也唤起了人们对各国既有管理形态的重视，差异化管理、本土化管理、管理的不可移入性等概念开始成为管理研究领域的关键词。

比较管理研究明确告诉我们：组织中的人受到了环境（文化环境、制度环境等）的显著影响，但环境并非外在的客观事实，当事人也因深入的参与和实际的作为，自身也构成了环境的一个部分，例如，组织成员通过发表言论、与客户打交道、与同行交流、参加政府工程招标等来影响具体他人或社会经济政策的制定。这就意味着比较管理研究是一种动态的、综合性研究，结果，广义的比较管理研究越来越远离经典的管理理论，越来越向文化研究、社会学甚至向人类学靠拢。然而，严格的比较管理研究仍然坚持了保持自身管理学特性的一个重要方式，那就是将研究对象牢牢锁定在组织行为这一点上。

比较管理研究兴起后所产生的多种理论流派均表现出了某些共同特点，它们都力图充分再现各国管理实践的差异，解释这些管理实践的文化因素。这些研究大多侧重国与国之间的比较，如日美比较、英法比较等。要保证比较研究所得出的结论是合理的，必须在可比性较高的文化传统或

---

① Geert Hofstede, *Culture's Consequences: International Difference in Work Related Values*, London and Beverly Hils: Sage Publications, 1980.
② 他最初提出的是四个，后又增加了一个指标，这五个指标是：权力距离、不确定性规避、集团主义取向、男性-女性倾向、长期-短期目标。

社会制度之间进行，例如英美的比较；即便是文化传统不同，社会制度相似也是可以的，如日美比较。那些跨越这些基本相似、在过大范围内的比较就显得缺少针对性，这样的泛泛比较除了简单陈述各自的不同，并不能在理论上有什么建树，例如，中美的比较虽然很常见，但很难产生有学术价值的成果。

我们主张，与其将毫不相干的两个国家或者完全没有任何相似性的管理形态进行对比，不如将在地理上接近、历史上曾经有过文化交流的东方各主要国家进行比较研究。东方管理哲学就是这样的比较管理研究的一种尝试，比较管理研究仍然属于实证性研究，它注重第一手材料的真实性，同时强调所得出结论的有效性，比较管理研究的成果对相关管理现场的人来说最好达到拿来可用、一用就灵的效果。东方管理哲学又进一步在此基础上做出学理性考察，即对这些理论做出反思，检验理论基础的恰当性和知识的可靠性，不只停留在具体的情境、事项上，还要对情境、事项生成的思想背景和文化根源做出追溯式分析。东方管理哲学具有一定的形而上特性，它不满足于器物层面，还要关注道、体的深层意味。这样的尝试充满了挑战性。

二、管理文化视域下的东方管理哲学

关于"文化"概念的定义，据说多达近两百个，对文化的关注成为多个不同学科的重要研究领域，例如社会学、历史学、法学、哲学等。在哲学史上新康德主义学派最早明确地将"文化"上升为哲学问题，卡西尔、文德尔班等人都曾做出了艰辛且开创性的探索，自此文化哲学成为哲学研究的一个分支领域。文化哲学的关键概念和主要命题包括文化与文明的关系、人与文化的关系、现代人文教养等。20世纪80年代，伴随着改革开放带来的诸多社会问题，中国哲学界开始思考中国传统文化的现代转换、中国现代社会的文化形态、改革的文化理念等，出现了中国式文化哲学派别。无论是西方还是中国，"文化哲学"之文化都是宏大视野、整体层面的，但在本书中，我们关注的主要是中观和微观性质的"文化"。"中观文化"指的是特定国家流传至今仍然发挥作用的传统文化，"微观文化"指的是企业经营、市场活动、社会治理等层面表现出来的、人们共享的价值观。霍夫斯泰德的跨国管理文化比较就是站在"中观文化"层面，大内提出的"Z型组织""Z型文化"即"Z理论"则是立足于企业内部的"微观文化"层面。我们在正文部分不是从一般的文化哲学立场出发讨论各国管理中的文化哲学命题,相反,我们是将各国的文化传统、社会文化形态作为背景知识,重点考察在此文化背景下存续的企业、企业人员是如何相互作用的。

被称为管理的活动虽然在东方地区、在人类的早期时代都不同程度地存在,但被称为管理学的学科却首先产生于西方。将这样一类特殊活动称为"管理"并发展出独立的学科领域,这显然得益于西方近代以来新的知识体系构建方法的提出。伴随文艺复兴和新兴工业革命,西方人接受了科学化思维,以技术主义立场追求目的合理性,伦理道德的要求被限定在个体性的价值世界,打上了"私的""不可公度的"印记。价值中立的效率化目标日益成为商业、政治、经济活动等领域的衡量标准,实现效率化的一个主要手段就是斯密所曾极力推崇的分工体系,正是精细化分工和专业化的刺激,才有了独立的管理活动,担当管理活动的人员也从生产者、工程师、监工、投资人等角色中分离出来。

被称为"管理之父"的泰勒给管理下过这样的定义:管理就是"确切地知道你要别人去干什么,并使他用最好的方法去干"①。在泰勒的眼里,管理就是指挥他人用最好的工作方法去工作,所以他在其名著《科学管理原理》中全面讨论了这样三个重要问题:(1)员工如何能寻找和掌握最好的工作方法以提高效率?(2)管理者怎样使员工的行为更趋于科学性与合理性?(3)如何激励员工努力地工作以获得最大的工作业绩?在他看来,管理的本质问题是如何在有限的时间里获取最大程度的产出,也就是如何使生产率最大化,他采取了科学量化的方式,通过直观化的工艺和流程的改进,来达到预定目标的实现。以后的多数西方管理思想家们虽然对泰勒的理论有所补充甚至修正,但都没有偏离他的遗产中最核心的部分,即科学化、可操作性和个人责任这些因素。有学者突出强调了某一个方面,并认为该方面才是管理的本质所在,例如,西蒙的决策学派注重的是决策,德鲁克注重的是成功企业家的经验总结,他们的主要注意力都是放在组织内部,尤其肯定了管理的专业性和专门化。

上述管理主张对很多东方民族而言是比较陌生的,东方民族在做同样的事情时所看重的目标以及所采取的手段是有别于泰勒及其追随者的。为此,要总结东方民族的管理思想,将东方社会的管理实践纳入同等有效的

---

① 转引自刘悦、崔一超、郭新峰:《他山之石奠我之基——管理学"人本原理"在运动员管理中的运用》,《魅力中国》2010年第24期。

东方管理学说之中，事实上，那些成功的东方国家，如以色列、日本、韩国、新加坡都是将自身的传统文化加以活用，并充分运用到现代组织管理之中的。结合东方各国管理实践，我们认为，管理的根本任务是将独立的个人集中在一起实现组织的目标，如何设立组织目标，并且如何让个人接受该组织目标就构成了管理的具体环节，前者是决策问题，后者是沟通问题，可以说全部管理活动都可以大致化约成这样两个方面。

经济全球化的推进，带动了企业业务向世界各地的扩张。资金、资源以及分工都不再局限于一国之内，相反是在全球范围展开，跨国企业日益增多，跨国开展活动的企业人员也不断增加。与在本国、本地经营有所不同的是，跨国经营就会出现如何面对他国民族文化的问题，处理得好，就可以很好地融入当地文化，甚至巧妙且缓慢地改造当地文化，从而扩展企业的业务和经营成效，此时对异民族文化的尊重以及发掘就会成为跨国企业发展的动力和推动因；处理不好，不能融入当地文化，或者一方排斥另一方，或者二者水火不容，所在国的民族文化就可能成为企业在该地发展的障碍，企业经营也会陷入举步维艰的境地。细究可以发现，跨文化因素在企业经营中主要有两种形式：一种是在本国经营，但员工拥有各种不一样的文化背景，甚至国籍、语言等都不同，这种情形相对比较容易处理，因为存在主导的本国文化以及多数本国人员所持有的共同文化信念和行为准则，提供了相对主流的观念性基础，这些会对企业内相对人数较少的非本族员工产生去适应的压力，为了在企业内的升迁等，他们也有动力去接受主体文化。这就意味着本企业的主流文化形式比较明确，文化冲突的情况相对少见。另一种情形是在他国经营中，除了少数高级管理者来自企业所在国，绝大多数成员都是当地人，不仅这些高级管理者会实际地面对文化冲突，而且企业的经营、形象表达以及战略制定都可能在不经意中触犯当地文化和民族情感，换句话说，跨国经营的企业不得不经常面对所在国的各种外部环境及其压力①。

充分意识到其他民族习俗和文化的差异，并以最大的宽容去面对，是解决跨国间或组织内文化冲突乃至经营思想差异的最重要的前提。要知道，"我们感知世界的方法多种多样，可能性几乎没有限制。我们都在下意识地、习惯性地'甄别'和组织发送给我们的各种信息刺激。来自不同文化的人，以不同的方式领悟和组织来自环境的信息，以便使这些信息变

---

① 李萍：《企业伦理：理论与实践》，首都经济贸易大学出版社，2008，第155页。

得对他们有意义。为了有效地与来自不同文化背景的人一道工作,需要我们对面临的环境进行同类的归因,也就是说,我们要进行换位思维,站在对方的角度进行归因。同类的归因会导致他人的积极评价,因为它有助于我们更好地理解对方的言语和非言语行为"[1]。

因此,从管理文化视域下理解东方管理思想,就必须对"管理"持有一个更加宽泛的理解。在本书中,我们把"管理"理解为人类的一种集团性活动形式,用于控制和协调有目的的集体性行为。管理是一种群体适应性活动,现代管理只是加上了科学化手段和技术性指标而显得脱离了日常经验的领域。"管理"不是西方人的专利,也非工业文明之后才有的现象,管理是一种综合性活动,它受制于管理者本人的知识结构和社会资源,也受制于行业属性和发展水平,更体现了社会文化的投射。东方管理思想将因其深厚的文化传统和悠久的社会组织生活有望对今日的管理理论做出独特的贡献,这也构成了东方管理哲学研究的学术使命之一。

三、"全球在地化"下的管理哲学研究

全球化无疑是当代人所处的时代背景,自身传统和固有文化价值的挖掘也是当代人的重要使命,因此,全球化提供了一元或趋同的目标,本土化则表达了多元式差异化努力,两相结合就是"全球在地化"。我们进行东方管理哲学研究必须时刻意识到这样的双重历史要求。

在西方管理学中,管理职能通常被理解为计划、组织、决策、控制、指挥等多个相关且不同的方面,虽然不同管理学家对到底有哪几个主要职能一直存在争议,但上述几个方面还是得到了广泛认可。在历史上的东方管理思想中,管理职能则集中在"控制"上,而且是"以道义为导向的控制"[2]。对社会成员、对组织人员的管理就是高度的控制,授权、反馈、分工等环节都没有得到清晰划分和严格遵守。在中国,国家产生之初,氏族内成员间的关系借助宗法制而直接转化成家-国政治关系,氏族关系在形成国家之后仍然顽强地保留下来,并通过"礼""德"等观念而被强化。在日本、印度等国家,家与社会或者家与国历史上也从未得到深刻分解,没有完成真正意义上的分离,家族、宗族既是私人性的又是公共性的,既

---

[1] 菲利普·R. 哈里斯、罗伯特·T. 莫兰:《跨文化管理教程》(第5版),关世杰主译,新华出版社,2002,第39页。

[2] 从一定意义上说,中国传统文化中的义利、理欲之辨突出强调的是价值理性,极端排斥工具理性。

是管理组织又是生活共同体。普遍性的社会治理原则和统一的社会组织结构都比较缺乏。东方国家及其组织呈现出混沌未分的状态，职责划分、岗位分界、绩效考评等都无法做到个人化。

一般来说，西方管理学视野下的人只有职务、职责上的不同，在人格上是平等的，而且职务、职责上的不同并非固定的或身份性的不同，随着一个人能力、学识、资质等的增加，岗位、职务以及职责等都会发生变化。重要的是，由于激励因素的存在和组织设计的客观要求，职务的升迁和技能的提高是向所有人开放的。这一管理原则的确立其思想基础来自近代以来的民主政治、自由市场和理性哲学观念等。但在传统中国，人们普遍相信人各有分别，在家庭内有父子、夫妇、兄弟之分；在社会上有长幼、君臣、亲疏之别。墨子的兼爱思想只是昙花一现，并未产生深远影响；而与差序格局相契合的儒家思想才被奉为正统，受到追捧。例如，在多数士大夫阶层看来，"普通民众（民）是糊涂的、无知的，他们达到目标的能力已经失掉了：'民鲜久矣！''民散久矣！'孔子用来形容民众的词有'暗'(dark)、'盲'(blind)、'昏'(confused)。'民'这个字的最初形成可能意味着一只没有瞳孔的瞎眼。民众需要范式人式的领袖，仁人的作用就好像是眼睛中的瞳孔，如果人们想要实现自己的潜能，他们肯定需要仁人"①。同样，日本人的等级制、印度人的种姓制和犹太人的选民论等都表明对他们来说人有差异而非万民平等才是真理。这就导致东方人的管理活动注重维护身份，而非任务或组织目的的导向，这有利于人际关系的延续，但很可能阻止管理边界的扩展和组织中个人积极性的发挥。

从管理组织上看，东西方也有明显不同，西方管理学将管理组织看作达成目标的有效系统，而东方管理思想则大多去除了管理组织的"理性"色彩，强调组织是基于血缘或情感的深度连接。例如，美国企业管理更多借助客观责任和制度，而日本企业管理更多借助伦理义理的力量，所以，日本更重视企业文化。

东方管理思想有别于西方，这种差别未必都是消极的、否定性的，造成这些差别的原因何在呢？"制度"也许是一个重要原因。西方新制度主义学派的代表人物诺思曾指出："制度是一系列被制定出来的规则、守法程序和行为道德、伦理规范，它旨在约束追求主体福利或效用最大化利益的个人行为。"他从十分宽泛的意义上理解制度，从而给制度赋予了重要

---

① 金黛如：《地方智慧与全球商业伦理》，静也译，北京大学出版社，2005，第204页。

的作用。"制度提供了人类相互影响的框架,它们建立了构成一个社会,或更确切地说,构成一种经济秩序的合作与竞争关系。"① 加入了"制度"这一约束条件,新制度主义理论对经济现象的解释就更接近实际生活的场景。任何社会中的成员都是在既定的制度构成的社会约束中进行理性选择的。处于管理情境中的组织人需要回答的问题就是:如何适应制度环境及其变化以维持组织的发展?新制度主义促使管理理论从传统的内向型思维转向了外向型思维。为此,迪马乔和鲍威尔提出了"组织场域"的概念,力图强调在组织场域下讨论组织与环境的关系问题,关注这一关系问题的管理者才可提出更具操作性的相关决策。

东方各国之间存在极大的差异,但从制度约束条件上看,它们又都保持了一定程度的相似性,正式制度的行政、司法和非正式制度的道德、习俗、宗教等都在发挥着切实的影响。以色列通过犹太教和国民散居各地而将自身的文化传统传播开来;印度通过佛教、印度教的流传在很长时间内成为南亚、东南亚和东亚的精神家园;日本通过接受和改造中国传入的儒学、佛教和道教,近代以来大量吸收和融合西方文明而实现了日本化改良。这些因素又都体现在家庭、邻里社区、地方社会、宗教团体等组织及其活动之中。需要指出的是,由于缺乏欧洲主要国家历史上频繁的皇室通婚、国民间贸易往来和宗教机构的传教活动,东方各国的管理实践依然是各自为政的,管理思想间的相似性也只能从同一类型思想体系中寻找,这也是我们研究东方管理哲学的一个极大限制或者说难点。

第三节　东方管理哲学的类型划分

从思想史上看,无论是东方人或西方人都产生了对包括意义、价值、思维方式等抽象问题的思考,但具体到管理领域,则具有更多的经验色彩,特别是在许多东方国家,思考的深度和提出问题的方式都有所不同,而且缺少体系化、整体性的理论成果。比较管理研究和管理文化理论的出现打破了管理学新流派被西方人一统天下的格局,进一步提出了"管理模式"的概念。"管理模式"是指管理在各个国家或不同文化传统中形成的

---

① 诺思:《经济史中的结构与变迁》,陈郁、罗华平等译,上海人民出版社,1994,第225—226页。

不同的管理格局，可以从不同尺度衡量管理模式，在本书中，我们主要从管理体系、治理结构和管理方法三个方面来考察管理模式。管理体系受到国体、政治制度形式、文化价值观、社会信任程度等因素的影响，构成了管理模式差异最深层的原因。治理结构也受到了文化传统、社会交往等条件的制约，具有不可简单复制的特点，具体又包括所有者-经营者合一的家族式治理结构和所有者与经营者相对分离的委托代理的治理结构。管理方法主要体现为授权程度、核心竞争力的要素等方面的内容，具体包括权威性或民主性管理等不同管理风格。相比较而言，这是最容易移植的部分。显然，各国都形成了自己的管理模式，管理模式千差万别。但目前被学界广泛接受、相对独立的管理模式是美国管理模式、日本管理模式、混合管理模式三种。我们所要分析的东方管理哲学类型主要指日本管理模式和混合管理模式两个类型，但也会在阐述过程中以美国管理模式为参照系进行必要的比较，因为在现代印度和以色列的管理思想和实践中都有很多取自美国管理模式的内容。

一、东方管理哲学的研究方法

一般的思想史研究所采取的方法大多是定性方法，即运用有关的专业知识和理论原则，进行逻辑推理，努力寻找存在于研究对象中的普遍性特点，这些普遍性特点又被称为"规律"。不难看出，定性研究的前提是研究者持有的某个特定理论立场和基本概念的设定，理论设定的提出又取决于研究者的知识结构和对问题的独特感受力，研究者的主观能动性被充分调动。定性方法的缺点也在于主观成分过强，研究的结论容易受到研究者个人的感知方式、处理问题能力甚至个人价值观的显著影响[①]。

一般的管理学研究大多采取定量方法，通过实证调查获得直接的第一手材料，并且借助数学公式或统计模型，设置出典型试验环境，将要考察的问题专门化和独立化，从而确认该环境下研究对象所表现出来的独特性。各种变量事先都转化成了可量化的数值关系，研究者个人的主观倾向就受到了限制，所得出的研究成果显得更加客观和中立。定量方法的长处是容易操作和模仿，结论的表达方式也符合科学命题规范，其弱点则是忽

---

① 从思想史上看，中国的权变理论与西方的辩证法几乎同时产生，这表明让思维快速接受现实的要求同时被东西方先哲所注意。因辩证法更接近定性研究的方法，在管理学的理论建构中，辩证法只具有元方法论的意义，在具体方法运用上却贡献不大。

视了试验环境与真实现场或现实环境的差异。此外，实证研究的起点是个别和特殊，难以无条件地上升到普遍性结论，将试验结果简单推至现实世界就常常是武断的和纸上谈兵式的。

管理思想史的研究介于社会科学与人文学科之间，因此，管理思想史研究的方法也应兼采上述两种方法，并加以合理改造。西方学者在分析管理思想（其实就是西方管理思想）的过程中，大多倾向于揭示管理思想变迁中的断裂性或不连续性，力图从中发现变革、突变、革新的因素，例如，有学者指出，管理学出现以来的历史可划分为：20世纪最初10年是"秒表科学"时代；20年代是组织被发现的时代；30年代是人被重新认识的时代；60年代是战略盛行的时代；90年代为组织权力和管理权限兴起的时代。每一时代都被一个全新的符号所代表，这个符号就是该时期管理思想中的重要贡献。这样的研究主要是定性研究，辅之以必要的定量分析的若干论据。

作为交叉学科，东方管理哲学的研究除了借鉴文化学、社会学、人类学的成果，还需哲学的分析，包括反思批判、历史主义、语言分析法等的运用。东方各国的管理思想也是相互区别、各有特点的，是多样性的统一，而非铁板一块、凝固一团。东方管理思想的哲学分析，应当偏重历史传统和社会自组织变迁内容的梳理，这就意味着东方管理哲学的研究既要顾及管理思想生成变迁的历程，又要运用辩证唯物主义的普遍联系方法，通过介入东方各主要国家重要特点的归纳、相互间的比较视域，促使东方管理思想的哲学分析站在一个更全面的视角上。

有人说，"管理是一种社会活动"。这大体不错，但失于空泛，可以说，在我们现今从事的全部学术研究中，95％以上的内容都算作"一种社会活动"，同样，政治、宗教、经济甚至婚姻等都是"一种社会活动"。重要的是，我们应当深入分析管理究竟是一种怎样的社会活动，从而将关于管理本质的认识落实到对管理特殊性的揭示上。

成中英依据他所理解的中国传统思想的特点，从管理过程论、管理阶段论、管理层次论、管理系统论、管理目标论这样五个方面构建了中国管理哲学体系。我们不能因这五个方面的表述都是西式概念就武断地认为成先生对中国管理思想进行了阉割，事实上，由于西方理论范式至今仍然是世界通用的理论范式，无论是古代思想，还是中国或东方思想，只有转换成西方的或世界通用的范式，才有望进入当代学术界的主流话语体系。这个译介过程既是必不可少的，同时也可能带来致命的伤害，在译介的过程中，东方原有的思想韵味就会丧失许多。这其实是东方管理哲学研究中的一个理论难点：只要你想向西方世界传输自身的文化成果，就总会遇到这样十分尴尬的问题。这一问题也充分表明构建合理的管理哲学研究方法论的重要性。

对东方人而言，谈论东方管理哲学这类自身身处其中的话题时，必须使自己既区别于"伪文明"亦即东方式西方中心主义，同时又区别于保守的民族主义。虽然"东方"或"西方"的划分只是言说者自身立场的相对划定，只能在经过限定了的意义上使用"东方"或"西方"，但是，我们并不预先设定东方就是优越的、纯粹的，或者相反，东方是落后的、愚昧的，这样先入为主的价值立场是一种误导。鉴于目前的东方管理思想仍然处于非体系、非连贯性的阶段，难以将散见于不同时代、不同人物、不同领域的各种管理思想结晶聚合成一个清晰的管理思想体系，眼下我们所能做的只是个别式地比较东西方管理思想中的某一具体概念，或者个案式地引用某一传统思想的合理成分。虽然这样的做法在学理上不够严谨，但至少在方法论上还是站得住脚的，即采取了一对一的还原式追溯，这样的典型化研究比较适用于仍处于草创阶段的东方管理哲学这一新领域。

日本印度学家中村元提倡分析个案式东方思想研究方法，例如，他本人就是从思维方式这一方面入手的。他认为，不应认为东方或西方的分界是清楚而明确的，当然也不是截然对立的。就像东方思想或文化分成几个不同的区域一样，西方思想或文化也绝非单一、同质的。他在《东方民族的思维方法》一书中提出："我们承认，在东方建立的各种思想体系的某些内容是具有普遍意义的。这绝不是说所有这些思想体系都具有普遍性，但是我们应该承认这些思想体系的某些方面具有普遍性。我们要想说明哪些方面具有普遍意义则有赖于对文化环境的分析。"[①] 普遍是建立在具体基础上的，没有对具体，特别是有代表性的主要东方民族的研究，就不能得出关于东方的一般性结论。中村元把佛教作为东方宗教与文化的共同形式，通过分析印度、中国、日本等国家的人们接受与改造佛教的过程，考察了这些主要东方民族的思维方式，提出了许多真知灼见。虽然在现实层面上，西方思想或文化借助于政治、经济乃至军事力量强制推行到世界各地，然而，200多年过去了，至今也未出现完全西化的非西方文化类型。在思想和文化领域，普遍性往往是相对的。但是，这又涉及另外一个问

---

① 中村元：《东方民族的思维方法》，林太、马小鹤译，浙江人民出版社，1989，第36页。

题：一门人文社会科学，如哲学、伦理学、社会学等，究竟是普遍一致的，还是具体个别的？有人会说，作为基本原理是普遍的，但它的运用是具体有别的。如社会学中总有可称之为社会学必备的基本观点和立场，但在分析美国、中国或日本的社会时，则可能有不同的具体问题具体分析的立场，甚至使用的语词、概念也会有差别。那么，一个分析中国社会的社会学分支将在多大程度上类似于分析美国的社会学方法或结论呢？不仅如此，我们还可以进一步追问：究竟是基本原理在先，还是具体个案的现实及其理论应用更为优先？这样的问题在考察东方管理哲学时同样存在。

本书的"大方法"是新制度主义，我们接受了新制度主义关于"制度""约束条件""个体选择"等概念的理解，并运用上述概念及其理路分析东方国家各自管理思想的成因。从具体内容上看，这将涉及民族文化传统、道德观念、经济政策、国际环境等诸多因素。这一"大方法"构成了全书的基本思路。本书的"小方法"则是霍夫斯泰德的管理文化模式理论，它对客观、全面地了解非西方世界的管理思想资源提供了便捷的工具。笔者认可霍氏基于五种指标界定不同国家或地区的组织文化形态，这有利于打破管理学界西方思想文化一家独大的格局。但在具体论述中，笔者将结合日本、印度、以色列的实际状况以及笔者的有限认识，部分修正霍氏的某些结论。

新制度主义最初由部分经济学家提出，该理论挣脱了自由主义经济学的理论偏见，将人类的经济活动置入整体的社会关联之中，它认为市场主体（如企业、消费者）并非只是孤立的存在，也不只是基于自身的"自利理性"动因，相反，它是被内嵌于各项正式制度（法律、行政体系、社会交往结构等）和非正式制度（习俗、道德、宗教、礼仪等）之中。这些制度因素既有东西方共性的方面（特别是与现代政治、市场经济体系相关的内容），更多的是东西方差异、不同的方面。后者是本书分析的素材和对象，前者则是本书理论的基点，找到东西方共同与相似之处，才可以确立比较、参照的着眼点，基于此做出的分析、得出的结论才有望构成管理哲学的重要理论来源。现代制度建设集中体现在社会的现代转型、生活世界中的现代性价值、经济的现代化发展等方面，日本自主开启了两次现代化进程，至今在上述三个方面都取得了显著成就，并以日本式现代化而立于世；印度独立后的现代化进程也可以分成两个阶段：20世纪90年代之前的政治-社会现代化，之后的经济-文化现代化；以色列建国后的现代化进程持续推进，并未停止或中断，但因人口-社会学方面的不确定性，使得以色列采取的是"选择性的现代化"，在犹太人与非犹太人、犹太地区与非犹太地区、犹太事业与非犹太事业之间做出了取一舍一的排他性选择，境内的部分国民、部分地区、部分行业被从国家现代化快车上抛下。

二、东方管理哲学类型的划分依据

正如上文所言，在以往的管理思想史以及管理哲学的研究中，人们过多关注了西方却严重忽视了东方，东方管理思想往往被有意无意地遮蔽。诚然，作为一门学科，管理哲学同管理学一样，无疑都首先产生于西方，管理理论的分析话语以及有关管理的哲学思考也大多以西方学术范式为主。西方近代以来工业革命的实践和从古至今的系统哲学理论分别为管理学、管理哲学的出现奠定了现实基础和理论准备。但仅仅关注西方思想脉络，以为管理哲学只能从西方式哲学立场出发得出结论，那就很可能将丰富的东方管理实践、东方管理思想弃之如敝履，这不仅会造成西方人对东方思想的深层误解，以及东方人由此产生对自身传统的隔膜和引入西式管理时食洋不化，更为严重的后果是在既有的管理理论和管理哲学讨论中出现西方思想资源一边倒的局面。对东方主要民族的管理哲学所进行的探讨表明，人类关于管理活动的思考与尝试并非西方人的专利，在东方众多民族中也蕴藏了丰富的管理思想。若能够对这样的管理思想做出哲学反思和批判，将会为管理哲学这一分支学科的拓展提供丰富的思想资源，有效回答全球化视域下本土地方性知识如何与普遍性知识有效结合这一当代重大理论问题，最终促成多样的管理价值观和民族思想文化传统形态的互补共在。

历史中的管理思想，不仅以内涵丰富给人肃然起敬的印象，同时也以浩瀚无边给人无所适从的感觉。围绕如何解读东方管理思想就存在一个最难解的争论：这些文化资料和思想成果都具有共性，并最终可以统一到共同的概念之中吗？对此问题的回答出现了普遍主义与特殊主义的对立。

普遍主义认为，管理理论具有普遍有效性，从东方管理思想中所得出的理论也不例外。普遍主义者相信，一切人类现存的管理思想都具有相似性，否则，就不会被冠以"管理思想"的名称。在所有被视为管理思想的文化遗产中，都可以发现与管理学的术语、模型、功能等相关的内容，不同国家或不同文化传统所提出的管理思想，虽然表现出各自的形态，但这些都只是"现象"甚至"假象"。成功的企业都有同样的共通性方面，合理的管理理论同样也存在高度的一致性，一些自称独特并且坚持一意孤行的管理思想最终会被证明是错误的。

特殊主义与此针锋相对。它明确指出，管理实践总是根源于各自的文化传统和社会经济状况，因此，对管理实践加以总结和提升的管理思想也就是各自有别的。尽管许多管理学者并未声称自己的观点只是针对本国或与此类似的制度背景，但实际上没有哪一种管理思想可以超越它的国家或历史的限制。日本是不同于西方且同样成功的国家，它被当作管理特殊主义的代表，日本的不同恰恰就在于它的文化传统和制度结构上。

普遍主义观点的立论根据大多来自经济、技术和社会心理（即所有人都有同样的需求和动因结构）的因素。这些都被认为已经得到了经济学和管理学的证明，它们是"正确"或"成功"的，因而具有普遍适用性，即所谓"理性的管理系统"，它表现为如下内容：追求管理目标、股东价值最大化、负责任的企业治理、理性运用、制度选择、人力资源开发、绩效的客观评价和激励机制等。普遍主义的长处是坚持了理论的简明性。如果只是迎合差异，并将差异绝对化，那么，管理思想史以及相应的管理学就无法成立，剩下的只是一系列管理事实或无数管理经验的描述。普遍主义的可敬之处正在于它未被纷繁复杂的局部事实或经验叙述所迷惑，强调了理论对事实的裁断，理论的价值取决于逻辑的内在一致性，并不受制于某些事实的证实或证伪。普遍主义者力图从众多的管理思想材料中寻找共性、普适性的努力是值得赞许的。但普遍主义的问题在于它所坚持的理论优先性并非中立的理论，而是明显具有西方倾向的理论，例如，管理学的话语体系、基本问题的归结等都是来自西方思想的传统，因此，它在驳斥特殊主义的同时，就带有文化沙文主义或者西方霸权主义的痕迹。此外，如果不是将理论仅仅看作形而上学式的概念构设，那么，就应承认，对经验加以总结的归纳方法同时也是形成理论的有效方式，那些基于对东方国家、对非西方主流文化的深入考察并给予总结所得出的结论也可能构成具有独立意义的理论。

特殊主义观点则强调各国间的文化差别，因为各国为自身的社会与经济制度提供了理论解释立场，导致了各国商业体系中组织基础条件的差异，这就使各国不可能完全接受异域或异质的管理理论。特殊主义的可取之处在于它将各国、各地区、各种文化类型下的管理思想置于同等的地位，从而赋予了各种思想不可替代的内在价值，这非常符合反中心主义、反单极化思维的多元立场。同时它也指出了管理思想史存在差异性成分，这并非对管理理论的否认，而是丰富了现有的管理理论。不过，特殊主义与其说是一种观点，不如说是一种态度，它主要基于解构主义方法，以颠覆主流-边缘、正统-异端这样的二元思维方式，所以，相对主义所具有的破坏性远远大于其建设性，它的主要作用是否定，而非建设性的肯定。

普遍主义与特殊主义的争论都是围绕功能而来的，只是普遍主义相信只有相同的结构才能产生相同的功能，特殊主义却认为不同的结构也可获得同样的功能。从某种意义上说，普遍主义与特殊主义的对立只是虚假的对立，因为它们各自关心的重点十分不同，普遍主义要维护理论本身的一致性，特殊主义则要突出各自传统的价值。史密斯和美斯金斯曾指出，组织分析日益倾向于将一些特殊的成功的或具有影响力的国家体系当作"标本"，推动它们越来越远离它们的历史进程，被树立为标本之楷模的国家主要包括美国、日本、德国和瑞典等。[1] 深入具体国家的组织类型所做出的探讨，结果又回复到"一个最好的模式"这样的道路，而这实际上与普遍主义思路殊途同归了。我们认为，在理论总结和概念提升时，排除特定民族文化或其他的背景性影响是必要的，但必须放弃普遍主义所假设的进化论式的选择过程，即全部有效的管理理论最终将朝着某个特定的最佳管理实践方向实现同一，这是难以获得有效验证的独断论。

在考察东方管理思想时，虽然特殊主义为它赢得了关注的眼光，但普遍主义才真正指明了研究的目标，因此，不应简单地在普遍主义与特殊主义中做出非此即彼的取舍。管理实践要根植于管理者的特殊文化和组织背景，因此，不能从一国无损益地向另一国转移管理实践。弗恩肯和匹茨指出，在全球化过程中产生了不断增加的趋同倾向，但同时，这一趋同倾向又被民族工业化战略、民族文化、民族国家的角色等所弱化。[2] 笔者认为，借鉴西方经验并不一定要放弃挖掘自身文化遗产的努力，管理思想及其实践的标准化与地方化并非取一舍一的选择问题。

杜蒙曾指出："人类的一体性并不是要我们把多样性任意地化约成统一性，它只是要求应该能够从一个特殊性转移成另一个特殊性，而且应该尽一切可能的努力，发展一套共同的语言可以充分的描述每一个特殊性。此项努力的第一步在于认识差异。"[3] 兼顾普遍主义和特殊主义、理论分

---

[1] C. Smith, P. Meiskins, System, Society and Dominance Effects in Cross—national Organisational Analysis, *Work, Employment and Society*, 1995, Vol. 9, No. 2, pp. 241–308.

[2] S. J. Frenkel, D. Peetz, Globalization and Industrial Relations in East Asia: a Three-country Comparison, *Industrial Relations*, 1998, Vol. 37, No. 3, pp. 282–310.

[3] 杜蒙：《阶序人2——卡斯特体系及其衍生现象》，王志明译，台北：远流出版事业公司，1992，第429页。

析和经验归纳,这与其说是一种研究方法或根据,不如说是一种思想原则。这样的为我所用的现实主义式立场虽然可解一时之急,却不能当作理论研究的通用策略,正规的东方管理哲学研究应谨慎对待这样的讨巧式态度。持续地关注并提炼出东方管理哲学的基本范畴才是可持续的研究主题。我们从与西方管理哲学比较的立场,将东方管理哲学的基本范畴归纳为人性假设、组织软结构、管理思维方式、管理者这样四个方面。

(1) 人性假设。管理人性假设直接影响了管理价值的理解和管理价值目标的设定。在管理理论中,管理价值的问题通常可以归结为两个方面:一个是组织最终追求的目标是什么,另一个是以什么标准来评价管理活动。前者基于存在论层面,受到经济社会状况的制约,大多采取现实主义立场;后者则立足规范论层面,对管理活动进行观念检验。西方管理理论的发展历史表明,上述两个方面曾经处于割裂的状态,管理活动被视为价值中立的领域,只问管理的最终目标,不问如何评价这一目标本身的意义和实现这些目标过程及方式的合理性。但在东方民族中,特别是中国文化、日本文化和犹太文化都表现出了强烈的伦理倾向,有关管理活动的道德评价从未脱离管理活动,管理活动客体以及外部观察者都热衷进行道德评价,力图将管理活动限制在具有道德合理性的范围内。这就使东方管理哲学更倾向于采取某种管理伦理的形态。

(2) 组织软结构。这是从存在论层面考察管理组织形态及其成因。在西方,之所以会把"管理"活动发展到普遍化、技术化的程度,原因在于西方社会很早就出现了公域与私域的划分。管理主要涉及公域,这里体现的是公共意志、普遍理性;私域则是私情、隐私等情感性的空间。"古雅典公民通过彼此间的竞争来显示自己最高的人性优点与美德,如勇敢、正义、身体能力等等。这样的公共范畴不可避免地与理性联结在一起。公共范畴不是个人兴趣与利益相互对抗然后取得某种让步谐调的空间。相反,公共范畴是人类理解人类意义的地方。通过参与公共讨论而获得兴趣与利益的方法,人类能够成为完善的人类。与此恰恰相反,私有范畴仅仅是指家庭内所发生的事物,这种私有生活完全是一种'愚民式'(idiotic,在古希腊语中,'私有'这个词是 idiotes)生活。"[①] 在公共领域中,典型的交往关系是一个人同其他陌生人的关系。对我来说,所谓陌生人就是没有

---

① 金黛如:《地方智慧与全球商业伦理》,静也译,北京大学出版社,2005,第172页。

感情关系的人，我同这个陌生人与那个陌生人的关系是没有差别的，交往时往往忽略其个性而显现出无差别的对象整体，即一般的、复数的他者，也即一种普遍的人格。在市场经济条件下，由于个人权利的张扬，私人利益和公共利益之间、个人自我保存的权利和人类的道德义务之间显示出深刻的既对立又统一的关系。黑格尔曾说，"在市民社会中，每个人都以自身为目的，其他一切在他看来都是虚无"，"个别的人，作为这种国家的市民来说，就是私人，他们都把本身利益作为自己的目的"①。在私领域中，个人以"经济人"面目出现，追逐个人利益的最大化，通过不断试错，实现个人的偏好。在公共领域，个人以"公共人"身份行动，以普遍、中立的态度对待一切人，行为要力争表现出谨慎，追求相互尊重的局面。一人身兼"私人"与"公民"、"经济人"和"公共人"等多重身份，还要适时地做出恰当表现，这就需要良好的理性训练和社会共识的培育。西方社会所发展出来的管理学、管理哲学无不映现了这样的文化背景，并打上了如此的思维方式之烙印。

在东方国家就非常不同。例如，在阿拉伯世界，人们并不使用"公共"一词，而说"一般"，"公共"一词在阿拉伯语中不能被准确地翻译出来。这就意味着传统阿拉伯人的生活和阿拉伯人的社会中并没有"公共空间""公共领域"这样的确切所指。同样，在中国，国家产生之初，氏族内成员间的关系借助宗法制而直接转化成家-国政治关系，氏族关系在形成国家之后仍然顽强地保留下来，并通过"礼""德"等观念而被强化，氏族内无所谓私生活，也无所谓公共生活。在这些东方国家，社会被分解为一个个各自为政的家族、宗族，普遍性的社会原则和统一的社会组织比较缺乏。由于模糊的公私意识，东方国家及其组织也呈现出混沌未分的状态，例如，职责划分、岗位分界、绩效考评等都无法做到具体化、个人化。

从历史上看，管理组织理论是西方的长项，在东方则不够发达，但自20世纪50年代以后，一些东方国家兼采西方之长，推陈出新，摸索出了有自身特色的组织管理理论，这方面的突出代表是日本的企业管理组织理论。"交叉持股""下承包制""集体决策""准时生产""看板方式""倍增市场战略"等，都被证明是非常行之有效的。"企业文化"也是日本企业管理成功经验的成果之一。

---

① 黑格尔：《法哲学原理》，范扬、张企泰译，商务印书馆，1966，第197、201页。

(3) 管理思维方式。就西方传统思想来说,"基督教的圣典中,既严格区分了人与自然的不同,又赋予人以神的化身,确定了人是自然的管理者。它要求人们,一方面要听众神的召唤,开发作为资源的自然;另一方面要爱惜、亲近同样是神的创造物的自然。这其实暗示了最初形式的人类中心主义。但是,印度教、佛教、道教、神道等东方宗教,并不认为人与自然是完全分离的两个世界,甚至也不主张二者有本质不同。他们相信,人生活在神也寄宿其中的自然世界内,人、神与自然是一体的,因此,要对一切生命怀有慈悲和不杀生的情愫"①。不过,西方在近代以后有了长足的进步,特别是在知识的生成和认识论的证明上取得了丰富的成果。近代以来的欧洲精神是古希腊哲学与基督教文化相结合而发展起来的,这一发展过程虽然历经了血腥抗争和冲突,但在学术范式的建构上却是通过理性争鸣、平等对话与公开讨论而推进的,即基于区别、分析的立场,将具体对象抽象为独立的要素。科学知识与基督教信仰分别有不同的对象,近代的欧洲人学会了明确地区分二者,知识所形成的否定力量是要对对象进行合理限定,这就为各门学科的独立发展提供了观念指导和方法论立场。

同样,不能认为日本人只是擅长动手、干活或者模仿、移植,如果没有系统的哲学思想做铺垫,日本企业的管理经验很难得到深刻的理论总结。"虽然许多发展中国家都热衷于经济开发,引进资本主义经济的原理,并为此竭尽全力,但现实上,能够成功地发展经济的国家却寥寥无几,而绝对多数发展中国家的经济依然处于贫困、落后的状态。由此可见,发展经济的关键并不仅仅在于必须引进有效的资本主义经济原理或经济原则,而在于必须处理好这一个国家的社会文化同经济的内在关系这一根本性问题。"② 日本的成功并非偶然,对所有国家而言,追赶西方都绝不能仅仅停留在"器物文明"上,还必须在思维方式、价值观念、哲学分析等方面实现重大跃升,并解决好自身文化土壤与所要嫁接的外来品种的适应性问题,这在管理实践中就意味着必须对自身的文化传统、管理价值等做出有深度的哲学思考。

(4) 管理者。管理者无疑是管理活动的主体。西方管理学将管理者视

---

① 李萍:《日本现代社会中的共生伦理》,《湘潭师范学院学报》(社会科学版) 2002 年第 5 期。

② 金日坤:《儒教文化圈的伦理秩序与经济》,邢东田、黄汉卿、史少峰译,中国人民大学出版社,1991,第 4 页。

为组织内行使权力与承担责任的主体，管理者作为组织领袖，位高权重，对内的主要责任是发现组织目标，并寻找实现与员工沟通的有效途径，将组织目标与个人目标相结合，打造出有活力、有效率的组织；对外的责任则要确立组织的竞争优势，为组织的长远发展指明正确方向，建立与社会、公众、同行等的良好互动关系。但东方管理思想则倾向于从人格魅力[①]上去理解管理者，即管理者的德性比才能更重要，个人的好意比组织的使命更重要。无论是日本，还是印度、以色列，乃至中国，管理者的个人魅力——他的才干、德性、奉献精神——都被视为决定组织成败的关键，从这一意义上说，东方人在社会生活中的整体主义在组织环境下转换成了精英个人主义，管理者的个人因素得到了更明确的肯定。日本企业管理实践在战后取得了巨大成功，一批批杰出的企业管理者创立并经营着卓越的企业集团、企业帝国，其间体现出了他们个人的极大感召力：他们大多十分注重管理的价值取向（避免了西方管理价值中立的极端）、强调组织集体决策的实施并创造了一系列有特色的决策措施，关注中下层管理者的培养（在组织内而非组织外的培养）等。

总之，东方管理思想呈现出与西方不同的内容，因为传统的东方管理思想所发生作用的场所并非企业或政治组织这样高度理性化的实体，相反，主要体现在家（中国人的"家族"）、会堂（犹太人的社团）、"家元"（日本人传统技艺，如插花、茶道、剑道等演习和传承方式）等之中，强调的不是管理的工具性、技术化因素，而是管理的文化性、价值观方面的内容，那些与社会导向、群体交流、文化传承等相关的内容得到了极度发展。有人把亚洲人在管理中的主要倾向归结为五个 C 的方式，即 Continuity（连贯性，注重历史和传统的观念），Commitment（承担义务，在组织中则表现为对组织发展做出承诺），Connections（关系优先，在意社交礼节和每个人的社会身份），Compassion（同情心，在经济与政治、自利与利他等问题上采取了平衡、折中的方式），Cultural Sensitivity（文化敏感性，对自身的文化传统以及文化传统所倡导的生活方式予以尊重）。这五个方面也与我们所提出的人性假设、管理的存在方式、思维方式、管理者四个指标相关，但缺少了基于管理理论的分析色彩，在正文部分，我们将依据上述四个指标简要概述日本、印度、以色列的管理哲学的总体倾向。

---

① 应当看到，这是显文化和精英思想的主张，采取了德治主义或德本倾向，但在实际管理活动中，不少高级管理者却陷入霸道与争斗为主的思想倾向之中。

三、东方三国管理哲学概览

比较管理学家霍夫斯泰德从国家文化的角度考察了七十余个国家的组织及其文化特点，为此他开发出了比较分析的五个变量指标。他的实证分析持续了二十余年，其结果显示，日本属于强集团主义导向、强权力距离、强不确定性规避、强男性取向和长期目标的复合体，印度属于强集团主义导向、强权力距离、弱不确定性规避、强男性取向和短期目标的集合，以色列则属于强集团主义导向、中性权力距离、强不确定性规避、强男性取向和长期目标的国度（具体数字见表1）。强集团主义导向、强男性取向是三国共有的，而在其他三个方面则各有不同。我们将在下文所做的考察中对这些国家文化的特征及其管理倾向予以揭示。

需要指出的是，一方面，国家文化的表现主要具有人类学意义，只是分析该国管理思想和管理哲学的辅助性佐证材料，它本身还不属于管理思想或管理哲学；另一方面，霍夫斯泰德所提出的国家文化仍然只是"实验室"的结果，并非真实的国家文化的"全景图"，所以，难以满足本书所要采纳的规范立场的条件，故在正文部分不做主要引用。

表1　霍夫斯泰德关于不同国家文化下组织特点研究的相关数据①

测量指标 国家	权力距离		集体-个人导向		男性-女性取向		不确定性规避		长期-短期取向	
	数值	排名	数值	排名	数值	排名	数值	排名	数值	排名
日本	54	49～50	46	33～35	95	2	92	11～13	80	4～5
印度	77	17～18	48	31	56	28～29	40	64	61	8
以色列	13	73	54	28	47	39～40	81	28	/	/
中国	80	12～14	20	56～61	66	11～13	30	68～69	118	1
新加坡	74	19	20	56～61	62	19	8	74	48	11
美国	40	57～59	91	1	48	38	46	62	29	31
瑞典	31	67～68	71	13～14	5	74	29	70～71	33	23

---

① 原有量表中共有74个国家（地区）。"权力距离"的数值越高，表明该国对不平等的承受力越高；"集体-个人导向"数值越高，表明该国的个体主义倾向越明显；"男性-女性取向"数值越高，表明该国的社会制度安排越具有男性主义色彩；"不确定性规避"数值越高，表明该国越具有追求确定性行为的倾向；"长期导向"意味着鼓励未来回报，"短期导向"则鼓励当下和过去的行为方式。

对人的理解不同，导致了对世界理解的差异，一系列的社会、组织现象都会被这些不同的理解方式所映现。在西方，由于受到基督教观念的影响，最初的管理理论中的人性假设大多倾向于人性恶，即认为人的本性是自利的，以物质利益的满足为主，人本身不是目的，而是实现企业目标、经济效益的工具。以后的管理理论做了重大修正，对管理本质和管理过程的认识更为深刻，但对管理人性的设定仍然没有完全摆脱经济主义的窠臼。与此相对，在东方多数民族中，哲学意义上的人性假设就平和多了，如日本人和犹太人都倾向于肯定人的现实需求，接受人所表现出来的各种状态，印度人和中国人则对人性充满了信心，力主挖掘人的潜质，实现精神圆满，张扬内蕴于人的意识之中的神圣性。结果，东方的管理人性假设表现出朴素人本主义的特征①。

东方人的思维方式，在于将世界和自身共同作为认识对象，力图消弭二者间的距离，通过冥想而沉入实在的"全体"或者说"天"中。全体不是可以分成部分的对象，也不是能够给予细微说明或进行主客间对话的外在他者，因此没有形成知识与信仰的对立。例如，在《论语》中，孔子回答其弟子等人的问题时大多围绕如何正确实践的问题，而且他给出的回答也更多着眼于培养问话者的深思谨慎精神，因为他毫无兴趣通过建立一个善之排序的图式来解决伦理难题。在整部《论语》中只有一处对话约略带有伦理难题的意味。"叶公语孔子曰：吾党有直躬者，其父攘羊，而子证之。孔子曰：吾党之直者异于是：父为子隐，子为父隐，直在其中矣。"（《论语·子路》）在现代人看来，这个"直躬者"挣扎于他的两种义务之间：遵守法律的义务和尊重父亲的义务。叶公对此人作不利于父亲的证明之做法大加赞扬，但孔子却反对，在他看来，儿子不应该做这样的证明，因为家庭义务凌驾于法律和政治义务之上。孔子的主张在很大程度上消解了政府权威和道德统一标准的可能。传统东方思想在历史上没有形成清晰的知性力，这是它的缺点，也是一个长处。因为东方思想容忍一切没有被限定的东西，未知的世界不会因为尚未被认知而被轻易否定。没有正统，也就不会产生"异端邪说"，所以，在东方国家未曾出现大范围的"宗教迫害"。日本、印度、以色列三国在今天依然是兼容并包的，社会生活充

---

① 不过，同样属东方的日本与中国在许多方面存在显著的差别。如汉语的"人"既可以是个人，也可以指"人类"，但在日语中，"人"并不单独使用，大多使用"人间"，就是说日本人比中国人更强调人在人际关系中的存在。

满了多样性，管理组织不断迭代更新，管理理论相互争鸣，这些都使得我们必须一一分别地考察，不能用大而化之的通用式描述一笔带过。

日本学者源了圆对日本人特性的概括是"诚实、勤劳、温顺、对人富同情心、对国家充满忠诚，但同时也缺乏全局观念，对人的同情往往不扩大到其他民族，缺乏个人的独立精神，有时也表现得缺乏应有的主见和随波逐流"[①]。日本民俗学家柳田国男认为，日本人的特点是："由于认为只要什么时候都依靠他们，就不会做出于我们不利的事，于是便出现了一种根深蒂固的观念，即静观社会的潮流，只要顺着大家去的方向走就很安全。说穿了，日本就像鱼和候鸟一样，是一个随群性很强的国家。"[②] 其实，早在中世时期就有人论证了日本人的相对性价值观，亲鸾就是一个突出代表。他"认为相对世界中的善恶是无论如何不能通过'自力'得到克服的。而这种相对的善恶归根结底可以归纳为一个'恶'字。而他最终在建立于'他力'立场上的念佛之道中找寻到了能够超越通常的善恶的境地。但是，这一境界所排斥的不仅仅是恶，甚至认为善本身也是一种自我否定性的存在并且与恶处于相同的层次上，即在这一境界中，不仅仅拘泥于把善作为善的这样一种观念，对其加以否定，而认为善实际上是恶的根源。亲鸾进而用一句话来概括他的如上观点，即'以无义为义'"[③]。

在公私问题上，日本与其他东方国家也有所不同。在日本古语中，"'公'的原意是'大家'，就是指皇室，与此相对，一般臣民被称为'小家'，这样皇室就被认为是一般日本人的本宗、大宗。因此，在日本原本并没有与public（公共的）相应的观念。日本人认为公共事务就是与皇室有关系的事"[④]。日本虽没有与西方社会相似的"公共空间""公共领域"，但存在超越一切个人、家庭、集团之上的"大家"——皇室，这就使日本人可以依托皇室始终保持对民族这一共同体的认可，日本人的现代民族意识和国家观念也与此有关。

日本人倾向于将管理看作人际协调的方式或技巧，在管理现场，组织目标、组织结构理性化等无疑也受到了重视，但它们是通过管理者的人际协调来实现的，这样，表现于外或更经常性的管理活动就是组织内人员关

---

① 源了圆：《日本文化与日本人性格的形成》，郭连友、漆红译，北京出版社，1992，第191页。
② 柳田国男主编：《日本人》（新装本），每日新闻社，1976，第12–13页。
③ 中村雄二郎：《日本文化中的恶与罪》，孙彬译，北京大学出版社，2005，第16页。
④ 中村元：《东方民族的思维方式》，林太、马小鹤译，浙江人民出版社，1989，第302页。

系的建立、协调。用大内的话说，就是注重"微妙性、亲密性、信任"这样的组织文化因素。日本管理哲学最引人注目之处有两点：一个是它的文化资源的多样性和传统价值观的现代运用，另一个就是它的企业管理实践的专业性和对极致性的追求。至于前者，可以肯定地说，构成日本管理哲学的传统资源是多重的，包括日本本土生长的神道观念，古代自中国传入的儒学、道教和佛教，近代自西方传入的功利主义、自由主义、国家主义等；至于后者，则体现在一批批杰出的企业管理者身上，并通过他们所创立的企业集团、企业帝国而将管理哲学予以现实化。

日本管理哲学的最主要实践成果是"精细生产方式"，又被称为看板方式或准时生产制。它不同于美国福特生产方式，后者注重全局性、规模性，前者是从结果控制入手。日本管理哲学与西方的鲜明差别在于：注重管理的价值取向（避免了西方管理价值中立的极端）、强调组织集体决策的实施并创造了一系列有特色的决策措施，关注管理者的培养（在组织内而非组织外的培养）等。日本管理哲学强调情境的影响和人际间相互的关系，而非事实本身或直接的利益结果，这也是造成日本管理者与欧美管理者相互理解上存在分歧的根源之一。有学者指出，美国式的经营更多借助责任和制度，而日本的经营更多借助伦理的力量。所以，日本更重视企业文化。事实上，"企业文化"恰恰是对日本企业管理成功经验的总结。不过，也有学者指出，日本的企业文化对成长阶段的企业有明显的促进作用。但当企业发生重大经营或财务问题的时候，自我调节的能力就会弱一些。日本经济即便在20世纪90年代以来连续十多年的负增长或零增长，而社会仍比较稳定，仍在坚持改革，这也间接说明了日本管理思想的成效[①]。

印度哲学、中国哲学和西方哲学被认为是构成人类哲学思想的三个源流。与国际上印度哲学非常兴盛不同，在国内印度哲学乃至印度思想都较少受到重视，管理思想、管理哲学的研究更是空白。

从思想史上看，印度文明虽然起源早、成熟早，但未能产生经济上的重大成就。许多学者对此进行了深入阐述。马克斯·韦伯认为，印度早期文明的发展之所以没有带来经济上的成就，是因为印度人强调对精神生活、对自我解脱等问题的沉思。"尚古的保守性在汉人中很显著，在日本人中间也可以在很大程度上看到这种保守性，而在印度曾经部分地抛弃了

---

① 陈少峰：《企业家的管理哲学》，广东经济出版社，2004，第33页。

这种保守性，……印度人更倾向于崇尚贯穿过去、现在、未来的普遍规律。"① "经济成就"不能仅仅以现代工业为唯一内容，传统东方管理思想的特点之一就是没有将"效率"作为管理的重要指标，管理只是服务于现有秩序，印度历史上的管理实践主要体现在高度发达的宗派、种姓制、亲属团、村社等的管理上。略微遗憾的是，印度传统思想中虽然有丰富的哲学、宗教、艺术等方面的思考，但对管理缺少专门关注，这一情况在近代才有了显著改变。印度传统管理思想有多个思想来源，尽管在社会领域存在精英阶层与民众阶层的理解差异，精英阶层的主张往往占据主流地位，民众阶层以服从（而非合作式服从）为主。

在印度，种姓制经年而稳固的影响，导致印度人对上下等级观念有极强的适应力，即便在种姓制的影响力急剧下降的当代，为数不少的印度人仍然强烈支持尊卑、上下的序列，在组织内，上司的权威并非只是职位所授予的，还包括了来自下属的甘心情愿的服从，服从-忠诚关系就成为当代印度管理的重要内容。如何授权、管理的幅度、反馈机制等组织控制手段在印度都主要采取了单一线性的方式。多个思想传统的交汇使得印度现代管理呈现出非常复杂的样态，无论是管理理论还是管理实践，都呈现百花齐放、百家争鸣的局面，例如组织结构方面的机械与有机、组织行为方面的参与和强制、组织目标方面的雇员导向与任务导向、组织战略方面的风险承担与风险规避等都同时不同程度地存在。

以色列的主体民族是犹太人，特别是欧洲系犹太人（其中又包括了德系犹太人、波兰系犹太人、俄系犹太人等分支），他们在欧洲经受了近代资产阶级文明的洗礼，同时继承了数千年的犹太教传统观念。守约（最早是人与上帝的约，以后是人与人的约）成为犹太人最看重的行为原则，在守约观念指导下，履行义务、奉守规则都成为不可懈怠的至上命令。在以色列各类管理组织中，管理的本质被看作不折不扣地执行义务-规则的行动或过程。

犹太人的历史遭遇，迫使他们改变了农耕的传统生活，由于受到客居地主体民族及其主流思想的排挤，他们逐渐接受了经商的职业宿命。在长年的经商过程中，犹太人逐渐发展出了许多行之有效的商业规则和管理思想，随着近代商业的兴盛，犹太人敏于经商、精于管理、长于算计的优势获得众多民族略带嫉妒式的好评。犹太管理思想的历史资源是犹太教的诸

---

① 中村元：《东方民族的思维方式》，林太、马小鹤译，浙江人民出版社，1989，第22页。

多经典,现实资源则是犹太社团以及衍生出来的犹太人集会(各种相应的组织及网络)。

  不可否认,管理哲学,尤其是整合了众多东方民族思想文化的东方管理哲学至今仍然无法构成完整的体系,在理论上也不够精细,作为当代东方人,我们有一种学术使命为它的成形、成熟尽绵薄之力。东方管理哲学难以自成体系、自圆其说的一个重要原因在于,人们围绕东方管理哲学的属性之争论仍未终止,究竟是将东方管理哲学视为文化哲学、应用哲学,还是社会哲学呢?在本书中,我们倾向于从应用哲学层面理解"东方管理哲学",因此,它是一种有关特定地区(东方)、有组织的目的活动(管理)之哲学考察,此处的哲学考察是将哲学基本原理和重要方法运用到东方管理这一对象之中,得出的不是一般的哲学命题,而是具有特殊内容和受限时空约束的哲学式观点。下面,笔者将从哲学视野出发分别阐述日本、印度、以色列社会和组织中的具体管理内容和主要议题,以期引起学界特别是哲学界、管理学界同仁们的关注。可以相信,若有更多人投身东方管理哲学的研究,定会收获众多富有创见的成果。

上篇

日本管理哲学

正如我们在"导言"中所指出的那样，日本、印度、以色列三国在现代管理思想上存在诸多相似或相近的内容，包括民族历史传统的顽强延续、对人的精神因素的强调、克里斯玛型组织领袖的存在、内部化人才培养模式、组织目标的复合性以及内外二元意识的广泛流传，等等。然而，我们还应当看到三国之间也存在显著的差异，我们将在正文部分用三篇的篇幅逐步展开对三国各自的管理思想及其哲学总结的分析。

据有案可查的记载，日本有家企业（一家名叫"锅屋"的企业）已经有1430余年的历史，它创建于公元7世纪（相当于中国的隋唐时期），这可以说是世界上至今仍在经营的企业中历史最久远的纪录！许多国人有所不知的是，日本有非常多的长寿企业，拥有百年以上历史的日本企业超过了2.1万家，可谓世界上长寿企业最多的国家。虽然迟至20世纪70年代，日本企业的成就和日本管理的独特之处才开始被人注意到，但事实上，日本企业拥有长久的发展历史和持续积累的企业管理经验、管理哲学方面的深入思考，即便到今天，日本最有成效的管理组织仍然是企业，而非政府或社会团体，所以，对于日本管理思想的总结，我们将主要围绕日本企业展开。若不加特别说明，下文所讲到的日本管理组织、管理目标、管理者等，大多是从企业出发立论的①。

需要特别说明的是，理解"日本管理哲学"绝不能"向后看"，仅仅强调日本传统思想文化的影响，事实上，现代日本管理界提出的各类管理学说在相当程度上都受到了美国现代管理理论的深刻影响，其中巴纳德、戴明、德鲁克、西蒙等人的学说影响最大。不仅如此，日本管理学界人士兼听则明，广泛吸收了其他各种学说，例如，以池田信行为代表的"经营经济学说"受到了联邦德国管理理论的直接影响②，强调了企业管理的经济因素；以津田真澂为代表的"共同生活体论"则将英美的行为主义理论予以日本化。此外，还有以山本安次郎为代表的"纯正经营学说"学派和接受了马克思主义影响的"批判经营学"也为日本管理哲学提供了思想素材。总之，我们应当将日本管理哲学看作高度复杂、多元管理思想的集合，而且，它主要是对现代社会管理活动的总结。

---

① 在本书中，"企业"或"公司"、"经济组织"或"经济实体"都在同样的含义上使用，不做严格区分。

② 関口操："池内信行著 経営経済学総論"，三田学会雑誌，1953，Vol. 46，No. 11，第955-973页。

第一章　日本管理的人性假设
——自然人假设

"管理"作为一种对组织活动、人力资源利用、生产要素配置等诸多环节加以整合的科学化努力，它最初且最重要的始终是属于工程、技术性质的探索。管理的理论性思考的一个突出成果就是人性假设的提出，这一主题也具有深厚的哲学基础。1962年，道格拉斯·麦格雷戈在其《企业的人事方面》一书中，提出了著名的人性假设超Y理论，以取代之前的X理论和Y理论，他对管理理论所内蕴着的人性设定和管理现场中人的行为做出了总结性的阐述，对以后的管理思想演变产生了革命性影响。自此，先后有许多西方管理学家提出过"社会人""复杂人""文化人"等不同的管理人性假设，并在此基础上提出了各具特色的管理理论。但不可否认，管理学意义上的人性假设大多奠基于经济学的理论，而非哲学性的追问。哲学层面的考察才可以为人们对人、人性的完整理解提供学理指导。其实，近代以来占主导地位的西方人本主义哲学关于人的基本主张包括：人是最关键的因素，应处于一切活动（工业活动、管理活动也不例外）的核心位置；人是多重性的存在，至少包含了物质因素和精神因素；任何组织都是人造物，都应服务于人的目标；等等。这样的哲学认识成果并未自动吸收进西方早期管理理论之中，然而，日本在战后的崛起和经济成就引起了世人的关注，对日本经验的总结所提出的"组织文化论"，即将日本管理的成功归结为组织文化的力量，人的身心一致要求、精神需要的诉求在管理组织中不仅是重要的，而且应得到切实的满足。这可以说是日本式管理的最大启示。不过，应当指出的是，组织文化即便是日本企业的特点，也并非完全是人为设计的结果，它主要是一系列制度、习惯和观念自动演进的产物，支撑这些制度、习惯、观念的基本哲学背景就是自然人假设。

第一节　自然人假设的思想资源[①]

日本管理的自然人假设是这样一种人性假设学说：它充分肯定人性的本来状态，例如人人都可能具有或表现出来的情欲、冲动、愿望、意志等，换句话说，只要是人表现出来的，就是出于人性的，因而也是合理的。这样的思想形成有其深厚的民族文化基因。

一、日本历史文化中的地方性知识

日本本土的历史文化积淀是日本现代管理思想得以形成的根基，在历史发展过程中，本土文化孕育了日本管理思想的总体倾向和基本理念。自然人假设的思想资源之一就是日本自身的传统文化。虽然在历史上，日本有过多次大规模地引进外来文化的时期，即便在今天日本也有许多看似西化的东西受到追捧，但应看到这些都不是其本质，引进或拿来外来文化不是主要的方面，兼容和开放并不是日本人的行事风格。换句话说，保持自身传统文化的愿望更为显著和直接，并深刻地留存在民族信念与国民心理之中，这也是日本现代社会至今也为很多西方人士评价为"守旧""封闭"的原因。

历史上在与异文化的交流中，日本始终保持了较为明确的主动性。引进或拿来的都是无伤大雅的细微方面，如果是涉及根本性价值观或社会取向的改变，那一定是经过反复的争执、冲突、摩擦后才开始缓慢出现的，最终形成的都是已经被改造得面目全非的东西。例如，公元7世纪进行的"大化改新"缔造出一个融合大唐文化又根本不同于前者的律令制形态；9世纪引入中国科举制却全面失败而不得不放弃；19世纪进行的"明治维新"运动，产生出一个融合了西方文化却又显著有别的日本帝国主义的社会体系。输入外来文化并加以改造、损益，使之适应日本的情形，这一点如此明显，以至于很难简单断言日本人是开放的还是保守的。

在日本本土信仰——神道的创世纪神话中，人不是被神创造出来的，而是神生出来的子女，人与神的关系属于有血缘的亲子关系，即神人相续、圣俗相关。而且日本传说中的诸神并没有明确的善恶属性，神的地位

[①] 李萍：《论日本管理哲学中的"自然人假设"》，《玉溪师范学院学报》2013年第1期。

和威望主要依其生命力而定，神主要是力量的化身，而非道德品格的载体。即便在今天的日本，对人的评价很少从道德层面做出简单的、具有明确好或坏性质的结论，他们更乐于从具体的行为、性格、处世方面去看待或者给出具体的评价。从这一意义上说，日本人比中国人少了强烈的道德感，当中国人对历史问题、人们的行为等持明确的道德判断时，日本人则将它们当作"自然而然的趋势所致"，是"自然生成的"。由于不强调人为的意识作用，道德评价也就退居幕后。

神道的影响无处不在，儒家和佛教传入日本后都分别采取了"神儒合流""神佛一体"的形式①。形成于弥生时代的神道，最初只是一种农业时代与祈求丰收、避免灾祸相关的祭祀仪式，以后接受大陆道教和佛教的影响，逐渐成为包含自然崇拜和祖灵信仰的民族宗教。这一宗教教导日本人，日本国民是日照大神的"选民"，通过天皇与神的一体，日本即神国，强化了日本民族主义的思想倾向。"只有在日本，封建制的发展带来一种真正'民族的'共同体意识，只不过主要是奠基于身份性的——武士的基础上。"② 在日语中，"善"与"洁净"、"恶"与"污浊"在词源上是相通的。古代日本人认为，肮脏本身就是恶意，洁净本身就是善心。这同时就意味着恶、罪都是外在的或附着上去的东西，它们是非本原性的，因此，罪或恶主要不是内心或动机的问题，它们都可以通过禊或祓等神道仪式得到清除。这完全不同于基督教的原罪观念，后者将罪或恶理解为某种实体性存在，而日本人则将罪或恶看作可以清洗、涤除的附着物，它是非实体性的存在，是一种暂时性的偏离。更为重要的是，神道中包含的多神信仰导致将生活空间中的一切事物都视为"神"的存在，使得日本人在心理上易于接受新鲜事物，因为这些新鲜事物只被当作"神"的存在的不同形式或化身而已，与其他东方民族相比，日本人对引入新鲜事物并不会表现出强烈的反感，这也可以部分解释为什么日本人善于在既牢固保存自身民族性的同时不断同化、改造外来文化，并为其所用。

---

① 《侯顿·米福林国际年鉴》(*Information Please Almanac*, Boston: Houghton Mifflin, 1993, p.213) 这样描述了1.24亿日本人口中的宗教信仰——1.12亿神道教徒，0.93亿佛教徒，同一个人可以既是神道教徒，又是佛教徒。可见，不同类型的历史文化影响仍然为现代日本人的身份认同涂上了色彩。

② 韦伯：《印度的宗教——印度教与佛教》，康乐、简惠美译，广西师范大学出版社，2005，第475页。

历史上长期的同质性社会结构以及相对完整保存下来的文化沉淀，使得日本人具有了比其他东方民族更为清晰的民族主义意识，在对内关系上就表现为集体主义价值观的盛行，个人主义式的思考受到压制，形成了集团主义社会形态和泛家族式管理方式。在日本人的管理实践中，对集体、社会的认同表现在对外与对内两个方面。对外主要反映为始终维护企业或所在集团的整体利益，注重企业或集团的声誉，恪守以顾客为目标，充分落实顾客满意的管理理念；对内主要反映在努力适应集团氛围，与集团内的人和气相处，营造和维护"家族"式的共同体。这样的家族式共同体致力于在组织内培育集体至上的氛围，增强员工对组织的认同感与忠诚度。例如，在企业管理中，传统的家族管理方式结合现代企业管理理念，产生了日本现代企业管理的"三大支柱"——终身雇佣、年功序列与企业内工会，以及企业内明晰的层级关系与对企业共同体绝对忠诚的观念。

在此需要澄清的是，为数不少的中国人习惯于将日本管理思想理解为传统文化的再现，这是不对的。特别是起源于中国的儒家学说原本与商业成功或体力劳动的价值没有什么关系，尽管儒学所包含的伦理思想构成了传统中国士大夫阶层和官员的主要教养内容，但简单地将日本式管理的特点，如自下而上的决策、对工作的积极态度等，归结为来自儒学影响是不合适的。日本管理模式虽然有传统文化的因素，但它的主体内容是在日本工业化已经取得了显著的成果之后形成的，这一过程正好与传统伦理观和社会因素的弱化相伴随。"日本式管理并不是产生于上述几位深邃的思想家，也不是通过立法而得到系统化或全面引入的，它只是自然进化的过程。说这样的管理形态与日本的现实相一致也是不太准确的，毋宁说日本式管理本身就构成了日本现实。"①

二、日本现代化进程中的新知识生成

然而，也必须看到，"自然人假设"尽管有深厚的历史文化传统之继承方面，同样还有现代转换、创新、植入等全新的内容，日本式管理绝非日本传统文化的直接产物，确切地说，日本管理思想是以日本的传统文化（包括神道自然观念、佛教无我思想和儒家道德精神等）为根

---

① Koji Matsumoto, *The Rise of the Japanese Corporate System*, Kegan Paul International, 1991, p. 186.

基，并与西方近代文明相结合、与现代工业文明和市场社会相适应而发展起来的。

在1853年美国海军少将佩里率领舰队打开日本国门（史称"黑船事件"）之前，日本正处于德川幕府时期，这一时期采取了闭关锁国的政策，与国外的交流仅限于中国和朝鲜，但对内方面，中央政府的确立和持续的和平，使得日本的经济、思想文化都获得了独立和充分的发展，许多被视为日本传统典型代表的文化样式，如能剧、歌舞伎、花道、剑道等都是在这个时期最终确定的。"黑船事件"后，国门被迫打开，社会各阶层分化的进程大大加快。中下级武士组成了革命主力，他们最初并没有明确的西化目标或主动接受西学的意识，而只是要应对外部敌对势力的压力，当发现幕府无力抵抗，就希图皇室可以担当这一使命，于是提出了"尊王攘夷"的政治口号，渐渐地，扩展为建立统一的民族国家、对付西方列强的明治维新运动。倒幕运动成功后建立起了以明治天皇为最高统帅的"王政复古"式政治体制，日本迅速地开始着手在各个方面引入西方技术和观念建设近代国家。整个日本进入大规模的社会转型时期，"脱亚入欧"成为主旋律，吸取欧洲文明精华成为时尚。明治政府大力推行全面的"文明开化"，大规模向西方学习。政府组织了庞大的"岩仓使团"赴欧美国家访问，全面考察西方国家的政治、经济体制和军事、文化教育等。与此同时，日本引进了西欧的股份公司制度，并迅速地制订出了商法。此外，还兼采各国之长，日本分别引进了英国的社会管理方式，吸取了德国中央集权下的宏观经济管制思想和富国强兵的观念，学习了法国的立法制度和美国的企业管理措施等。

第二次世界大战以后，日本很快接受了战败这一事实，迅速向美国靠拢，在管理方面也唯美国马首是瞻，引进了美国的企业常务会制度，60年代还引进了美国的事业部制以及经营决策制度。70年代以后，日本引进了美国用电子计算机进行管理和处理的技术，在很多具体的现代管理手段方面也大量引进美国的方法，包括：统计式质量论，人事劳动管理和作业管理，动作研究和工程分析、价值分析、管理图表等。与此同时，日本也注重从美国输入先进的管理思想和理念。战后的大规模"美国化"以及在管理思想上的转向至少与四个美国人联系在一起：麦克阿瑟、戴明、朱兰和德鲁克。作为占领军总司令的麦克阿瑟，在日期间并没有直接从事企业管理事务，但他在日本推行了一系列以基督教信仰为基础的管理法则，深刻地影响了日本战后的现代化进程与战后管理思想的更新①。美国著名的统计师和质量控制师戴明与朱兰都是受到麦克阿瑟领导的占领军司令部的邀请而多次来到日本。戴明在日本举办了一系列质量控制讲座，他和朱兰共同在日本传播质量管理的"福音"，美国式的质量管理理念与日本民族本身具有的严谨与认真的态度相结合，把质量问题从工厂的车间转移到每个管理者的桌面上，创造出了"全面质量管理""质量管理小组活动""品管圈"等新型方式，形成了零缺陷的质量控制目标。彼得·德鲁克对日本管理也产生了深远的影响，他对日本现代管理思想的影响巨大，以至于他在日本人中享受到了极高的荣誉，他本人就享受到日本天皇接见的礼遇。在1950年到1980年的30年间，德鲁克每隔一两年就会去一次日本。德鲁克的管理学名著《企业的概念》出版后，尽管在美国没有立即引起热烈的反响，却立刻被翻译为日文，为日本企业界人士争相研读并运用于管理实践中，其目标管理理论为日本企业界所广泛接受。他在书中明确指出，以追求利润为企（事）业目标的理论必须抛弃，取而代之的新目标应是：市场定位、创新、生产率、实物和金融资源、利润、管理人员的表现及培养、工人的表现和态度、公共责任感。在这些目标中，"对社会的责任"这个目标对日本企业产生了巨大影响。日本人的谦恭和身体力行的品格，使他们更乐于将听到的和看到的新知识贯彻到行动中，从而使引进的管理技术、制度和方法能迅速产生经济效益。

当然，引进这些管理技术与方法并非只是简单地照抄或模仿，本土化、国产化的工作也在有条不紊地进行，不过，不能说日本所选取的就一定都是精华，也不能说日本所再创造出来的东西都是合理的，对于此问题，不仅在日本国内，而且在国际上也一直存在广泛的争议。激进者认为，日本所改造的都是有问题的，最终还是要回到西方的正统上来，温和者则认为应具体问题具体分析。笔者主张，这其实涉及的是事实和评价二者的关系问题，而非单纯的事实判断，所以，必须首先弄清楚日本做了什么、日本在管理思想和实践上提出了什么，才能在确立和给出特定评价体系的前提下去讨论日本所做的是否合理、存在怎样的缺陷。

总之，虽然本书归纳出"自然人"假设这一日本管理哲学人性假设的主要命题，这并不意味着这个命题是上述神道自然观、佛教无我观和儒家

---

① 麦克阿瑟对日本管理哲学中的现代价值观的形成产生了巨大影响，正如现代美国的市场经济与管理是基于新教伦理法则一样，麦克阿瑟带给日本的也正是现代的企业竞争理念和自由市场竞争机制。但在面对美国式基督教信仰时，日本人并没有完全接受。

道德等传统思想的简单重复或直接继承，严格来说，"自然人"假设只是表面上看似接近上述历史思想成果，其实质内容却有了很大不同。上述历史思想成果只是为"自然人"假设提供了远因和间接的解释路径，直接的内涵其实来自现代化进程中的不断选择、重组和改造。正如英国历史学家霍布斯鲍姆所指出的，一切现今存续的传统都是"发明的传统"，今天的人们不仅是从历史思想成果去遴选，而且基于今天生活世界的主题予以新的诠释，有的是翻旧为新，对古老的概念做出了全新的解读；有的是以新充旧，用今日思想代替、覆盖历史的材料，更有甚者，"编造"出传统、传说、传闻，以讹传讹，例如，日本神道教义断言，日本皇室血统纯正，"万世一系"，它的统治"八纮一宇"，这些都只是今人出于特定政治目的而杜撰出来的，并非历史真相，也不是神道的传统。正是基于这样的考虑，我们认为，与其纠结有多少中国古代思想影响到了日本、今日的日本与传统的日本有多大关联之类的问题，不如以现实主义态度尽可能全面观察当下日本社会、企业界正在经历的事件或发生的变化，因为过去的历史思想成果只是我们解释这些事件或变化的一种路径，但不是唯一的路径，更非最佳的路径。

第二节　自然人假设的基本特点

如何理解"自然人"这一概念呢？"自然人"包含了几层含义：其一是强调了与理性相对的感性方面；其二是肯定与人为、人工化相对的"童心"；其三是注重与社会规则相对的"义理""私情"内容。总之，用自然主义或者"心情主义"来概括或许比较适合。日本现代管理思想的人性假设具有上述思维内容，笔者将它归结为不同于西方式经济人假设之自然人假设。与西方管理学中盛行的"经济人""理性人"假设相比，自然人假设具有如下显著特点。

一、事实与价值的融合未分

"经济人"或"理性人"显然都是站在明确的经济利益基础之上，是基于事实的判断，同时对这样的经济利益追求予以积极肯定，这又构成了它的明确的价值倾向，因此，在西方管理人性假设中，事实为先、价值为后，存在两个不同、界限分明的层面。但在自然人假设中，这一差别性分隔被突破了。日本人相信，人性是人生而具有的禀性，人大多相同，用人力去改变它几乎没有成效，单纯依赖用理性来裁断则易导致人性的"扭曲"，结果会产生一系列麻烦，毋宁将人性照单全收。因为"日本人倾向于一如其原状地去认可外部的客观的自然界，与此相应，从思想史上说，除了近世期间一些受到中国儒学影响的学者探讨过人性善恶问题之外，日本思想家和普通人士大多并不关心人性是善是恶之类的价值区分，在他们看来，比区分人性善与恶更重要、也更基本的是接受人性。本居宣长就曾提出，自己是有限的、相对的，近似于无。他人或他物也是如此。人的处境具有不可选择性。他批判儒学人为或矫正的做法，因为否定了事物或人性的原本，儒学的'圣人''大丈夫'等理想也过于强调意志的作用。他们也倾向于一如其原状地去承认人类的自然的欲望与感情，并不努力去抑制或战胜这些欲望与感情"①。

日本学者尾渡达雄在《伦理学与道德教育》② 一书中指出，日本人的生活方式表现为心情主义。心情主义就是在心理上接受他人，努力促成自己与他人之间自然而然地达到沟通，实现人与人之间整体的融合。近代国学家本居宣长曾指出，中国儒学所宣扬的仁、义、礼、智是人为的扭曲，而非人性的自然流露，只有"人之情"才是实情。他的"人之情"是指未被社会玷污的"婴儿之心"，换句话说，就是未受"天理人欲之辨"干扰的"赤子之心"。这样的"人之情"再现的是没有伪诈、没有修饰的人心的本来存在方式。不仅如此，自近世以至今日，反复被日本思想家、学者所看重的日本文化的核心大抵皆是"心情""人之情"之类的内容。洞察人情并依此而行动，就是日本人理想中的"好人"，因此，"好人"并非特立独行或独善其身的人，而是时刻揣测对手，并以对手的心理感受去行动的人。这正反映了日本传统思想中对人之"自然性"的肯定。

但这一点经常被日本之外的人士所忽视，以致造成许多文化摩擦和严重的误读。例如，"在西方背景中解释日本伦理的一个基本难题在于它的本体论本质。日本伦理学家的基本论点并不把规范性原则、规则、德性甚至行为作为他们的出发点。他们的出发点是对人类、社会、自然、宇宙能量等等进行本体论式的分析或描述。如果人们不从日本哲学的角度意识到'本体论就是伦理学'这一简单事实，这一切相关研究是没有任何意义的。

---

① 中村元：《东方民族的思维方式》，林太、马小鹤译，浙江人民出版社，1989，第238页。
② 尾渡达雄：《伦理学与道德教育》，以文社，1989。

事实上，日本伦理学家似乎在讲，'事物现有方式'（the way things are）的基本架构就是'事物应有方式'（the way things should be）的基本架构"①。"自然人"假设无疑是这样的思维方式的一种极好写照。

就其实质而言，日本人的生存状态既不是以神为中心，也不是以人类为中心，而是以自然为中心。但所谓"自然"并非自然界的自然（实物或科学研究的对象），而是"整体的自然生命的节律"或者"宇宙大生命"。这样的自然应当受到敬畏，日本人的思维正是十分推崇与这类自然相一致或相符合的言行。例如，在日语的表达中，表示意志的词"する"常常用于自谦，而表示自然而然的词"なる"则用于敬语，这就反映出日本人认为自然而然是可取的，是理应受到敬重的，他们倾向于接受自然而然（或者看似自然的情形）而非人为雕琢的东西。"表示与主观相对的对象的词汇在原来的日语中是不存在的。もの这个词既可以意味着客观的'物'，也可以意味着主观的'者'，在这种情况下就很难设想，'知る'（知道）这个词会用来表示对于独立存在于认知主体之外的客观的认识。换言之，像'情ま知る''人ま知りり合ふ'（对感情的理解、相互理解）这些用法反映出日本人更为强调对内在体验的了解、强调感情，强调人们之间的互相理解。主要方向是表述人际关系，纯粹的日语没有相当于完全客观的'知识'或'认识'的词汇。如果日本人在某种程度上有了一点儿学问上的自觉，有了关于区别于认识主体的客观的观念，那大部分是受西方影响的结果。"②

但是，自然而然并非"无所作为"，而是把它当作不知真相的命运去坦然接纳。"おのずから"这一词组就很形象地说明了这一点。おのずから的本义是"由我而为"，因此其中也包含了主观的努力，但这种努力不是有意识为之，而是利用或展示存在自身所本来具有的特性，即顺势而为。正像日本当代思想家相良亨指出的："'自然而然'并不排除'尽心'，在'尽心'中也承认'自然而然'的活动。仔细考虑一下就知道，唱歌也是'尽心'的活动，'尽心'本来是与所谓的'作为'相区别的，它只是在极力排除设定标准而行动的方式中存在。"③ 在崇尚"自然"或"自然人"的名义下，其实仍然做出了某种主体性的选择，用己心去迎合对方，迎合共处的人际、人情要求。

---

① Mistuhiro Umezu, "Ethics and the Japanese Miracle: Characteristics and Ethics of Japanese Business Practice", unpublished paper.
② 中村元：《东方民族的思维方式》，林太、马小鹤译，浙江人民出版社，1989，第327页。
③ 相良亨：《日本人的心》，东京大学出版会，1984，第230页。

二、中流意识

与其他发达国家相比，日本的主体民族构成相对比较集中和稳定，除了历史上少数从中国和朝鲜半岛陆续进入的"归化人"以及近代的阿伊努人（北海道土著）和琉球人（冲绳群岛原住民）先后融入之外，一直以本土的四大岛的居民为主。在漫长的历史进程中几乎没有大规模的异民族大迁徙以及本民族内部的长时间征伐，人群关系保持了高度的持续性和同一性。即便在今天，80%以上的日本国民具有"中流意识"，即认为自己和自己的生活状态不上不下、不好不坏，总之，与"大家差不多"。这就是人们常说的日本社会的同质性和日本人的均质化。

"中流意识"促使多数日本人不愿意与众不同，而是谨小慎微，尽可能与周围他人保持一致，结果，在意他人的评价、通过相互监督来达到遵守规则的行动倾向，是许多日本人表现于外的最显著的行为方式。一些学者据此认为，日本人乃至日本文化是以强调相互间的义理、连带和规劝来维持集团秩序的。因为多数日本人并不是从自己个人的信念出发说明如此行为的理由，他们更经常地使用"不要丢脸""不要辜负他人"等外在式、他律性的取向来规劝他人或说服自己。强调在他人面前的循规蹈矩、不丢脸面，这一点作为日本文化现象在实际的日常生活中多有表现。如在传统的日本农村，"他人的眼目""大家的愿望"是构成行为判断的重要理由；封建社会中的四民身份制为每一阶层的人提供了相互参照的行为准则，即便对充满风险的商业交易，日本人也以"他人的存在"作为约束的力量之一。据说从前大阪商人的契约合同中，经常有如下附言："决不违背此约定。万一有违约行为，即使受到众人的嘲笑也绝不怨恨。"这样的相互监督确实可以构成商业交往的人际信用基础，这也是现代日本商界强调关系、注重人缘、在意声誉的重要原因之一。

"中流意识"弱化了善恶是非的界限。约翰·托兰在他的《日本帝国的衰亡》一书中这样描述日本人：与西方人黑白分明的思想不同，日本人的界限比较模糊。在国际关系中，日本人讲究的是"政策"而不是"原则"。日本人似乎没有道德心，他们的逻辑就像日本人用的包袱布，可大可小，随机应变，不需要时还可以叠起来装在口袋里。托兰的言辞虽然不乏尖刻甚至偏激，但大体还是揭示了日本人在人性问题认识方面去道德化的特点。美国人类学家本尼迪克特将日本文化的这一特征归结为浓厚的"耻感意识"。耻感是面对他人时己方的失态所显现出来的窘迫，是因他人的在场，通过他人的眼而反映出来的自己以及对这样的自己的意识。这样的自己不是内在的、自我性的，只是相对在场的他者而言，观察的角度不同，认识的结果也就不同，但本体依然是本体。

三、无常观的渗透

自然人假设试图还原人的本真生活状态，包括诸多不如意、生死离别和人自身的缺点等，这可以被归结为"无常"。这显然受到了古代佛教的深刻影响，日本人对生命的认识不是超脱，而是体悟，一种如斯其然地接受、接纳的态度。因为人总有一死，这是命运，任何努力也改变不了，是不得不接受的。洞察人性无非是放弃刨根究底式了解（明らめ），把暂时的不可知视为永恒的不可知，此外别无他法（谛め）。对许多日本人来说，这就是意识到自己是个"凡人"而始知的"平凡的真理"。

无常观不仅包括了"断念""死心"之类的幻灭感，同时也包含了在限定条件下尽力而为的"觉悟"。在毫无办法的时候，付出再大的牺牲都在所不惜，有时甚至会以自己的生命为赌注去做最后一搏。在生的时刻，常常抱有对死的警觉，这样的紧张感就直接构成了日本民族惯常表现出来的危机意识。所以，无常观并没有把日本人引向消极遁世的方面，相反，它为日本人培养了积极入世、重今生现世的生活态度。"应该做的做了，这就是成功！"（やるべきことはやった。これでおしまい！）日本近代作家太宰治曾说："一日一日，充分地过下去，别无他法。不要为明日之事而烦恼，明日因为是明日不值得烦恼，就在今天一天中愉快地、努力地生活，并且和悦地与他人相处。"① 无论做什么工作、从事何种事业，首先要考虑到失败的可能，在此基础上大胆实践、尝试，这样的人在实践上是有心机的人，同时在终极性上又是将心居于无的安宁之中的人。

这样的"觉悟"以及由此带来的行动主义造就了现代日本人的精益求精的工作态度。日本人认为，精良的技艺或者说业务熟练是人的可贵之处（人間の救いになる）。日本人常常将成为某一领域的纯熟者视为"达人"。在日本人的意识中，这样的人总是在孤独、寂寞中不断坚持锻炼、练习而提高，并增强自己的才能，他们是不负于任何人的达道者，这样的人是"精神圆满"的人。这对于日本管理组织的成形、经济和社会的恢复都起到了极大的积极作用。特别是在企业管理上，认真、敬业的工作作风通过

---

① 太宰治：《小说灯笼》，陈系美译，四川文艺出版社，2017，第252页。

日本人创设的现代企业制度促进了企业管理质量与效率的极大提升,形成了日本管理思想的精华——精益生产模式。丰田公司就是精益生产理论的最佳实践者。

日本精神分析医学者土居健郎对此有很好的揭示,他指出,日本人际之间的"溺爱"(甘え)关系使得日本人更注重不断表明自己的心迹而非理性的后果,这就使得日本人大多表现出执着、固执的性格。土居认为,这一心理特征也影响到了日本人的工作态度和工作方式,"以前人们都说,日本人特别勤劳,其实这与日本人'执着'的性格大有关系。日本的农民、工人、公司职员,大家都拼命地工作,虽说这也是出于生活贫困,但实际上他们绝大多数人认为不这样拼命干活心不甘。……其实这是最理想的工作态度。人如果缺少这种执着的精神,恐怕什么工作都做不好。但是,这里又潜存着一种危险,就是说,人们工作的动机不知从何时开始转移了。从为完成任务而工作变成不干点什么,便坐立不安"①。

如果说西方发达资本主义国家被称为公民社会(政治法律意义上看)、丰裕社会(经济学、社会学上看)、后工业社会(哲学上看),日本则可以说是"企业社会"。企业在日本有着举足轻重的地位,企业被拟人化,企业的活动方式、组织原则等渗透到其他领域。在日本现代化过程中企业因其担当了经济发展的重任而受到青睐,企业人士受到了尊重,企业逻辑和行事原则逐渐成为影响日本国民的重要力量。日本的"生产力至上的道德"(productivist ethic)认为,制造器物(物作り)在道德上优越于创造财富(金作り),此间不仅传统的工匠精神、职业操守得到了维护,现代市场社会的信用观念也得到了推崇。

第三节　自然人假设下的管理对策

案例2:

国际化中的日本企业

日本吉田拉链公司(英文缩写为 Y. K. K.)成立于1934年。二战时

---

① 土居健郎:《日本人的心理结构》,阎小妹译,商务印书馆,2006,第82页。

受经济管制，被迫用铝取代昂贵的铜，结果发展出了轻型、便宜的拉链，该公司为此获得了多项专利。60年代吉田拉链公司决定进入美国市场，当时世界拉链市场的绝大部分份额是由美国泰龙（Talon）公司占据的。包泰龙在内的拉链企业都是采用依据批发网络的传统分销体系。吉田拉链公司独辟蹊径，它主要将拉链直接卖给时装店，辅之以传统的分销体系。几年后，吉田拉链公司占领了1/3的美国市场。它在欧洲也重复这一战略，通过在当地生产零件和开设事务所，也很快获得了成功。至今，吉田拉链公司在全球40个国家建立起了世界性市场的领先地位，占据了世界拉链市场份额的65%。

基于上述的人性假设，日本管理组织表现出了强烈的命运共同体色彩，它强调组织的整体协同，注重组织内的人际关系，在管理的过程中关注"人心"、倡导"尽心"，因此，它以实施人本管理方式见长，尤其看重精神因素的作用，善于为组织设定整体的长远的目标，各种具体的管理措施与手段的取舍都与此相配合。

一、管理中人的潜能

举世闻名的松下电器公司创始人松下幸之助，之所以被日本人誉为经营之神，就在于他很好地洞察了人性，并顺人性去经营。松下提出"人的欲望产生活力"，企业要在这种人性认识的基础上去全力满足人的欲望，企业的存在就是提供人的欲望得到满足的产品和服务。要让人的欲望得到正面的持续满足，所提供的产品和服务就必须不断改进，使企业的产品像自来水一样丰富和廉价（这就是他著名的"水道哲学"）。基于对人的同情式理解，松下提倡尊重客户、迎合客户的战略。他认为，企业的经营核心在人，好的经营者就是要充分理解他的员工和他的顾客。企业经营说穿了，是经营者的人生观在左右一切。经营者的人生观主要是他如何看待他人，而非他有着怎样特立独行的个性。不难看出，松下的管理思想充分体现了自然人假设的内容。松下本人并不隐瞒他对自然人假设的信奉，他甚至主张，这样的人性倾向是超越共产主义、社会主义或资本主义等意识形态分歧的，只要是在人类生活的社会里，自然人性就不可被替代。

也许日本管理人性假设有其超越民族和时代的普遍启示，正如有学者所指出的："许多管理实践之所以成功是因为它们本身是好的管理实践。

这样的成功与文化因素毫无关系，丢掉文化偏见就意味着这种实践可以，也真正能够成功地为他国所用。"[1] 在日本式管理的影响下，现代西方管理理论和管理实践也日益关注管理活动和管理现场的人性因素。"为了使工作场所人性化，迈克尔·麦科比提出了四条原则建议：（1）安全——雇员必须免除健康、安全、收入和将来工作的后顾之忧；（2）公平——对雇员应付给与他们服务或生产贡献等值的报酬；（3）个性化——雇员应在决定他们工作节奏和计划如何完成自己的工作方面，享有最大的自主权；（4）民主——只要可能，雇员就应自我管理，参与影响他们工作的决策，在组织的工作中承担更大的责任。"[2]

为了促成员工生产力的不断提高、发掘员工的潜能，日本管理组织十分注重员工培训，日本企业内员工培训计划也成为日本企业的核心竞争力。日本现代管理组织内的成员（包括企业所有者、公务人员、管理者和雇员等）都是具有满腔热情、视工作为生活第一需要的人，因为日本组织本身就是一个巨大而高效的教育机构，持续且大批量地培养出竞争力十足的组织代理者或随时为组织献身的"战士"。

同质性的社会结构以及岛国性的地理特征造成的同种语言和相似的思维方式，使其思考带有较强的共同性，还造就了日本人自古以来的危机意识，并促使他们勤奋工作。因为在这个资源稀缺、生存空间狭小的国家，只有依赖所有国人的努力，尽可能提高工作效率，才有望在最小的土地范围内，利用最少的资源，获得最大的产出，从而保证本民族的存续，这就培养起了日本人的敬业精神、自强不息的生活态度和认真勤奋的工作态度。这样的文化传统形成了现代日本企业内强调集团主义和业绩主义相结合的献身价值观，其积极后果是：对纪律的高度重视和对忠诚品质的强调又保证了组织目标的快速实现。在现代组织中，日本的管理者或所有者都倾向于在员工和企业之间建立起相互信任的长期目标导向的管理，这不仅维系了员工社会归属感和心理上的安全感需要，同时也使长时间的较低工资水平得到维持，这就保证了企业总是可以自如地获得较高的利润和投资水平，这些因内部管理而形成的比较优势直接增强了日本企业在国际市场上的竞争力。

---

[1] 今井正明：《改善——日本企业成功的奥秘》，周亮、战凤梅译，机械工业出版社，2011，自序。

[2] 菲利普·R. 哈里斯、罗伯特·T. 莫兰：《跨文化管理教程》（第5版），关世杰主译，新华出版社，2002，第107页。

"改善"这一日本企业独特的管理工具也得益于自然人假设。日本管理学家今井正明认为,"改善",不断地、一点一滴地改善,是日本管理的基本理念。① 这一理念强调的是持续性的、细节性的生产过程和产品工艺的改进以及组织学习的价值。"改善"不仅体现在产品的质量追求上,而且体现在对不断提高自身以及自己所从事工作的效率的承诺上。"改善"观念反映了现代日本管理文化的鲜明特点。(1)减少或避免时间、精力、情绪以及其他有限资源的浪费(这尤其体现在全面质量管理上);(2)对已经存在的事物(如产品)做出正确的改进,而不是思考新的"成功"的观念或产品可能是什么;(3)对持续的和可靠的改进的集体协作,而不是给某个人许可去"打破"已经建立的"规则"。"改善"当然有别于"创新",前者强调的是过程(例如学习和创造新知识的价值),而后者集中于原创性的极大回报②。接受并履行"改善"的行为者也会受益,他会获得一种美德,表现出对自己不足的承认和谦虚,并且努力寻找各种可能性去持续学习和改进。"改善"涉及企业内的每一个人,他们通过对企业结构和系统的持续改进而取得企业的进步。"改善"这一管理观念的思想的起点是这样一种认识:每个企业都会遭遇到很多问题,这些问题的解决都要依赖于已经成形的企业文化。与"改善"相一致的企业文化必须具有如下两个条件:其一,每个雇员都可以不受惩罚地指出错误和为问题的解决提供建议;其二,对所发现的不足或问题的解决是由组织内的所有雇员共同努力而实现的。

人就是人自身所表现出来的一切,这话总体来说并没有不对,但仍然存在明显的令人不安之处。人不是机械物体,他的言行并非一堆"刺激-反应"的集合,而是存在一定的内在关联,去梳理、理解并赋予这些言行以意义,就可能构成多个学科的研究任务,也是人类一直以来在努力从事的事业。一旦有了审视、看待人之行为(反思)这样的思维性活动,任何人都无法"照原样地"认识或接受他人。自然人假设看似具有对人的处境、人的复杂性的深刻把握,但细致琢磨,就发现它不仅没有简化对人的认识,反而对人的认识增加了障碍。自然人假设包含了许多无法清楚表达或正式形成文化的内容,这提供了日本管理思想无限多样阐释的空间。

---

① Masaaki Imi, *Kaizen: The Key to Japan's Competitive Success*, McGraw-Hill Education, 1986.

② Keith Jackson and Miyuki Tomioka, *The Changing Face of Japanese Management*, Routledge, 2004, pp. 130–131.

二、人际关系优先

"日本式管理"一词在20世纪七八十年代的国际管理学界声名鹊起,中国也于80年代初开始关注并引入日本式管理,它在一定程度上成为中国人了解现代管理的中介。但对于"日本式管理"的具体定义,学界仍然有许多争议。许多早期著作强调了日本式管理的社会学和组织行为方面的特点[①],以后的许多著作聚焦于日本企业的外部结构和内部运行以及影响日本企业的经济政策[②],最近20年来又有人试图对日本企业做出组织理论解释[③],上述立场各异、观点分歧的研究成果其实也反映出日本式管理的多面性。笔者认为,所谓日本式管理并非一套固定的观念或实践,而是一系列日本企业在长久实践中摸索和总结出来的习惯性做法及其背后包含的管理原则,所以,"日本式管理"是一个开放性的领域,可以容纳无限多的解释。这就意味着要从哲学层面做出有深度和概括性的阐述仍然具有挑战性。

尽管如此,我们必须承认,"日本管理模式"是唯一一种公认的非西方管理模式,它对西方模式独大的现代管理实务界和思想界提出了非常不同的样板,它的理论和实践不仅在许多亚洲国家或地区被模仿,如韩国、新加坡、中国台湾,也有许多西方企业接受了日本管理的重要内容,特别是生产过程管理、市场情报管理、部门间合作等都得到了极大肯定。早在1930年代IBM公司的华森爵士就前往日本专程参观了松下公司的厂房,并留下了深刻印象。在1940年代,IBM就全面推行了松下的许多经营措

---

① 这些著作包括:James C. Abegglen, *The Japanese Factory*, 1958; Robert E. Cole, "Permanent Employment in Japan: Facts and Fantasies", *ILR Review*, 1972, Vol. 26, No. 1, pp. 615-630; N. Hatvany, V. Pucik, Japanese Management Practices and Productivity, *Organizational Dynamics*, March, 1981, pp. 5-23; George W. England, "Japanese and American Management: Theory Z and Beyond", *Journal of International Business Studies*, 1983, Vol. 14, No. 2, pp. 131-142; George W., England and Itzhak Harpaz, "Some Methodological and Analytic Considerations in Cross—national Comparative Research", *Journal of International Business Studies*, 1983, Vol. 14, No. 2, pp. 49-59.

② 主要包括如下著作:Dexter Dunphy, The History Development of Human Resource Management in Australia, *Asia Pacific Journal of Human Resources*, July, 1987, Vol. 25, No. 2, pp. 40-47; Masahiko Aoki, *Information, Incentives and Bargaining in the Japanese Economy*, London: Cambridge University Press, 1988.

③ 代表性学者及其著述如下:Masahiko Aoki, *Toward a Comparative Institutional Analysis*, Cambridge: MIT Press, 2001; Peter A. Hall, David W. Soskice, *Varieties of Capitalism: the Institutional Foundations of Comparative Advantage*, Oxford University Press, 2001.

施,从招聘时精选员工,到员工统一着装,将 CEO 的照片和企业信条张贴在醒目位置等。如今,"日本式管理"已经发展为管理学科的一个独立分支①。"在日本企业竞争力达到高峰的 20 世纪 90 年代前期,国际学术界对日本经济和日本企业经验的理论化所投入的关注甚至超过了今天对中国改革的重视。这种关注直接推动了社会科学,特别是经济学和管理学理论的发展。经济学里的比较制度分析、企业战略理论中的动态能力论的形成与发展和日本企业的经验直接相关。"②

基于自然人假设,企业管理主要依托非正式制度,至少在明面上,员工和管理层都更愿意诉诸非正式制度。换句话说,人际关系被置于重要位置,得到优先考虑。不仅在单个企业内部,企业间的关系也会受到非正式制度的极大约束。在日本,相关的企业或者企业系列内,隐含契约而非正式的成文契约主导着各关联方的关系,受隐含契约影响的关联企业人员之间相互的考虑不仅仅是各自的利益得失或经济上的收益,而是长久的合作和彼此的信任,有时还可能会出于对方的要求或顾及,而暂时或部分地放弃己方的利益。关联企业间的行为更多地基于长期交易关系所形成的相互信任。例如,大企业与下承包企业所结成的稳定而持久的关系,依靠的就不是成文契约,而是不成文的惯例,即日本特有的"商习惯"。其内容所具有的约束力主要取决于双方的交易频率、交易的保持时间、交往的历史及相互的信任程度,等等。核心企业与中小企业在交易过程中,不仅要考虑到经济原则和短期利益,也要考虑到"商习惯"。"据大阪府承包企业振兴协会 1986 年对 1 700 个会员企业的调查,大多数下承包企业并不与母企业签订基本契约,其主要理由是'因为有交易习惯',作此回答的企业占未签订企业总数的 93.1%。甚至还有 31.6% 的下承包企业在接受订货时并未签订订货合同或接到订货单。他们只是根据口头约定(包括电话)或便条通知等,而没有采取据以防止纠纷的书面交易记录形式。即使如此,他们与母企业之间发生纠纷的现象仍然是非常少的。"③

"商习惯"的最大优势就是实现了事前的帕累托最优,降低了各种类型的代理人成本,缓解了市场经济固有的缺陷。但它的劣势也正在于此,

---

① 李萍:《日本经营模式及其内在缺陷批判》,《日本学刊》2014 年第 3 期。
② 罗纳德·道尔:《企业为谁而在:献给日本型资本主义的悼词》,宋磊译,北京大学出版社,2009,第 23 页。
③ 中国经济体制改革研究所赴日考察团:《日本模式的启示》,四川人民出版社,1988,第 75 页。

以隐含契约为基础的日本模式在实现了交易方式灵活性的同时，却带来了另一种负面效应：某种程度上的不稳定以及封闭性。对一个没有情感联系和交易经历的外国企业来说尤其如此。这些惯例难以被外国企业所习得，因此，就很难打入日本市场。这些缺乏公开、透明操作规则的"商习惯"正是日本企业国际化的极大阻力，也因此常常受到来自欧美等贸易伙伴的指责。

　　日本式管理强调当下情境中的人员关系，而非直接的利益后果。这也是造成日本管理者与欧美管理者相互理解上经常存在分歧的根源之一。"一般来讲，在复杂的谈判过程中，西方人把大的任务分解为小的任务。人们可以从小任务开始，在完成一个之后再进行下一个，沿着完成任务的道路循序渐进。在这个过程中，一步一步地解决问题，最后的协议就是解决了的各个问题的综合。然而，在东方人的思维中，常常所有的问题一起讨论，没有明显的先后次序。让步是在谈判总结的时候做出的。西方的方法是种循序渐进的思维方法，东方的方法是整体思维的方法。这两种方法差别很大。因而，美国谈判者在与日本人谈判时，难以估量谈判的进程，在思维方式和决策过程上的文化差异可能导致失误。对于日本人来讲，长期的目标是不断发展的相互获益的商业关系。'经济的问题是情境（context），不是谈话的内容（content）'。与此相反，对美国人来讲，谈判是个解决问题的行为，是以对双方最好的解决方案为目的的行为。"[①] 这也导致在具体的企业活动、政府与企业的关系中，日本方式和美国方式的极大不同。例如，不像日本政府，美国政府往往扮演着看门狗和商业增长与商业活动监管者的角色，因此，二者之间经常存在冲突和对立；但日本政府与企业结成了战略伙伴关系，政府常常成为企业（尤其是大企业）的代言人。在日本，广泛存在财-政-官"铁三角"式高度融合关系。

　　在阐述日本管理思想的自然人假设时，还有必要指出，日本的管理经验主要表现在竞争性的营利组织，如企业，而日本各级政府组织却在管理上乏善可陈，这部分表明日本管理界的一个现实：来自市场的压力远远重于对普遍知识或真理的追求。日本学者中村元曾精辟地指出："日本人过分强调个别事实或特殊状态的倾向使他们陷入了无理论或反理论的非理性立场。结果是蔑视理性思维，崇拜不加控制的直观主义和行动主义，这里

---

①　菲利普·R. 哈里斯、罗伯特·T. 莫兰：《跨文化管理教程》（第5版），关世杰主译，新华出版社，2002，第57页。

就存在着过去日本遭到失败的思维方面的原因，而且今天的日本仍然有这方面的危险。为了不重蹈覆辙，我们必须从现在起就学习通过特殊的'事实'去寻求普遍的'道理'。"①

---

① 中村元：《东方民族的思维方式》，林太、马小鹤译，浙江人民出版社，1989，第266页。

第二章 日本管理组织概说

管理活动的主要载体是组织。与组织直接相关的两个管理学的分支学科分别是组织行为学和组织理论，前者关注的是组织中的人的行为、态度及其绩效，后者则力图做出最优化的组织设计和组织结构。从思想史上看，西方古典组织管理理论的奠基者亨利·法约尔和马克斯·韦伯分别对企业组织和行政组织做出了开创性的研究。现代组织理论的研究则以马奇和西蒙的《组织》(1958)一书为肇始。20 世纪 70 年代以来，经济学的新发展为组织理论提供了许多重要的理论基础，其中最有影响力的是詹森和麦克林的"代理理论"、威廉姆森的"交易费用理论"、波特的"比较竞争优势理论"。关于组织理论研究的历程可以大致概括为：20 世纪 50—60 年代，组织研究的主流或代表性理论都是围绕科层制展开的；70—80 年代开始关注"结构-环境"的互动关系；90 年代以来，各种新理论纷纭杂陈，包括组织资源的整合论、组织结构扁平化思想、界限模糊化倾向、核心竞争力概念的提出等。与早期的管理学家注重作业管理不同，现代组织研究者关注的是整个组织的管理问题。

日本现代组织（无论是政府部门还是企业）发端于现代化的进程之中，因此深受西方现代组织理论的影响，属于典型的理性组织：一方面日本现代组织的形式都是极其正规、严格的，具有等级科层、职能分化、授权反馈等完备的体系；另一方面日本现代组织仍然具有自身的鲜明特点，有鉴于美国、欧洲、日本的组织表现出了明显的不同，有学者将当今盛行的组织管理模式分成如下几个类型：管理者取向的模式（主要流行于 1960 年代之前的美国）、劳动者取向的模式（它在德国根深蒂固）、政府取向的模式（在战后的法国和日本比较突出）、利益相关者取向的模式（这可以看作传统的管理者模式和劳动者模式的变种）。[①] 笔者认为，上述

---

① Henry Hansmann, Reinier Kraakm, Reflections on the End of History for Corporate Law, Gordon, J. and Roe, M. J. eds., *The Convergence of Corporate Governance*, Palgrave Macmillan, 2004, pp. 443–449.

划分看到了发达国家间组织的差异,但对日本组织特性的强调仍然不足,下文的分析将对此予以补充说明。

第一节 日本现代组织的出现

日本现代组织虽然有其鲜明的特点,但这些特点并非与生俱来的,相反,它们都是在经历了反复的试错与磨合之后逐渐生长起来的,可以说是不断变化、适应的产物,其间,西方理论、东方传统以及日本自身的本土资源都得以融合和改造。日本现代组织区别于西方的一个重要之点在于日本组织具有高度的拟人性,组织被赋予了精神、价值的因素,正如有西方学者曾做出的反思那样:"由于历史的偶然,我们西方人发展出来一种将人的精神生活与他的组织生活分离开的文化。这一事件已经对现代西方组织产生了意义深远的影响。我们的公司保证了精神和体力的自由,但它们却在文化上反对介入我们的生活和深层信念。"①

一、日本传统组织的典型形式

一般来说,组织的形态或结构是指相对稳定和易于识别的组织内部运作和存续系统。管理组织通常不会是一种完全封闭的自组织系统,它更经常呈现为不断与外界或其他组织进行交换的动态系统。然而,越是在环境变化的条件下,越是在组织与外部组织存在多种互动的情况下,组织内就越需要相对稳定的结构,否则,组织就会丧失整体性而无法实现其预定目标。因此,组织的结构一旦确定,就不能允许过大的改动。改动太大,不是组织的重大革新就是组织的崩溃。

就整个日本社会而言,最有影响的组织排序是:家、村(地方社区)、公司(商业组织)、行政机关。尽管家和村自二战后以来影响力持续下降,但我们仍然不能忽视它们的影响,因为日本企业事实上就承担了家和村的许多传统职能,日本的行政机关一直扮演着非常重要的社会生活参与者和指导者的角色,它与企业密不可分的"癒着"关系也是考察日本组织乃至日本社会不可忽视的重要维度。当然,传统的家、村不可能依照原样延续

---

① Richard Tanner Pascale, Anthony G. Athos, *The Art of Japanese Management*, Sidgwich and Jackson Limited, 1986, p.192.

下来，家越来越具有私人性，村的公共性也在下降，因为地方政府承担了越来越多的行政职能。但依托于传统的家而形成的"家元"制还在一定范围内延续，在一定意义上可以说"家元"制是日本传统社会最具有代表性的组织结构。

"家元"制最早出现在日本封建时期的城市，在商人和以传统技艺立身的世家中盛行。"家元"制有点类似西方历史上的行会，一个家元就是一个利益集团。家元通过严格、封闭的师徒关系，形成内部人员的紧密联系和特定技艺、工艺、仪式等的传承方式，所以，一个家元不仅要严格划清内外界限，维护自身的利益不受其他家元的侵害，同时协调组织内本家-分家、师徒或长幼等的关系，确定尊卑序列和标准化的行为样式，而且还代表本家元向国家、地方政府要求受到承认的权益，形成具有特定品牌价值的"文化财"。在传统社会，强有力的家元组织的存在，不仅保证了政府征税的简便易行，减少了中小商户的负担，维护了工匠和艺人的利益，也为手工业和各种技艺的发展创造了宽松的环境。日本至今仍为世人称道的"工匠精神"，即精益求精的专业追求和以自身手艺自豪的职业荣誉感都源于此。

与村不同的是，"家元"不强调地域因素，它以自愿加入为前提；有别于"家"之处在于，"家元"有明确的师徒关系，以传承特殊技艺为主。"家元"内的主从关系终身有效，因此，成员间关系兼具出身的身份和人为的契约双重性质。许多被视为日本传统的艺术形式，如插花、茶道、剑道、能剧、歌舞伎等，其实都是兼具消费功能和文化符号的复合体，它们都因"家元"制而得以在高度现代化的日本传承下来。因为，加入"家元"的人一定是出于自身浓烈的兴趣，他对即将开始的长达数十年的单调的学习或艰苦的练习已经有了充分的心理准备，而且他一旦投于其师名下，即便日后有所成就且名声盖过他的师傅，他仍然要终身服从他的师傅，他的创新也只是在本门派内，该门派的基本样式和经典做法都将可以长久延续下去。

美国人类学家许烺光在《家元——日本的真髓》一书中将日本的家元与中国的宗族、印度的种姓、美国的俱乐部并列，家元被看作日本传统社会起主导作用的组织形式，并影响了至今的整个日本社会。他认为，家元具有如下组织特征：其一，师徒关系。申请加入者拜师后跟随主人学习若干年，技成出师后通过鉴定仪式成为家元组织的正式成员，可得到师傅赐名，自此可以挂牌营业。其二，互联的等级制度。各个学徒通过师傅互相联系，彼此扶持，帮助经营各自的地盘，但不可争斗倾轧，更不可改换门庭投身其他师父门下。其三，大家元的至高权威。大家元有权制定本派的规范，得到门徒的供奉，其地位可以由他做主传与他指定的后人。

正是通过对家元的分析，许烺光得出如下结论：导致日本现代化成功的因素并非西方文明的引入，也非传统价值观（儒学、佛教、神道等）的改造，而是家元所代表的传统社会组织及其构成原理得到了延续，例如家元内的等级关系，外延扩大式的师徒关系，以及组织成员的绝对服从、全心落实自身角色的实践意识等，在现代日本的经济（企业经营）、政治（政党活动）、社会生活（各种小集团组织）等各个领域依然发挥着关键作用。正是有了这个介于国与家之间的家元制度，促成了日本的经济奇迹。韦伯也曾注意到这个问题，他发现日本传统的社会关系和组织结构是有利于日本完成现代化事业的，他说："（日本）封建的关系下那种可取消的、但又有固定契约的法制关系，对培养西方所谓的'个人主义'提供了比中国的神权政治更为有利的基础。日本虽未能从自己的精神中创造出资本主义，但是比较容易将资本主义视为一种人工制品，而从外部接受进来。"①

尽管这样，明治维新后，特别是二战之后，家元制无可挽回地衰落了。应当承认，家元制包含了许多难以容身现代社会的因素，例如，师徒关系中的人身依附性，工艺密不外传导致它革新太慢，烦琐的仪式和不降身价的"高姿态"将众多消费者挡在门外，等等。在颁布了《民法》《公司法》《劳动法》之后，家元制也不得不做出重大调整，以避免触犯现行法律。在今天的日本，家元制所涉及的领域正逐渐缩小，从具有高度竞争性和机械大工业可能进入的领域退出，主要继续活跃在艺术、闲暇生活、个人志趣等领域（包括盆栽、插花、根雕、茶道等），成员关系变更为兼具师生关系和生产者-消费者关系这样的双重属性，关系性质变得更加开放和轻松，与此同时，家元制所力图维护的固定的格、位、序都受到了挑战，代之而起的是各种"流""家""支"，传统"家元"所传承的技艺被看作众多技艺并存而立的一部分。但家元制所包含的文化因素和传统价值观仍然未被完全抛弃，许多企业领袖都愿意模拟家元制并视其为理想的组织形态，极力在本企业推崇并践行家元制的精神。

与家元制包含的相对主义、封闭式价值观不同，现代日本社会盛行的

---

① 韦伯：《印度的宗教——印度教与佛教》，康乐、简惠美译，广西师范大学出版社，2005，第385页。

是平等、守法等共同的普遍主义价值观。在推行普遍的社会价值观方面，日本政府和众多民间组织起到了重要作用，正是由于它们的共同努力，在今天的日本，绝大多数国民拥有相似的价值观、共同的行为准则和合理的权利诉求方式。美国《纽约时报》曾有一篇关于日本的报道。"最近日本人在日本的一个县建立了一所新学校，然而这个学校只有一个学生，这个学生可能是可预知将来的唯一一个学生。人们对这所学校的批评是，它的利用率不高。人们可以将该学生用校车接出该县并送到邻近的一所学校，而此邻近学校也并不人满为患，能容易安置他，向他提供良好的教育，尽管他在那里不会受到如此多的个人注意力。当《纽约时报》的一名记者就单个学生学校的问题采访文部省时，这位官员回答说，'利用率不是唯一的一种价值。'"[①] 不难看出，二战后出现的民主主义、普遍主义价值观以及由此构建起来的现代组织已经成为当代日本的主要组织形式。

二、日本现代组织的主要特点

在管理学中，"组织"一词有两种主要的用法。第一种是指管理功能，人们通常说到的管理功能一般包括预测、组织、领导（指挥）、监督、控制等几个方面。第二种是指管理的形式系统。在本书中，我们采取了第二种用法。在管理的形式系统中，组织意味着这样的形式：它通过对某种目标的确立，在具有授权和职位的高层管理者的推动下建立起具有内部控制系统、特定规范或纪律的结构形式[②]。日本在第二次世界大战后经历了根本性的社会变革，引入了完全不同于战前的体制，形成了有别于传统资本主义形态的经济和政治制度，这一点也充分体现在企业结构——经济的基本单元——之中。有人据此将这样的日本社会称为"企业主义社会"，这样的社会具有如下特点：显著的国民间的平等，社会成员垂直的流动性高，社会价值观具有连贯性和统一性，包含了无数个大大小小企业的企业群等。

（一）事权、职权的灵活设置

日本企业——这一现代组织的重要形式——是一种将雇员利益置于优先地位、持有长期战略发展立场的大型理性组织。考察日本管理组织的形

[①] Nicholas D. Kristof, "Empty Isles Are Signs Japan's Sun Might Dim", *New York Times*, 1 Aug. 1999, http://www.nytimes.com/library/world/asia/oso1999japandecline.html.

[②] 袁闯：《管理哲学》，复旦大学出版社，2004，第90页。

态时，一个突出的外显特征清晰地摆在人们面前：许多日本的组织仍然在运用传统的职能结构，它们解决职能专业化问题的方法，不是取消职能部门，而是不断地让管理人员在不同的职能部门之间调动，促使管理者获得更宽阔的视野，同时建立起跨职能的关系网络。此外，日本企业间的"垂直结构"、企业内的人际关系、可持续的员工培训计划、尽可能维持雇员利益的内部劳务化管理等，这些内容也构成了日本现代企业的重要结构形式。

在法约尔的管理理论中，组织的金字塔结构是职能增加的结果，由于业务职能的发展是水平方向的，随着组织所承担的工作量的增加，职能部门的人员将要增多；但等级原则的发展却是垂直的，因为有必要增加管理层次来指导和协调下一级管理部门的工作。这二者的冲突如何协调呢？法约尔强调，应当把管理的层次控制在最低限度内。这个观点无疑是合理的，但操作起来却依然不容易。日本式管理似乎提供了一种可能的解决方案。

松下公司是世界上最大的电子用品制造商。松下的组织结构很有特点。它总是不断改进自身的组织结构，使组织始终处于创新的状态。早在1933—1936年间，当美国的皮埃尔·杜邦努力发展个性化的组织时，松下幸之助和他的合作者高桥荒太郎也在日本推进同样的事业，吸引松下的是分权结构，这不仅因为它可以增加组织的透明性和控制力，而且还具有行动力方面的优势。以后，松下又通过集中四个关键职能来反向平衡去集权化的改革，这四个关键职能至今还保持在总部和最高层的控制之下，它们是：干部督导者向总部报告和对财务的集中控制体制、个人所创造的利润和部门吸引来的投资金所存放的"松下公司银行"制度、人事安排制度、人员培训体制等。随着公司组织结构的进化，松下还不断增加或分流下属公司的职能。1953年，松下调整了产品制造部，该部门经理既要向董事长垂直纵向汇报，又要向作为专家、对产品了如指掌的副总经理横向汇报[1]。

总体上看，日本组织管理的结构性设置所要确保的是组织本身的高度自立或自主，为此必须极力排除组织外人员的介入和外部力量的渗透。同样，在公司相互持有其他公司股份的情况下，公司和股东的关系也具有了完全不同的关系内容，主要表现为：第一，公司选择股东，而不是相反；

---

[1] Richard Tanner Pascale, Anthony G. Athos, *The Art of Japanese Management*, Sidgwich and Jackson Limited, 1986, pp.32-33.

第二,股东无法控制企业,企业却对股东的意愿具有真实的控制力;第三,企业从所有者那里获得了几乎完全的独立性;第四,日本公司将利润摆在第二位,并且倾向于追求每个资本费用中的额外收益;第五,实质上,日本的各种公司制度几乎徒具形骸;第六,各种不同的公司体制①。结果,一些正式的成文制度形同虚设,例如,上市公司的股东大会就无法发挥欧美国家那样的影响。日本的"股东大会只是走走形式的,原因十分简单——管理层通过稳定的持股体制来集中股票。我们可以假设,有超过70%的股份被稳定地掌握在金融机构和商业公司手中,这部分股份是不能交易的"②。

派瑞克有过如下的分析:"日本是世界上所有国家中将所有权和经营权分离做得最彻底的国家。管理层完全控制企业,股东被排除在外。日本的管理者有两个基本的且相互关联的目标:其一是在自我确立和自我恒久化的管理体系中确保管理的独立性和自主性;其二是确保企业获得永久的独立存续,破产和清算可能是最糟糕的管理后果,卖掉企业(它通常被称为合并)则位列其次。"③ 日本企业中所有权与经营权的分离做得如此彻底,恐怕是世界上唯一的例子。日本企业的管理控制是排除股东因素的,日本管理团队具有高度的独立性和自主性,他们以自主选择的方式保持自身长久持续的管理体制。相应地,组织间的交往也是在关联者(如企业与其投资银行、企业与其经销商等)之间进行,完全市场化的开放式组织关系在日本并不流行。"日本社会比美国社会更加'卡特尔化'(集团化),所以在不同组织的同一层次的人们,自在校期间就彼此认识,彼此交易时非常轻松自在——无须多做解释即能进行最大限度的合作。"④ 这表明日本组织管理中最看重的因素是:人的身份、信任关系、合作的长期性等,这些东西并不都能够转换成经济指标,更不能简单地做数字化评价,因此难以被模仿或转移。

一国的商法、公司法构成了企业组织的重要外部环境,考察日本现代

---

① Koji Matsumoto, *The Rise of The Japanese Corporate System: The Inside View of a MITI Official*, trans. by Thomas J. Elliott, London: Kegan Paul International, 1991, pp. 10-11.

② 乔纳森·查卡姆:《公司常青:英美法日德公司治理的比较》,郑江淮、李鹏飞等校译,中国人民大学出版社,2006,第75页。

③ Hugh Patrick, "Evolving Corporate Governance in Japan", *Market Discipline across Countries and Industries*, 2004 (269), p. 329.

④ "A Critique of Pure Irrationality about Japan", *The Economist*, Dec. 12, 1987.

组织不能忽视日本社会法律意识的变化以及具体法规上的修正。日本早在1898年就从德国引入了《商法》（包括有关商业公司的法律规范）作为它的市场经济法律体系的一个基础部分，二战后通过吸收许多美国的法律规定而对上述商法做出了重大调整。1950年，日本在《商法》中增加了一个新的法定限制，即第254条第3款："董事对公司负有这样的义务，他必须以合法的方式，在符合公司章程、遵守股东大会决议的基础上，忠实地履行自身的职责"，这极大增强了董事忠诚于企业的义务，部分放弃了以往只是对企业员工或少数股东负责的惯例。

20世纪80年代以来，在资本主义世界出现了新自由主义思潮，美国的里根主义、欧洲的撒切尔主义以及经济学界芝加哥学派的抬头等都是突出的代表，日本也不例外，前首相中曾根康弘追随里根，采取了限制缓和的政策。大体说来，日本战后商法的调整倾向和指导思想呈现出如下特点：第一，日本在立法上逐渐推出了个人责任的原则。这源于1960—1990年这30年间出现了新的商业交易形式，如面对面的入户销售、分期付款销售，还有一些新起的行业，如家庭教师、艺术沙龙服务等，也产生了不同以往的商业纠纷，立法部门将行政指导和特殊规制以及工业标准合同的修订相结合，推出了一系列新的旨在保护产品的购买者和使用者、加强企业责任的法规，例如，1994年确立的《产品责任法》、2000年通过的《消费者合同法》《金融产品销售法》。不过，日本上述立法表明的是：保护消费者还仅仅局限于信息披露，消费者尚不能介入与生产商合同制订的全过程，只是将事后索赔的程序简易化了。第二，强调效率最大化。例如，在早些时候，日本的劳动法被看作一种"社会法"，它是国家保护劳动者因不平等的谈判权力而产生的损害所设计的福利，但在今天，这一看法有了改变。20世纪90年代以后日本的法院越来越积极干预劳动合同的签订，通过一系列判例严格限制合同的任意终止（即解雇劳工）。新的劳动法明确规定：劳动合同终止无效，除非满足以下四个条件：（1）存在削减劳动力的必要性；（2）履行了努力避免裁员的义务；（3）裁掉这些员工具有充分的理由；（4）为将裁掉的员工提供了解释和申诉的正当程序。20世纪90年代以后，网络世界的兴起带来了全新的网络经济，电子商务的冲击不仅带来了新的竞争方式，也促成了新的用工方式，例如大量在家办公群体的出现。市场的变化和企业组织的多样性存在使得政府的干预日益显得严重滞后，而且也带来了越来越多的法律上的问题，例如，歧视、隐私权侵害、公共资源的不公正分配等,这就使得政府投鼠忌器,不得不有所限制①。相应地,企业的自主权和市场主体间的协商得到了新的确认。

进入21世纪后,日本兴起了企业并购的热潮。2002年1月,三和银行和东海银行合并,创立了日本联合金融银行(UFJ银行);当年4月,第一劝业银行、富士银行和兴业银行组成的瑞穗金融集团正式开业;9月,居日本钢铁业第二位的日本钢管和川崎制铁合并,创立了JFE控股公司;10月,日本最大的航空公司日本航空和日本航空系统公司合并,创立了株式会社日本航空系统公司。2006年3月,日本玩具工业Takara和Tomy合并,成立了Takaratomy公司;10月,阪急控股公司和阪神电铁公司经营合并,创立了阪急阪神控股公司。在私营企业合并的同时,日本的国有企业则在分割:1999年,日本电信电话公司被分割成控股公司和三个运营公司;2003年,日本邮政省从政府部门剥离成为企业——日本邮政公社;2005年10月,日本道路公团、首都高速道路公团、阪神高速道路公团和本州四国联络桥公团等四家国营公司被分割改编成民营公司。

国际权威研究机构汤森路透于2015年发表了全球企业创新排名TOP100,日本40家、美国35家、法国10家、德国4家、瑞士3家榜上有名。之前一直是美国第一名,2014年之后被日本超越。在技术研发方面,日本有4个指标名列世界前茅:一是研发经费占GDP的比例世界第一;二是由企业主导的研发经费占总研发经费的比例世界第一;三是日本核心科技专利占世界80%以上;四是日本的专利授权率高达80%。这意味着日本整个国家对技术研发的重视,同时也告诉我们为什么日本科技能独步天下。尽管日本人经常哀叹"失去的十年""不景气",但这不过是他们强烈危机感的外露,我们切不可因此以为日本企业已经是不堪一击的对手。日本仍然是一位值得尊敬的经济巨人。

(二)"二元结构"无处不在

接受企业营利的正当性、企业对社会生活的重要意义,这也可以看作一种日本多数国民认可的普遍价值观,这其实是对企业在经济发展、国家进步和国民生活改善上的巨大作用的认可。不仅日本现代组织理论大多支持企业把重点放在经济行为上,而且与美国相比,日本企业人士受到的尊

---

① Takashi Uchida and Veronica L. Taylor, Japan's "Era of Contract", in Daniel H. Foote (ed.), *Law in Japan: A Turning Point*, University of Washington Press, 2007, pp. 456-468.

重、企业行为得到的宽容都要大得多。在日本，政治利益集团对企业社会行为压力也较小，工会力量都比较弱，对企业的神圣地位发出挑战的声音有时会被看成不合时宜的表现。现代组织的效率逻辑和实利追求得到了普遍的首肯。然而，日本式管理并不总是体现了公平、正义的原则，无处不在的二元结构经常受到人们的指责，但二元结构也成为日本经济持久活力的保证。

日本企业绝非铁板一块，不仅各自的经营风格有差别，而且它们并没有一概拒绝西方合理的经营理论及实践，有不少日本企业严格说来更接近西方，例如，索尼在很多方面就更像它的西方同行，而不是日本同行，从企业治理模式到董事会结构以及董事所发挥的作用，都十分类似于美国公司。特别是在公司股票的开放性上，索尼很大比例的公司股票被外国股东持有，2003年这个比例是38.6%，与此相对照，东芝只有18.8%、三菱电子是14.6%、富士通是20.1%。"为什么索尼吸引了众多外国投资人的注意，其中一个原因就是，索尼对美国消费电子市场具有举足轻重的影响，所以它比它的日本竞争者更少依赖在日本市场的销售额。"①

双重结构式经济体制是日本组织不得不面对的又一个重要的制度限制。"所谓双重结构指现代工业部门和前现代工业部门并存。日本的劳动力结构也可以分成两类。一边是生产劳动力密集型产品和工艺，表现出很低的生产率和员工的低报酬；另一边则生产高度复杂工艺和资本密集型产品，表现出很高的生产率以及员工的高工资。此外，在工业部门中就存在两组人，一组分布在无数的中小企业中，另一组集中在巨大的财阀式企业，如企业集团中。"② 在组织内部也存在这样的二元结构。二元结构，有时又叫"工业二元主义""二元式经济"。它指这样一种现象：与日本少数顶尖的大企业并存的是无数的中小企业，前者主要从事资本密集型现代工业，生产率高，并为其员工提供较高的工资水平。这些企业已经高度参与国际竞争，熟悉市场规则，面向世界市场。后者主要分布在传统工业领域，使用较少资本，生产率较低，只能为员工提供较低的工资。这类企业通常面向国内生产，"主要是制造业和服务业，日本政府通过管制和保护，向它们提供大量直接或间接的补贴。这部分企业数量极大，占日本GDP

---

① Rene Haak, Markus Pudelko eds., *Japanese Management-the Search for a New Balance between Continuity and Change*, Palgrave Macmillan, 2005, p. 40.

② Gordon C. K. Cheung, *The Political Economy of Japan: An Analysis of Kokutai and Keizai-kai*, Singapore: Eastern University Press, 2003, pp. 30-31.

的85%，日本劳动力就业人数的90%，生产率低，大约为美国的60%"①。早在1920年前后，日本通过国民教育体系的培养、社会文化的推广和政府文教政策的导向，复活了部分传统道德观，同时也吸收了部分现代价值，奠定了日本式管理的观念基础。日本工业领域逐渐确立起了财阀企业为主导、中小企业间的合作与剥削并存的二元结构。大小企业在工资支付和生产率上的差别非常显著，这与当时的政府过度扶持财阀企业政策有关。

与大企业并存的是无数的中小企业，大企业只占日本全部企业数的0.79%。二元结构至今依然存在的条件是：第一，无论是现在还是过去，小企业在许多方面都弱于大企业，小企业不得不为所使用的资本支付更高的成本；第二，二元结构究竟能够存续多久取决于雇佣实践、下承包、技术水平的差距、对资本的接近、工会力量和政府的政策等。然而，"由于企业系列的存在，日本企业已经过多依赖它们的水平式和垂直式关系，这一点成为管理变革的阻力，而且很难建立起联合的跨文化合作。全球化确实对日本中小企业提出了严重的挑战，它们目前还不能在全球化中占据有利的位置"②。福瑞将日本企业制度归结为"竞争性的战略和合作式的结构"的复合体。③ 一方面，日本企业之间为市场份额而展开激烈竞争；另一方面又通过各种协会、联盟在自我管理上保持合作，同时在内部组织架构上维持适度的开放、平行流动和水平面的联系。47 400家大型企业（其中有12 300家是股份有限公司，并且雇用了1 350万全职正式员工）和600万家中小企业（其中有160万家是股份有限公司，雇用了2 270万员工）都采纳了这样的组织制度，只是组织制度的复杂性程度有所不同罢了。

日本人更看重的是企业规模，一个人在什么性质的企业工作是第一位的，而他在这个企业具体干什么并不重要。例如，一项由日本通商产业省于2003年所做的问卷调查结果显示，日本受访者只有8%的人对自主经营的小业主做出积极肯定，而在美国是91%、加拿大是88%、英国是38%。总体上，日本国民普遍看重大企业的社会声望，对小微企业不太友

---

① 郑悦：《日本式管理的生命力》，《IT经理世界》2012年第4期。
② Rene Haak, Markus Pudelko eds., *Japanese Management-the Search for a New Balance between Continuity and Change*, Palgrave Macmillan, 2005, p. 11.
③ Gordon C. K. Cheung, *The Political Economy of Japan: an Analysis of Kokutai and Keizai-kai*, Singapore: Eastern University Press, 2003, pp. 30-31.

好，因此，个体创业式小微企业的经营风险又因独立经营的小业主较低的社会地位而增加。

日本现代组织最突出的特点无疑在于它对组织文化、员工凝聚力以及劳资协调的人力资源政策等方面所做出的有益探索，这些都丰富了人们对管理模式、管理文化差异以及管理基础理论的再认识。然而，正如同美国模式有深厚的西方文化的根基和美国社会的观念做铺垫，日本现代组织理论对其他民族而言也可能存在"水土不服"的问题。从管理知识可靠性的层面上看，日本现代组织理论的贡献主要在于它制止了人们对管理学知识普遍性的夸大，以自身的特殊性表明了管理的有效性存在一定的适用范围。这似乎又回到了20世纪60年代美国学者孔茨所曾发现的"管理学丛林"。这使我们再次意识到：人类至今仍然不能在管理知识论上达到普遍一致性的结论。

第二节 现代组织的基本结构

众所周知，管理组织的存续离不开组织目标，组织的任务分配和层次划分也都是围绕组织目标展开的。在组织理论中，人们通常假定组织目标是已定的，即组织一旦成立，就明确了自身的目标，但事实并非如此，西尔特和马奇就曾指出，组织目标是政治妥协的结果，是组织内外各种利益集团讨价还价的结果。[1] 有越来越多的学者通过实证分析和理论推理进一步深化了组织目标的形成过程，其中，维尔金斯和大内通过对日本企业组织的研究得出了如下结论：氏族治理（clan governance）是一种很好的协调个体目标和组织目标并促使二者相一致的有效治理机制。[2] 尽管个体成员都是自利的，但是组织所设立的各种政治化过程将使参与各方认识到彼此之间目标的一致性，因而倾向于采取合作、信任的方式而非竞争、拆台的方式相互对待。这样，组织目标就融入个人目标之中。他们指出，日本企业实行的就是典型的氏族治理。其实，构成经典的日本式管理的支柱在

---

[1] R. M. Cyert, J. G. March, *A Behavioral Theory of the Firm*. 2nd ed., Prentice Hall, Englewood Cliffs, NJ, 1963.

[2] Alan L. Wilkins, William G. Ouchi, Efficient Culture: Exploring the Relationship between Culture and Organizational Performance, *Administrative Science Quarterly*, Sept. 1983, Vol. 28, No. 3.

组织架构上有六个方面，这六个方面又可以分成三个内在的方面和三个外在的方面。三个外在的方面是主银行体制、相互持股和稳定的股东关系①；三个内在的方面是长期雇佣、年功序列和企业内工会。长期雇佣、年功序列和企业内工会被称为日本企业管理的三种神器（威力无比的秘密武器之义），大概可以被看作日本企业组织结构的重要形态。不过，需要特别说明的是，这一说法大概成形于20世纪50年代末。1972年出版的《经济协力开发机构对日本劳动报告书》将上述三点列为日本企业制度的主要因素，并向海外广为宣传，所以，不能以为上述冠以日本名义的组织结构形态都是传统文化的产物或日本独有的特殊类型。下面我们就重点阐述日本企业组织结构中三个内在方面的具体内容。

一、长期雇佣制

长期雇佣指雇员进入企业后直至退休，长年安定雇佣。长期雇佣制之所以形成，是因为企业出于保有熟练劳动者的安排。一方面，劳动者的频繁流动，特别是熟练劳动者的流失，会严重影响企业的正常生产；另一方面，为了增强竞争力，企业必须不断地对新员工或在职老员工进行培训（即再培训），一旦他们远走高飞，企业的损失就十分惨重。于是，首先在个别企业，后来逐渐扩大到其他许多企业，都纷纷设立了长期雇佣的劳工管理方式，这逐渐成为日本管理组织中人事关系的惯例。二战后，特别是进入20世纪50年代后，由于技术革命的引入，企业现场劳动力需求剧增，向熟练劳动者示好、主动缓和劳资关系的意愿也在资方和高层管理者中普及开来②。

日本的长期雇佣制又被称为"生涯雇佣制"，它具有如下特点：（1）录用方法是以学校或某种特殊关系为中心进行的，并非通过新闻报刊广告或职业介绍所。录用者原则上是新近毕业的学生，有一至两年工作经历者也视同应届毕业学生。（2）录用时，被录取者并不明确将被安排到哪个部门或哪个岗位上。受雇者与企业之间不签订雇佣合同的情况也非常多，即便签了，也不详细记下有关劳动条件的各种约定。录用之后，职员将在企业

---

① 只有当企业陷入困境，主银行才会介入，那些一般的股东几乎不会插手企业的经营活动，更不会在公司治理中发挥什么作用。

② 需要指出的是，也有人对长期雇佣是日本式企业制度这一观点提出了质疑，如小池和男认为，在欧盟各国，白领男性和日本一样，以长期连续雇佣为主，如果这就是长期雇佣，那么，欧盟各国的白领男性也是长期雇佣。

中经历多种岗位，开发能力，积累经验，按照年功序列制度，他们中的一些人将逐渐地脱颖而出，担任更加重要的职务。(3) 录用后要在企业内外接受一定时间的新员工教育。(4) 录用的正式员工，直至退休，除非犯了大的过失、企业面临严重的不景气或业绩恶化等不得不调整雇佣情况，即使处于经营状况非常糟的局面，也可以在一定时期内停止加工资或减工资，但一般不轻易解雇。(5) 退休后，享受退职金和企业年金，经营状况好的企业还会尽力为年长或退休的员工安排到下属企业做顾问等，即帮助联系再就业以便过上更有意义的老年生活，这意味着企业对员工退休后的生活也承担起了责任。

从某种意义上说，日本企业录用一名新员工，并非只是增加一个新的劳动者或多一个干活的人，而是为既存的企业组织增加延续下去的新生力量，因此，这样的新生力量要有足够的耐性去适应和接受既存组织的各项惯例，即他们不能因个人的性格或特异的思想而破坏现有的人际关系，在将来的某个时候这样的人就可以成为企业组织利益的忠诚代表，成为企业文化和企业事业的延续者。所以，在人员录用上，企业除考察应聘者的工作能力之外，还要对品行、性格、宗教背景、政治倾向、爱好甚至家庭关系和邻里关系做出全面的考察。各个企业的具体录用方法会因学历不同而有所差别，但都经过如下环节，并加以综合评价。首先是学校推荐，然后是考试，包括一般教养和专门知识等方面的内容，再考外语。通过后，进行身体检查、面谈。总之，从知识、能力、健康、人格等诸多方面考察以决定是否录用。这样的人一旦录用，企业当然不会轻易解雇，职员也将长期在企业工作。

根据日本劳动省《劳动经济动向调查》的统计，自第一次石油危机以来，日本企业在面临经营压力、调整雇佣状况时所采用的对策顺序是：(1) 限制加班或缩短工时；(2) 削减、停止中途招工；(3) 调换工作岗位、外派；(4) 对临时工、季节工、计时工停止签订新的合同或解雇；(5) 临时歇业，暂时放假；(6) 停止或削减录用应届毕业生；(7) 募集自愿退职者和解雇。不难看出，解雇是企业最后选择的下策。与欧美不同的是，日本企业的裁员大多采取自然裁员、限制雇佣和雇员外派的方式，尽可能减少因直接裁员造成的阵痛。

长期雇佣奉行的是管理家庭主义（management familism），主要目的是限制或减少劳工流动。长期雇佣制可以被理解为追求以下目标：对企业长期成长的关注、企业内培训、灵活的任务安排、工作调整、组织学习、多技能的发展、企业内部知识的集中和职业生涯发展的规划。因此，雇主希望雇佣那些刚刚走出学校的新人，以便在公司内培训他们。

就其实质而言，长期雇佣只是雇主与雇员间的一种隐含契约，双方并未签订书面的正式成文合约，雇员有所期待，雇主大多能够兑现而已。即企业除了面临极度经营困难外，绝不随意解雇其正式录用的员工。在日本企业内，隐含契约主导着各相关利益主体之间的关系，人们的行为更多地基于长期交易关系所形成的相互信任。但由于只是隐含契约，并不会受到法律的充分保障。有人认为，长期雇佣有利于企业在员工培训上下功夫，培养员工具有多方面的技能和知识，但是，这也束缚了员工，因为他们的技能并非通用性的，而是专属该企业的，他们受训后也很难在不同企业间流动。因此，长期雇佣并非员工的福利，而是雇主或企业所有者以及管理者的管理手段，这就意味着长期雇佣是否可以获得，是以雇主为主导的，但同时又是以员工的敬业和无条件献身为条件的。

以长期雇佣制为核心的劳动力市场制度是日本经济高速增长时期发展起来的产物。它所依托的社会经济条件是持续的高速经济增长，当然，某些传统的文化价值观念也起到了支持和强化的作用。近20年来，长期雇佣制开始呈现越来越多的弊端。不能在人事上随意解雇员工，这会使无能但人缘好的人难以淘汰，最重要的是，长期雇佣制只能在持续的经济高速增长从而对人力有不断增加的要求之前提下维持，经济低速增长或负增长时，长期雇佣就可能成为企业的沉重负担。近些年对长期雇佣制的冲击有两个因素：一是维持就业安全的压力越来越大，二是传统的技能水平工资制在被部分地放弃。大企业通常不会被动接受长期雇佣所造成的高成本，它们会做出各种积极应对，通常会采取两种主要手段：第一，重组。在企业内的部门重组或企业间的重组中，就会压缩中年雇员和高层白领正式雇员数。第二，雇员评价和付酬体系的调整。即从强调技能和资历转向重视个人的业绩。这样，长期雇佣所可能带来的不断增长的人工费用就被释放和缓解。

日本富士通公司在2001年8月宣布了名为"结构改革和新的成长战略"的中期计划。根据这一计划，富士通公司将在全球范围内裁员1.64万人，占职工总数的9%，这也是日本公司战后较大规模裁员行动的开始。但是，日本企业总体上所做出的弹性调整并没有劳动力市场更为开放的美国表现灵活。厚生劳动省于2003年针对大企业进行了问卷调查，受访企业中的40%表示它们会像以往一样继续坚持长期雇佣制，另有40%

的企业提出会对长期雇佣制做出部分调整,只有10%的企业将对长期雇佣制做重大改变。在同一份调查中,75%的员工认为长期雇佣制是好的或总体上是好的。

20世纪90年代以来,越来越多的日本年轻人,在就业意识上发生了很大变化。尽管想成为核心职员的年轻人仍然居多数,其他的就业形式仍未占据主流,但不正式就业,或者只是作为派遣工、兼职工、临时工而谋生的年轻人确实是在逐年增加。根据日经联的调查,派遣劳动者人数,在《劳动者派遣事业法》颁布的1986年的数据是8.7万人,1994年为43.7万人,1995年则上升到60.6万人。一些企业也敏锐地捕捉到这一变化,并做出了快速反应。例如内田洋行从1997年4月起,废止了以女子短期大学毕业生为对象的一般职务的定期录用,全部改为采用派遣员工。这样的派遣工只同企业缔结期限短暂的契约,他们并不从属于目前正在工作的企业,这样的员工不再是企业中心主义的信奉者,他们更看重自己的个人兴趣、报酬所得等。另外,开始有不少年轻的新员工自愿离职,新雇佣员工中大约30%的人会在他们受雇的第一个工作单位三年内离开[①]。不过,需要指出的是,在当代日本,始终并不缺少劳动力的自由流动,那些关心经济效率和企业价值的管理者宣称,在经营过程中有必要回归自由雇佣合同体系,鼓励雇佣状态多元化。这种声音在"平成不景气"的"失去的十年"开始获得更多人的理解和支持,这也带来了日本组织雇佣向柔软性、灵活性的转变。

二、年功序列制

任何一个社会或组织决定人员升迁或提拔时大致会采取如下两种制度:等级制度和能力制度。就日本而言,往往是前一种制度占绝大比重。但一个不可忽视的现象是,重心向后者移动的趋势也日渐明显。1984年日本劳务行政研究所对全国381家资本在6亿日元以上、职工人数在500名以上的企业进行了抽样调查,结果表明,1984年度全国企业的平均工资中,按工作能力大小来决定的"能力工资"数额占总额的51%,由工龄长短所决定的"年功工资"数额占49%。战后日本首次出现了"能力工资"比重超过"年功工资"比重的逆转现象。日本公司并非是不计成本或忽视个人绩效的,相反,个人能力的因素也同样得到了肯定。

---

① 《日本经济新闻周刊》2004年5月17日。

组织内人员评价和薪资发放的考核制度，如果采纳等级体系，年功序列制就是一种典型形态。一般而言，年功序列制包括两个方面的要素：一是年功晋升制，一是年功工资制。年功晋升制又由两个部分组成，即升进和升格。所谓升进，就是升迁至上一级职位，这就意味着工作的难度将增加，承担更多的责任，各种补贴也会相应地提高；所谓升格，指入社后的工作年数、学历、工作态度等定期受到评估，获得的资格逐年上升，资格工资部分随之增加。年功工资则指每年一次（通常是4月）按比例提高基本工资的部分。

传统经济学通常把工资看作员工劳动的一种报酬，它取决于劳动力创造出的边际收益产品，剩余价值的多寡取决于边际收益的多少还给了劳动者。效率工资理论则认为，工资不仅是一种报酬，它还是一种激励机制。工人的劳动生产率取决于企业所支付的实际工资水平。由于雇佣契约只能明确规定工人的劳动时间、岗位，却不能规定工人的努力程度，为了克服工人的败德行为，如偷懒，雇主会使用工资手段激励工人。为此，雇主不会轻易削减或降低工资。但是，工资对生产率的作用并不是无限度的，超过一定水平之后，工资上升就会使企业成本上升，利润下降。

年功序列制就是对效率工资理论的一种改进，它又可以理解为"推迟报酬计划"或"生命周期工资理论"。"对效率工资理论最有力的批评来自推迟报酬计划理论或称'公开发行债权'（posted bonding）。依据这一理论，为了促使雇员努力工作、减少其败德行为（如偷懒、不合作等），企业可以实施按雇员在本企业的工龄长短确定其工资水平。在最初雇佣阶段，雇员的工资水平低于其边际劳动力产品；随着工龄的加长，工资水平与其边际劳动力产品逐渐吻合；在后期雇佣阶段，工资水平超过其边际劳动力产品。与此同时，企业根据雇员的表现决定是否按时提升。这样，雇员行为的长期化就解决了效率工资所要力图解决的动力不足或败德行为问题。这种做法类似于雇员年轻时购买了企业的债券，等到年老时获得本息。这实际上就是日本的年功序列制。"[①] 这就不难理解为什么日本企业对员工的评价大多采取广泛的、持续的和累积性的方式，一次偶然的失败不会对当事人造成决定性的负面影响。

在年功序列制下，一个日本人在企业的"出人头地"将要经过漫长的过程。大学刚毕业的"新人"参加工作时常常是22、23岁。在最初的八

[①] 李向阳：《企业信誉、企业行为与市场机制》，经济科学出版社，1999，第164页。

至十年中，他们一般没有任何职位。他们获得升迁后的第一个职位是系长（相当于组长），再经过十年左右的努力，可望达到课长职位。紧接着是部长代理、次长或部长，这时他已 40 多岁。若他幸运，且不平庸的话，他还可能在退休前提拔到取缔役（董事）。那些少数有才华的人则可能升至常务取缔役（常任执行董事），进一步地逐级攀升到专务取缔役（高级执行董事）、副社长（副总裁）、社长（总裁）以及会长（董事长），这时，他已不必顾虑何时退休的问题了。"在日本，有可能升为公司最高职务的人，一般是在同一个公司工作多年的人，他们基本有着在同一公司从普通职员开始的数十年漫长工作的经历。经营者个人能力的社会评价和社会承认，必须通过一个与之长期结合的公司的社会评价和社会承认才能实现。这种个人与公司的结合方式，使经营者个人作为企业家的全部预期——收入、地位、名誉、事业心的满足等，只能在一个特定的企业中实现。"①年功序列制既培养了日本员工的长期化行为方式，也促成了成员间的等级序列关系。但由于这种等级关系建立在透明、公开、稳定的原则基础上，每个人可以对自身和他人的行为做出合理预期，因此，他对自己所处的位置（即便是相对长期的较低位置）就能坦然接受。总之，年功序列制提供了不失公平且值得信赖的等级式评价体系。

此外，年功序列下的升迁路线也很有特点，正式成员缓慢而连续的晋升是螺旋形（spiral）而非直线形（linear）。通常是从某个部门的某个课长提升到另一个部门的某个稍高点的职位上，或者是从总公司本部的某个职位提到某工厂或某分公司稍高点的职位上，而不是直线式地从同一管理部门中较低的职位提升到较高的职位上去。这可以为提升者提供更多锻炼才干的机会和空间，也可以防止由于提升而对原属部门的既定人际关系状态造成破坏。

毫无疑问，年功序列制是与日本式纵向人际关系这一基础社会结构相适应的，"在日本社会中人际关系之功能的强弱，与实际交往时间的长短及密切程度是成正比的。而且这一因素往往成为决定个人在群体内所处地位的重要因素。日本的任何一个社会群体内，'新来的'总是处于阶层组织的最底层。这是由于这种交往的时间最短。资历等级序列制度的温床就在这里。所谓资历等级制度，是按工作年限设有相应的地位和工资的明确

---

① 中国经济体制改革研究所赴日考察团：《日本模式的启示》，四川人民出版社，1988，第 7 页。

制度。即使没有这样的制度化，日本任何领域的社会群体内，加入群体的年限通常对其群体成员的个人地位、发言权、权力行使都有着巨大的作用。换言之，每个人作为群体成员的交往时间本身，即是其社会资本。然而，这种资本到了其他群体中就不起作用了。所以，如果从 A 群体转到 B 群体，那对个人来说无疑是极大的损失"①。

当然，日本企业并非只是论资排辈，员工的业绩仍然是很重要的评价指标，在常规的年度考核中，管理者给出的综合评价而非员工的入职年限或年龄的因素占据了更大的比重。例如，日本员工的收入是由两部分组成的，一是每个月发放的工资，一是每年两次发放的奖金，一般是在每年的 7 月和 12 月发放，奖金额少则两三个月的工资，多则七八个月的工资。每个人的奖金是不一样的，一方面取决于企业的总体财务状况和经营水平，另一方面则取决于员工在企业中的资历以及管理者对员工业绩的评价，依据这个奖金制度，管理者不仅可以引导员工做出符合企业规则的行为，即完全融入企业，而且还可以超出年龄、岗位和资历等不变因素之外主要依据当事人的工作成效给予灵活判断。不过，有时候具体员工与管理者本人的关系好坏也会影响到管理者对其下属的判断，这个事实在日本企业也很常见。

在年功序列制下，对员工的评价会放弃短视的做法，转而采取长期、综合的评价，也不只是考虑外在因素，如能力、资质、学历等，欧美的企业就曾陷入这样的误区。日本的年功序列制有效避免了这一不足。但年功序列制的问题是主要将员工当作企业一员而忽视了将他们作为社区、社会成员的意义。这样的片面评价会导致员工的单向度发展，产生异化现象。因此，对员工的完整评价必须考虑的内容包括：生产率高、有创意、能与人合作、把握产品的质量、有自主性（没有人监督时仍然有高昂的劳动积极性）和能够公平对待（所付的基本工资应与同类企业相当）等多个方面。

年功序列制的确立，并不是企业所有者或高层管理者合谋人为设计的结果，它是多个因素共同催生出来的，其中也与工会的争取有关，工会要为会员创造额外利益，即稳定的工作保障和不断得到提升的工资，从而加强会员间的团结，稳定工会队伍。然而，年功序列制一旦成为管理的基本组织结构，并在多数大中企业推行时，工会的存在也受到了威胁。工会所

---

① 中根千枝：《纵向人际关系》，文成峰、王处辉译，云南人民出版社，1989，第 25 页。

要努力的目标已经完成，工会就日益形骸化，开始丧失对工作现场的有效控制和对会员的持续吸引力。

在日本，并非全部企业都采纳了年功序列制，那些为数众多的中小企业并不采取年功制，这一方面与它们的雇员人数较少有关，另一方面也与它们难以创造出更多的、不断提升的职位机会有关，因此，中小企业的工资和福利水平完全无法与大企业相提并论。大企业与中小企业之间天壤之别却同时并存在一个经济制度或市场体系中，这就是上文提到的"二元结构"之体现。然而，尽管"二元结构"有很多令人诟病的弊端，却也给生活于其中的人们提供了多样的比较，只要最终的选择和决定是由当事人独立且自主做出的，市场和企业经营环境就仍然是自由开放的。不过，日本员工的就业选择并非是完全自主的。对日本员工来说，企业倒闭并非只是简单的失业。当年功制已经成为一种重要的管理组织结构，再雇用就意味着重新在另一家公司的一个低级职位开始他的职业生涯。如果该员工不愿意接受这样的命运，他就只能加入一个中小规模的公司，他的经济收入和社会地位都将急剧下降。

还应看到，20世纪70年代以来，日本人口增长的放缓，"少子高龄化"的人口变化都对日本企业推行年功制提出了挑战。一方面适龄的劳动力人口在减少，另一方面核心家庭成长起来的孩子越来越看重个人自主性，在企业找到归属、为企业献身之类的价值观在"新人类"一代不受待见。年功序列制将走向何方，仍需继续观察。

三、企业内工会

在其他工业化国家，工会往往是根据职业种类而组织起来的，如船员工会、司机工会、煤矿工人工会等。如果举行罢工，工会的影响将波及企业外的社会和普通市民从而形成对资方和政府的压力，但在日本，工会几乎都是在企业范围内活动，即各个企业设立自己的工会，工会会员只限于本企业的员工，不同企业间的工会联合是很少见的（当然，不排除各个工会也会在一些事项上取得一致并采取共同行动的情况存在）。在同行业内，不同的企业工会之联系大多比较松散，缺乏强有力的约束力。

企业内工会的形成不早于二战结束后。之前日本盛行的也是行业工会，但受到了军国主义政府的无情打压。日本战后之所以形成了企业内工会，一方面是因为受到美国占领军的支持，组建工会的热情被调动起来，而另一方面是因为战时工会、共产党长期受到严厉打压致使工人丧失了联合的意识，不知道如何联合不同地区、不同企业的其他同志，他们不得不与一道工作的同事协商建立起成员间彼此熟悉的企业内工会组织。

总体而言，日本企业内工会具有如下特点：第一，在其他西方发达国家，当工会会员换了企业后，甚至即便他失业了，他还保留工会会员资格以及他的权利和相关的诉求。但在日本，如果一名员工离开他的公司，他就自动失去了工会会员资格和相应的权利。而且，那些临时工和短期雇用合同工都不能获得工会会员资格。第二，在西方，白领工人通常不加入工会，而日本大企业中所有的正式员工，无论从事何种工作、占据怎样的职位，都会加入公司内的工会。第三，西方的工会干部完全独立于任何公司，而且全职服务于工会事务。在日本，工会干部同时保留他们在企业内作为一名雇员的职位，工会干部的工作只是暂时的。第四，在西方工业发达国家，工会会正式地向全体会员征收会费，然后分派到每家工厂和每名工会干部。在日本，每个公司的工会单独地收取自己要收的那一份，并且他们还要将一部分钱上交用于支持全国性的工会联盟和劳工中心等的活动。因此，有人认为，"不应该把日本的企业内工会看作独立的系统，而应将它们视为很好地反映了'一个公司是由公司内的雇员组建并为着公司雇员'这样一个概念的单位"①。

行业工会与企业内工会有着十分不同的行为方式、价值观念和社会影响。我们知道，工会的基本功能是创造出有利于工会会员的额外利益，这是所有类型的工会都共同追求的目标，但是不同类型的工会所采取的手段完全不同。对行业工会来讲，除非给予雇员较高的额外收益，否则它们将有动力减少整个行业的就业和产出水平，以便创造出可以分配给雇员的垄断租金，这就构成了与资本家讨价还价的筹码。而企业内工会无力创造垄断租金，因为它们只能签订覆盖本企业的契约，这样，企业内工会只能通过扩大本企业的产出或市场份额来降低竞争企业的产出或市场份额，即把本企业的"馅饼"做得更大，工会成员才能从中获益。企业内工会最后达成的是劳资妥协，这是以劳方放弃激进的对抗姿态为代价的。与其他发达国家相比，日本劳资关系最显著的特点表现在如下三个方面：第一是采取了企业内工会，它保证了日本劳资关系的高度稳定性；第二是对待蓝领工人的方式，日本企业采取的是几乎与白领员工完全一样的政策，提供长期

---

① Koji Matsumoto, *The Rise of the Japanese Corporate System*: *The Inside View of a MITI Official*, trans. Thomas J. Elliott, London: Kegan Paul International, 1991, p. 36.

雇佣，也有升迁和增加工资的机会等；第三是支付较高的离职金，每位解雇或退职的员工都会得到相当于两到三年工资的退职金①。

　　企业内工会也限制了日本企业结构与功能的普遍有效发挥。企业内工会"沦落"为协调式的而非抗争式的组织。以协调为主要行为方式的企业内工会不仅缺少对外界的影响力，而且对企业内诸多重大决策的影响力也大大下降，因为它不能有效地参与监督和控制工作现场，由此，对其会员——企业员工的约束力（换个角度说就是吸引力）也随之大大丧失，它还进一步失去对劳动方式、工作分配、不同工种间合作等方面的强烈制约力量。20世纪70年代初的石油危机带来了更加严重的国际竞争，这些压力进一步加强了日本企业内工会与资方合作的倾向。对管理决策层而言，跨企业的工会组织将可能产生分化、瓦解的势力，因此极力避免这一倾向的出现，即便是协调型的企业内工会，也是被限定在并不重要的车间或部门，让员工"自发"地参加，以免挫伤部分意欲表达自己的员工的积极性。日本工会经过战后短暂的繁荣之后，很快发现：工会的生存取决于工会会员所就职的企业是否能够生存，工会领导由此逐渐接受企业管理层的立场。今天，日本工会的存在理由已经不再是集体谈判（collective bargain），而是劳务管理协商（labour－management consultation），与此同时，员工入会率也在急剧下降。这也与劳工阶层"阶级意识的丧失"、资本主义社会的中产化以及管理的科学化等过程相伴随，在一定程度上可以说是资本主义变得更加文明了。"工业化大生产之后，资本家对工人的控制主要有以下几种形式：一是强化雇主在工作现场的斗争支配权，采用泰罗制科学管理方式把工人的劳动分解为'流水线上的机器'，从而消解工人的整体反抗性；二是通过改善工人的生活福利来瓦解工人的团结感，制造工人对企业的忠诚和强烈依赖；三是在一个严格限定的条件下，建立'公司工会'向工人提供一套正式的申诉程序和表达渠道。"②

　　在此种不利条件下，企业内工会被迫采取了将"团体交涉"和"劳资协议"相结合的方式。"团体交涉"（joint consultations）是指工会以劳方

---

①　Ms. Hemlata Rao, Economic Restructuring and Employment Adjustment: Lessons for India from Japanese Experience, in K. V. Kesavan (ed.), *Economic Liberalization in India: Japanese and Indian Perspectives*, Indian Council of Social Science Research and Manak, 2001, pp. 119-122.

②　黄岩：《全球化与中国劳动政治的转型——来自华南地区的观察》，上海人民出版社，2011，第147页。

代表身份与资方就劳资间的重大问题进行有组织的谈判。这种交涉不局限于某个企业。"劳资协议"是本企业的工人代表与资方就本企业的经营、福利等问题进行磋商,以达成某种协议。在日本,工会所进行的团体交涉并没有法律上的明文保护,它们是在1965—1970年间以一种实用的方式得到确立的,在绝大多数大企业都已经建立了团体交涉的惯例。这些惯例被认为促进了管理层和工会的相互理解。工会并不单方面地强调自身的权益,而是努力维护工人、雇主双方的共同利益,实现两者的合作。企业内工会也使劳资关系的性质发生了变化。工会干部被吸纳进企业管理层,工会干部与企业管理者之间的界限开始模糊,事实上,在日本企业中,董事以上的管理者中,工会出身的约占15%。反过来说,很多大企业的董事、总经理只是较高水平的工薪员工,他们很容易做到"现场主义",到生产第一线,到普通员工中去。企业内工会强化了员工与企业的一体感。

不过,工会的地位和行为方式也与工会所在的企业性质有关。日本的民营企业的工会大多实现了劳资融合,但公营企业的工会似乎表现出更为左翼的倾向,更多采取与资方代表的管理层相对立的姿态。日本公营领域的劳工争端比比皆是。不用说,公营领域的工人不会认为他们的行动会威胁到自身组织的存亡,管理者也不认为有必要去建设有效的劳资关系,结果,双方都不去考虑生产力和效率的问题。1970年日本国家铁路公司(JNR)决定发起生产力运动用以解决长期的赤字问题并提振员工士气。但第二年,工会发起了"抵制生产力"运动,并得到大众媒体的大力支持。经过一系列流血事件后,公司管理层被迫放弃所有运动。不久,该公司陷入破产的境地,不得不私有化。

按日本法律规定,只有拥有10名雇员以上的企业才可以成立工会,这原本是为了保护员工的结社权和团体交涉利益,却导致小企业员工不受工会保护的状况,至今,日本劳动大军中加入工会的不足30%,这个比率自20世纪90年代以来每年还以大约1%的速度下降。即便在可以依法组成工会的大中企业中,由于盛行的是企业内工会的形态,工会与其说是员工利益的代表,毋宁说是企业装点门面或劳资融合的工具,因为决定日本工会性质与行为的关键在于,所有工会成员,包括工会的领导都是公司的雇员。有学者指出,几乎所有在美国成功地推行了自己的经营方式的日本公司都属于一种特殊类型,这些公司所在的领域中没有难对付的、全行业一体的工会组织。而且,还有人注意到,日本在美国经营得好的分公司,职工总数都在一千以内。在此情况下比较容易实行日本式的企业制度,如重视人际关系,使普通工人感到自己是企业的一分子。但这种做法也许在五六千人的美国公司中难以奏效。"企业内工会"如此独特,因而也极大限制了日本管理模式和组织结构的向外传播。

第三节 现代组织的运作原理

在当代,企业大多发展出了各种形态的管理组织,具体包括科层系统、直线-参谋系统、矩阵系统、扁平结构等。从内在构成和运行机制上看,又可将各种形态的管理组织分为两大类型:机械组织和有机组织。机械组织的基本特点是:具有一个严格规定的组织结构,任务是明确的,每个职能角色的岗位、职责和权力都受到了严格规定,管理系统内部的相互作用多为垂直的上下级之间的关系等。有机组织则不同:它具有一个比较灵活的结构,通过相互作用不断调整和重新确定某项任务,用的是网络而不是等级控制,强调横向的而不是垂直的沟通交往,不依靠等级职位获得权力与影响等[1]。日本现代企业在组织形式上符合机械组织,但在具体部门间关系和人员流动上,又表现出有机组织的特点。从正式的成文法上看,对公司的法律规定主要体现在《日本商法典》的第二部分,公司被分为三种类型:商业合伙制(commercial partnerships)、有限合伙制(limited partnerships)和有限责任公司。三种类型公司(limited companies)的差别在于各自组合方式不同,特别是资本和股权的分配方式上的不同。但只要规模相当的企业大体上都比较一致,日本多数企业在组织的管理运作上遵循了如下基本原理。

一、与政府合作

自由竞争(Laissez-faire)这一术语由近代法国人最早使用,字面意思是政府应该"不管我们"。这一概念来自早期自由主义竞争时代的市场、市场活动参与者的自发要求,也成为西方古典自由主义经济思想的精髓。尽管事实上今天的各国政府对企业及其经营多有干预或指导,但在实业界,自由竞争的观念仍然是许多企业人士信奉不二的基本信条。这一观念造成的一个结果是,在欧美,作为力图摆脱政府控制的经济实体,企业具

---

[1] 彭新武等:《管理哲学导论》,中国人民大学出版社,2006,第97页。

有强烈的去政府化冲动,甚至有时作为政府的对立面而存在。在日本,基于自由竞争而确立的企业独立性和去政府化的要求并不显著,日本企业人士并不普遍持有自由至上、企业活动独特等欧美同行们所极其珍视的价值观,相反,日本的企业(特别是大企业)与政府的关系通常是合作式的,两者经常为共同的目标而紧密配合、相互支持。

(一) 政府的经济指导角色

日本政府在引导社会发展、规划未来技术投入方向和产业布局战略等方面一直有着重要的影响力,这是自明治维新以来现代化事业的组成部分。不过,第二次世界大战后还是发生了十分显著的变化。今天日本政府的经济角色主要是指导性、建议性的而非强制性的,而且这样的经济角色严格受到了各类现行法律条文的约束。

政府加强对经济资源的控制,也是促成企业社会形成的重要原因。战后初期的吉田内阁设立了凌驾于各省之上、统制经济的领导结构——经济安定本部,对生产、销售、分配等经济活动拥有支配权,以后又复兴了《金融公库法》,政府融资有了可靠渠道。1946年12月政府采纳泽广已教授提出的"倾斜生产方式",大力扶持煤炭和钢铁的生产。1947年片山内阁发布了"经济紧急对策",要求"全体国民过艰苦生活,互相合作,进行血汗劳动,以克服非常事态"。"在美国占领期间,日本政府开始实施国家经济计划,1949年至1976年,日本政府共发布和推行了十个长期、短期计划。这些计划的重点是推动日本经济增长,尽管在后期计划中也有部分内容提及社会福利指数的发展。很明显,经济计划,伴随着其他政府政策,其目标就是扶持和扩大私营部门的盈利。……每一个计划都包含了一系列对国家经济的重要领域(例如,GNP、出口、投资、政府支出)的预测,这些预测都采用了经济技术。此外,特别是在后期的计划中,越来越强调经济目标的质量,虽然所谓经济目标的质量往往是模糊和笼统的表述。"[①] 自此,官、财、学界通力合作,制订既符合日本国情又具有科学合理性的社会经济发展整体计划的惯例开始形成。

日本政府频繁使用"行政指导"(administrative guidance)这一手段,这一行政指导并非是政府的一意孤行,而是基于政府部门和工业界领袖的反复会谈和磋商所形成的初步共识和努力方向,在此会谈、磋商过程

---

① Norman J. Glickman, *The Growth and Management of the Japanese Urban System*, Academic Press, 1979, p. 244.

中，起主导作用的是经济专家和各社会集团代表人物，因此，日本政府的行政指导其实充分照顾到了各方面的利益，具有很强的协调性，较易得到全体工业界人士的认可和接受。此外，政府的行政指导不是采取法律限制或行政裁断来推行协商结果，而主要通过各项财务、税收、投资等经济杠杆，例如，为了配合"国民收入倍增计划"对扩大出口贸易的有关规定，设立了"输出特别折旧制度"，对出口部门的设备给予加速折旧的优惠，这一制度有力地推动了计划期内出口贸易的增长。20世纪60年代，世界上许多国家都进入了经济增长期。当时的池田内阁抓住这一时机，制定、推行了贸易、外汇自由化政策，使日本经济过渡到开放体制。日本政府十分注意引导各个企业参与经济计划的执行，经济计划中包含了很多让利于民的具体措施。20世纪80年代的重点是提升中小企业的盈利水平和推进企业向海外市场的扩张，以迎合国际市场的分工体系。考察日本经济计划的历史就可以发现，政府发布的经济计划既不是连贯的，也不是静止不变的，相反，时时导入必要的修正和调整，以便真实反映那个时期国民经济的实际需要。政府的行政指导或者经济计划采取了现实主义的目标，重点是促成经济发展，工业生产、资本投资和政府政策都向经济发展倾斜[①]。整个行政指导基本排除了某个政党、单个企业集团的偏狭利益，从而可以较好地保证政府指导的公正、客观和科学性。

日本政府每年通过财政预算、税收政策和公共政策等手段刺激国内市场，同时投入巨额公共资金带动消费，并积极鼓励海外贸易，培植企业的国际竞争力，形成了极度倾斜和扶持大中企业的政策倾向，企业不仅获得了来自中央政府、地方政府的全力支持，企业的活动方式及经营理念也日益渗透到社会的方方面面，对日本政治、教育乃至民众的日常生活产生了广泛影响。因此，有学者主张，现代日本社会的一个特征就是企业主义，即"企业社会"。"如果说到今天日本社会的特点，人们可以用如下各种词汇来描述，即'企业社会'、'大企业社会'、'以企业为中心的社会'、'法人资本主义'或者说'企业主义'、'企业本位主义'、'竞争社会'等。"[②]

总体上说，日本战后的迅速崛起是多重因素促成的，大体包括：良好的国民教育制度、合理的政府政策、国民文化上的同质性、一个垂直的社

---

① 当然，这也导致了一些学者所严厉批评的后果，即对社会福利供给的忽视。自20世纪90年代以后，日本政府推出的经济计划开始转向提倡经济发展和社会福利的平衡。

② 渡边洋三等编：《日本社会と法》，岩波书店，1994，第1页。

会结构、较低的国防支出（仅占 GDP 的 1%）和一个适宜的国际环境等。其中，来自政府的无条件支持这一点无论如何都不能低估。"巨额补贴、各种形式的政府贷款、官方扶持、研发机构等，都源源不断地提供给各个工业组织。这一来自政府的有力支持在 20 世纪五六十年代尤其显著。商业组织、中央政府和执政的自民党政客所结成的关系是如此紧密，以至于有人戏称它们组成了巨大的'日本有限公司'。"①

这种"政府+市场"的模式被称为"有限的市场经济""被政府治理的市场经济""被国家指导的市场经济"，甚至也有人称之为"被管制的市场经济"。也有学者并不同意日本企业与政府的合作有不当之处的观点。英国学者克拉克就极力为日本企业的惯常做法、日本企业与政府间的关系辩护。他说："企业本身在结果上就具有一定的政治组织功能，因为在企业内人们要紧密地服从他的上司和共同的目的以使企业可以在一个民主体制下正常运转。企业在狭义上也具有政治意义，企业经常要参与到国内事务之中。企业所做的行动，决定开设或关闭某些工厂，企业在商业上取得的成功或遭遇的失败，等等，都是政府不能忽视的后果，政府也必须努力去改变或提升企业行动的水平。另外，企业不可能保持对政府行为完全中立的立场，而是经常试图影响政治行为。"② 正是基于对企业与政府不可分离关系的承认，克拉克并不认为日本企业在与政府的关系上有什么应被指责的地方，他多次撰文指出，以为日本工业和政府存在高度关联和相互作用以至于认为全部的日本工业都在政府的控制之下，将整个日本看作一个巨大的"日本有限公司"，是严重的误读。实际情况是：日本政府和日本企业都是各自独立的体系，有时政府也会制定出有悖企业利益的决策，有时企业也会采取与政府指令不一致的行动，二者之间经常发生各种对抗、冲突，但因有各种十分发达的中介机构和沟通平台，二者的对抗和冲突从来都没有发展到撕破脸皮或势不两立的程度。与西方相比，日本政府确实有两个方面的差异：一个是日本政府拥有大量的信息，因为日本政府是各种具体数据的坚持不懈的收集者，政府的各个省（相当于中国的部委）会为企业和工业界提供信息服务或政策建议，由此建立起了对企业和工业界的行政指导传统；另一个就是日本政府在贯彻其意志给工业界时总

---

① Gordon C. K. Cheung, *The Political Economy of Japan: An Analysis of Kokutai and Keizai-kai*, Singapore: Eastern University Press, 2003, p. 10.

② Rodney Clark, *The Japanese Company*, Yale University Press, 1979, p. 1.

是会遇到各种阻力。"与西欧不同，日本政府的开支占国民总产值的比例非常低，而且日本政府拥有的企业也非常少，所以，日本政府无法拥有英国或法国政府那样的经济力量来要求企业服从政府的指令。"① 例如，当时的日本有很多家企业都在生产计算机，但它们之间不仅相互竞争，而且每家的规模在全球都不算大。为此，日本通商产业省花费了十余年，试图组建一个大型的日本计算机企业以与美国IBM抗衡，但至今也没有取得令人满意的结果。

（二）企业-政府的多重关系及其性质

企业与政府相互补充、完善，这是日本战后迅速崛起的一个重要经验。二战后，日本政府一改战争期间的黩武政策，推出了全新的基本国策，其目标是：第一，重建战后经济；第二，经济发展优先于社会福利。企业集团与政府部门、企业上层经营者与官员和政客的勾结（即政、官、财的勾结，又被称为"铁三角"）在日本是非常普遍的政企关系。政、官、财的勾结有很多形式，主要表现为：（1）向对政府、内阁的政策立案产生影响的各省厅的审议会、调查会派出代表，或派出曾任高官的企业顾问，使政策的制定从一开始就向大企业倾斜，满足大企业的要求。在美国，企业通过驻在华盛顿的代表机构，借助被公认、制度化了的院外活动，主要向议会游说以制订或修改某一经济、企业立法。但日本的企业，平时就与经济部门的官员们保持密切接触，可以直接对官僚们制订或修改政策的过程产生影响。（2）通过国家预算的分配和财政的运用，获得针对大企业的优先补助金和低息贷款，或揽到公共事业的工程。此外，在租税上，实施有利于大企业的减税方案。（3）高级官僚退休后到相关企业再就业，利用这些人的余热和势力，大企业又可以获得来自政府部门的更多便利。因此，企业给政府官员回扣、官员渎职行为等时有发生，其根源就在于此。虽然战后日本实行了民主制，20岁以上的公民每人一票参与选举，但"政治献金"的存在严重侵害了公民权益。与美国不同，日本的"政治献金"不是个人性的，而是由企业或企业协会等法人形式做出的。企业本无选举权，却通过献金获得政治参与权，从而干预政府决策，谋取巨额经济利益。官、政、财的结合是日本社会腐败的温床和主要的腐败形式。

战后初期的民主化革新，采取的是以占领军的"绝对权力"为基础，

---

① Rodney Clark，*The Japanese Company*，Yale University Press，1979，p. 8.

通过日本天皇和现存政府机构进行间接改革的方式。但是,"日本政府在与盟军总部的接触过程中,总部指示一点改革一点,而不想多改革一点。就是说,对改革表示了顽强的抵制"①。不仅如此,由于当时国际形势的变化,对日民主化改革的总体方向也随之被更改。1947年3月,美国总统杜鲁门发表"遏制共产主义向全世界扩张"的宣言,美国改变了对日占领方针,由初期的"打击日本"转变为"扶持日本",以培植在东方世界的反共桥头堡。1950年6月对日共领导人进行整肃,7月指令日本重整军备,创建警察预备队。结果,军国主义势力未遭彻底清除,军国主义思潮未被彻底批判,战争责任问题也未得到认真清理,这些都对战后日本的国际政治发展和国内社会阶层关系走势产生了非常不利的影响。作为经济民主化重要举措之一的解散财阀搁浅就是其中一例。财阀是日本特有的垄断资本集团,是政商勾结的产物,也是支撑日本军国主义对外扩张的经济基础。1945年10月15日,占领军当局公布了《对付财阀的根本原则》,表明要"打碎具有集团主义性质的垄断力量的经济实力,迫使日本军国主义丧失死灰复燃的能力"。解散财阀的具体措施包括解散控股公司、排除财阀家族对企业的统治权力、股份分散化和排除过度集中等四个方面。然而,1950年朝鲜战争爆发后,美国改变了对日占领方针,开始积极扶植并利用日本工业力量和军事基地为其亚洲战略服务。1951年7月10日,日本政府宣布解散财阀工作结束。1952年7月11日,"持股公司整理委员会"解散,其他有关解散财阀的法令陆续废除。财阀势力没有得到根本遏制,却在60年代中期形成了新的垄断财团——三井、三菱、住友、富士、第一劝业、三和六大企业集团。

日本企业与政府之所以能够结成比较密切的关系,其中一个原因就在于日本企业的近代产生直接得益于政府强有力的支持。日本企业早期发展正处于日本近代国家兴起和建设的过程中,因此,企业也担当起了民族复兴、国力振兴的重要角色,在某种程度上企业不被看作利润制造者,而是"国是"的诠释者,明治政府明确把私人企业当作联合民间资本、对抗外商的重要手段。在一般经济学和管理学理论中(显然,它们都是以西方的经验和现实为依据的),企业经营的目的就是追求利润,但日本的许多企业经营者却早在创建现代企业之初,就将经营企业视为实现国家经济富强的"国是"来考虑。为了实现工业化的目标,日本官民一致。当然,企业

---

① 升味准之辅:《日本政治史》第四卷,董果良译,商务印书馆,1997,第951页。

家也发挥了极其重要的作用，例如，三菱企业集团的创始人岩崎弥太郎（1835—1885）本是下层农民的儿子，成年后通过亲戚帮忙，购买了武士的名号，为自己的商业活动罩上了安全的身份。他很有管理头脑，在他的商号和领地内建立起科层制，在日本封建时代的最后时期做出一系列惊人策划，并最终在商界取得了巨大成功。1871年领地被废除，作为政府的赔偿，他得到了一大笔公债和领地内的商业资产，包括船，由此，他开始进入航运业、造船业等领域。安田企业集团的创始人安田浅次郎颇有"政商结合"的味道，他积极配合政府的经济政策，将企业资产和企业投资运用到政府项目，对政府言听计从，服务于政府的利益，他的不少投资都得到了政府帮助。作为私营企业主，他与政府的合作是为了获利，政府自然也会给予回报，最终安田集团也成为战前六大财阀之一。企业与政府合作的一个不良后果就是存在大量官商勾结的情况，其外部的延伸后果是直接导致部分公众利益被忽视，在企业内部就是由于受到政府的过多保护，资本的优势压倒了劳动者的要求，因此，日本企业在工业民主方面大多表现不佳。脱离国家的立场，作为真正独立自由的个人相互间围绕利害关系建立起市民社会，在市民社会的基础上形成相互平等交换和公平交易的市场，这是西欧近代资本主义发展的历程。由于日本省略了这一阶段，没有首先建立市民社会，而直接、匆忙地追求工业化，企业的管理运作原理上也没有将经济自由、工业民主纳入议事日程。

在法治国家，企业与政府的高度融合关系会受到各种批评，日本也不例外。在日本，并非一家家企业去讨好、迎合一个个政府部门或政府官员，而是借助企业的代言人——各种经济协会、工业社团这样的中间社会来沟通二者，这就类似于美国的"院外活动"，经济协会的游说活动也成了压力集团。日本企业与政府的圆滑关系是通过中间社会组织来完成的，各种贸易和工业协会、商业联合会、专门的委员会以及无数的能够让政客、官员和商人见面交谈的正式或非正式的活动，这样的中间社会组织和它们所展开的活动在首都和地方等各个层面进行。政府官员退休后马上就会进入大型私营企业的董事会（"天下り"），或者成为公营企业的董事（"横滑り"），这样的人事安排不断重复（"渡り鸟"），因为公私双方彼此受益。这些都提供了企业与政府部门保持良好沟通的渠道。

笔者认为，不能由日本企业与政府相对友好的关系就推断日本企业受到了过度保护，甚至以为日本企业都具有官方背景。事实上，日本政府试图建立和已经建立的国有企业或国营企业大多并不成功。日本近代第一家国有企业建立于1867年，即明治维新的前一年。当时的日本政府迫于列强的压力不得不向外国公司开放神户港和横滨港，为了保护开放后的本地利益，幕府试图将数家富裕的商号集中起来组建贸易公司，但当幕府倒台后，这家贸易公司就倒闭了。1869年，明治政府也试图插手并强制商号组建国有公司，这些公司只存活了三四年，政府的频繁干预以及缺乏国际贸易的经验是上述公司倒闭的主要原因。然而，日本政府并不是因为想建立国有企业就千方百计压制或盘剥私营企业，相反，它在政策和日常行政指导上对私营企业提供了相对公平的机会，并一直积极鼓励国民投身实业、创办企业。针对金融界，日本政府长期采用"护送船团方式"的行业保护政策。这是缘于维持金融的稳定而提出的。日本政府压低了贷款利率，从1947年开始设定了银行利率的上限，并对金融企业业务进行直接规制。于是，战后很长时期内，金融企业表现出了异常的稳定性。但20世纪90年代以来的经济持续低迷，金融企业不倒的神话破灭了。1997年4月25日，日产生命保险公司宣告破产，这是战后日本第一家破产的人寿保险公司，但这只是开始。1997年11月17日，北海道拓殖银行破产，它开创了日本都市银行破产的先例，有百年历史的山一证券也紧随其后倒闭了。

当然，不能将政府对企业的支持简单地理解为政府一味讨好或完全放任企业，日本政府一直控制着非常发达的情报收集和分析系统，并依靠这一系统做出有前瞻性的产业调整政策，也会在考察和比较国内外经济政治局势的基础上提出改革议程。例如，直属日本首相的高级咨询机构经济改革研究会于1993年发表了《平岩报告》，提出了"在经济规制方面基本上原则自由、例外规制、社会方面以自己责任为原则"的改革基本纲领，从而确立了执政党以新自由主义为指导的总体思路。1998年日本政府推出了金融体制改革，其主旨是"自由、公正、国际化"，具体措施包括取消对银行、证券、保险等企业业务领域的限制，引进金融控股公司制度，允许金融交易手续费的自由设立和国内外金融交易。2002年修订了《商法》，明确规定要完全引进美国式的企业管理制度，这就意味着要对日本式企业经营模式进行"大手术"。"从商业法的历史看，日本与西方的最大不同在于：在日本，人们提供法律服务而不是控制公司。但在英国和美国，公司立法的动因却不是这样，其不是为了限制私营部门的影响力或阻止贿赂，而是为了赢得国际尊重，并同时推动公司的现代化。"①

二、员工参与

我们通常将企业理解为人、财、物的集合体，但在不同的企业组织结构中人、财、物的地位并不相同。在西方国家，财、物总是占据了很重要的地位，例如，财务管理具有非常显赫的位置，成为企业控制的主要手段，很多西方国家的 CEO 拥有金融、会计、审计等专业背景。但在日本公司，人事管理与财务管理平分秋色，甚至有时前者受到了比后者更多的重视，公司人事主管往往是日本公司中最有分量的职位。

日本组织十分强调全体成员对组织的认同感，用一生的职业生涯与组织共存共荣，所以，日本组织对其成员而言，不仅是一个"职能共同体"，更是一个"生活共同体"。从日本企业所提出的"社训"就可以看出此点，例如，日立公司的"和"、松下公司的"和亲"、丰田公司的"温情友爱"等都极力倡导组织内融洽和美的风气。"日本人注重决策中的意见一致。在行动之前，他们会在问题的界定上花费许多时间。他们首先确定是否有必要做决定，所要做的决定是什么。注意的焦点在于此决定究竟是关于什么的，而非应该做出什么样的决定；一旦达成一致意见，他们就能迅速步入行动阶段。向适当的人提出问题，实际上暗示了顶层管理人士对该问题的答复。这种体制迫使日本人作出大决定，而不像西方人那样，专注于很容易决定的细枝末节。例如，日本人不是就某一个特定的合资项目做决定，而可能是考虑业务的发展方向，因而该合资项目就成了大问题中的一个小部分。通过对理解其他不同解决方案的强调，日本人似乎能避免囿于自己预设的答案。"②

注重员工参与，并创设各种制度落实员工对日常管理的介入，这就是参与式管理。90％以上的日本大企业都建立了劳工管理协商制度，这一制度保障了劳工和管理层就重大问题，例如生产线的改造、新工厂的设立、向海外直接投资、工作环境、工作安全和员工福利以及其他管理决策等方面的问题，都可以借助这个制度进行定期的会商。参与式管理打破了蓝领与白领、普通员工与管理者的界限，在不同程度上让所有员

---

① Rodney Clark, *The Japanese Company*, Yale University Press, 1979, p. 33.
② 菲利普·R. 哈里斯、罗伯特·T. 莫兰：《跨文化管理教程》（第 5 版），关世杰主译，新华出版社，2002，第 304 页。

工都能实际参加组织的决策过程及各级管理工作,让他们有机会与高层管理者处于平等的地位共同讨论组织中的重大问题。推行参与式管理,员工可以感到上级主管的信任,体验到自己的利益与组织发展的密切关联,同时参与式管理为员工提供了获得认可、重视的机会,从而获得心理和精神上的成就感——员工因为能够参与商讨与自己有关的问题而受到激励,由此激发出强烈的责任感。这时,管理者的角色从直接命令、控制和处理信息转变为教导、协调和支持,从发号施令者和监督者转换为协调者和推动者,从"纵向"管理变形为"横向"管理。为什么参与管理如此重要?这是为了促成生产环节上的所有人都能够畅通无阻地沟通,由此,才会有更高的产品质量、满意的员工忠诚和好的企业形象。"我们常发现生产工人之间具有强烈的区位主义和敌对情绪,尤其在相邻的生产环节上的工人,更是如此。因此,务必为工作中的所有环节建立起内聚力。"①

日本公司创造各种条件鼓励员工提出合理化建议,以改进公司的日常管理,提升公司的管理成效,这同时也带来了员工广泛的参与。例如仅1979年,松下公司的每位员工提出了超过25条建议(一些部门平均超过60%的员工都提出了自己的建议),每个建议都会得到评价,分成一到九个等级,对个人和小组进行奖励。90%的建议得到了奖励,大部分人为此得到的奖励通常只有几美元,但他们都会得到由总部负责人签名的鼓励,"谢谢你的工作,请深化思考,并帮助改进我们的公司"。日本公司通常会在年终总结会上对积极参与者和最佳建议给予奖励,为此设立了总裁奖和各种名目的部门奖项。例如,在丰田公司,员工们梦寐以求的奖励是总裁奖,这一奖项在员工中极负盛名。这个奖项给予获奖者的不是奖金,而是由总裁在全员大会上亲自交给获奖者的一支钢笔。这支笔有点特别,在笔套上雕刻了获奖者丈夫/妻子或子女的名字,未婚者则可以印上自己男/女朋友的名字。当然,也有很多获奖者会要求在笔上雕刻自己的名字。颁发这些奖项时,公司高层都会列席大会,借此表达他们对每一位普通员工的支持。其实,这一奖项完全是丰田公司高级管理者经过审慎计划而实施的一整套员工参与企业日常经营活动、营造企业一家人意识的项目之一,这些项目有助于促进员工积极参与全面质量控制,并从中深刻感受到自己的

---

① 今井正明:《改善——日本企业成功的奥秘》,周亮、战凤梅译,机械工业出版社,2011,第44页。

奉献对公司成功的重要价值①。

通过组建员工小组推动全员参与企业管理，这在日本非常盛行。典型的日本工厂都会在角落里保留一块空间，用来展示车间内的活动情况，如当前的不同建议、各小组在近期取得的成就。我们可以这样理解日本组织中的员工小组活动：它是组织内部非正式的、自愿结合在一起的成员们在车间内从事特定的任务，例如生产改进或关系维持的小组。因目标不同，这些小组活动也有多种形式：兄弟小组、姐妹小组、质量控制小组、零缺陷运动小组、无差错运动小组、提升运动小组、自我管理小组、迷你智囊团小组、建议小组、安全小组、车间参与运动小组、生产力委员会小组、目标管理小组、车间讨论班②。员工广泛而持续的参与，也迫使员工深层次地介入企业的日常管理活动之中，不得不与雇主和管理者一道为企业分忧解愁。不过，普通员工通常并不是在第一次获得管理权力时就自动有了主动参与管理的愿望，而是当员工被要求与企业共担风险时才有了参与管理的愿望，因为与企业共担风险就赋予了员工自愿关心企业状况的意识。这就塑造出了"内向化"的企业员工，他们会在责任承担、执行决策等情况下相互合作，以促成企业利益同时也是自身利益的实现。

由于员工参与到了企业日常管理之中，这就意味着日本企业的雇员也与雇主或经营者一道切实地分担了企业经营的市场风险，具体措施包括：第一，日本雇员在公司破产时可能面临没有任何退休补偿的危险，而美国企业雇员所得到的退休金或解雇补偿金来自企业外由政府主持设立的退休基金。第二，企业都设立了奖金制度，主要在每年的夏天和年终时支付，作为雇员共同分享企业经营业绩的部分。奖金大体等于数个月的基本工资，虽然基本工资不受企业经营状况的太大影响，但奖金却随经营状况的好坏而显著波动。第三，日本企业总体上不大会到外面寻找合适人员来填充企业所需要的职位，相反，主要是通过内部调动来解决③。这样的人力资源管理工作主要通过企业内员工培训、升迁、外派等人事管理体系来完成。

早在1876年，当时的三井集团总裁三野村利左卫门解释了为什么要

---

① 今井正明：《改善——日本企业成功的奥秘》，周亮、战凤梅译，机械工业出版社，2011，第19页。
② 同上书，第87页。
③ Koji Matsumoto, *The Rise of The Japanese Corporate System: The Inside View of a MITI Official*, trans. Thomas J. Elliott, London: Kegan Paul International, 1991, pp. 15-16.

把三井企业（firm）改造为一家公司（company）。"为了保障我们的安全就必须采纳一种商业合作制度。这一制度有各种形式，但最好的是匿名公司，这意味着该公司是以公司要实现的目标而不是以创办公司的人来命名的。商业交易和义务履行都由委员会根据国家政府所颁布的法律和章程做出的决定来实施的，整个过程排除了私人性，保证了平等。这是符合时代潮流的最好程序。因此，我们现在放弃三井组的名号，转而采纳三井银行的名号。不仅如此，雇主与雇员的关系也将向追求共存和共同繁荣，即所有人员都分享公司的利润和繁荣的合作关系发展。这就是我们成立三井银行计划书的总体设想。"① 由此不难看出，在迈入现代企业之际，日本的部分企业所有者和高级管理者就开始意识到了"企业"的社会性、采纳员工参与的合理性等方面的问题。

经常性的、多种形式的员工参与（加之广泛推进的战后各种政治民主化措施），使日本企业出现了"蓝领的白领化"倾向，即蓝领以一种与白领同样的形式归属于企业，他们不只是从事简单的体力劳动，也参与复杂的生产工艺改造、合理化建议的提出等高智力性活动，他们在劳动中的态度和工作内容与白领日益趋同。其结果是培养了忠于企业的心理，创造出高素质的劳动力。"日本产业社会的独特性就是蓝领职业与白领职业的接近。通过排除两者之间的壁障，使得蓝领靠近白领，从而培育出日本战后社会优秀的劳动力。"②

普通员工参与之所以变得常见，还缘于日本企业中的经营决策方式是集体决策而非个人决策，这种决策方式是从日本传统的禀议制发展演变来的，它的基本精神就是事先协商、集体决策、兼顾相关人的利益等。禀议制的主要过程包括：（1）起案。由负责经办的基层单位提出问题和处置意见，写成呈文，向上请示。（2）回议。呈文的准备要征求各平行的有关部门的意见，写成后向上请示的过程中，再经过各有关部门的传阅。（3）决裁，承认。获得相关领导的认可与接受过程。（4）记录。写成禀议书，记录这一问题的提出、协议和审查的全过程。一项重大决策总是始于下层，并经过自下而上的各个环节后，各有关方面充分协商，决策不是由个人而是由集体做出，相应地，对决策责任的功过评价也变得含糊。

---

① 转引自 Kyugoro Obata, *An Interpretation of the Life of Viscount Shibusawa*, Zaidan Hojin Shibusawa, Tokyo Insatsu Kabushiki Kaisha, 1937, p. 111.
② 佐藤俊树：《不平等的日本——告别"全民中产"社会》，王奕江译，南京大学出版社，2008，第113页。

可见，日本企业是一种学习型组织，它建立在员工100％识字率的基础上，工作培训，特别是在岗培训是所有企业的惯例。同样，员工自愿结成和深入参与的建议系统、质量管理小组以及持续性的改进活动在日本企业都十分普遍。日本企业内教育在内容上由五个要素构成。(1) 相当于学校教育的"基本技能"内容，如外语学习和计算机培训；(2) 相当于"工作知识"的内容，如与工作相关的专业知识；(3) 相当于价值观教育的、企业特有的价值意识培养；(4) 相当于掌握社会化和集团生活智慧的、职业人员的常识教育，如职业态度、职业作风、职业良心等的形成；(5) 了解包括世界环境问题、企业行为与区域社会的关系等在内的企业伦理教育。日本企业内教育的形式也十分多样，具体包括在岗培训①、脱岗培训②、各级职务教育③，还有适应国际化需要的外语培训、海外留学，等等。此外，向其他企业或下属企业派遣也是一种重要的教育方式。这些教育与取得企业内资格的制度相联系，还与各人的补贴、职位等级挂钩。

应当看到，员工参与制度创造了组织共有的默示知识，这其实为企业内全体人员提供了价值选择判断的依据和恰当行为的规范。"日本企业认识到，表达为文字和数字的知识只是冰山的一角。他们更倾向于将企业内的知识看作主要是'默示的'——这样的知识不容易看见，也很难明确表达出来。默示知识是高度个人化的，很难正规化，在与组织外的他人交流和分享时也会出现困难。主观的观察、直觉、预感是掌握这类知识的主要方式。而且，默示知识深深植根于个体的行动和经验之中以及他所持有的观念、价值和情感之中。"④ 这些内容都构成了日本企业的组织文化。

三、组织文化

日本现代企业作为营利性实体组织已经高度科学化、专业化，所以，企业内的人、财、物的配置不再依靠个人的任性，而是落实到各种明确、形式化的制度。日本企业内的人员关系、组织文化、价值分享都有稳定的

---

① 在岗培训（On the Job Training, OJT），大多指在工作场所中，边观察上司或师傅的工作，进行模仿，然后尝试做，如有做的不当之处，及时指出并改正。
② 脱岗培训（Off the Job Training, OFF-JT），又叫集中教育。大多数企业对此都有周密计划，根据对象不同而有所区别，如新入社员工与老员工，还会有工作种类的差别和职位的不同而执行不同的教育方案。
③ 如课长级、部长级、分厂长级等的培训。
④ Ikujiro Nonaka and Hirotaka Takeuchi, *The Knowledge-Creating Company-How Japanese Companies Create the Dynamics of Innovation*, Oxford University Press, 1995, p. 8.

制度依托。有所不同的是，西方企业几乎全部采纳正式制度，日本企业为非正式制度留下了充足的空间。"从严格的意义上说，日本企业以非正式的就业保障对它们的内部劳动力市场做了强有力的保证，而从宽松的意义上讲，企业和雇员享有一种社会的共同命运。在日本，经营活动的很大一部分是通过基于长时期的相互作用中的社会结构的人们之间的关系来进行的，而不是通过正式的角色和责任定义来进行的。"①

学术界对日本管理的研究热潮始于沃格尔的《日本第一——对美国的启示》②、大内的《Z理论》③ 和巴斯克与埃索思合著的《日本管理的艺术》④ 等著作，它们都对日本管理实践及其背后的传统文化、思想原则、管理方法等做了探讨，由此开创了管理的组织文化研究这一全新领域。组织文化的提出和广泛运用已经成为当代组织管理的一项重要内容。例如，美国学者佩格尔斯将成功日本公司的管理风格归结为11C：culture（文化）、communication（信息沟通）、concept（观念）、concern（关心）、competiveness（竞争）、cooperation（协作）、consensus（协商一致）、coalition（决定制定与执行的结合）、concentration（集中于公司目标）、control（公司经营中的控制）、circles（质量管理小组），他指出，公司文化是核心，其余都要在公司文化作用下进行整合⑤。

虽然人们对"文化"有多种不同的理解，但在本书中，我们仅仅将"文化"看作一种特定群体共享的、具有价值意义的行为方式。因此，在本书中，"组织文化"主要指组织目标所宣示并体现在日常管理活动中的整体价值观。它反映的是组织的管理者如何贯彻、员工如何接受以及二者如何共同完成组织使命的价值认同。某个企业若形成了共同价值观念，那么，该企业的全体员工和管理层、所有者就分享了关于何者为重要、必须做的是什么之类宏观整体性问题的基本立场，它是对企业管理理念的集中阐述。如本田公司强调创新的理念，组织的共同价值观念就突出市场主导和发挥个性的要求；松下公司以贡献社会为管理理念，组织的共同价值观念就侧重服务大众、与环境协调的要求。确立起了共同价值观念的企业，

---

① 迈克尔·L.格拉克：《联盟资本主义——日本企业的社会组织》，林德山译，重庆出版社，2003，第269页。
② 傅高义：《日本第一——对美国的启示》，谷英、张柯、丹柳译，上海译文出版社，2016。
③ 威廉·大内：《Z理论》，朱雁斌译，机械工业出版社，2007。
④ 巴斯克、艾索思：《日本的管理艺术》，黄明坚译，广西民族出版社，1984。
⑤ 卡尔·佩格尔斯：《日本与西方管理比较》，张广仁、张杨译，机械工业出版社，1987。

就能够顺利达成各部门间的目标整合，促成大家为实现企业经营战略而通力合作。不仅如此，价值观反映了普遍的态度，可以为员工形成统一的行为方式提供思想基础，从而在员工间轻松实现相互的深层沟通，达成心理、思想和行为等方面的同质性。这种同质性不仅构成了员工的归属意识，而且将调动员工的自豪感、上进心，在与企业、企业内同事的一体感中寻找到发愤工作的动力源泉，并产生积极的自我开发、竭力发挥个人潜能的欲望①。

住友生命保险公司于1982年曾对3 600家企业的社规、社训进行调查，结果发现，以"和"为中心的有548家，以"诚"为中心的有486家，其余依次为：努力、信用、服务、责任、贡献等。日本的组织文化并非千篇一律，企业规模和行业排名的不同所导致的组织文化的形态迥然有别。这种差别并非只是企业本身的问题，也有社会舆论、国民评价等外部因素的影响。日本企业注重的是集团，而非个人，这就是人们通常提到的日本企业集团主义。任何一个组织，都会在其成员间产生自发的归属意识，企业本身的成功也可以为员工的未来提供保证，企业提供了福利，这可以构成企业集团主义的一个来源。但从历史上看，日本企业集团主义与明治中后期出现的"经营家族主义"有关。这可说是日本独有的。日本企业比较缺乏由"个人"的专业、责任感所体现出的独立主体性，而是强调相互主体性。工作的主体不是"个人"，企业内的地位也不是按个人的职务来决定，而是由"课"这样一个小集团共同担当，一个课内的全体人员分别承担某项工作的不同方面以完成整个工作。此外，一名员工不仅要完成工作，还要随时调整与同事等的关系，日本企业员工的主体性是集团层面上的，有人将这样的行动方式概括为"间人主义"。个人的主体意识常常不被重视，表现在伦理秩序方面就是看重的不是规则，而是世人的眼目。调动员工干劲的原动力，一方面是各项制度的激励，另一方面却是来自他人的无意识监督（所谓工作场所的"空气"）。每个人的作用就与他的年龄、经验或者职务相关，每个人对此都心知肚明，他人的在场所形成的集团压力也会迫使个人尽力履行共同的责任。

日本著名学者村上泰亮认为，已知的集团主义有三种类型：一是支配型集团主义，上司或领袖人物为了最大限度地贯彻自己的意志而压制下属或群众的主张，这是一种专制的集团主义；二是契约型集团主义，例如在

---

① 李萍：《日本企业中的员工教育》，《企业文明》2002年第5期。

近代以来的企业中，基于订立契约而给予双方进入或退出的自由，这是与个人主义价值并存的经济运作原则；三是日本的集团主义，它建立在家、村这样的传统人际关系基础之上，属同族型集团主义。在这样的集团中，成员将各自的主张和利益融入集团的目标中，全员一致地为这一目标而努力，表现出集团内以和为本的行为方式。

若进行横向比较，就能更全面认识这个问题。在欧美，现代化伴生了个人主义的价值观，并在这种价值观的指导下建立起了相应的社会体制和人际交往的准则。但是，这样的现代化所采取的价值观只是历史上的特例，并不具有普遍适用性。现代化是一项全面的社会变革，也意味着全体社会成员的介入，因为集团主义或许比个人主义更适合现代化的社会整合目标，在日本的现代化过程中，集团主义所起到的巨大作用正可表明集团主义并不天然地与近代化、与工业文明相对立。事实上，这样的集团主义往往会形成企业共同体意识和惯例[①]。

保证组织内全体成员获得共享的价值观是重要的，它至少可以发挥四种主要作用：为管理决策和行动充当指路牌、体现为对员工行为的塑造以及沟通组织对其成员的期望、影响市场营销的成效、成为在组织中建立团队精神的途径。但是，建立公司的共享价值观不是件容易的事。为了制定良好的企业价值观陈述，需要做到：（1）企业全员参与，（2）允许各部门或单位适当调整价值观，（3）预期并接受雇员的抵制，（4）保持价值观陈述简明扼要，（5）避免琐碎的价值观陈述，（6）不涉及宗教问题，（7）提出质疑，可以针对价值观中的核心概念和主题词展开探讨，在取得相对一致意见的基础上做出明确的解释，（8）身体力行。管理者要率先垂范，还要在一切管理制度安排上体现价值观，同时在全部管理决策时运用价值观进行权衡、评价。

人们对日本的组织文化有不同甚至完全对立的评价。由于日本企业主要侧重管理价值而非价值管理，所以，尽管较早涉足管理中的价值问题，但日本人所采取的方式却常常不被西方人所理解，甚至被认为是"不理性的"，是"奇怪的东方式思维"。例如，有英文杂志文章这样评论："以经济学家的标准来看，日本民族不是一个理智的民族——为了国家他们会牺牲自己作为消费者的利益；他们会根据销售者的身份而非所售商品的质量

[①] 浜口惠俊：《日本型信頼社会の復権》，东洋经济报社，1996，第191页。

来做出消费决定；简单地说，他们宁可为同一件东西多花点钱而不是少花钱。"① 有学者研究发现，在日本开展经营的外国公司，只有 3% 严格采纳母公司的管理形式，15% 则以融进一些日本因素的方式进行经营，其他 82% 的外资企业都接受了日本或经典日本式的管理方式。② 这些外国公司深刻意识到它们很难引入完全不同于日本通常做法的方式去经营。当然，并不是说采取哪种特定的管理方式就一定成功，但更为成功的在日外资企业一定是吸收了日本管理方式，并且由日本人来担任 CEO 的企业。

---

① "A Critique of Pure Irrationality about Japan", *The Economist*, London, Dec. 12, 1987.

② Sikander Khan and Hideki Yoshihara, *Strategy and Performance of Foreign Companies in Japan*, Greenwood Publishing Group, 1994.

第三章　日本管理思维方式

任何类型的管理思想都是一定社会文化的产物，不同的国家因其民族文化、价值观念的不同，所提出的管理思想都有其鲜明的特点，这尤其体现在各自的管理思维方式之中，各国的管理都不同程度地留下了自身管理思维方式的烙印。日本人的思维方式具有鲜明的民族特点，日本著名学者中村元曾敏锐地指出："在日语中，对一个质问的回答与西方语言的回答相反，对于'你不打算去吗？'这个问题，日本人的正确的否定回答应该是'是的，我不打算'。而英语的回答是'不，我不打算'。日语的回答是针对提问者的判断和意向的，而西洋语言的回答是针对问题所涉及的客观事实的。"① 这样的思维方式也充分体现在日本式管理中，全面质量管理小组、团队精神、零库存等都可以看作日本民族思维方式在管理活动中作用下的成果。下面，我们将从管理思维的逻辑起点、管理思维的结构以及管理精神主义这样三个方面对此做出细致的考察。

第一节　管理思维的逻辑起点

案例3：

全面质量管理的日本化

现代企业管理的一个重要成果就是建立了严密的质量管理体制，由此形成了质量第一、信誉至上的企业信条。这一成果是对美国理论予以日本化的产物。

20世纪初的美国管理学奠基人泰勒主张管理人员与操作人员进行合

---

① 中村元：《东方民族的思维方式》，林太、马小鹤译，浙江人民出版社，1989，第267页。

理分工，并增加检验环节，以确保终端产品的质量。这是最早明确提出质量控制的思想，但这一思想的局限在于它只是事后把关，只能做到不合格产品不出厂，不能制止次品的出现。1924年，美国贝尔电话研究所的休哈特运用数理统计原理，针对怎样预防出现不合格品的问题，提出了控制不合格品的66种方法，并且亲临现场，创立了预防不合格品产生的控制图。但是，他强调的是由专门的质量工程师和专业的技术员直接实施质量控制，因为质量管理属于高度专业性的专家才可操作的活动。

20世纪50年代，美国通用电气公司的费根堡姆和质量管理专家朱兰提出了全面质量管理的概念。他们持有两个基本观点：一是用户至上。这里的用户，不仅指企业产品的最终使用者，还指企业内部的每一个部门、每一道工序、每一个岗位。二是预防为主。对正在生产线上或尚未生产的产品强调预防，对已经生产出来的产品强调把关。这样，现代化大规模生产所面临的产品质量问题得到了初步解决。

美国统计学家戴明在20世纪40年代末50年代初受邀到日本宣讲全面质量管理原理和实际操作技术，日本的许多企业随即加以推广。通过长期不懈的努力，最终形成了日本式的全面质量管理体系，促成了日本产品的稳定性能和高品质，确立了"日本制造"以质量取胜的国际声誉。企业鼓励每个员工参加质量管理小组活动，培养员工将产品制造视为艺术创作的新习性。通过质量管理小组的活动，员工间相互监督和指导，用完美主义态度追求零缺陷的高质量，在企业内形成了一心工作的作风和不断提高现有水平的进取精神。

有人将日本企业的核心战略理解为雇员导向的，"在日本，经济组织是为一个很多人的利益相关者而存在的，它将自身的最终目标放在雇员上，日本企业是因有员工也是为着员工而存在的"[1]。甚至有日本人（主要是一些企业高级管理者）断言存在一个日本式资本主义，它根本不同于欧美的个人主义或市场导向的体制。例如，三一证券公司倒闭时，公司总裁在电视上致歉，并公开请求，不是为他本人或公司股东，而是为他的雇员请求，希望其他公司能够再雇佣他们，这些雇员并不是公司倒闭的原因，他们没有过错，他本人承担公司倒闭的全部责任。这其实体现的正是

---

[1] Rene Haak, Markus Pudelko ed., *Japanese Management—the Search for a New Balance between Continuity and Change*, Palgrave Macmillan, 2005, p.28.

日本管理思维的逻辑起点在于企业内员工，而非企业外股东，更非单纯的财务目标或不断更新的技术设备等。

一、日本管理思维方式的特点

由于所处环境的不断变化，有活力的企业组织必定是一个适应性有机体。企业的灵活性和适应力来自行为的改变，而不仅仅来自结构的改变。组织越是必须适应快速变化的环境，就越是依赖行为性的而非结构性的解决方案。那种认为日本组织的管理思维主要深植于日本传统文化的观点是明显错误的。因为那些影响到日本现代企业组织的因素、代表日本式管理的主要内容都是在1945年以后确立起来的，例如，企业所有权与经营权的分离、管理委员会的建立、准垂直的联合体系、长期的计划体系、长期雇佣制、模糊的工作内容、依据工作年限和业绩而进行的提升及工资增长、对员工的尊重等，尽管在二战前就有个别企业进行上述种种方面的尝试，但这些都是之后作为企业管理的理性化手段而被引入或逐渐发展起来的。在管理思维上日本企业与西方有许多相似之处，但在本书中我们重点谈有所不同的方面。

（一）企业共同体意识

这是日本管理思维方式的第一个鲜明特点。企业共同体意识主要指这样一种思维倾向：在与企业的关系中企业整体（或企业共同体）优先于个人。在日本产业化开始起步的明治时代中期，现代企业得以迅速发展，企业共同体意识开始萌发，并逐渐上升为日本管理组织的主导思维。从历史上看，共同体主义是多数日本人尊奉的传统价值观，具有比较深厚的历史资源，也表现为不同的形态。较为公认的是其起源于日本江户时代的村落共同体，在经历了明治、大正、昭和时期的不断变革与完善后，在二战后形成了企业共同体形态。村落共同体的形成源于水稻种植的现实需求。水稻种植需要修建整套水利灌溉设施，并需要不断修缮，人们无法轻易迁移，如此几代人不得不在同一个地方共同合作从事农业生产，形成了定居式的生产生活形态。在这种生活形态下，村落内的每个人为了提高生产效率并获得稳定的生活秩序，就不得不弱化个性、突出共性，面对共同的命运。当人们后来受工业化驱使进入城市之后建立起各种功能组织，村落共同体的组织原则也被复制过来。

从一定意义上说，正式组织只是日本企业的外壳，或者说是形式，它与欧美类似。但支撑企业日常运转的"软件"（如人际交流、人员互动和情感交往等）却是"企业共同体"。在日语中，"共同体"指以血缘、地缘或感情联系为基础而形成的人的共同生活的状态，这些人员间具有相互扶持、相互制约的责任。"共同体"不同于高度理性化的管理组织，因为管理组织是为了达成某一特定目的而结合在一起的，"共同体"却是情谊性的联系，是在共同生活、工作的人之间自然生长起来的情感连带关系的扩充和强化，它产生了一系列的隐含的或不成文的惯例、相互期待等，是无定型的、排他性的人际互动和生活交往。在日本，最典型的共同体有村落共同体、企业共同体以及政治、外交中的"命运共同体"。

概括而言，日本企业共同体具有如下内容：（1）全人格、终生性集团归属。身在企业组织中的日本人，一旦进入某组织，就基本注定了将在这里度过一生，这构成了他作为集体成员的资格，由此也衍生出他对企业组织的义务。共同体内成员的首要义务，是为集团的生存和繁荣终身无私地奉献。个人利益只有在企业利益的实现中才能得以实现。（2）规范的教育和按年功决定的地位顺序。在村落共同体中，每一代人都将随着年龄的增长承担起更重要的社会工作，社会地位也将逐渐提高。这种长辈与后辈之间的明显区别，正是日本企业按年功决定社会地位的规则的依据。（3）强调与人和谐共处。在每个日本式的集团中都包含着许多低层次的组织，各种组织在共同体中的地位层次不同，每个组织内部的人的地位也不同。共同体的秩序以等级序列为基础，每个人依自身的"身份""本分"而行动。（4）权威主义管理和参与式管理相结合。在村落中，地位最高的是村长与长老，他们代表了村落共同体的整体利益，具有最高权威。这种家长制作风也可以移入现代企业之中，日本企业形成的参与式管理既体现了上层管理者的亲民作风，又满足了普通员工亲如一家的情感需求。（5）对员工生活的全方位温情主义关怀。日本企业对其成员生活需求的满足远远超过了企业应有的范围，这成为企业保证成员的忠诚和为之献身的必要前提，并形成了成员间的高度心理依赖。

我们可以通过日本现代哲学家和辻哲郎对康德思想的批判来解读日本企业共同体主义。"和辻哲郎认为康德的伦理律并不适用所有的人类，主要有以下四个原因：第一，康德要求人们避免那种自我矛盾的生活的做法是一种欧洲中心论的伦理。第二，康德认为自杀必须要遵循某种原则，如'自杀为我更好'这一点是错误的假设，自杀并不总是有原则的。第三，自杀是一种显示'中间状态'因素的人类行为。很多情况下，自杀者会留下一些诸如向家庭朋友表示歉意的字条，即使在这个'自私'行为中，我们也能看到人的迹象。那些自杀者承认，一方面他们能够违背别人的期望，另一方面他们也基本上依赖于别人。对和辻哲郎来说，自杀行为的错误之处并不在于它的不理性，而在于它对信赖的背叛，而且我们还能完全肯定，自杀行为是否涉及背叛的问题。通过写致歉字条，自杀者肯定了信赖的存在和意义，而同时他又背叛了信赖。这种否认彼此联系性的行为同时又肯定了这种联系性。这种双重特性意味着，自杀以某种根本的方式属于人类或'人间'。第四，我们不能用一个原则对所有自杀行为进行抽象判断。自杀并不总具有同样的形式，自杀的形式要取决于它们出现的情境背景。如果我们不对这些情境背景进行考察的话，我们就无法对自杀行为进行正确评价。假设我们被送到一个死亡集中营，如果我们知道等待我们的最终结果，那么此种情形下的自杀既可以表达与我们同行者的团结，也可以使我们与那些不真诚对待人类的凶手划清界线，此种情况下的自杀很可能就不被认为是自私的或缺少尊严的。"①

  从西方管理思想的历史上看，管理思维方式主要受到近代以来的科学主义思潮的影响，具有如下特点：(1) 将复杂、多样的对象理想化和模型化，例如物理学的匀速运动等概念就是这样。(2) 追求客观化的原则，即排斥带有主观色彩和个体差异的价值因素，仅仅关注对象本身的直接性，这不仅保证了管理知识的准确性，同时也促成管理思维独立于复杂多变的现实生活。(3) 注重数量化的表述，即力求以精确、直观以及无差别的标准数值来揭示管理活动的一般性特征，这就使得管理学越来越靠近科学知识体系。在方法论上，尤其注重将研究对象予以隔离的分析方法，认为客观世界是由各个部分组合起来的，因而是可以不断分解和隔离的，先对每个单元进行分析，组合以后就成为对整体的合适的理解。(4) 在基本逻辑关系上主张因果决定论，甚至有管理学界人士断言，如果事物之间不存在因果间的对应，那么事物就是不可认识的；如果我们还不能从中找到因果关系，我们就还没有对该事物做出合理的解释。(5) 科学中的最优化转化成管理学术语就是"最大化"。所有的科学规律或科学定律，都是反映最优状态的，而不是反映现实状态的，对自然界的最优方式的探讨成为众多科学的基础。在管理学中，"最大化效率目标或利润目标"也成为最核心的原则。例如，在美国企业，这样的思维方式在管理实践中的表现主要以财务术语来评价，投资回报率（ROI）是美国企业最热衷的

---

① 金黛如：《地方智慧与全球商业伦理》，静也译，北京大学出版社，2005，第80页。

管理方法，美国式管理大多是在接受冷冰冰的、计算式的"资本主义"的观念下开展活动的。

当代以来，在复杂化思维、战略理论以及现代心理学、社会学等理论流派或学科发展的基础上，上述西方人的思维方式也有了重大调整，管理思维方式相应地做出了改变，但不可否认，近代以来形成的思维方式仍然大量存在。西方管理思维方式的局限在日美的比较中得到充分揭示。正如霍夫斯泰德所言："到20世纪中叶为止，西方人对真理的强烈关注逐渐从一种资产转变成一种负债。科学能够从解析型的思维方式中获益，但是管理和政府则要基于综合的艺术。通过免费获得西方人运用解析的方法所获得的科技成果，东方文化可以通过运用自己卓越的综合能力，将这些科技成果运用到实践之中。"① 以日本为主的一些东方国家和地区正在以它们自身的思维方式来重组和诠释管理活动，取得了令人惊喜的成就。"通常，正是股东选择了一个公司，依他想得到的控制权的大小来选择公司。但在日本，情形正相反，是公司选择了股东，公司想要获得怎样的发展就选择怎样的股东。"这样，日本公司就获得了比美国公司更大的自主性，因为"日本的机构股东也不像美国或其他国家，不能派他们的代表出席公司的董事会议或财务委员会会议以控制或积极介入公司的日常活动之中"②。之所以会出现如此大的差异，关键在于日本对"管理""公司"的本质认识明显有别于美国同行。

（二）注重具象事物

这是日本管理思维方式的又一个显著特点，相较于抽象、普遍的事物，日本管理者大多更加重视具体、微观事物或现象。有学者指出："从根本上说，日本人很少关心神学或者哲学，虽然日本人是现实主义者，但他们的品性与其岛国家园的特性一样——一个漂浮着的、不断改变航向的世界。"③ 换句话说，日本人思维的总体特征是具象性的、当下的，同样，在日常管理活动中，日本人也不大陷入对管理普遍原则或核心理念等之类问题的疑虑之中。

---

① 霍夫斯泰德：《文化与组织：心理软件的力量》，李原、孙健译，中国人民大学出版社，2010，第243页。

② Koji Matsumoto, *The Rise of the Japanese Corporate System: The Inside View of a MITI Official*, trans. Thomas J. Elliott, London: Kegan Paul International, 1991, p.5.

③ 菲利普·R.哈里斯、罗伯特·T.莫兰：《跨文化管理教程》（第5版），关世杰主译，新华出版社，2002，第302页。

日本人高度重视新思想和新技术，这一点也与他们对具象的、个别事物的关注有关。在移植或借鉴他国理论时，日本人首先看到的是外来事物的"个别"和"特殊"，却很少由此树木来窥探那一整个森林，所以，他们常常并不会对引入的外来新异事物做出激烈反应，因为他们大多不会由此联想到更普遍和广泛的"意义"，而当这些新异事物呈现出具有颠覆性后果时，就会出现折中或调和的思潮，最终，这些外来的事物就以被修正或篡改了的方式确定下来，此时就完成了日本化或本土化的过程。这一点早在中古时期学习中国文化时就运用自如了。"据说林罗山（1583—1657）确立了朱子（1130—1200）学在日本的官学地位，但是林罗山完全不是按照朱子学的原来面貌来介绍朱子学的。朱子认为'理也者，形而上之道也，生物之本也。气也者，形而下之器也，生物之具也'。但是，到了林罗山那，'理'成了日本的神道，这是对于朱子学说的典型的日本式解释。'神道就是理，理之外不存在任何事物，理是自然的真实。'神道就是天照大神传下来的皇道。"①

　　从这一意义上说，日本社会可以称为驯成式社会（making the strange familiar），无论什么，它都可以拿来，并经过再加工、改造，表面上是外来的，实质内容却是地道日本式的。如引进欧美的工会制度，但在日本变成了企业内工会；采用斯坦福体系，却演变为日本式的序列制。与日本人相比，中国人的行为，原则性较强，这源于中国的传统文化。由于属于伦理型文化，伦理判断贯穿在一切社会生活的各个领域中，而且居于核心、主导地位，构成了其他一切价值的最终判定标准。这就形成了中国人讲原则、争论原则的意识，即"以不变应万变"，面对已经熟知的事物是这样，接受全新、未知的对象也是这样。如要吸收西方文化时，一定要分出何者为体、何者为用；要改变现有的行为、制度时，也要分辨出本在哪、末在哪。在现代化进程中，中国人比日本人要经历更大的心理落差和更强的精神阵痛。

　　不过，这并不意味着，日本只会"抄袭"或"拼凑"，日本人的创造力也是很强的，他们同样会在吸收、融合中不断推陈出新。特别是在现代，具有日本特点的创意和独立的成果非常发达，相关的产业也十分成熟，例如，动漫、家电业、移动通信等。由于研发人才和研发资金的充裕，日本企业乃至日本社会都已经告别了模仿的路子（其实，日本人的

---

① 中村元：《东方民族的思维方式》，林太、马小鹤译，浙江人民出版社，1989，第261页。

"模仿"中也添加了许多自己的东西),出现了向创新、自主创新转变的新状况。

注重具象事物也使得日本管理思维并不热衷于区分主体和客体。在公司法十分完善的日本,企业间的相互持股非常普遍,这常常被西方人视为"公私不分""相互包庇",换句话说,企业的真实所有者不明朗,这实质上就使企业管理中的主客不分,但未必是公私不分。日本企业间相互持股普及开来主要是在二战后。家族所有的公司形式纷纷瓦解,中下层管理者开始独立执掌公司的日常管理工作,但他们并没有老牌家族企业传人那样广泛的人脉和深厚的政经界背景,所以,他们不得不以各自的身家为抵押向银行进行贷款,有时候企业间同人为了相互抱团取暖开始相互持股,即相互购买彼此公司的股份,于是形成了许多今天的企业内结构和企业间关系状况。

在日本相互持股——这一点完全不同于英国或美国——是广泛公开的,例如,任何人都可以在公司手册、公开发行的杂志上看到。买另一家公司的股份某种意义上就是向公众显示它们之间的紧密关系。而且通过彼此购买股份限制彼此进行频繁的股票交易,可以巩固彼此的长久联系。如今的日本大公司通常拥有十或二十个重要的机构股东。日本企业管理者倾向于相互持股的一个明显的理由或许是力图维持企业管理者的独立性,在开放的证券市场中防止恶意收购行为的干扰,即阻止外国人或外国公司的收购。其实,对理性的管理者而言,预先购买有良好财务前景、有实力的公司的股份也是一种值得称道的投资。"购买其他公司的股份以应不时之需。曾经购买的股份并不会体现在本公司的收支平衡单上,因此,如果这些股票在15年或20年后升值,公司就可以获得'隐蔽的资产'。"①

(三) 高度重视人力资源开发

日本管理思维方式的第三个显著特点就是将管理的重点压倒性地置于人力资源上。在日本公司,人力资源部门负责人的地位仅次于总裁,是公司第二重要的人物。在西方,企业员工的工作动机是一个给定的因素,它是社会作用的结果,企业对这样的因素和后果都很难实施有效的控制。只要支持个体员工工作的动机之原初力量(例如宗教和传统价值等)仍然发挥作用,企业就会从中受益,一旦这些原初力量失去了作用,就会导致工

---

① Rodney Clark,*The Japanese Company*,Yale University Press,1979,p. 49.

业领域十分糟糕的状况，如高离职率、高缺勤率、怠工等①。但在日本，他们在人力资源管理上取得了令人惊诧的成绩。

美国著名的管理学家德鲁克曾撰文谈到，日本企业不仅是欧美的重要供应商、消费者和竞争者，同时也是很有益的老师，欧美人应当从日本管理中学到集体协商式决策、员工较高的生产率和有效的管理培训体系。②集体协商式决策虽然耗时，但它集中于要解决问题本身的分析上，集思广益后提出的决策方案将避免随意性，在推行中也可以减少阻力，快速和准确地实现决策意图，总体上是有效的；员工较高的生产率是通过提供稳定的就业和培育共同的价值观促成员工对企业引入新技术或新设备的接受，轮岗和多功能化也使员工具有适合于该企业需要的特殊的工作技能而非一般化的专业技能，这就大大增加了员工与企业的一体感，同时也减少了来自工会的反抗；对年轻人的持续和有计划的培训，不仅保障了劳动生产力的提高，而且促成了企业内上下级关系、同僚关系的深度发展。

日本公司非常关注员工潜力的挖掘和精神的正向化引导，因此，从这一意义上说，日本企业将管理的焦点放在人（即雇员）身上，其次才是产品（具有技术优势的产品），再次是利润（支付给股东们的利润）。与此相对，德国则以产品为先，其次是人，最后是利润；英美模式则是以利润为先，其次是产品，最后才是人③。

日本管理思维中对员工的重视，促成了员工与企业间形成了相互信赖的关系，这样的信赖其实是一种资产，它不能从市场中获得，而只是企业内部经过一定的时间累积、积淀而成④，也可以视为一种企业核心竞争力。日裔美籍学者弗兰西斯·福山从"社会资本"角度给予了肯定性考察，认为对人的强调，促成了企业内人员间的高度认同感，他们相互依靠，彼此信任，责任共担，荣辱与共，构造了牢固的命运共同体，也保证

---

① Koji Matsumoto, *The Rise of the Japanese Corporate System*: *The Inside View of a MITI Official*, trans. Thomas J. Elliott, London: Kegan Paul International, 1991, p. 123.

② Drucker, Peter Ferdinand, *Men, Ideas, and Politics*, Harvard Business Press, 2010.

③ Luke Nottage and Leon Wolff, Corporate Governance and Law Reform in Japan: From the Lost Decade to the End of History?, in Rene Haak & Markus Pudelko eds., *Japanese Management—the Search for a New Balance between Continuity and Change*, Palgrave Macmillan, 2005, p. 148.

④ 参见 Arrow, Kenneth J., "Limited Knowledge and Economic Analysis", *University of Illinois at Urbana—Champaign's Academy for Entrepreneurial Leadership Historical Research Reference in Entrepreneurship*, 1974；小野旭：日本の雇用慣行と労働市場，東洋経済新報社，1989.

员工在企业和工作中得到充分的社会化和多样心理需求的满足。这种信任关系改变了企业内的生态,将企业逐利的本质弱化,涂上了温情脉脉的色彩,因为在相互信任的人群之间,都倾向于将对方视为自己人,从而保持心理上的认可、态度上的接受以及行动上的合作等。

二、日本管理思维中的焦点问题

日本管理思维的焦点问题是如何有效维护企业的竞争力,以应对竞争对手的挑战和市场的变化,即如何保持企业旺盛的创新能力。日本企业对企业核心竞争力的理解不是短时间内的股价、利润、资本回报,相反,在市场竞争中取胜,成为行业翘楚,扩大市场占有率,这些才是企业的核心竞争力。日本是高度竞争的国家,日本社会充满了各种排名[1],日本人对排名也格外敏感,他们从小就被告知,哪个高中是一流学校,他们将要努力考进去以便今后能够考入一流大学,最后进入一流的企业。为获得这样的核心竞争力而努力,这是日本式管理的最核心目标。这一管理思维导致了日本式企业竞争。西方式的竞争发生在员工个人之间以及个别企业之间,西方式竞争有利于提高有突出才能者的工作伦理,但无数的才能不那么突出的员工或许从一开始就被挤出竞争,或许在竞争的早期阶段就掉了队[2]。日本企业通常根据国内市场占有率来排名,通常某个行业中的第一是比较公认的,如丰田无疑是汽车业的第一名,真正的竞争是在第二和第三之间进行的,例如,日本汽车业就是本田和日产之间的激烈较量。日本企业间的竞争如此白热化,有时它们所提供的产品标准都是不同的,例如,东京电力的电网周波数是 50 赫兹,而大阪电力的电网周波数是 60 赫兹;索尼提供的是记忆棒(Memory Stick)格式的录像机,而松下则提供 SD CARD 格式的录像机!

毫无疑问,有效的管理思维都要围绕管理目标展开。但是,美国人和日本人对管理目标的理解非常不同。大致说来,美国人的管理目标通常是具体、短期的要求;日本人的管理目标只是对企业使命和行业地位的重申,而非显见的当下目标。大内曾在《Z 理论》一书中叙述过这样一个实

---

[1] 广村(1990)列出了日本消费者最熟知的品牌,从排名第一到第十分别是:索尼、香奈儿、丰田、IBM、L. V.、可口可乐、奔驰、本田、通用汽车和麦当劳。最为美国消费者所认可的日本品牌依次是:索尼、丰田、本田、三菱、松下、东芝、日产、理光。

[2] Koji Matsumoto, *The Rise of the Japanese Corporate System: The Inside View of a MITI Official*, trans. Thomas J. Elliott, London: Kegan Paul International, 1991, p. 127.

例。他在走访企业时,问在日本银行工作的美国副行长对工作的感受,这位美国人回答:"他们对我很好,让我参与决策,待遇也不错,我很满意。唯一需要改进的是日本人不懂得什么是目标,这给我带来不少麻烦。"大内又询问了日本行长对该美国副行长的评价,这位日本行长回答:"他工作很努力,人也很正直,而且很称职。唯一遗憾的是,美国人似乎不懂得什么是目标。"当大内再次访问美国副行长,这位美国人解释道:"我与行长常常有矛盾,他从来不给我们规定业绩目标。我手中的报告和数字一应俱全,但是我得不到目标,他不愿意给我明确下一个季度或下一个年度应当增加多少贷款,运作成本应当减少几个百分点。没有这些目标,我怎么知道我的工作干得好还是坏呢?"而日本行长对此的说明是:"如果美国懂得我们办银行的哲学就好了。但愿他们明白这种活动对我们意味着什么,怎样与客户和职工同舟共济,应当与我们为之服务的当地社团保持什么样的关系。在广义的世界上我们应当起什么作用。如果他们明白了这些东西,他们就会知道,不管是一般情况还是特殊情况,应当达到什么样的目标了,而不必要我为他们规定什么目标了。"①

1979年,美国全国广播公司(NBC)推出了以"如果日本能,我们为什么不能?"为题的系列节目,针对的主要是美国企业的日渐衰落,该节目唤起了人们对日本企业成就的关注。随后哈佛商学院的海斯和阿伯纳斯发表了《我们应对经济衰退的方式》一文,文中提到,15年前,商家竞争的是价格,现在是质量,将来则会是设计。产品、服务或购买过程的质量现在已经发生了革命性的变化——对客户来说,这一因素在重要性上已经远远超过了价格因素。利用非价格因素完善购物过程,利用非价格因素培养忠诚客户,不仅更具有前瞻性,而且也是可以实现的②。国际管理学界承认,日本在此方面有许多值得学习之处,而这些长处恰恰来自日本管理思维对焦点问题的独特理解上。

对于日本战后的经济成功,人们大多都认识到了日本企业经营方面的独特性和高效率,但构成这样独特的企业经营的核心是什么?日本经营者对企业规模、资产的扩大以及与此相关的"企业荣誉"的强调而非片面注重市场利润的做法是一个很重要的因素。正如美国学者麦克考所提出的:

---

① 威廉·大内:《Z理论》,朱雁斌译,机械工业出版社,2007,第29-30页。
② B. Hayes, B. Abernathy, "Managing Our Way to Economic Decline", *Harvard Business Review*, 1980(5), pp. 67-77.

"如果有什么日本经济奇迹的秘方,这个秘方就在于对企业间竞争力的不懈追求,直到1990年代,日本企业人毫不松懈地坚持了五十年。西方人通常认为日本的这一做法是低效率的,这一做法的重要性甚至被研究日本的西方学者忽视。日本人的竞争强调的是市场占有率,而非单纯的利润。换句话说,就是不断追求企业在业界的排名,这促使企业去维护自己的地位,不是将国内的竞争对手赶出去,而是保持本企业的地位和荣誉,避免做出有伤名誉的事情。"[1]

最近一项关于科学机构和制造业产品开发的研究表明,80%的产品创新起源于消费者。产品创新的种子不是从研发实验室流出的,而是从消费者流入的。当然,消费者并不会做实际的发明,但他们的要求和抱怨却可能成为产品改进的点子。企业要时时倾听来自消费者的反馈,日本企业在这方面就做得非常到位,他们的售后服务常常被视为第一流的,他们通过关注消费者来发现创新的动力。日本企业在高水平的售后服务中受益无穷,这绝对是一个双赢的结果。

注重组织的自主学习能力,这在日本企业已经成为基本的管理常识,因为不断更新的技术和知识及其转化可以改变企业的组织结构和管理结构,同时也会改变行业间竞争的格局。对自动化技术的改进和广泛运用在日本是伴随着生产和技术管理的各种新形式的产生而出现的,特别是自二战结束以来日本企业的快速发展导致了工作系统的专门化。例如,松下公司拥有23个生产实验室,这些实验室装备了可以得到的最新设备,松下公司对"研究和发展"的理解是:分析有竞争力的其他公司的水平,并努力比它们做得更好。松下公司一直坚持将每年销售收入的4%投入研发中,早在1980年,金额就达到了惊人的4亿美元!松下公司所执行的战略设想是:利润要将增长和投资联系起来,这些增长和投资又将最终推动每一个长期计划获得持续增长的回报。

通过娴熟的财务手段控制经营风险,这是所有现代成功企业的基本要素。日本公司也不例外。松下的风险控制体系就包括:"风险资本金制度,也就是财务状况得到充分展示和讨论会议体系。公司总部设置了由下属部门占60%本金的'松下银行'。松下利用这些资源去投资新的事业,下属部门也可以从中预支。下属部门不允许有自己的银行账户,除非出于处理

---

[1] T. K. McCraw, ed., *Creating Modern Capitalism*, Cambridge: Harvard University Press, 1997, p.543.

日常商业交易的需要。部门所拥有的资本金中40%由部门负责人控制，直到该部门需要动用这笔资金开创新的事业。……如果一个部门要从总部借钱，它要支付一定的利息。如果该部门的业绩不好，而且上级主管认为他们对资金的支配不合适，那就要支付更高的惩罚性利息。"每月和每季的内部财务控制也十分严格。"在每个月底，每个部门的业绩表都要送到财务副总手里，表中要反映六个月任务计划的每项变化及其解释。部门经理还要花费几天时间就本部门的每项支出向总部做出详细说明。"[1]

组织人员间、组织之间总会出现各种冲突，管理不得不时时面临冲突的情境，如何圆满解决各类冲突，也折射了管理思维的倾向。关于日本人如何面对冲突的问题，学术界有为数众多的讨论，提出了许多有关日本人应对冲突策略的模式，最主要的是如下四种模式：一致同意模式、分层模式、交换模式、冲突模式[2]。这些模式不是对抗性的，而是互补的。(1) 一致同意模式通常又被称为"和谐模式"或"群体模式"，其认为日本人倾向于采取一致同意模式来解决冲突，这一观点在西方，特别是在管理学界影响很大，这一模式也被视为日本式管理的主要形态，它保证了日本工业较高的生产力水平。这一模式强调日本人对和谐、共识分享的高度认同，成员间合作和对群体规则的服从是这一模式的核心要素，公开的冲突和竞争受到严厉限制。采取一致同意模式的企业假设，在企业内存在一个统一的道德共同体，企业内所有人员共同分享了相似的价值观，在管理上采取父道主义或家庭主义观念，实行长期雇佣、年功制和企业内工会等制度。(2) 分层模式的依据有两个：其一来自日本传统社会属于等级社会，其二是对现代日本社会的经验观察，即分级或者说序列在日本无处不在，例如，日本经济中的"二元经济体制"，克拉克将之称为"工业社会中的等级"。此外，日本的学校、商店、旅馆等都存在不同的等级。(3) 交换模式，这主要是对日本传统社会的基本人际关系准则"恩"和"义理"的现代演绎。"恩"指一种你对那个为你做过事情的人所欠下的债务，这个人主要是你的先祖和长辈。你要偿还欠下的债务，"恩"与"报恩"总是联系在一起。恩与报恩通常被类比为美国文化中的"权利—义务"或

---

[1] Richard Tanner Pascale and Anthony G. Athos, *The Art of Japanese Management*, Sidgwich and Jackson Limited, 1986, pp. 42-43.

[2] H. Befu, Four Models of Japanese Society and their Relevance to Conflict, in S. N. Eisenstadt and Eyal Ben-Ari (eds.), *Japanese Models of Conflict Resolution*, Kegan Paul International, 1990, pp. 213-236.

第三章　日本管理思维方式

"爱—婚姻"的关系。"义理"在某种程度上就是对这种债务的偿还。一个企业也可以看作交换主体，因此，当日本人说到"对企业的忠诚"时，很可能表达的就是他意识到对企业欠有债务，或者企业对他有"恩"，他对企业忠诚就是在报恩。这一模式下的冲突主要源于恩与报恩的不相称，这也是日本人通常所说的"耻"，每个人都尽力避免遭遇到"耻"的场景。
(4) 冲突模式认为冲突主要源于不一致的目标或利益，不平等的权力、地位和酬劳。面对这些冲突，日本人大多采取非正式的或个人的解决方式，以小范围的磋商或妥协为主。上述四种模式分别强调了日本社会和日本人的不同方面，但笔者认为，一致同意模式相对更加符合日本企业的实情，因为日本人通常避免直接的面对面的冲突，为此不惜尽可能弱化主体我，例如，"在日语中有个非常特殊的表达方式，即涉及'我'的思考、行为、言语时，若非特别强调，一般都省略掉作为主语的'我'。同样，通过动词的结构变化，作为主语的第三人称，即使没有也可以完整地表达清楚。可见，在日本人的思维中，主语乃至主体本身是不重要的，重要的是谓语，即主体的行为和活动"①。

当然，管理思维方式并非一成不变，日本在战后就经历了非常显著的改变。其中一个很重要的外力就是美国占领军司令部的有意引导。1946年戴明由美国统计署派到日本，受占领军司令部之邀去培训日本管理者掌握新的质量控制方法，这些方法在美国提出并得到发展。日本工程师、管理者和企业主，特别热衷于接受有关质量改进和控制的新观念，日本科学家和工程师联合会（the Japanese Union of Scientists and Engineers, JUSE) 的很多有影响力的成员都成为新的质量管理概念的积极推动者。"当欧洲和美国的许多企业还仍然拘泥于泰勒的信条和实践时，早在1950、1960年代，日本企业就全面引入这一新的工业管理方法。丰田是全面实施质量管理的大企业之一，这也是为什么日本企业的质量管理习惯上被称为与福特模式相对的丰田模式。"②

近三十年来，由于企业伦理、企业社会责任、利益相关者理论等新思想的传播，日本企业也开始加大力度关注企业之外的广大社会，管理思维的对象由此扩大，管理思维方式中的"企业优先"观念有所弱化。在日

---

① 李萍：《日本人的公共生活规则》，《道德与文明》2001 年第 2 期。
② Jean-Baptiste Lesourd and Steven G. M. Schilizzi, *The Environment in Corporate Management—New Directions and Economic Ingishts*, Edward Elgar Publishing Limited, 2001, p. 290.

本，虽然理论形态上的表达较迟，然而实践上的尝试却相对较迅速，许多日本管理者都倾向于从社会层面来理解管理活动，发掘管理过程中的价值，从而提出了管理的社会价值取向问题。"研究显示，百年不衰的企业有一个共同的特点，就是它们不再以追求利润为唯一目标，它们还有超越利润的社会目标，即企业在其生产经营过程中，不但要考虑自身的利益，而且要考虑众多利益相关者，如股东、顾客、雇员、政府和社会的利益。只要企业能不断地创造整体价值，就能够生存和发展。"① 哈里斯和莫兰提出，日本企业十分在意经济利润之外的社会目标，这些社会目标主要包括稳定的就业率、企业增长、产品的质量优势以及国家的经济安全，它们认为这些比利润更重要。这些目标并不能全部转化为可以量化的管理目标体系，越来越多的日本企业将其利润的相当一部分用于发展教育、社会保障、文化以及环境保护。

正像西方管理思维方式并非放之四海而皆准，日本管理思维方式也有其难以普适的方面。"日本的管理，尤其是与日本员工相结合，以这种实用的综合能力举世闻名。但是，如果认为日本的管理同样适用于拥有不同思维方式的其他国家，那便是一种误解。"② 有印度学者指出，"日本模式既不同于英美模式，也有别于欧洲模式。日本模式基于这样一个信念：商业不仅要追求经济增长，更要促进国家进步。……日本模式的焦点在于技术发展和长期成长。众所周知，日本模式涉及政府高度的干预，并且还有政府主导的集中计划，政府对国内消费的控制以及高度的社会管制。"③

也有学者指出，"日本制造业的巨大成功，把欧美逼上了快速转向第三产业的道路，却阻碍了日本自己转向第三产业的进展"。因为第三产业的经济调整机制与第二产业十分不同，"第二产业的调整机制是通过库存进行调整，而第三产业的调整机制则是通过价格进行调整。通过库存的调整给政府对企业的扶植或者干预留下了极大的空间，而通过价格的调整必须是在自由化的环境中才更有效率"④。日本式管理很大程度上讲是建立

---

① 彭新武：《管理哲学导论》，中国人民大学出版社，2006，第352页。
② 霍夫斯泰德：《文化与组织：心理软件的力量》，李源、孙健敏译，中国人民大学出版社，2010，第243页。
③ Ananya Mukherjee Reed, *Perspectives on the Indian Corporate Economy—Exploring the Paradox of Profit*, Palgrave, 2001, p. 12.
④ 黄亚南：《谁能拯救日本——个体社会的启示》，上海辞书出版社，2009，第111-112页。

在高度发达的第二产业的基础上，要转向第三产业迎合全球化经济发展的新趋势，一方面宏观上需要国家层面形成更加自由、开放的市场，放弃规制经济的行政政策；另一方面微观上需要企业形成消费者导向的差异化管理模式，并培育风险意识和个体责任担当的企业家精神。

第二节　管理思维的现实结晶

管理思维的逻辑起点揭示了管理思维方式的着力点，管理思维的现实结晶则是陈述管理思维实际作用的客观结果，本书侧重考察人们对待组织的方式和在组织活动时所展开的思考样式。如果说前者具有哲学式讨论色彩，那么，后者则主要是经验式归纳。但这种归纳不是针对个别情形或特殊现象，而是对经常性表现的一种总结，所以，"管理思维的现实结晶"更像是一个集合名词，属于总体性表述，它包含了诸多元素和表现形式。日本管理哲学中的管理思维现实结晶包括了如下内容。

一、柔性管理

柔性管理区别于刚性管理，所以，前者又被称为人本管理、人性管理、情意管理、自主管理、后现代管理等。经典管理学（主要是美国式管理）属于刚性管理，虽然也有部分学者较早提出了对刚性管理的批评性修正观点，但迟至 20 世纪 80 年代以后受到日本式管理的挑战，刚性管理的影响才有所消退。

在学术界，人们做出柔性管理概括的哲学基础直接源于近代以来形成的人本主义思想，柔性管理的认识论前提是：人是可变的，人与环境、组织的互动并不总是严格可控的，组织管理必须保持适度的弹性和灵活性。在管理思维上接受柔性管理就意味着承认人在参与竞争性的生产活动或服务性的社会活动中，不仅要获得相应的报酬，而且要取得相应的环境条件。在管理学上，柔性管理概念是从梅奥的非正式组织概念、马斯洛的五层次需要理论和麦格雷戈的 X-Y 理论脱胎而来的。柔性管理注重管理组织中人的因素，通过对人际关系、人性、组织行为、领导行为以及激励、控制、指挥等管理方式的研究，充分认识到了人在组织中的地位及其复杂性，强调要将人的因素作为独立变量予以考察。柔性管理是以连续、有机的观点看待组织中的各要素，特别是人，因此，对人的激励、人力资本开发、社会资本的维护和组织发展战略等都是基于长期性、综合性的视野。最重要的是激发人们的热情和内在精神，因此，"克心"成为柔性管理的主要工作方式。

虽然柔性管理不是日本的独创，但应当看到，柔性管理在日本做得最彻底，它也可以被视为日本管理思维的重要结晶。强调企业与全体员工的共存共荣，可以掩盖劳资的对立和弱化企业内的竞争、冲突，这其实也是日本柔性管理所希望达成的状态。在具体的管理活动中，由于将全体员工置于重要位置，企业与员工的共存共荣就导致了相互间结成永久性的关系，永久性的关系的维持对日本经营产生了多方面影响，例如，较低的离职率或流动率；工作经验的多年积累培养了多面手员工；管理者的个人魅力重于他的职位威望；在企业持续发展阶段，关系的永久性也会促成企业员工年龄结构保持合理的状态；企业积极回应员工多方面的需求并给予满足；等等。柔性管理下的日本管理组织与其成员紧密联结为一体，彼此都发生了显著的"位移"：企业不再是一个单纯的经济实体，同时也是一个情感单位、社会价值载体、生活共同体。对员工整个生命过程的责任、对客户共同发展的考虑等都成为日本管理组织思维的内在要求。企业员工不再是干活拿钱的受雇者，而是一心为企业献身的整体中的一分子。"雇主和雇员的关系被视为一种道义，它类似于家庭关系，彼此间存在相互的义务，即雇主以提供保护来换取员工的忠诚。在这种关系中，员工的绩效不佳不会成为解雇的理由，正如一个人不会抛弃自己的孩子。但是，一个人的绩效和技能决定了他能承担什么样的任务。这种关系模式在日本的组织中最为普遍。"[1]

柔性管理的一个通俗说法是"以人为本"的管理，但这一说法并不准确，管理活动本质上是追求效率的目的性活动，不可能泛泛地以人为本。严格说来，柔性管理是相对于物本管理而言的，它要矫正过往对人的因素的忽视，但并非简单地恢复到以人为本，我们必须充分承认哲学与管理学在研究旨趣上的根本不同。还有一些人认为，现代柔性管理类似于中国传统文化的"民本"思想，甚至还有人相信日本的柔性管理是直接受到了中国"民本"或"仁说"等传统思想的影响，这些观点完全忽视了柔性管理的现代性，简单地将前现代的某些局部相似点看作二者的因果关联，这就

---

[1] 霍夫斯泰德：《文化与组织——心理软件的力量》，李原、孙健敏译，中国人民大学出版社，2010，第104页。

严重忽视了二者间的实质差别，是缺少理论说服力的。

　　日本的柔性管理常常被冠以亲善管理、家族管理和情感管理的美名，它鼓励员工以组织为"归宿"，以"工蜂"精神来对待工作与职位。这具有人力资源管理上的极大优势，因为它弱化了劳资冲突，掩盖了企业内言利争利的事实。这种柔性管理艺术，在美国管理学家、斯坦福大学教授巴斯克和哈佛大学教授艾索思合著的《日本的管理艺术》中得到了阐释。他们认为，一般来说，企业管理包含 7 个因素（7s）：战略（strategy）、结构（structure）、制度（systems）、人员（staff）、作风（style）、技能（skills）、最高目标（superordinate goals），其中前三个是管理中的"硬"要素，随后三个则属于"软"要素，这六项都要服从于第七项——最高目标——这个要素。日本企业管理中更为注重最高目标这一要素，而且是通过强调上述三个软要素来接近最高目标，这可以解释日本为何在战后取得了经济上的巨大成就。在软要素的影响下，"首先，日本人把不清楚、不确定、不完美视为组织中必然的现象。因此，他们的人事政策和对付员工的技巧与美国人截然不同。……其次，日本人认为他们比较需要互相帮助，因此他们愿意在人员和技术上作较大的投资，以便对彼此有所助益"①。

　　由日本管理组织的柔性管理所带来的市场冲击和管理理论上的更新，再怎么高估都不为过，甚至有学者将之称为一种"革命"："西方对日本模式管理效率的发现可以说是一场真正的革命，它对组织管理的人际关系交往的重要性的承认做出了显著贡献。一个组织内成员间的非正式关系、与组织权威的各种形态的关系、由工作提升所产生的动因以及对团队工作的重视，都通过 1970、1980 年代的实践而广泛流行于管理领域。……将管理知识与族群学、人类学联系的'文化'概念，被视为组织'文化'产生的目标，正在成为一门新的管理学领域，有时被视为解决管理难题的有效方法。"②

　　大内在《Z 理论》一书中强调，日本相对于现代美国企业所取得的成功主要归功于采纳了有效的人力资源政策，这样的人力资源政策鼓励员工对企业的忠诚、参与企业事务，结果催生了员工极大的生产力、更佳的业绩和适应市场经济的变化需要的灵活性。这一特点也得到了其他学者的赞

---

① 巴斯克、艾索思：《日本的管理艺术》，黄明坚译，广西民族出版社，1984，第 73 页。
② Laurent Bibard, Towards a Phenomenology of Management: From Modelling to Day-to-Day Sensenmaking Cognition, in Marie-Laure Djelic and Radu Vranceanu (ed.), *Moral Foundations of Management Knowledge*, Edward Elgar Publishing Limited, 2007, p. 17.

同。"日本人对'责任'、'家庭'、'共识'的认识，是影响日本公司治理的三个主要因素。'责任'并不是发源于广义原则基础上的，它可以是对某个人的报答，或者是发源于更普通的关系，如与家庭、校友、公司（或内阁）或整个国家的关系。日本的家庭意识在公司治理中的作用都是最强的。这不是一种普通的伙伴关系，而是企业给予那些为它的发展付出了巨大努力的员工的一种认可。它要求各个层次成员的忠诚与关注。每一个成员也期望自己被作为家庭成员来对待。在日本，敌对的现象并不常见。要想让每个人的意见都一致，是需要付出巨大的努力的。这在公司治理中尤为明显。达成共识并不意味着各方都是平等的——它们常常是非常不平等的，但是日本人却觉得最好要尽可能地赢得每个人的心（即使这会导致一个缓慢烦琐的决策过程），而不是强制前行。"①

在业绩考核或绩效评估时，员工的工作成效之差异当然会得到重视，但是，员工的努力程度和做事态度也同样会受到关注。日本管理者严格区分了业绩评估、业绩评价和业绩肯定的不同。欧美企业管理者大多做的只是前两个方面，而日本管理者更经常做第三个方面。"业绩肯定"指管理者对一名员工的业绩做出综合且正向性的判断，他会充分考虑该员工过去的业绩，并且对他与工作岗位的匹配程度做出分析。例如，丰田内的所有员工每三年就要做一次业绩肯定。

我们在上文提到日本管理组织盛行的是集体决策而非管理者个人决策，这其实也是柔性管理的一种体现，它充分动员了组织内成员的实际参与，将企业管理化作常规式组织日常活动。有学者将"影响过程"看作日本式管理的一种独特之处，所谓"影响过程"是指为实现组织内的管理沟通和决策而设立的通道和程序，这些通道和程序向组织内所有成员平等开放。此外，集体决策所导致的责任共担也分解了具体个人在组织过失中的责任追究，保护了他们为企业利益进行的各种有益尝试。"日本企业中的集体决策之后果是它们鼓励了风险承担，尽管人们通常以为这样的集体决策会导致保守和中庸。……个体员工因集体责任而获得解脱，他知道他的意见或看法会被当作集体的决定来接受。在集体讨论时，风险性的意见和相对谨慎的意见都得到了充分展示，最终会采纳相对不那么冒险的意见。结果，在日本企业，集体决策的过程就是一个充

---

① 乔纳森·查卡姆：《公司常青：英美法日德公司治理的比较》，郑江淮、李鹏飞等校译，中国人民大学出版社，2006，第65页。

满创新的过程。"①

日本的组织文化所提倡的核心价值观，如和谐、亲密、信任等将组织改造成有情义的有机体，这也极大促成了柔性管理。组织内的在职教育、员工培训体系等都强化了柔性管理。不过，将一个完全异质或另类的人改造成"组织人"所付出的代价还是很大的，而且充满了不确定性，因此，日本组织十分看重招聘环节，在最一开始就将合适的人选招进来。日本企业招聘员工时并不十分看重专业，同一年份、同一学校毕业的人进入企业后，也会按照多功能化原则加以打乱，在几十年的职业生涯中让他们在不同岗位和部门轮换。日本企业很少招管理学专业或财务专业的毕业生，一般的经济学、商学、工科甚至哲学、文学类专业的毕业生也会被大量招进企业，在企业管理中员工很少仅仅拥有自己专属的排他性专门知识，因为大家虽然来自不同专业背景却因进入企业后的长期培训和轮岗等制度安排而拥有了各种合作机会，人们可以将各自的意见，特别是一线员工的意见充分表达出来，在多次讨论、反复协商中，逐渐接近问题的实质，拿出彼此都能够接受的解决方案。"共识"的形成与其说是管理者的初衷，毋宁说是他解决问题的主要途径。

二、水道哲学

"水道哲学"是由松下公司创始人松下幸之助（1894—1989）明确提出的，其核心理念是：制造型企业都要有一种使命，它们要向国民提供物美价廉的产品，使产品像自来水一样不可或缺和便宜亲民。"水道"在日语中指自来水，"水道哲学"的汉语翻译可以是"自来水哲学"。其实，"自来水"本身没有哲学问题，将自来水上升为哲学是因为自来水被赋予了特定的意义，这就是与大众社会、工业文明和城市生活相适应的消费文化，企业自觉到在消费文化中的引领作用，并将此落实为企业对公众、社会的责任，这就是松下幸之助所要揭示的企业及其管理者的使命。在1932年的创业纪念日上，松下幸之助对全体员工做了"知命年的宣言"。他说："我们公司所承担的使命是什么？企业人员的使命是救社会于贫困并走向富裕。企业人员通过物的生产履行自身的使命，要提供像自来水管

---

① Smith, P. B, Peterson, MF and Misumi, J, Event Management and Work Team Effectiveness in Japan, Britain and the USA, *Journal of Occupational and Organizational Psychology*, 1994 (67), pp. 33-43.

的水那样无尽的、价廉的商品。因缘分而就职于松下的人们，以此为使命，团结起来，把完成这一使命作为无上的人生价值。今年我们意识到了自身的使命，就可以称作'知天命第一年'。"①

"水道哲学"所包含的管理思维其实是唤醒企业管理者的职责意识，要不忘初心，始终围绕组织的本质去发现问题和解决问题。松下幸之助是水道哲学的提出者，更是水道哲学的积极推动者。他通过几十年的努力，将一个三人小作坊发展成为拥有资金150亿美元、年销售量超过100亿美元、职员达25 000人的世界电器巨人，在数次世界性经济危机面前，他始终能让公司维持良好运行并迅速得以发展。这得益于松下幸之助有很清楚且始终坚守的管理思维方式。松下先生通过70年经营企业的管理实践，深刻认识到，所谓企业管理，归根到底是人们为了共同的幸福而进行的合作活动。所以，必须要充分认识人的本质，把握企业管理的真谛，他正是根据这种认识去展开管理活动乃至每一项日常工作。可以说，松下的水道哲学是基于他对"人"的理解。在管理思维方面，他充分表现出超级大企业家所具有的经营才能和头脑。

松下幸之助的管理思想集中表述在以《实践经营哲学》等为代表的他本人的一系列著作中。他认为，企业管理的基础是正确的管理理念，即这个公司是为了什么而存在，公司最高管理者应该本着什么目的、用怎样的方法去管理？虽然具体的管理活动总会随时代而变，而管理理念却不应该经常变。正确的管理理念必须扎根于正确的人生观、世界观，所谓"正确"是指符合真理，但这个"真理"并非哲学意义上的"真理"。松下认为"真理"只是一种常识，是古往今来的人们普遍接受的观点，如果一个观点只有你自己相信是对的或者只有你所在的群体的人们相信是对的，它肯定就不是"真理"，只有许多不同的人都认为它是对的，才是"真理"。这样的真理观也充分反映在松下对"人性"的理解上。他将"人"理解为，"人就是万物之主，是伟大而崇高的存在。我们要提倡新的人道，欲望是力的表现，本身没有善恶，怎样对待它，才成其为善或恶。此外，我们对人要信任"②。"人的本质是欲望"，这可以说是松下水道哲学的基础。企业的存在就是为了满足这种欲望，成功的企业就是能够让客户以最少的

---

① 松下幸之助：『私の行き方考え方』，PHP文库，1986，第290—292页。
② 松下幸之助：《万物和谐——松下幸之助的人生观》，任世宁译，人民邮电出版社，2018，第8页。

付出满足该欲望，企业的生产、制造、设计都必须围绕如何压低成本、提供高质量且消费得起的产品而展开。

松下幸之助认为企业的目的不是单纯追求利润，利润不过是通过企业的经营活动更好地实现企业根本使命之后客户给予的"奖赏"，即客户因赞成我们的观点，相信我们的行动而给予的奖励。斤斤计较于利润的企业已经脱离了企业的本质，最终定会招致客户的反感，客户逐渐离去，此时企业离破产就不远了。松下也十分注重日常管理目标的问题。在有了整体性、社会化管理目标之后，企业就要在生产经营过程中采用适度化经营与专业化经营相结合的方式，把公司拥有的经营力量、技术力量和资金力量全部集中于工作上，努力在其专业领域里立于不败之地。

松下幸之助所提出的"水道哲学"成为富有代表性的日本管理思维的典型。虽然表述不同，但日本其他一流公司也都像松下公司一样，为公司提出了包含经济、社会、员工福利等多重复合性目标，始终关注客户的需求，并以不断改进的工艺、不断更新的产品、不断升级的服务实现良性市场竞争。为此，它们不拘泥于本业，也不会被眼前的获利所惑，而是孜孜于做百年企业，以保证公司的基业长青。像丰田、本田、佳能、夏普、奥姆龙、先锋等日本企业，总是能够灵活调整和不断更新企业管理方式以适应经济环境的变化，因为它们始终将焦点放在产品、技术和市场上，并不惧怕关掉不盈利的部门，也敢于放弃维持市场份额的传统战略目标，总之，它们随时准备接受更新、更有效的东西。

"水道哲学"展示了生产商、贸易商的市场主体向消费者示好的友善一面，这种友善之所以能够存在，还要有良好的社会制度环境，即政府的支持和公众对公司独立自主经营权的充分尊重，由此，企业才可提出向内挖掘潜力的自主式管理思维。政府对企业的支持在日本可以说是一以贯之的。早在明治年间，日本政府就不遗余力地推进传统私营企业向现代公司的转换，政府发行了大量的宣传手册普及现代公司运行方式以帮助公司的早期实践者，公司在开展业务的过程中也会得到政府的各种扶持。在现代化的过程中，日本政府颁布了很多法律来巩固现代公司制度改革的成果。1899年的《公司法》放开了对个人办公司的限制，规定了董事的相应义务。

水道哲学其来有自，可以说它是对明治时代日本企业领袖涩泽荣一（1840—1931）思想的继承。涩泽荣一是日本著名的"近代企业之父"。他倡导将《论语》奉为"商务圣经"，将"《论语》＋算盘"作为企业管理的基本指导思想，从而奠定了日本式管理的精神基础。涩泽荣一认为，西方的工商业文明发展给东方国家带来很大压力，发展工商业成为当时日本必须经历的道路。但落后的日本如何追赶？如果只是亦步亦趋，肯定永远追不上，因此，日本要保持足够的精神动力。涩泽从传统儒家思想特别是《论语》中挖掘出与当时资本主义发展相一致的思想内容。但当时的很多日本人都认为《论语》只是一本道德书，不知道培养商才之道也全在《论语》之中。涩泽认为，"《论语》中有算盘，算盘之中有《论语》"，二者可以并行不悖。涩泽荣一对《论语》的这种重新解读协调了当时发展工商企业和保持东方传统价值观念之间的冲突。他强调儒家的思想与发展工商文明并不矛盾，在发展经济和管理企业中要实现三个合一，即经济与道德的合一、公益与私利的合一、义与利的合一，这三大"合一"充分体现在他所提出的"士魂商才"的企业家理想人格中。涩泽荣一认为，士魂、商才相辅相成，共同得到了《论语》的滋养。真正的商才不能背离道德，而且道德的完善是"士魂商才"的核心。涩泽的这一思想是对当时日本企业界唯利是图、拜金主义思潮做出的纠偏，他力图解决引入现代市场和西方工业文明过程中社会传统价值沦丧的困局，这样的纠偏不仅必要，而且十分及时，这促使日本企业管理者较早意识到社会价值的存在，从而为日本式管理的提出做了价值铺垫，因此，我们需要全面客观看待日本式管理。日本式管理的提出有一个连续的长时间探索，而且日本现代组织并不仅仅强调社会利益至上，相反，功利主义、实用主义指导下的具体管理思想同样受到青睐，不过日本企业家并没有将功利主义、实用主义庸俗化或者推向极端。

三、现场主义

经过了二战后初期的短暂混乱和无力感之后，日本企业管理者又重新自如地恢复了工作现场的秩序。为了防止工人罢工导致的管理困局，他们决心全面控制生产一线，提出了"改良的能力主义"劳务管理方式，即不仅放弃任意解雇的"自由放任"市场模式，同时也放弃工会所主张的年龄工资的资历模式，引入通过人事考核定期加薪的制度，这是一种"职能资格工资制度"（即上文所分析的"年功序列制"），这一制度的推进需要其他相关措施的配合，如轮岗制、多功能化的员工培训以及即时生产方式的确定等。这就是日本式管理中的一个重要内容：现场主义。

在此，我们着重考察一下即时生产方式。即时生产方式旨在彻底排除库存、空间、作业时间和人员编制上的浪费，以达到生产和劳动中的最大效率。即时生产方式的具体内容包括：压缩零部件库存、记事栏方式、U字形生产线设计，采纳全自动输送体系以便机器启动后不再需要监视作业，作业人员负责多道工序等。由于高效生产带来了高额利润，企业就可以大幅度增加工资，让员工分享工作成果。即时生产方式是泰勒制的人本化，但它比泰勒制精致和高效得多。丰田公司是最早采用这种方式并取得巨大成功的企业。进入20世纪80年代以后，其他企业纷纷运用这种方式进行劳动现场的优化。即时生产方式开始成为日本流水线的化身，取代了美国福特方式（其标配是：标准件、工时压缩、层级报告等），赢得极高的世界声誉。但是，这样的低成本、零损耗的生产方式同时意味着现场劳动者脑力和体力的极大付出。"在这种没有浪费的生产体系下，雇员没有丝毫空闲，必须有弹性地像技工一样地工作。如果把简单劳动狭义地理解成雇员持续地从事固定作业，那么这种生产体系是在克服简单劳动。但是，要说其是内容丰富并符合人性的劳动，可以说是值得怀疑的。"①

即时生产方式的提出者是丰田公司前副总经理大野耐一，他是位很有经营头脑和现实主义精神的管理者，他曾持续多年研究生产过程的合理化。早在20世纪50年代接受美国的质量管理影响之际，大野耐一就试图加以改进，提出更适合日本同时也更有效率的管理方式。他所领导的工作小组经过深入研究发现，更换生产线上不同品种所需要时间的长短，对生产过程的影响非常关键。他首创了一种以均衡生产为基础的产品制造方式，这就是即时生产方式。它在具体实行时包括如下环节：（1）由下一道工序向上一道工序提取零部件，而不是上一道工序向下一道工序送零部件。（2）只生产一件，只传送一件，只储备一件。（3）由最后的装配工序来调节、平衡全部生产。（4）宁可中断生产，绝不积压储备。即时生产方式首次提出后不断得到改进，日臻完善。美国麻省理工学院几位从事"国际汽车计划"的专家考察即时生产方式后对其冠以"精益生产方式"的美称，"精"指少而精，不投入多余的生产要素，只在适当的时间，投入必需的要素，生产出必要数量的市场需要的产品（零部件、产品）。"益"指所有生产经营活动都要有效益。此外，即时生产方式也被称为看板方式或准时生产制。上述美国学者认为它完美地超越了美国福特生产方式的全局

---

① 熊泽诚：《日本式企业管理的变革与发展》，黄咏岚译，商务印书馆，2005，第26页。

性、规模性①。

即时生产方式体现的是对降低成本、提高效率的无限追求，在管理思维方式上就是相信人力或者说人为的努力是可以实现近乎无限或完美的目标。当然，仅仅凭信念、信仰并不能自动带来"完美"，还是要落实在一系列制度或措施上。工作标准化就是其中一个重要措施。丰田对此的定义是：标准化的工作是工人、机器、材料最优化的结合。标准化工作是保证质量、成本、数量的前提条件，它也被看成最安全的工作方式。丰田的标准化工作有三大构成要素：周期、工作顺序、过程中的物件数量。标准化工作对全体员工提出了更高的要求，他们必须在工作场合和工作时间内始终保持高度的注意力，全身心地投入工作之中，发挥更高的积极性和主动性。例如，不转化工作赋予了任一岗位的员工一项权力：他可以随时中止生产。自动停止（autonomation）是一个日本人新制造的英语单词，它表示把机器设计成在遇到问题时，任何发现问题的人当下按键停止机器运行。丰田所有的机器都配备了自动关停机制。在丰田生产方式中，每当生产出了一个残次品，员工按下某个开关，机器就会停下来，整个系统随之关停，避免出现更多的次品，待发现并解决问题后启动机器。

丰田的成功就在于持之以恒地坚持所确定的基本工作程序并加以不断改进。丰田总结出了一系列行之有效的管理思维路径，被归结为"四S"、"五个为什么"和"三M的方案"。"四S"是整理（Seiri，使要做的事情条理化）、整顿（Seiton，进行合理化调整）、清洁（Seiketsu，使工作现场清洁）和整肃（Seiso，去除冗余）；"五个为什么"是指问题出现时要分别询问和思考到的各个方面，首先要问为什么会发生这个问题，其次给出最初的解释，接着问是什么导致了这个表面的原因，经过至少五个阶段，当事人最终确认该问题的本质并且找到解决该问题的方法。"三M"指浪费（Muda）、混乱（Mura）和蛮干（Muri），提醒所有员工要在工作中力戒上述现象。

即时生产方式背后的管理思维方式其实是打破了传统的从起点出发的思考方式，提出了相反的倒退方式，即从结果入手，从最后一道生产工序开始逐渐往前推，每一道工序都把后一道工序看成自己的用户，按照用户的需要进行生产，用户则提前把自己的需要详细地写在一块醒目的白板

---

① 美国公司一贯采用的是"以防万一"（Just-in-Case）的系统，用大量的库存保证生产的连续性。

(看板)上,这样就可以用看板来控制整个生产过程。只要最下游的总装备计划决定下来,则整个指令由下游逆游而上。正是依靠看板这一小小的管理工具,将上下两道工序联系起来,把人力、物资和设备完整地、有机地结合起来,组成指示明确、任务清楚的流水作业,以实现顺利、高效的生产。

美国马萨诸塞技术中心(the Massachusetts of Technology)在以《改变世界的机器》为名初版于1990年的书中对丰田生产方式做出了非常出色的研究。它指出,丰田成功的要素是三个方面的领先:技术、费用控制和时间管理。日本公司不同于欧洲和美国公司的生产体制,而是吸收了手工生产和大量生产两种生产体制的长处,同时又避免了前者的低效率和后者的高成本,创造出融合二者的日本式生产线控制体制,这一体制被称为"倒推式体制"(lean production)。这一倒推式生产具有如下特点:在产品制造过程中几乎没有缺陷,制造过程更快,车间内的维修区域更小,绝大多数雇员是在团队中工作,雇员经常在公司内调换工作,雇员会主动提出更多的建议,同时也得到更多的培训等。

需要指出的是,丰田即时生产方式的高效率是以众多服务于丰田中小企业的相对低效为代价的。丰田等顶级大公司因为对配件厂和零售商掌握了绝对的话语权,迫使它们成为配合丰田即时生产方式的"垫脚石",丰田舍弃的仓库、获得零转运费用等都由这些下承包企业承担了。据说在丰田本町工厂外面总有一长队卡车在排队等候,车上满载为生产线提供的汽车零部件。一辆卡车从工厂这头开出来,另一辆才被允许开进去。丰田去除掉了存放这些部件的仓库,例如,汽车上的座椅都是直接从卡车上卸下送进生产线上安装。

奉行现场主义的还有许多其他日本公司,例如日本7-11连锁便利店所取得的巨大商业成功,也要归功于它在收集、分析各支店的销售状况和顾客数据方面的高度专业性,因为它开发出了一套先进的点式销售系统,7-11连锁集团就可以依据每日各店的零售状况有效分析顾客购买数据以精确定位便利店所提供的物品范围与当地顾客需求之间是否存在不一致,从而预测每家店在何时进哪些商品,以保证它们每日提供的商品(主要是午餐和各类餐食)都是新鲜的,同时也可以有针对性地满足每个店周边顾客的不同要求。有人将此归结为7-11公司的"统计艺术"。管理者个人不能修正数据,这是保证数据的完整和真实的第一步。从购买者的预期中分析出的数据将产生不同的结果,不是盲目接受统计数据,而是充分考虑各种因素后做出彻底分析,这是第二步。结合顾客心理学原理,才能对统计数据做出更准确的理解,这是第三步。通过发展和验证假设,最大限度地使用统计数据,这是第四步。可见,7-11连锁集团的统计艺术背后的管理思维是现场主义,即精确定位客户群,从而提供有针对性的服务。

日本管理咨询大师今井正明用"改善"一词来概括"精益""即时""准时"背后的思想基础。"改善"既看到了现状中的问题,同时也充分肯定了人的主体性,强调人可以解决这些问题,人解决问题的能力和过程都是不断进步的。他说:"最具有日本特色的管理实践可以简化为一个词:改善。用改善这个词去代替诸如生产力、全面质量控制、零缺陷、看板以及建议系统等词,能够给日本工业勾勒出一幅更为清晰的图景。"[1] 今井正明对"改善"的观念和活动有非常深入的研究。他指出:"管理包括两个要件:维护与改进。维护指的是维护现有技术、管理以及运营标准的一类活动;改进指的是那些改进现有标准的活动。"[2] 改善催生过程导向的思维方式,因为要改进结果,务必先改进过程。这也是日本式管理与西方注重结果和创新的思维方式非常不同的地方。

此外,也有日本管理学者对工厂、车间等一线现场进行了理论总结,巴克制就是一个代表。生于1919年的门田武治曾担任日本效率协会理事、经营管理首席顾问,同时也是一位经营有方的成功企业家。他总结了自己长期的工厂劳动管理经验,创造了具有日本特色的工厂劳动管理理论——巴克制(PAC)[3],它是一种追求效率化生产的管理方式,巴克制也集中体现了日本人的管理思维特点。巴克制基于工作效率分析,从各个角度观察、搜集有关工作效率的实际数值,它大致包括如下五个方面:(1)根据科学的标准时间测定工人工作效率,即作业标准时间与作业实际消耗时间之比。(2)强调生产第一线监督人员(即基层管理人员)的主观能动性,借以取代金钱刺激制度。(3)从公司经理、厂长到每个职位的职工都有具体明确的职责范围和岗位责任,并按职位等级区分工作效率。(4)定时提交工作效率分析报告,各级管理人特别是第一线监督人员将据此采取有针

---

[1] 今井正明:《改善——日本企业成功的奥秘》,周亮、战凤梅译,机械工业出版社,2011,第3页。
[2] 同上书,第5页。
[3] 巴克制(PAC)的P是Performance(工作效率)的头一字母,A是Analysis(分析)的头一字母,C是Control(管理)的头一字母。门田武治的"巴克制"集中体现在他的著作《巴克制——工作效率分析与管理》(上海译文出版社,1980)一书中。

对性的措施，以提高工作效率，维持工厂、车间效率的高水平。(5) 设立专门从事增援的机动部门以保证各生产部门的人员配备合理化，最大限度地控制劳动力的耗费。

现场主义之所以畅通无阻是因为管理者可以全面掌控现场，现场的表面似乎是以雇员为主，其实它是管理者导向的，对外极力排除外界（包括股东、公众等）的干扰，对内则是赤裸裸的管理者本位。在日本现行的公司法中，企业被定义为一个持有多个股东作为其成员的事业组织，日本企业的特点是，它是商业公司，以营利来维持自身的存在，但在日常管理过程中通过管理制度的设置营造出企业乃是全员（包括雇主、管理者和雇员）的实体式"命运共同体"的氛围，现场主义包含的对雇员的剥削常常会被亮丽的高生产率掩盖。

第三节　管理精神主义

在人的认知体系中，情绪体验是相对比较简单的认知方式，而思维方式，包括推理、判断等则属于相对比较复杂、高级的认知方式，在个体的成长过程中它的形成较晚。同样，一个民族的思维方式也包括感性和理性两个不同的部分，而且由于它是缓慢形成并体现在无数的个体和长久的文化传统延续之中，它的改变非常缓慢。在社会转型中，首先发生改变的是政治体制和经济组织方式，其次是教育、家庭和生活方式，最后才是价值、观念和思维方式等。例如，明治维新被看作日本告别传统、走向现代化的开始，但明治维新只是政治上的有限对外开放，部分地完成了政治体制改革的任务。第二次世界大战后日本才逐渐确立了政企分离的体系，实现了商品贸易的自由化和公民经济权利的落实等为内容的经济现代化。到了 20 世纪七八十年代出现了文化复兴，日本进入"文化开国"的新时期。当代日本人的价值观和思维方式在继承传统的同时吸收了现代的内容，在管理思维上的一个重要成果就是管理精神主义。

一、义理重于规章

"义理"是个日语词，通常指与自身的利害无关、作为人应当遵守的要求，特别是用在人际交往时，即便有些不情愿也不对他人做出的行为要求，例如受人恩惠就一定要偿还，这种"恩-报恩"就是一种义理，受恩却不报就被视为不懂义理。不懂义理、不按义理行事的人不仅是不可理喻的,也会在人际关系中遭遇他人的反感、拒绝,从而陷入困境。"义理"并非法律规定,只是一种情义,而且经常表现在个人性的关系中,如朋友关系、同事关系等,因此,很难给出客观、量化的行为规定,"义理"其实就靠当事人用心推测、揣度,在他人未提出明确要求之前自己做出合宜的行为,在日本人之间以及日本企业内"义理"的影响力比公之于众的规章制度大得多,但又不是明示、显见的规定,这就要靠长时间的共处产生的多重人际关联,多重的人际关联包含了无可逃避的自我约束和相应的行为要求。

坚持管理精神主义弱化了日本管理组织结构中的正式制度的僵化程度。情与理、情与法、道理与情义等多重因素共存并影响着管理者的思维和判断,结果就是:正式组织与生活共同体、理性的世界与情义的温情世界相互交织。例如,当员工或下属受到上级或其他同事批评时,当事人不只是被要求改正,更希望他从内心做到反躬自省。"当员工被经理或其同事批评的时候,他们往往不寻求自我辩护。他们不需要证明他们的意愿是良好的。在日本,'你的同事们会推定你的意愿是正确的,哪怕你犯了错误。你只需要道歉并接受批评'。人们的意愿被推定为良好的,因为只要他们是人类存在,他们就绝不会希望破坏或动摇那为他们存在非常必要的整体。因此,推定别人的良好意愿是诚实批评的唯一方式。接受批评同样也是一种真实的行为,这是因为:第一,员工对公司规范或期望的背离得到了承认(第一重否定);第二,员工通过接受批评表示愿意再次回归整体(第二重否定和回归运动)。"①

一般而言,日本人大多并不喜欢完全被规章制度所束缚的组织环境,当然,这不等于说日本人就是无法无天、不喜欢任何约束的人。相反,日本人很看重规则,但日本人理解的规则是基本的行事规则,其他的就靠默示规则或隐形规则。这些默示规则或隐形规则,并不是见不得人的东西,所以,不能笼统称之为"潜规则",它在价值上是中性的,并没有负面性,更多的是社会学意义上的"背景知识"或社会资本,而非伦理学上的"负能量"。"日本人在实践中一般倾向于遵从某些习惯与一套行为准则。他们服从一套有限的社会准则是一种一般倾向,他们进行价值判断的标准就放在这上头。因此,如果遵从某些准则的行为都可以被称为'合乎理性'的

---

① 金黛如:《地方智慧与全球商业伦理》,静也译,北京大学出版社,2005,第130页。

话，那么就这个意义而言我们可以说日本人是合乎理性的。"①

有这样一个趣闻。索尼驻美国的前公司主管（美国籍）曾经觉得，有必要像大多数美国的公司或许多竞争对手那样，为公司制定出一整套规章制度。对此，索尼总部的森田总裁明确表示反对，他认为引入一整套过于严密的规章制度会被（日本籍）员工视为一种侮辱，"他们根本不需要什么伦理制度，因为他们都是有道德的人士"。公司的执行总裁也持同样的看法，附和道："森田确实切中了要点，这其中存在一个显著的文化差异问题。美国企业界凡事都要诉诸法律是出了名的，遵守公司策略和原则被认为是企业伦理的核心宗旨。而在日本的企业界，摆在第一位的是人际关系和相互理解，原则和制度位居其次，甚至根本不予考虑。这就表明，有些非常重要的东西被忽略了，即个人的价值观和是非判断力。"② 于是，这位索尼驻美国高管制定严密规章制度的想法就被束之高阁了。

美国人类学家爱德华·霍尔基于人们的沟通方式将不同国家的文化区分为高情境（high-context）或低情境（low-context）。③ 在高情境的沟通中，需要明确说出或写出的东西很少，因为绝大多数信息要么是关于客观环境的，要么是当事人彼此熟知的，需要直言相告的内容只是很小的部分，日本就属于高情境的沟通类型。高情境的社会如果是建立在良好的国民教育和深度的社会信任基础上，那么，该社会及其组织都是有效的学习型组织。组织内的长者或经验丰富的人会为新进入者或年轻人提供必要的指导，与他们分享各种信息和个人体验，传递组织价值观和言行规范，以便他们尽快理解组织的内部机制和人际关系，组织内充满了学习的氛围。霍尔还对沟通相关的规则做了分析。他认为存在三种不同层次的规则：无形规则、有形规则以及技术规则。"技术规则都是些显而易见的运行规则，如一国的法律，一种机制的技术说明，或者一家企业的内部规定。这些明显的特征标志是容易被领会的。……无形规则犹如冰山被浸没在海洋底部的那一部分：这一部分特别纷繁和微妙的规则处于无意识层次上：比如我们在特定情况下，谈话时相互保持的距离、动作、身体姿态，在具体情况下，面对某些谈话对象所表现出来的面部表情，使用或者不用某些字眼等。……有形规则介乎于无形规则和技术规则二者之间，它们是一些道德

---

① 中村元：《东方民族的思维方式》，林太、马小鹤译，浙江人民出版社，1989，第20页。
② 罗伯特·C.所罗门：《商道别裁——从成员正直到组织成功》，周笑译，中国劳动社会保障出版社，2004，第71页。
③ Edward T. Hall, *Beyond Culture*, Anchor Books, New York, 1976.

规范和社会生活准则。"①

日本人对质量和可靠性的重视程度常常到了西方人难以理解的地步，他们之所以坚持要求高质量的售后服务，也与他们十分看重顾客和供应者之间可信赖的长期关系有关，这其实也是企业责任的体现，日本企业为此不惜在产品和服务的质量追求上达致完美与精窄。美国人发现的产品质量管理技术被日本人采用之后，发扬光大到产品零缺点的境界；库存管理变为丰田看板式的即时管理。有人说，"日本的公司对其雇员的生活社区承担了全部的责任。但当日本企业对其雇员宠爱有加的时候，它并没有一个广泛的社会责任的观念。这种有限的社会责任观念部分是建立在儒家思想的基础上的，儒家主义对严格的伦理道德和责任都有详细的说明，但传统上它们只运用于有直接关系的人身上"②。将现代日本企业盛行的内外分别的责任观念仅仅看作中国儒家思想的影响或者是日本的民族性，显然都是片面的，这种做法的形成有多方面的复杂因素。

二、管理责任的放大

管理精神主义也扩大了企业对员工的责任范围和程度。1990年日本一年的离职率（3.5%）比美国当年的月离职率（4%）都低。从法律上说，日本公司事实上是很容易解雇一名员工的，但是，直到现在，解雇员工仍然被看作负面的事件，它会让人对被解雇者的人品产生疑问。而且外部劳动力市场还不够开放，离开一家大公司的核心部门后要再找到类似条件和待遇的工作是非常困难的。对很多日本企业来说，在员工达到了正式退休的年龄后仍然会留住他们，为他们提供一些工作机会，尽管这些工作大多是辅助性或安慰性的，例如，引导新员工进入适应工作的培训员，办公室传达之类的门房工，对于一些业务骨干则会提供到下属单位或分部当顾问，或者有时干脆设置一些荣誉性的职位来安置他们。当然，这些退休仍然得到安置的人，常常是一生忠诚于企业的人，有过不良记录或业绩平平的人，大多是无缘于此的。

企业在国民中的地位，中日对此有着完全不同的回答。中国人通常将自己（包括自己的家、自己的公司）都看作私人的，只有国家、政府机关

---

① 弗朗克·戈泰、多米尼克·克萨代尔：《跨文化管理》，陈淑仁、周晓幸译，商务印书馆，2005，第21页。
② 乔治·斯蒂纳、约翰·斯蒂纳：《企业、政府与社会》，张志强、王春香译，华夏出版社，2002，第145页。

才是公家的。日本人则只将自己的个人事务和自己的家当作私人的，企业（即便是私人企业）和国家都被看作公家的。正因为企业也是"公"的化身，为企业做任何事都属于"大公无私"的行为。此外，对日本人来说，公与私的区别只有在不可分割的连续体的极端才是清晰的，而在两个极端之间则是二者相互跨越的巨大弹性空间。二者的关系不断地得到贸易和工业协会、商业机构、专门委员会的强化。在日本，公司被视为一种社会机构，而不是一种经济机构。虽然公司的目的是赢利，但管理者和雇员却将他们自己的活动视为众多社会活动的一种。管理者认为自己应该对员工的福祉负责，因为他们要面对别人。有些管理者甚至还向他们的员工提供诸如墓地、约会服务以及团体大宗购买等方面的支持。一些美国行为论者则认为，日本人所接受和推崇的这种做法是一种温情式、家长制做法。日本商业中的这种社会特性也体现在日本人的羞耻概念中。"日本的管理者会因非经济方面的失败与失误而辞职，例如，日本全日空的一架飞机坠毁后，该公司的首席运营官公开道歉之后，引咎辞职。在这种情况下，首席运营官的失败被视为整个日本的失败。用和辻哲郎伦理的语言来表达，这位首席运营官在整个日本'面前'感到了耻辱。在这里，'日本'被视为由所有岛民组成的整个社会关系网。死于空难的人有丈夫、教师、妻子、雇员、兄弟、姐妹，所以这个首席运营官感到耻辱是正确的。这场灾难给'日本'的心留下了巨大创伤，而'日本'这个整体是这个首席运营官及其他公民的人性的来源。"[1]

　　日本管理精神主义明显不同于印度教所提倡的出世精神主义，相反，日本管理精神主义是高度入世的。例如，它主张实干，有时是拼命三郎式的死干，以尽忠心或显示自己的内心。日本人平素过于循规蹈矩，经常自嘲自己"没有想象力"，这一结论一方面表明日本人对其他民族（特别是欧美人）日新月异、匪夷所思的奇思妙想的惊诧；另一方面则显示了日本人对自身的明确定位。没有想象力，所以，"思不出其位"，每个日本人都在自己的岗位上做好本职工作，完成上级的指示，一丝不苟地尽本分。有时过多的想象力，就是在为偷懒耍滑头找借口，日本人尤其不能原谅在困难面前的"想象力"，即将困难看得很可怕，比人更厉害，相反，困难只是生活的一部分，是生存伴随的现象，就像一枚硬币的两面，没有一帆风顺的人生，也没有一马平川的事业。日本人相信，首先要干起来，认真干

---

[1] 金黛如：《地方智慧与全球商业伦理》，静也译，北京大学出版社，2005，第109页。

起来再说。只要认真去做就可能成功，日本人常说的"顽张"（"加油"的意思）、"一生悬命"（"努力到底"的意思）都体现了这一点。有时日本人的这种不惧困难的努力，显得十分不讲理，完全不计成本、得失，这其实就是日本人思维中的精神主义倾向，他们宁愿相信人的主观能力可以改变一切，人的主观意图远远重于外部的环境和实际后果，而主观意图很难外显，就必须表现出非同一般的能力才能向对方、他人显示自身的心迹，有时就是不计后果的"蛮干"，日本人下班后的"自觉加班"、周末仍去走访客户、与大家保持一致步调等，都可以看作精神主义的外化。

　　日本关联企业间也存在温情脉脉的情义纽带，体现出管理精神主义。例如，企业间相互持股，它不仅具有十分重要的经济利益，而且是彼此同舟共济的象征。1993年的一份问卷调查结果显示，关于企业间相互持股的动因，36.2%的受访者回答是为了"防止敌意收购"，27.0%的回答是"为了提供企业相互关系的稳定性"，22.8%的回答是"为了股票价格的长期稳定"。银行与关联企业的紧密合作也是如此。《日本经济新闻》曾于2003年9月做过调查，它给入选日经500指数的357家企业发放问卷，结果有343家（96%）的企业都有一家或数家主要银行，只有14家企业，包括丰田和索尼回答，自身不拥有银行。

　　"义理"重于规章，这也影响到组织的微观气氛或者说舆论。由于"和"的观念和从众的心理，普通日本员工并不明确公开表示自己的意愿，以免与他人发生直接冲突，他们大多受到组织内舆论的左右，而舆论是由组织的管理者和"优秀员工"共同营造的。例如，在企业召开的座谈会和其他沟通场合，管理者从"我公司面临着严峻局势"开场，引出"现在不得不采取更为严厉的管理措施"，严肃的话题会以十分轻松的语气带出。紧接着，那些与管理者走得很近的"优秀员工"马上会加以附和，表态赞成，这些舆论"先驱者"就成为"舆论"的制造者，即便有不同意见，或者感觉上司的做法有问题，普通员工也只能心里想想，背后议论一下，当面很难公开表示异议，更不用说明确反对了。虽然，"在日本，和在西方一样，决策时依据决策的内容和决策时的情景或多或少也是集体性的。但在西方，管理者也许倾向于强调这些决策本身以及决策过程中的各个环节，而执行这些的通常是个人，日本管理者则强调和赞美共识的建立"①。

　　1985年，日、美、西德、法、英五国财长在美国签订了《广场协

---

① Rodney Clark, *The Japanese Company*, Yale University Press, 1979, p.127.

议》，日元升值的压力迫使大批日本企业走出国门，开始在海外设厂经营，在全球进行战略布局。然而，管理精神主义主要是针对同为日本人的企业同事而言的，在跨国经营中或对海外分公司的外籍员工来说，日本企业的管理精神主义就显得不是那么受欢迎。这暴露了日本管理思维中的封闭性，在国际化的环境下这一封闭性显得尤为突出。许多西方学者和东亚、东南亚的从业人员都深切感受到，日本企业很难做到真正的开放或本地化，在日本人与本地员工之间存在一道"竹子天花板"，它比西方企业中的"玻璃天花板"更加常见。日本驻海外公司仅为非日本人管理者提供了非常狭小且有限的升迁空间。尽管在市场营销和人员招聘方面部门会大量吸纳本地员工，但大多数战略部门（如中高级管理职位）都是由日本总部派出人员来担当。例如，一些设在泰国的日本跨国公司经常遭遇到与当地员工灾难性的沟通。一家主要的日本电子跨国公司拒绝支付给当地员工承诺的年底奖金，因为日本公司认为泰国员工没有达到期望的业绩，结果，当地员工被激怒，焚烧了该工厂[①]。

依据传统商业规则而形成的企业管理实践推动了日本经济的发展，但也成为改革和创新的阻力，这些企业管理实践包括长期雇佣制、年功序列制、主银行体系、企业系列、企业集团间关系、政府主导的工业部门的合作等，它们开始与发生了显著变化的日本社会和经济格局产生冲突。例如，以往商业活动的主体主要是企业，现在则扩大到包括消费者、雇员、供应商、服务商、竞争对手和监管机构等。曾为战后日本经济的腾飞做出了巨大贡献的企业集团间的长期相互持股，为经济发展提供了稳定性，也为企业间合作创造了充足的资源。支撑这些管理实践的基本理念就是管理精神主义，个人权利伸张带来了股东意识的高涨，他们开始向企业经营层提出了更加直接的要求，但企业管理层的排斥和傲慢（用经济学术语说，就是"路径依赖"）却激起了社会不满。管理精神主义显然无法应对企业外人士的诉求，二者的较量及其走势将会深刻影响日本式管理的未来。

[①] Keith Jackson and Miyuki Tomioka, *The Changing Face of Japanese Management*, Routledge, 2004, p. 202.

第四章 日本管理者

有什么样的管理组织就会形成什么样的管理者，反过来说，管理者的行为方式和综合素质也在相当程度上影响着管理组织的形态和走向，不过，从起源上说，管理组织结构及其决定性作用才是第一位的。因此，探讨管理者的问题，就必须首先考察管理组织。我们已经在上文分析了日本管理者所处的管理组织的性质、特点和基本结构等相关问题，本章将着手讨论管理者的问题。与西方相比，日本管理者有两个鲜明的特点：第一，他们身上的人格魅力非常强烈；第二，他们主要是在某个企业内长时间供职并获得经验、展示能力而被逐级提拔的。日本组织的结构和管理思维方式提供了理解管理者的角色以及培养方式的钥匙。

第一节 管理者的角色

案例4：

老字号企业的管理者选拔

龟甲万是日本知名的调酱油品牌和酱油生产企业，创始于17世纪中叶的千叶县野田地区，致力于酱油酿造的高梨家族、茂木家族和堀切家族通过事业整合，于1917年合并成立"野田酱油株式会社"，推选茂木家族的茂木七郎右卫门为首任总裁，茂木家族本家使用的"龟甲万"被定为统一商标。

龟甲万公司形成了一个规矩：每个家族只可派出一位成员进入公司，此人最终能否成为公司董事全看他在公司经营中所创造的业绩和个人发展。因此，只有被公认最优秀的那位才可以接班，这就意味着并不排除三大家族之外的优秀员工最后执掌公司大印。

如果说"自然人"是日本管理人性假设的主题，那么，以其本性适其本位的角色意识则是日本管理者的突出特点。与"自然人"一样，角色意识也较少强调理性、正式的制度因素，而是直指人心、内向自悟，对管理者而言，就是要求去除杂念，集中精力于身边的人或手头的事，即己身正以正人，率先垂范以至下属不令而从。下面，我们从欧文主义、德性主义、心学式体验三个方面入手揭示日本管理者角色意识的具体内涵。

一、欧文主义及其日本化

欧文主义属于温和的左翼思潮，它提倡在资本主义市场经济中从事"有良心的商业活动"，即号召道德教化，由个体的资本家自主地身体力行改善雇员待遇，通过点滴和渐进的行动，推动市场改良和社会改进。与社会主义、自由主义不同，欧文主义通常被归入社会改良思潮，它吸收了互助、慈善、父道主义等基督教、社会主义各种思想的资源，力图以和平、渐进的方式纠正过度市场化的不足和资本主义的剥削。欧文主义的提出者和最早实践者是英国近代社会思想家欧文（Robert Owen，1771—1858），他也是最早明确提出用新的劳务管理取代工业革命后盛行的专制式劳务管理思想的人。欧文公开主张放弃对工人的压制和敌视，采取向工人示好的合作方式，提出了包含理解与关心劳工的父权式管理，即通常所说的温情主义。在脱亚入欧式现代化建设过程中，日本现代企业家中一批先进人士也开始接受了欧文主义的观念。这被称为经营家族主义。

在日本，最早倡导经营家族主义，并据此实施温情式劳务管理的，是钟渊纺织公司的经营者武藤山治。他是当时非常有影响力的温情主义管理的积极倡导者和实践者。他结合自己的管理体会，在日常的管理活动中全面贯彻欧文主义模式。这种温情式管理的基调主张包括三个方面：对员工表露出温情般的亲切、关心的态度；追求长远的利益；培养优良员工，其核心观点是强调员工与企业的共生共存，员工要对所属集团保持高度的归属意识，企业应引导员工以集团的存续发展为宗旨而行动。为此要在企业内创造企业集团及其以"和"为上的意识，只有每个员工都充分接受并展示出温情和友好，才能最终保证员工的个人利益和企业利益的双向发展。这一管理实践又被称为"管理家族主义"，因为它要在企业内营造上下一家、雇主与雇员亲同父子般的关系。

　　武藤还十分注意将这样的温情主义或管理家族主义落实在不断改进的管理制度，他甚至密切关注并积极引入最新的管理技术。他很早就开始关注泰勒的"科学管理"[①]，并运用到钟纺的工厂中。武藤于1912年开始吸收科学管理，1914年着手进行了有效时间运用的研究。1915年9月武藤山治提出了"精神操业法"，内容包括：（1）以经营者为首，要使全体劳动者的精神集中于各自的工作，从而提高业绩；（2）目的不是增大个人的直接的劳动量，而是提高劳动的品质；（3）包括管理者在内的经营者，都要在一切行为上强调精神化的作用，形成高尚的钟纺风气；（4）如果成功，就会达到以现有的管理者人数实现事业的成倍扩张以及劳动成效的加大这一长期目标。总之，他要创造出优于其他企业的"钟纺风气"，更牢固地确立劳资一体的关系。武藤相信：一旦形成了"钟纺风气"，并有效地发挥作用的话，劳动者就会远离鼓励劳资对立的激进劳工运动，不再关心企业外的事务，甘心与资方一道谋求企业的长远发展。

　　日本为什么能够较早地接受当时国际上并非主流的欧文主义温情管理而逐渐推出了家族主义管理呢？原因之一就是日本管理者对自身文化传统的创造性运用。日本封建时代的企业（商号、店铺、作坊等）由于采取了"家元制"而具有了准家族或模拟家族的形态，易于生成和接受温情主义的管理理念。早在江户时代中后期的大商户中，就已经出现了现代日本式企业人事管理制度的雏形。现代初期，日本资本家和管理者对劳动者问题的最大苦恼是，如何以封建的身份关系为前提培育出日本管理的精神主义、形成独特的劳务管理制度以控制生产现场和劳资关系的走向。"（日本）封建的关系下那种可取消的、但又有固定契约的法制关系，为培养日本所谓的'个人主义'提供了比中国的神权政治更为有利的基础。日本虽未能从自己的精神中创造出资本主义，但是毕竟容易将资本主义视为一种人工制品，而从外部接受进来。"[②] 日本资本家开始广泛地重视制度化的劳务管理是第一次世界大战之后的事。劳方的斗争与资方的妥协之间反复较量的结果，是开始在工厂设立"劳动委员会"，以后又发展为"协调

[①] 泰勒提倡"工厂管理法"是在1906年，提倡"科学管理的各种原理"是在1911年。据说最早将"科学管理"介绍到日本的人是铃木恒三郎，他于1912年从美国回国，首先在古河矿业的日光清龙精铜所推广"科学管理"。

[②] 韦伯：《印度的宗教——印度教与佛教》，康乐、简惠美译，广西师范大学出版社，2005，第385页。

会"。劳资关系由对抗、敌意开始走向顾及双方的协商体系。

由于历史上长期存在的同质性社会结构以及传统文化的沉淀，不少日本企业人仍然推崇集团优先的价值观，个人主义在正式组织中的影响甚微，重集团的家族化管理方式逐渐成为代表性的组织原则。"常常为人们所乐道的日本人的工作热情，究其根源，无非在于他们希望得到群体承认和赞赏的强烈愿望。当一个日本人深信自己在集团内是一个受到重视、不可或缺的角色时，他就会尽心竭力地勤恳工作，表现出极其高昂的劳动热情。一度引起西方产业界浓厚兴趣的'日本式经营'正是这种行为原则与心理的作用。日本企业的经理、科长乃至普通职员都把职场作为共同的生活经历，一种'地缘'，进而造成同舟共济的'命运共同体'氛围，这样，为着长远的集团利益，人们可以作出相互协调，甚至牺牲。同心同德，就会产生无穷的动力。"[①]

在日本企业，对集团的认同表现在对内与对外两个方面。对外主要表现为日本企业人员十分恪守企业人的本分，以顾客为目标，市场竞争原则占据主导地位；对内则坚定维护家族式的企业共同体，各级管理者就是企业共同体的化身，因此，服从、合作、克己、坚韧等品质受到了高度赞同。家族式的企业管理方式致力于在企业内营造一种求同共荣的大家庭的氛围，达成员工对企业的认同与忠诚[②]。

就其实质而言，温情主义管理仍然是以经济合理性，即追求企业最终的最大利益为宗旨。与西方管理者的思维出发点不同，日本管理者从改变员工/资方的行为方式、心理预期和价值观念这样的非常规性因素入手，这可以说是自然人假设催生出来的一个管理对策。要实现最终、最大的经济合理性，没有员工的高度忠诚是不可能的。武藤的"培养优良员工"、"善待优秀员工"等，都是有明确的管理意图的。他"优待"的对象通常是那些有专业技术能力和高度忠诚的一少部分劳动者。当时的日本共产党的理论家河上肇对此做出了深刻的批判。他指出，经营家族主义将封建的身份关系套用到现代企业内的雇佣关系中，对多数劳动者来说，资本家仿佛是慈爱的父亲，若不服从资本家的命令，道义上也不被允许。以武藤为

[①] 李萍：《日本人的公共生活规则》，《道德与文明》2001 年第 2 期。
[②] 中村元指出："中国儒教的根基是孝道。因为易姓革命、改朝换代的想法在中国人的思想中是一个基本因素，所以，忠的思想不可能在他们的道德体系中占有中心地位。但是，在日本，因为社会具有一种等级机构，所以'忠'这种特殊的道德在所有的道德中占有最高的地位。"（《东方民族的思维方式》，浙江人民出版社，1989，第 308 页。）

代表的日本资本家所采取的温情主义,尽管表面上不同于西方资本主义,但其实质仍然是剥削和压迫劳动大众,却由于采取了温情主义,掩盖了真相,更具有欺骗性。河上肇的上述批判对我们今天全面认识日本式管理、日本管理者角色仍然具有警示意义。

二、德性主义

企业管理中的德性主义主要强调以道德规范或伦理价值来解释组织目标并向公众展示积极、友善的企业道德形象。这也可以视为工业社会的道德救世力量。不过,工业社会中的德性主义并非传统的个人修身养性式的私德,而是与企业组织整体的声誉和口碑或组织间合作、市场竞争的基本准则有关,它是道德人格的企业化或企业集团化。企业德性主义不仅认为企业和企业人都应有道德上的要求,而且提出了特定的道德要求,如体恤员工、雇主自律、善待客户和供应商、市场创新等内容。日本管理学家小野认为,成功的日本企业在管理实践上具有如下四个方面的显著特点:第一,成功的日本企业是创新性的,组织的目标是长期导向的。第二,成功的日本企业是有竞争力的。第三,成功的日本企业是集权的,同时组织结构是弹性的。第四,成功的日本企业尊重它们的员工,为他们提供升迁和工资增长的机会,不在蓝领和白领之间划出明显的界限。[①] 他所讲到的第四点就是企业德性主义的体现。

企业德性主义有着社会文化的根源。日本人强调以心传心、心照不宣的表达方式。日本著名的民俗学家柳田国男曾指出,在日本国民的生活中,饶舌是被人歧视的,相反,默默地工作被视为一种美德。日本女人所欣赏的男人是这样的:话不多,说出的话却很有分量,踏实工作,任劳任怨,感情不外露,在对人的细微关心上表达善意。相应地,日本人对直率、直截了当的措辞总存有一种抗拒心理,表达请求时,常常使用间接的、婉转的方式,或者大量使用省略语,只是表明自己的希望,却将对对方的请求省略掉。如说"我想请教您,但是……"(教えてほしえいんですけど……),或者使用助动词,如"稍稍请教您一下,可以吗?"(ちょっと教えて頂けないんでしょうか)总之,日本人交谈时十分强调措辞,好的措辞要充分考虑能否使听者产生愉快的感觉,对此不仅要避免使用命

[①] K. Kono, K. Inoue, S. Tsuda, H. Ishida, *Intraoperative Use of L—lactated Ringer's Solution*, Masui, 1984, Oct. 33 (10), pp. 1130-1136.

令语句或过于直接的词语,而且还要不断观察对方的表情来修正自己将要说出的言论。

企业德性主义在管理哲学上的贡献是,它解决了自律与他律如何协调的问题。一般说来,构成人们行为的约束力量主要有两类:一是自律性的内在良心,包括信仰、信念以及社会普遍要求的内化。此时对行为者而言,做或不做的理由在于自己的主动认知和内在根据。二是他律性的外在规范,包括他人的监督、规劝,这对行为者来说,做与不做的理由不由己出,而是来自他人的赞扬或贬斥。传统伦理学认为,出于自律的行为由于是积极、内在的,具有深刻、执着、自主选择等特征,因而受到鼓励;相反,出于他律的行为表明行为者尚没有达到主观接受的程度,与社会规范保持相当的距离,表现出消极、被动的状态,也就处于相对较低的道德境界。但是,上述日本企业德性主义却很难简单地归结为自律或他律中的任何一种,德性主义是介于二者之间的企业道德行为动因。它取决于当事人双方彼此为对方考虑,并基于对对方的考虑而调整自身的行为,向他人展示自己的同时又深刻揣度他人。

应当承认,在何为道德的问题上,明显地存在民族和地域差别。"在日本组织中,从核心价值来看,趋同和团结的出现被认为始于员工招聘和导入之时。用人力资源管理方面的术语来说,被招聘和被提供长期雇佣就是对即将入职员工的深度信任。提供可预期的未来升迁机会,也部分源于对员工的激励,部分源于对信任的强调。承担责任和参与基层管理也是有效的手段,它们既可以在员工中产生动力,也可以为员工的努力提供动因。"① 日本人的道德观既不是现代西方式的理性主义普遍化模式,也不是传统中国人式的修身齐家、仁义礼智信这样的规范行为主义模式,而是有自身的特点。在价值取向上,以本集团为核心的相对主义观念占据了主导地位,对本集团的忠诚不二是压倒一切的终极价值;在内容上,诚心、纯情、初心等是最主要的要求;在层次上,不以最终的目标,如成圣、超脱等作为最主要的要求。即便在今天,多数日本人所理解的道德并不是抽象的公正、自由,也不是绝对的平等、仁爱,而是如何有分寸地对待他人,依据场合和自己的地位而恰当地表现自己,这些通常被视为最基本的道德义务。

---

① Keith Jackson and Miyuki Tomioka, *The Changing Face of Japanese Management*, Routledge, 2004, p. 157.

日本企业对员工的道德要求也如此。日本管理学家氏家康二不厌其烦地谈到细致入微的行为要求在企业日常管理中是如何重要,他说,一个企业人应遵守如下基本礼节:(1)严守时间和期限;(2)对命令,能够大声地报以"是";(3)不忘记报告,能够经常地、认真地报告;(4)不分公司内外,都应礼貌待人;(5)在工作中做到,多方注意、用心周到;(6)注意整理、整顿、清扫和清洁工作;(7)注意必要的沟通和磋商;(8)保持文字、数字和计算的准确性;(9)致力于相互理解;(10)注意公私区别;(11)注意树立良好的人际关系;(12)不分公司内外,掌握并做到正确的礼仪;(13)遵守公司规则①。佐川快运公司向其员工提出的五项原则是:"彻底做到寒暄、拜访、致敬等礼貌上的工作""彻底做到措辞上合礼仪""彻底做到跑腿的迅速""彻底做到商品摆放得井井有条""彻底做到服装、仪容的端庄齐整"。

德性主义使日本企业注重内在报酬,主张非工资刺激,授权并充分信任基层管理层的工作及其效率,这也成为日本企业高效、低成本的"秘密武器",日本企业着力培养一线基层管理人员的综合能力。由于重视提高一线基层管理人员的工作质量,全企业的人力资源都被调动起来。在此制度下造就出来的一线基层管理人员不但在效率方面,而且在安全、质量、成本以及一般性的劳务管理方面,都非常重视并事实上也能够对部下的日常工作给予专业的指导。

就像人们通常看到的,日本社会的诉讼率非常低。这除了受到传统文化影响,人们不愿意撕破脸面之外,还有一个不能忽视的客观原因,那就是,日本律师、法官和检察官的人数偏少。自2002年司法制度改革以来,律师人数有所增加,到2018年全国律师人数突破4万人。根据日本《法院数据统计2019》的统计,截至2018年12月1日,日本法官总数为3 881人、其他事务人员21 801人。2014年检察厅实有检察官2 734人,检察官占总人口的0.002%②。司法人员总数较少,这就使得任何一个极其普通的官司打下来都非常耗时。这样的社会制度安排其实鼓励人们尽可能诉诸民间调解、协商机制来解决争端,诉讼或对簿公堂都是迫不得已、无路可走之后的下策,因为这意味着当事各方之间丧失了基本信任,彼此的德性不再被看重。

---

① 氏家康二:《公司发展与干部意识》,朱东平译,立信会计出版社,1994,第140页。
② https://www.courts.go.jp/index.html.

今日的企业界人士大多已经认识到："企业有许多目标，只有其中一些是和利润直接连在一起的。企业的目标往往包括'发展、财务稳定、可预测性以及其他一些较为不太直接相关的因素，如创新、控制、组织自治、员工工作满意度、公共服务、声誉以及竞争优势'。"① 日本管理者对此深有体会，他们早就开始了管理与道德、营利与修身相统一的实践。例如，日本近代企业之父涩泽荣一曾明确指出："发展经济，应该把公益事业放在首位，不做损人利己的事情。所有人各司其职，各尽所能，发展的同时，不危害国家、社会和他人。这样正当劳动获取的财富才是自己的，而且能久远。"② 据说，有位日本企业家将《大学》名句"修身、齐家、治国、平天下"装裱挂在墙上，他做出的别出心裁且独到解读是：修身是帮助自己的公司发展，齐家是帮助下属的卫星工厂成长，治国是充实国内市场，平天下意味着打开外销市场。

三、心学式体验

中国传统儒家思想在宋明时期发展出了一个新的分支，即"陆王心学"，它主要在修身正意等心性修养和致知践行方面提出了不同于程朱理学的主张。然而，在很长一段时间内中国心学的影响力几乎没有超出学界、文人、士大夫、官宦的圈子，对黎民百姓和社稷江山都未产生显著影响。日本在江户时期发展出了自己的心学，即石田梅岩（1685—1744）所创立的"石门心学"。它面向大阪商人传道授业，提出了许多新的观点以解决商业管理中的伦理问题。石门心学的思想来源十分复杂，其中有中国陆王心学、佛教禅宗、石田梅岩本人的自家体会，还有日本传统商人的习俗观念等。石门心学对日本的近代商业文化和商人道德之形成具有划时代的意义。

日本现代企业家大多有心学情结，他们不仅继承了心学，而且赋予了时代内容。我们在此介绍一位当代日本知名管理者稻盛和夫，他是日本京都陶瓷株式会社的创始人、日本通产省和邮政省审议会委员，他还被众多企业家视为当之无愧的精神领袖和人生楷模。他每年都要到世界各地去宣讲"以心为本的经营"和"利他经济学"。

稻盛为此出资创办了"盛和塾"以传播他的经营理念和培养年轻的企

---

① 金黛如：《地方智慧与全球商业伦理》，静也译，北京大学出版社，2005，第171页。
② 涩泽荣一：《论语与算盘》，余见译，九州出版社，2012，第99页。

业家，他本人经常去"盛和塾"亲自授课，很多人在听了他的演讲后受到巨大震动，也开始践行"利他经营观"。例如，在演讲时有学员问："当社长最重要的事情是什么？"他回答道，第一，社长必须严格区分公和私的界限，就是说绝不能公私混同，特别是在人事问题上，不可有丝毫的不公平。第二，社长对企业要负无限大的责任。为什么？因为企业本是无生物，而向企业注入生命的唯有你社长一人。企业是否充满生机，取决于你以多强的责任感将自己的意志注入企业之中。第三，社长的存在既然如此重要，社长就必须将自己整个人格、将自己的意志注入企业中去。稻盛将这些要点概括为"社长要诀"，他反复强调：作为社长，必须优先考虑公司的事情。公司不会发声，社长必须充当公司的代言人。

"利他"是要在内心唤起对他人、对社会的关怀，为此，稻盛和夫提倡企业管理者应经常进行心学式体验，要具体做到："以心为本的事业""敬天爱人""心灵的提升就是事业的发展"等。稻盛和夫认为企业经营管理过程应当以"利他之心"作为经营哲学。企业之所以能够在社会上取得成功并持续发展，同企业所进行的事业是不是为了社会和公众有关，如果经营目的只是追求经营者个人利益，那么，即使能获得一时成功，最终也会失去广大公众乃至公司员工的支持，导致事业失败。在企业规模较小之际，公司要生存，其行为多半会同国民利益保持一致，否则，企业难以为继。然而，某些企业及企业集团在达到超级化和垄断化时，往往只顾本集团利益，却忽视大众利益。针对此，他认为企业经营管理应当注重11个基本方面：（1）始终围绕事业的目的。（2）明确目标。（3）付出超乎常人的努力。（4）把销售额提高到最大限度，把开支压缩到最小限度，"量入而出"。（5）定价乃经营之本。（6）拥有强烈的愿望。（7）经营者必须有顽强的斗志。（8）以热忱之心，真诚相待，即要有关怀和慈爱之心。（9）向前看，心胸坦荡，充满理想和希望。（10）对待工作要有勇气。（11）不断从事创造性工作，反复进行探索。

心学式体验强调"诚心诚意"，这体现了一种注重主观精神的倾向，这似乎与倡导世外取向的宗教有关，事实上，有许多人直观感受到，日本人乃至不少日本的经营者、工作人员似乎具有某种宗教式的虔诚态度。不过，这种宗教不是西方的基督教，而是东方的佛教或者更准确地说是禅宗。一些日本经营者甚至还亲临禅宗的寺庙修行、静心。稻盛和夫在1996年胃癌手术后，到临济宗妙心寺派所属的圆富寺出家，接受了"接心"的修行，据说内心受到很大的震动，能够处处看到他人和自己日常行为中的"心动",即达到了以天地之心面对万物的澄明境地。不过,他最终没有成为出世的高僧,而是再度回到公司,并以自身的经历和体会教诲年轻人。

稻盛和夫指出,人心具有多重结构,从内向外依次是灵魂、理性、感情、感觉和本能。其中最重要的是位于心之正中的灵魂。此外,他还把人心分成变化之心和不变之心两类,变化之心是近似于本能的心,不变之心是接近于灵魂的心。同样,人心还可以分为利己之心和利他之心两种。所谓利己之心,指一切为了自己的利益;而利他之心,指为了帮助别人牺牲自己利益的考虑和选择。利己之心为维持肉体所必需,但仅有利己之心的人类并不会幸福。如果利己之心过重也会招致失败。利他的范围越扩展,视野越广阔,取得成功的机会也越多。如果能从只要对自己有利就行的立场转而扩大到家庭、公司、地区以至于为国家尽力和为国际社会做贡献,那么利他之心就可以成为不断进取、获得更大成就的保障。稻盛相信,对个人而言,本能层次上感到的喜悦只是瞬间的,并且是迅速变化和不断膨胀的。真正的幸福存在于灵魂指示的方向上,只有向灵魂指引的方向真诚地、谦虚地努力,才能持有慈爱和同情心,最终走向美好的人生。发展利他之心并不容易,因为它潜在于人的灵魂深处。要发展利他之心,一方面必须不断自省,不断提高人格;另一方面则要抑制利己之心,其办法就是知足。

稻盛还因此反省了日本成为经济强国后对世界的更大责任的问题,他说:日本从战后的低谷中迅速发展起来,成为世界上屈指可数的经济大国。然而,世界人民并没有为日本的成功而喜悦,日本人也没有因自己的成功而赢得世界人民足够的尊重和信赖。其原因就是日本人执着地追求利己的价值观,许多人仅仅为了满足自己无限的欲望而工作。所以,要打破利己之心的局限。但问题在于,基于"家"观念建立起来的日本企业共同体,将利益的范围以企业为边界进行划分,由此也带来了企业视野的局限以及普遍性企业社会责任的缺失,甚至也导致了日本企业不能充分地为国际社会所尊重的现状。

如果公司确实提供了人们希望的安全、平等、现代性、和谐、共同繁荣,企业就会被认为是一个增益公众的实体,那么,为这样的公司工作就是出于公共精神,为国家的利益服务。涩泽荣一曾以这样的逻辑劝导没有考入大学的高中生投身实业和商业,他说:"私人企业(private enterprises)既不会拥有像在政治领域工作那么高的荣誉,也不会产生类似的快乐感，但是，在有限责任公司的工作却可以有一定的荣誉、一定的责任和一定的自我利益，因此，对一个有能力的人来说，它不是没有吸引力的。同样，通过有限责任公司，我们可以实现生产和贸易的繁荣，我们也就能够推进国家的财富和武力的壮大。"①

日本管理者的心学式体验是给精神充电，不让灵魂在快节奏的现代社会和优胜劣汰的市场竞争环境中迷失，所以，心学式体验不是"出世"或"避世"，相反，它不能脱离管理本质和管理目标。事实上，日本管理者的心学式体验十分强调如下内容：个人对努力的接受和集体对工作后果的强调；不断提升（主要是男性正式员工在年功制下的自动升迁）；与同级管理者和直属领导保持良好关系；群体内的合作；雇佣安全等②。多数日本企业人几乎将自己的全部身心投入企业中。

第二节 管理者的品德

在西方组织中，管理者的角色是固定的，但在日本，管理者的角色并非一个事实性的存在，而是管理组织和管理思维所设定的动态的行为方式。一个重要方面就是组织成员对管理者持有较高的道德期待，对他们提出了特定的品德要求。虽然不同的管理组织都强调管理者在组织中的突出作用，如授权与监督、决策与领导等，但如何实现有效的监督以及怎样做出前瞻性的决策，都与管理者个人的品德、素质、风格等有关。日本管理组织尤其注重管理者的品德，它也直接构成了管理者权威的依据。

一、管理者的权威

管理者发挥作用的机制主要是通过组织的控制系统，其基础是组织权力，组织权力同时赋予了管理者以权威。但管理者权威的来源并不只是组织权力这一个方面。马克斯·韦伯认为，权威有三种主要来源：超凡的个人魅力（它造成了领袖人物的权威生涯）、历史传统（久已形成的文化观念和社会习俗所赋予的权威）和法定权力（通过特定程序或公开考试而获

---

① 渋沢栄一："外資輸入に就て"，三田学会雑誌 1，No. 7（1909），第 165-143 页。
② Keith Jackson and Miyuki Tomioka, *The Changing Face of Japanese Management*, Routledge, 2004, p. 32.

得的权威)。现代组织通常采用的是第三种，这类权威来自组织的结构设置，这种权威因具有脱离个人人性的整体性、连续性而显得更加稳定、客观。任何个人一旦离开了组织的相关岗位，这种权威就基本丧失了，所以，法定权威完全取决于组织结构、组织的规章和程序，握有法定权威的人只是组织的代言人。韦伯还认为，理想的科层制组织是通过职务和职位，而不是通过传统的世袭地位来管理，担当组织职务或职位的人员是通过特定的公开程序挑选、委任确定的，他们靠严格的考核制度和固定的升迁制度并因个人的业绩而获得固定的薪金。因此，组织内人员之间的关系表现出非人格化的特征，每个人只是忠于他的组织（目标）和规定组织使命的法律。这样的管理者只有靠专门化的职业教育才能克服散漫随意、获得高度自律的工作态度。

韦伯的具体推论还有许多尚待商榷之处，但韦伯将法定权威与组织、与现代管理效率联系起来的思想却是极富意义的。法定权力和组织约束力的重要性不断得到越来越多学者的认可，并将这一推论运用到行政、社会生活的各个领域。维护现代社会高效和理性化的前提是法定权威的广泛建立。但法定权威既是稳定组织的力量，又具有惰性，它会产生自身延续和拒绝适时变革的反作用力。这就使得任何组织在确定权威或赋予权威时，必须考虑克服惰性的对应力量和措施。

在日本组织中，对管理者角色乃至品质的强调就部分修正了法定权威的惰性，因为既有的组织结构只能提供法定权威的出处，却不能提供法定权威获得者——管理者——时时更新的内在动力。管理者的品质注重的不是管理者的职位权威，相反突出了管理者的主动性管理责任，管理者的品质被理解为团结全体员工并创造出适于组织目标实现和组织成员良好表现的工作环境，管理者履行其角色体现的是"贤人型"的领导风格。因此，管理者的权威来自他本人的内在驱动力：他要经常进行自我反省，有自知之明，能深刻理解他人，尽量避免压制下属；他能将自己的知识与他人的知识融合在一起，而不是凌驾于他人之上；他懂得如何像水一样，避开障碍，平安顺利地寻找出路，让下属心甘情愿地依从。有人总结道，"大事、难事看担当；逆境、顺境看襟度；临喜、临怒看涵养；群行、群止看识见。"① 这很好地概括了日本管理者展示其权威的主要方式。

可见，"法定权威"这一概念，明显地指示了现代权威的理性依据：

---

① 吕坤：《呻吟语》，岳麓书社，2002。

它是由公开的程序和正式的制度授予的，权威体现的是组织的集中意志；而且强调了现代权威的非人格性，任何一个人不论其出身、资历、种族，一旦被赋予了这一权威，他就成为组织的最高代言人，所有组织内的成员都要服从他。法定权威的伦理价值是正当性、合法性，这些都直接与组织本身的理念、总体价值一致，但通常不会考虑管理者是否具有谦虚、关爱、克制等德性，因为这些德性主要与管理者个人的道德修养和人格品质相关。日本企业的管理者权威倾向于将上述二者有机地结合起来，这使它克服了许多工业国家中组织的僵化、管理者行事刻板的弊端，增添了温情等柔性情感、文化方面的内容。

　　日本管理者当然属于法定权威的拥有者，但他们的行为并不仅以"法定"为根据，而且要不断证明和显示自身是符合这一法定权威要求的，即管理者的品质才是首要的，其角色被看作"贤人"而非"能人"。这就意味着，管理者首先是所有员工的同事，而非高高在上、颐指气使的"当官的""有权的"人。管理者必须时时处处以身作则，要有良好的"管理者意识"。日本管理者相信，自己的率先垂范比简单的命令更重要，因为员工对组织的服从更多是出于对管理者的信服，员工服从管理者不是因为管理者的职位而是该职位所代表的组织，管理者要始终清楚地意识到这一点，才能真正做到始终以组织为中心行使权力。"日本人所希望的领导人是善解人意、通情达理的人，而不是趾高气扬、飞扬跋扈的家伙。领导者的优秀品质表现在他为人热情、受到信任和爱戴，而不在于他目光敏锐、决策果断。美国人理想中的有能力的领导人，在日本可能会招致怀疑和不满。经过反复协商达成一致才是规范的领导方式。主管首长通常像是委员会的主席。部属是团体的终身成员，随着年龄增长，他们将来都有可能爬到更高的职务和地位。他们希望参与决策，而不是只接受上级的指令。他们希望自己被看作幕僚和门徒，而不只是走卒。"[①]

　　避免管理者片面强调自身利益损害组织，通行的方式是加强监督，即一旦管理者有此不当行为就会被监察到，并付出沉重的代价。但任何监督都是有成本的，严密的监督则需要高昂的成本。日本企业在必要的监督体制之外，突出的是对管理者职业操守、社会声誉等精神方面的评价。日本产业界名人、东芝公司董事长土光敏夫曾说过，管理者不是伟大的人，而是经受苦难的人。为什么呢？因为管理者是"率领部下达成组织目标的

[①] 埃德温·奥·赖肖尔：《当代日本人》，陈文寿译，商务印书馆，1992，第134页。

人"。为了实现这一目标，要承受种种压力和困难，管理者往往处于上下的夹板中，日本人将此戏称为"三明治式的位置"：对上，有不断的命令、指示、要求；对下，面临重重的矛盾、冲突。有时上司不了解情况，做出了错误决定；有时下属不配合，缺乏工作热情。长期处于种种人际关系、工作事务的复杂关系中，非意志坚强者、非协调性强的人，是难以胜任的。管理者要有"天将降大任于斯人也"的心理准备，随时牺牲自己，忍受种种困难和误解，并以坚韧的毅力去面对。

作为一个成功的创业者和经营者，松下幸之助本人具有卓越的管理者品质，从而获得了公司内外一致的爱戴。松下在管理中不是因其法定权威（企业所有者、企业总裁）而行使权力，相反，他总是将此点隐藏在背后，他让他的员工和下属知道：他们才是松下公司的主人，他们才是松下公司成功的保证！松下幸之助反复强调：企业要为员工和社会提供超出其产品的价值，这个附加的、溢出的价值同时也是一种值得追求的精神价值，"在企业终身就职的经历一定会深刻地改变一个人的性格。在他看来，工作至少占据了一个人醒着时间的1/4，否认工作的巨大意义是不可想象的。因此，企业家有不可推卸的责任去帮助他的员工实现内在的自我。这个责任履行的最好方式就是将企业与社会和员工个体联系起来，将管理者看作员工性格发展的导师，而不是人力资源的掠夺者"[1]。松下幸之助本人有一个习惯，他在执掌公司管理大权时，经常带来访者参观厂房，此时，他会随意指着身边的一名工人说："他是我最优秀的员工之一。"因为他相信，普通员工身上蕴藏着无穷的潜力，只要得到激励，就可以产生极大的积极性，从而带来无限的生产力。靠无数的普通的员工，要比靠有限的少数聪明绝顶的人可靠得多。

在日本现代企业发展的过程中，也曾经历了激烈的工人运动、严重的劳资对立。首先是个别企业主或少数高层管理者，出于对工人的同情，力图将传统商人意识和强者关照弱者的恩情观念融入现代工业关系中，他们尝试着改变敌视、压榨工人的惯常方式，转而展示友好、合作、体恤的一面，这样的尝试取得了较好效果，开始有更多企业模仿、采纳，加之政府有关部门、行业协会的支持和推广，"劳资协调"而非"劳资对立"越来越成为日本企业管理的常态，最终促使日本管理者权威拥有了法定权威和

---

[1] Richard Tanner Pascale and Anthony G. Athos, *The Art of Japanese Management*, Sidgwich and Jackson Limited, 1986, p.50.

传统权威两个方面的内容。不过,传统权威的根据常常是封闭的、相对的责任。经受现代市场和法治的洗礼,日本企业的管理者权威实际上是将法理、合理、情理三种因素较好地融合了起来。日本企业组织是高度正规化的现代组织,管理者重视道德、强调感化、培养信任的行为方式都有一个前提,那就是管理者要立规矩,并带头执行规矩,同时对违规者做出相应的惩罚。"有三种方式可以创造安全环境。科学技术能抵御自然与战争的危险,法律规范和所有道德规范能够防御人类行为的莫测性,宗教则教人逆来顺受,随遇而安。对于企业,这种控制不确定事物的概念则体现为必须制订明文规定,以保证企业组织的正常运行。"①

二、管理者的行为方式

日本的管理层及其日常活动是高度独立于股东或投资人的意志的,他们主要以企业自身的发展以及企业内人员的利益为目标,由于股东或投资人并不直接介入或过问企业日常管理活动,这就充分保证了管理者的决策权限,从这个意义上说,日本企业管理是独立自主的。"日本企业制度的核心要素是管理(作为管理的组织化表达即是公司)和劳动力的融合,以及这种融合了的管理独立于资本的控制(不必说,它也脱离了政府的控制)。因此,日本管理绝不是通常意义上的'管理'这个词所反映的内容,一般的'管理'都与资本结合而与劳动力冲突,在日本管理中,这一关系被颠倒了,并且在结果上,扩大到涵盖所有劳动者的全部活动。"② 这就是日本企业中的"管理自主性"概念。"管理自主性"并不意味着管理者的任意妄为,而是强调企业经营风险在全体员工中分担,排除投资人或政府、消费者的干预。欧美的经营风险也是共担,不过只是管理者和投资人之间分担,但在日本企业,则由管理者和全体企业内员工共同承担,因为他们比外部投资人更了解企业,而且他们每天都直接参与企业经营活动,他们对风险的分担更具有经济价值和管理效率。自主是责任的前提,所以,有了管理自主性,才能有效落实管理责任。

在日本组织中,成为管理者,既显示了个人的能力和上级的器重,又意味着更加繁重的工作内容。一旦被提拔为管理者,就被赋予了多重"管

---

① 弗朗克·戈泰、多米尼克·克萨代尔:《跨文化管理》,陈淑仁、周晓幸译,商务印书馆,2005,第68页。

② Koji Matsumoto, *The Rise of the Japanese Corporate System*, Kegan Paul International, 1991, pp. 187–188.

理责任"。"管理"绝不意味着远离工作现场和对普通员工一味下命令，相反，管理者不仅要与部下一道工作，还要发挥协调作用，以使部下保持旺盛的工作热情。管理者就是他所管理的那个部门或整个组织的主心骨，起着凝聚力、向心力的作用。因此，管理者不仅要承担自己决策的责任，还要承担激励团队成员的责任，指导甚至庇护下属的责任。在日本企业经常有下属出了事、犯了规，上司因此引咎辞职甚至自杀的事件发生，原因就在于此。好的管理者总是主动地将下属的行为后果视为自己的责任，对下属保持极强的连带意识。这种意识也是平时团结下属、完成工作的动力，在关键时刻，就成了追究管理者道义责任的根据。

日本企业管理者普遍持有维持企业的社会美誉度的强烈愿望。在一项由汉普顿·特纳和特罗纳斯所做的研究中，全世界范围内15 000名经理人员回答了如下问题：选择下列之一作为一个公司合理目标的精确表述：(1) 一个公司唯一的真实目标是获取利润。(2) 一个公司除了要获取利润，还要保护各种相关利益团体，比如职员、顾客等的利益。在美国，有40％的管理者选择（1），而在日本，只有8％的人选择（1）[1]。与美国同行相比，日本管理者更倾向于用社会立场来思考问题，他们所理解的管理目标是多重的。

在日本企业，管理者以身作则，其思想基础是什么？是利益驱动？是道德榜样？还是社会角色要求？都是，但又不全是。主要的推动力是为了维持企业共同体。管理者成为企业共同体的统一意志的化身，因此，他就要摈弃个人的好恶、得失，为企业长远发展着想。例如，索尼公司创始人之一森田秋雄在职期间造访美国四百多次，曾有一段时间把家都安在了美国，只是为了全心致力于在北美市场推广索尼品牌。管理者的以身作则不只是道德意义上的，所以管理者不必总是"吃苦在前，享乐在后"，也无须一味自我牺牲，他要为所在的部门建立起良好的人际关系呕心沥血，为提高业绩出谋划策，这些才是他最关心的问题。

美国学者哈里斯等人曾针对日本企业结构和市场体系的特点向美国人提出了如何与日本人做生意的技巧：（1）第三方或非直接的引见很重要，通过共同的朋友、中间人或仲裁者会面，可以在双方之间创造信任感。此人会参与谈判活动，直至谈判结束。（2）如果你要接触组织中的某一人，

---

[1] 乔治·斯蒂纳、约翰·斯蒂纳：《企业、政府与社会》，张志强、王春香译，华夏出版社，2002，第32页。

务必找其最高层，你所联系的第一个人也会参与整个谈判活动。(3) 避免直接谈钱，把这事交给中间人或下属。(4) 绝不要让一个日本人陷于这样一种境地，即他不得不承认自己的失败或无能。(5) 不要夸赞自己的产品或服务。让你的文献资料或中间人说话。(6) 仅用逻辑的、认知的或理性的方式远远不够，情感层面的交流也很重要，例如，与一个认识的商业伙伴打交道和与一个陌生人打交道是不一样的。(7) 会议正式开始之前要喝茶并进行一番不着边际的交谈，要耐心等待。(8) 递给日本生意人的钱应该装入信封。(9) 在社交性拜访中，客人常常会收到一个小礼物，诸如包装得很漂亮的手巾之类，不过，下次回访时，你也该送一个类似的小礼物。(10) 要取得最佳效果，仅凭商务合同建立起来的固定关系还远远不够，还需辅之以社会关系，通常是款待客户，让其"在市区（而不是在家中）度过愉快的一晚"。事实上，日本管理者的工资较高，其中一部分就是慷慨地用于款待客户的预算，日本的生意人在出差期间期望得到奢侈的款待（如戏剧票等），但会通过多种形式予以回报①。这些建议非常实用，可以说是立竿见影的。上述十点中除了对外国人的要求，有关日本人的观察都可以运用到日本管理者身上。日本管理者通常不是专断的人，他们的日常管理大量倚靠他们的下属；他们喜欢广结人缘；他们外表十分谦虚；他们耻于直接谈钱；等等。

　　松下幸之助在很多场合指出，一个企业领导者必须具备如下四个方面的资格才是称职的：第一，对社会有使命感；第二，无私；第三，要有应变、应急的能力；第四，要有诗心②。其中第四点是对孔子教导的现代阐释，孔子在《论语》中说，"不学诗，无以言"，松下由此指出，有"诗心"的领导者胸襟开阔，凡事都会着眼于长远处。松下本人在经营松下公司时就不是靠职位来发号施令，而是以身体力行和对下属的关怀建立起彼此的信任关系，从而换来下属心甘情愿地服从和尽责的工作。松下幸之助曾经这样总结他一生的管理之道：当你只有100个雇员时，你必须冲在前面，你甚至要催赶和击打他们，他们服从你就是。但当你的企业扩大到1 000名雇员时，你就不必站在前列，而是站在他们中间。当你的组织增长到10 000名雇员时，你就站在雇员的身后，并对他们说谢谢！

---

① 菲利普·R. 哈里斯、罗伯特·T. 莫兰：《跨文化管理教程》（第5版），关世杰主译，新华出版社，2002，第298—300页。
② 杨敏：《儒家思想与东方型经营管理》，湖北人民出版社，1990，第23页。

日本管理者是高度忠实于组织使命的人，他们并不只是追求利润，更不会对员工、客户、供应商直接谈利润，他们所谈的主要是企业的本质、企业人的使命、本职工作的操守等精神性内容，在这方面，今日中国的许多管理者就显得视野狭隘、急功近利了。日本管理学家大前研一曾在中国接受采访时指出："中国的一些企业家对赚钱感兴趣，而日本企业家对生产产品感兴趣，这是很大的区别，像丰田公司，永远是汽车，汽车，汽车。……绝大多数日本企业都会在自己的领域做深做强，这就意味着他们必须创新，加大投入，抬升价格，生产出比西方厂商更好、更精致和更小巧的产品。"[1]

第三节 管理者的培养

日本企业的管理者（包括最高层管理者）都来自企业内长期供职的普通员工，在日本，职业经理人这一职业并不普及，也没有专门培养这类人的学校，企业管理者都是由各个企业在长期的就职和企业提供的各种内部培训中培养出来的。因此，日本的企业管理者擅长于实际工作，对工作现场非常熟悉，有很强的"即战力"。

一、企业内培训

我们在上文讲到"年功序列制"这种十分常见的日本现代管理组织结构时，提到日本企业重视员工培训，这一方面是为了克服职业倦怠，降低就业保障带来的不思进取之类的消极行为方式，另一方面则是为了应付市场竞争压力，不断提升员工技能，获取人力资源的最佳产出。据可靠文献记载，日本最早的现代意义的企业内员工培训大概始于19世纪80年代，首先由三井矿山开办了员工夜校，当时的员工主要是从农村招来，不少人不识字，连说明书都看不懂，导致机器操作失误，造成人员伤亡事故。尝到了甜头的企业主们纷纷将企业内培训规范化，不仅有了新入职员工培训，还有了年度常规培训、新提拔干部培训、行业发展趋势讲座、外派兼职信息、个人技能开发等各种新内容。企业的各级管理者也是靠这样的培

---

[1] 彭红军：《跨越中国制造，我们该向日本取什么经？——专访日本战略之父、管理学家大前研一》，《南方周末》2009年8月20日。

训体系自主造就、养成的。

　　日本企业十分重视员工教育和各类培训，尤其是对于青年员工的培训。这些普通员工就是日后的各级管理者的后备军。日本企业领袖都相信这样的古老信条：如果是考虑一年后的事，只要种下谷物就好；如果是考虑十年后的事，就该种树；若要考虑长远的终身问题，就得好好培养人才。"日本企业，在录用和分配员工之外，某种程度上更像一个教育机构，该教育机构所涉及的教育内容包括了与企业活动相关的伦理学和技术等。"① 美国学者古德曼的名言更是让人久久回味，"在日本，每个人都要出生两次，一次是他的生物学意义的父母，一次是社会教育制度"②。在日本企业，教育被看作为未来职业生涯做的准备。从企业立场看，当然是年龄越小越好培养，所以，日本企业大多招聘应届毕业的大学生、中专生或高中生，较少聘用硕士生或博士生——研发岗位、技术性较强的大部门除外。拥有研究生以上文凭的人一般年龄偏大，不适于在日本企业工作系统中从头开始，如果被聘，他们也是以专家的身份进来，以后也几乎不太可能升到高级管理职位。由于企业提供了各种在职培训，自然地，年长的员工综合生产能力更高，其每个工时的产量也较高。

　　日本企业对新入职员工的培训也倾注了巨大精力。重视对新人的教育，就像传统社会主张对儿童、青少年的教育一样，这大抵是东亚国家共同的特点。但传统的教育在内容上主要是基本生活技能、个体道德修养方面的，缺少对社会意识、集团活动、组织行为以及工业化条件下的良好职业操守等的培养。成功实现了现代化的国家和地区都首先在国民教育上完成了职业培训和社会化养成的转化，日本、新加坡、韩国以及中国台湾地区、香港地区都不例外。日本企业十分注重敬业精神和生产技能的培训，让员工始终保持对工作的全身心投入和深切的自豪感，而不论所从事的工作有多低微。根据日本厚生劳动省 2018 年以 7 345 家企业为样本进行的调查结果，支付了员工脱岗培训费用的企业占 56.1%，人均脱岗培训费用为1.4万日元（上一年度为 1.7 万日元），支援员工自主培训的费用支

---

　　① Koji Matsumoto, *The Rise of the Japanese Corporate System: The Inside View of a MITI Official*, trans. Thomas J. Elliott, London: Kegan Paul International, 1991, p. 123.
　　② Hammen, C., T. Goodman—Brown, Self—Schemas and Vulnerability to Specific Life Stress in Children at Risk for Depression, *Cognitive Therapy and Research*, 1990 (14), pp. 215-227.

出人均0.3万日元（上一年度为0.4万日元）①。研修的目的是培养与企业结构、企业人相符合的言行。有个叫ダスキン的企业，是家创业30多年、销售额达到4 000亿日元的化工企业，该企业不仅强调提高企业的业绩，还注意培养员工的社会使命感，提倡为世界、为人类而服务，提供令众人喜悦的工作、产品和服务，为此，企业中持续多年广泛推行3H教育：Hand（手）、Head（脑袋）、Heart（心）。如"心"的教育，就是在公司中播下快乐的种子，扩大"爱"的精神，追求心的完美。东日本房屋公司成立于1929年，公司推行的员工教育称为人性教育。内容包括：（1）先要做一个优秀的日本人。（2）尽孝。强调孝道的社长中村功是这样解释的，一个人首先要感谢在世上对自己最有恩的父母，如果对父母的深重恩情都不知感谢的人，怎么能作为成熟的社会人工作呢？因为他相信：作为一个成年人，如果失去了感恩的心，他就丢掉了人格。对曾照顾过自己20多年的父母都没有感恩之情，他就不可能向陌生的客户传达感谢之意。

松下电器公司的管理者培养体系属于彻底的在职训练。员工在职业导入期间，就开始从手头的工作和基层部门中实际体会到"松下式的工作作风"。所有的松下员工，无论是工程师、会计，还是销售员，都从最基础的工作干起。每个人都会花费至少半年时间被直接派到专营店卖货或打杂。然后，每个人还会花费一定时间在流水线当班。松下幸之助曾对他的员工说，20多岁时干些生产、销售、会计等杂七杂八的工作，这对迈向管理者而言是必要的。到了30岁，选择其中之一专心去做，有了成果，再尝试干其他两三种活。如果取得令人满意的成绩，这个人就可以安排到一个管理职位，可以接手小规模组织的管理工作。松下公司的员工转岗、职务提升计划是：每年有5%的员工（管理者、监工、工人分别占1/3）从一个部门转换到另一个部门。得到升迁的员工总是被分配到新的部门，直到他们下一个提升机会来临。

在岗培训越来越受到重视，因为它既节约费用，又易于培养员工的"即战能力"，如丰田公司实行把全体大学毕业的新职员分配到各主要城市的销售店、令其实际销售汽车的"推销培训"制度。刚出校门，毫无经验，也不具备商品知识，因此，很难把车卖掉，但这样却使他们深切感受到推销第一线的艰难和经商之不易。他们今后到生产制造部门或设计开发部门时，就会自觉形成顾客第一、用户至上的信念，加工好每一个部件或

---

① https://www.mhlw.go.jp/stf/houdou/00002075_000010.html.

者从消费者角度去审视设计方案。

日立制作所提倡通过自我启发和第一线工作进行实地训练。所谓"自我启发"就是自我教育,用汉语说就是"自学成才"。企业鼓励员工利用业余时间进修、学习、考各种国家或行业的资格证书,对通过考试的人,企业会给予奖励,如报销部分或全部学费、增加工资、提拔等,让员工乐于充实自己,学习新知识;同时也鼓励积累一线工作经验,促使员工充分了解工作现场的实际,在实干中不断学习、体会,从而使各项能力得到锻炼。

进入21世纪以来,随着市场的变化和企业成员构成的变化,日本企业的员工培训也做出了许多调整,但最核心的问题始终没有变,那就是作为企业人应完成的职责是什么这样的企业教育基本指导思想。不用说,现代西方企业也很重视员工培训,但在民主思想和权利观念影响下,西方人的员工培训常常受到普通公众包括工会的质疑:人生观、价值观难道不是个人自己的生活内容吗?企业通过教育来提倡某种价值观是否构成对个人权利和尊严的侵害?除此之外,在采取具体的激励措施时,西方管理者也经常遇到困惑,例如,"西方管理者一直面对的一个重大挑战就是,在对那些良好的业绩表现进行奖励时,不要给人一种印象,其他的员工就是相对低劣的存有。管理者应该特别注意的一点是,不要用行为准则将某些人作为'特别好的人'而筛选出来。如果行为准则被用作提出问题和解决问题的内部文件,那么此时的行为准则就是最符合伦理的准则。那种引用行为准则证明某人的正义与德性或显示某人公司的优良的做法是伦理上有问题的"[①]。但日本企业人大多认为刚走出学校的青年人还是"未成年人",还没有社会化,进入企业才是真正成为社会人的开始,所以,企业有义务,公众也相信企业有义务去教育和培训员工。

日本企业内培训的成功靠的不只是企业一己之力,还有政府"看得见的手"的推动作用。我们在上文提到,日本企业与政府有着良好的合作,这不仅表现在宏观的经济发展计划上,还表现在许多具体的行政管理上,例如,对企业基层管理人员能力的提升,日本有关政府部门也做了许多工作。早在1958年,日本政府就颁布实施了《职业训练法》,1969年做出了全面修订,其中规定了政府和雇主对员工培训的责任,鼓励企业按照标准进行培训,并享受政府提供的经费资助。1985年该法更名为《人力资

---

① 金黛如:《地方智慧与全球商业伦理》,静也译,北京大学出版社,2005,第66页。

源开发促进法》，其中明确指出，各行业的员工、每个员工职业生涯的各个阶段都有得到必要和适当的人力资源开发的机会。第二次世界大战后，美国生产局受命重建日本经济时发现，日本技术劳动力的潜力极为雄厚，但缺乏有效的督导人员，于是，他们将美国 TWI（Training Within Industry）系统（一种督导人员培训或一线主管技能培训的项目）引入日本，培训了大量的督导人员。日本政府认识到此项培训的重要性，组织企业成立日本产业训练协会，并由劳动省主管此项工作，在劳动省几十年的不懈努力下，生产现场主管培训工作得到大力推广，并取得了极为可观的成效。TWI 系统对战后日本经济迅速发展起到了极大的促进作用。

二、合格管理者的素质

在日本企业，从普通员工提拔到管理岗位之前都会接受专门的培训，毕竟管理能力不是天生就有的。打造优秀管理者的培训通常叫作"管理者研修"，短则一两周，长则两三个月，一般为集中式封闭培训，通过系统的研修习得"管理者的职责"、获知管理工作方法，特别是要掌握被称为"管理路径"的工作程序。"管理路径"简称 PDS，包括 P（plan，计划）、D（do，执行）、S（see，反省）三个方面，这是国际通用的管理工具。管理者首先要制定所在部门的计划（或预算、开发项目等），然后分解该计划，层层落实，加以监督、考评，最后检查、总结，再转入新的计划。计划很重要，行动同样也重要。反思结果，在下次计划或行动中活用其经验也应受到重视，这样才能在不断实行新计划中推进部门业绩的提高。

日本企业管理者的培养更加注重实战经验和长期的工作业绩。未来的管理者一般是先有若干年的一线基层工作经历，并取得了不俗的成绩，才能得到提拔。正式上任前，再接受一定时间的管理能力和业务知识的培训。松下公司就有一个特别的做法，最高领导层对中层管理者、中层管理者对基层管理者都会适时进行个别指导，常常是对某种经验或在某件事情发生时或发生后加以指点，如"你昨天的事，那样做不好。我是这样想的，你觉得呢？"因事加以指点，也是非常重要的管理者培训路径。每一级管理者都能够得到他的上司的帮助，得到指示，从而提高实际的管理、组织能力和分析问题、掌握全局的洞察力。

在日本，具有较高素质的管理者是这样的人：他不只是按照规定的样子去做规定了的事情，而且还进一步为工作出主意、想办法，为了公司的利益而献身。通过企业培养出来的管理者，不再只是某一方面的专家，而首先是打上这一企业烙印的多面手。日本企业通常没有非常严格的分工，分配给管理者的职务内容也是经常变化的，重要的是要始终保持对企业利益的关心和竭尽全力地做好手中的工作，日本管理者有更强的可塑性，能够快速适应工作内容的变化。这是日本企业不同于西方之处。西方管理者所关心的首先是他们自己的特定工作，而日本管理者却要从整体上关心所在的企业。

日本企业管理者是经过多年的职业训练成长起来的，具有非常突出的特点：应变能力强、善于沟通和协调、事业心强、以企业为荣等，例如，在丰田，成为行家里手的职业生涯是经过如下若干阶段完成的：一般性管理工作、市场营销工作、技术研发工作、产品工程工作、产品控制工作、新业务的拓展工作等。经过上述各个环节，一个员工不仅获得了多方面的能力，而且在多个部门轮岗，对整个企业的格局以及主要的人际关系都有了比较准确的把握，他若在这些阶段又取得了不错的业绩，那么，就将在合适的时机被委以重任，成为领导整个企业的将才。总之，日本企业的管理者是土生土长的，他们大多对本企业忠心耿耿，而且由于长年在该企业工作，他们所获得的能力也主要是适应于本企业的。

东洋人造丝公司采取申报制度培养管理者。即先由个人自主向人事部门提出申请，认为自己有什么样的能力、适合干什么样的工作、能够担当什么样的职务，并对该项工作及职务的设想提出详细规划，人事部门进行考核、评估，一旦确认，就可以遂其所愿。这样的申报制度打破了"年功序列""论资排辈"的惯例，可以促使人才快速成长，也为年轻人的脱颖而出开辟了道路。这一做法，目前在日本许多企业得到推广和采纳。当然，申报制度并不是对所有人、所有职位开放，只有在企业工作一定年限的人，并且只是中层管理者职位才适合。尽管如此，管理岗位开始向年轻有为、但资历较浅的员工倾斜，部分矫正了"年功序列"的弊端，有利于形成"不拘一格降人才"的新格局。

管理者培养的重要使命促使管理者获得良好的综合素质，从而在管理岗位能够独当一面，胜任管理角色。在日本企业，领导、管理不是靠发号施令实现的，而是靠身体力行、协同作战完成的，所以，企业管理者是逐级提拔而升迁的，极少从外面的企业高薪延聘管理者。日产公司是一个特例。现任总裁是位法国人，但这是在日产被法国雷诺公司控股后的人事安排，这位总裁由于雷厉风行的做事风格和独到的市场判断能力受到日本员工的好评。

最后，我们简要梳理一下日本管理哲学的主线：基于自然人假设，肯定了人的自然需要和原初情感；以拟制家族方式建立管理组织；通过企业文化建设和价值观培育，确立起人员关系导向重于达成组织当下目标这一组织行为原理。现场主义和精神主义成为管理过程的指导思想，在管理思维上维护长期目标、集团倾向。与上述管理情境、管理价值、管理思维相符合的管理者只能在内部培养，借助缓慢且间接的上升通道，遴选出适合组织人际关系和组织文化的管理者，相应地，这样的管理者又进一步强化已有的组织人际关系和组织文化。化约为哲学的概念表述就是："自然人"这一管理人性假设经过正（提供表现于外的管理组织的构成原理）→反（"精神主义"这一与直接的组织利益追求相悖的管理思维）→合（担当落实组织使命重任的管理者将忠诚于组织的品德毫无保留地运用于实现组织整体目标）这样三个环节，完成了对日本管理组织内人与事的统领作用。

中篇

印度管理哲学

印度是人类四大文明古国之一，在史前时代就产生了异常丰富的精神文化成果，并构成了印度传统思想的基本内核。印度传统思想的主流通常被通称为"印度教"，但它不仅仅是一种宗教，也为普通印度人提供了各种生活规范的来源。从宗教学上看，印度教属于主神教，其中包含了多个神祇和多种信仰形式，印度教不只是在历史上存在不同形态，在今日的印度各地也有不同宗派的差别。除了印度教，现代印度社会还存在其他多种宗教，如佛教、耆那教、伊斯兰教、基督教等，宗教乃至各种近似宗教的文化因素在印度十分盛行，可以说印度人的习俗乃至全部社会生活都受到了包括印度教在内的诸多宗教的强烈影响。根据印度官方 2011 年的统计数字，印度信教比例分别为：印度教 79.8%，伊斯兰教 14.2%，基督教 2.3%，锡克教 1.7%，佛教 0.7%，部落宗教（包括萨满教、苯教、万物有灵论）0.5%，耆那教 0.4%，其他宗教（包括巴哈教，琐罗亚斯德教，犹太教）0.15%[1]。

历史上一直有不同族群、异民族由陆路先后进入印度，或者从事传教、经商、征战等活动，或者建立王朝，进行政治统治，他们大多最后定居下来，例如雅利安人、阿拉伯人、蒙古人、欧洲人等先后抵达印度。15 世纪末欧洲人发现了通往印度的海路，最先来到印度的是葡萄牙人，随后荷兰人、英国人、丹麦人、奥地利人纷至沓来，最终在印度取得统治权的是英国，1757 年英印普拉西战役的结束标志着印度殖民地位的开始。最初英国政府并不想直接全面介入印度事务，而是授权皇家东印度公司负责印度事务，直到 1858 年英国政府才收购东印度公司，进而对印度实行直接统治。

由于印度传统思想形成得非常早，所以，印度传统思想具有发散、混合等特点，宗教、哲学、社会学、心理学、民俗学等各相关学科的内容互相融合交织。印度"传统思想的目的不仅是对于理智的穷究，而且是对于一条正确的生活道路的追求，并且后者比前者更为重要"[2]。在三千余年的历史长河中，印度先哲留下了浩瀚的巨著和无以计数的概念、学说、宗派，有时，一些表面现象容易被吸引，而掩藏其后的本质却被忽视；一些被反复论及的问题受到关注，而深层理由却被误解。我们考察印度管理哲

---

[1] India has 79.8% Hindus, 14.2% Muslims, Say 2011 Census data on religion, *Firstpost*, 26 Aug, 2016.

[2] 李萍：《东方伦理思想简史》，中国人民大学出版社，1998，第 67-68 页。

学时既要关注印度传统思想，更要留意现代以来印度社会的变化和管理实践的发展。在本书中，我们将从四个向度考察印度管理哲学，即传统–现代（包括印度传统思想的吸收改造、西方现代管理思想的引入消化、印度不同代际人员的作业表现和管理价值观等）、理论–实际（包括学院内管理学的提出、现代西方管理理论的传播、管理本土化、小微企业中的民间管理探索等）、平等–权威（民主政治原则的传播、社会组织参与下的制衡、工会的作用、管理者角色等）、规则–功利（传统精神主义和出世思想、现代法治观念的影响、效率与合理化思想的引入、市场竞争意识等），简言之，我们必须使用多重视角才能比较完整地理解印度现代社会和当下的管理理论及其实践。

第五章　印度管理的人性假设——文化人假设

通过圣雄甘地、尼赫鲁等众多具有强烈民族意识的政治领袖的不懈努力，印度独立运动取得了最终胜利，印度于1947年8月15日从英国的统治下①独立。《印度共和国宪法》于1949年11月印度制宪会议通过、1950年1月26日生效，于是印度成为一个主权独立的民主共和国。"自独立以来，虽然也发生过几次大的骚乱，但民主制度毕竟让印度这个巨大的多民族国家维持了统一的局面。这得益于民主制度的一个重要特征，即宽容。人们可以通过各种形式表达自我的意愿，如结社、演讲、示威等等。尽管这些表达未必能够得到意想的结果，但表达本身就已经在很大程度上消弭了潜在的巨大冲突。"②虽然数千年来印度实行严格的等级制度，等级地位决定了一个人一生能做什么或不能做什么，但自从1947年脱离英国独立以来，这种情况已有了很大的变化。我们在本书中所做的分析主要基于现代的印度社会实际，当然，在理论阐述上仍然会从对传统思想的挖掘入手。

第一节　印度传统哲学的主题

如何理解"印度传统思想"？这并非显见的事实，更非不证自明的结论，相反，要对它做出一个准确定义非常困难，因为印度传统思想不仅来源多样，而且变化多端，例如印度学者杜比（S. C. Dube）就提出六类不

---

① 英国从1757年侵占孟加拉起，到1849年兼并旁遮普为止，用了92年才完成对印度的占领，1849年英国女皇兼任印度女皇，宣布印度是大不列颠帝国的一个组成部分。但英国只是控制了印度的一部分，土邦都不在英国管辖之下。直到1947年独立，印度仍有554个土邦，占全国面积的2/5，人口的1/4。迟至1971年，印度议会才正式取消土邦王公的特权和年俸。

② 姚洋：《印度随想（二）》，《南方周末》2007年3月22日。

同的印度传统思想,它们是经典传统、全区域传统、地方性传统、西方传统、偶发传统、特殊群体的亚文化传统。在本书中,我们所讲的"印度传统思想"主要指经典文献所构建起来的传统,这样的传统具有超出地方性区隔和人群分离的普遍性特点①。

一、印度传统哲学概要

印度古代哲学产生于吠陀时代。早在公元前 1000 年之际,关于神的赞颂、祭祀和对宇宙的思考就被汇编成了《吠陀》(Vedas)本集。公元前 600 年左右,堪称人类哲学思想精髓的《奥义书》(Upanishads)问世了。"印度的哲学最初产生于对世界的统一性和终极本原的思辨。它与宗教紧密相联,甚至从未分开。最早的哲学结论就是发现和宣称神与世界的统一性。第二个重要的结论就是世界第一原理,即宇宙的原因和基础,它是活生生的原理,与其他已知的任何事物根本不同。哲学思辨中另一个里程碑,就是宣称认识主体的不可认识性,它处于人的内心,是唯一真实的事物。同时,终极实在也被认作意识和极乐。当排除了所有经验主义的条件和附属物后,人的本质与终极实在达到一致时,这种思辨的趋向便达到了顶点。"②用现代哲学概念来表述,印度传统哲学始终围绕认识梵、与梵合一、实现解脱而展开。与梵天(Brahman)合一以及由此带来的从轮回中解放出来,这是印度教追求的最终目标。这样的解放又被称为解脱(moksha)。

印度传统哲学通常围绕(祭祀)仪式纯洁(ritual purity)与否而展开,因为纯洁的仪式不仅是个人的义务,还可以起到净化、升华的作用。一个人的心灵提升和净化体现为精神和肉体两个相互关联的方面。"我们必须意识到这样一点:人未必总是倾向于以自然的方式、出于个人利益而做所有的事,他愿意做可以促成他的感觉欲望实现的事情,而不是那些导致更高生活目的的事情,如解脱。所以在道德意义上的自我牺牲并不必然意味着为了他人而牺牲个人的利益,更准确地说是牺牲个人的低级利益,以此达到更高的利益。'应当'的问题有时就与那些广义的个人利益相关的诸如性格、活动联系在一起。"③ 由此,印度传统哲学强调灵修、苦行、

---

① Nadeem Hasnain ed., *Indian Anthropology*, Palala Prakashan, 1992, p. 165.
② K.S. 穆尔·蒂:《印度》,载联合国教科文组织编:《亚洲和太平洋地区的哲学教学和研究》,社会科学文献出版社,1988,第 89 页。
③ Kedar Nath Tiwari, *Classical Indian Ethical Thought*, Motilal Banarsidass Publishers, 1998, p. 7.

净化、升华的对象常常就是自我，即自我控制、自我净化、自我约束、自我升华等，而非时时与他人、社会相关联。

《奥义书》是印度传统哲学中的重要经典，它所探讨的核心论题是"梵我一体"，这一论题也贯穿在印度主流思想（又被称为"正统派"）的脉络之中。《奥义书》的根本教义就在于这样两句格言："那就是你"（Tat tvam asi）和"我是梵"（Aham Brahma asmi）。宇宙本原是"梵"，个人的内在统一性原理是"我"，至高的真理就是我与梵的合一。因为梵是一种至高无上的、超越人类感觉经验的实体，它不能用具体事物的属性来修饰，不能用逻辑概念来解释或用语言来表达，梵只能用直觉方法去认识。"我"是可知的，既可以用人的感觉经验来体验，也可以用逻辑概念来解释。通过对"我"的把握就可以部分地获得对梵的理解，其依据在于：作为宇宙本体的梵与作为人的主宰体的"我"是同一的。

"梵"这个词的原意是增长、伸展，包含了祈祷或力量的意思。后引申为灵魂，有时也等同于吠陀、神圣的经文、神圣的音节"唵"（om）、宗教或精神的知识等诸多含义。正统印度古代经典对"梵"及其作用的解释是：最初，梵是从生出了吠陀的"生主神"生产出来的，这叫作"初生梵"（Prathamaja-brahman）。后来，梵和生主神享有同等地位，进而演变成"梵"生出了生主神，这时的梵叫作"自存梵"（Brahman-svayambhu），从此开始创造宇宙。梵的基本特性是否定性的，它不可知、不可见、无实体、无内无外、不生不灭。人们只能说它不是什么，只能在否定中体验它。在哲学上，"梵"一般被认为是排除了一切特性和行为的最高存在。特别是在印度正统思想的代表性派别——吠檀多哲学中，"梵"既是明显世界（物质世界）的有效的原因，又是遍及一切的宇宙灵魂。一切创造之物来源于它，又都归之于它。可见，"梵"既指"神"，又指"原理"。

从一定意义上说，古代印度学人的思想之抽象深度远远先进于他们所处社会的经济发育水平。这一点显然有别于西方文明源头的古希腊。在古希腊，工商业活动的兴起瓦解了原始的血缘氏族关系，逐渐形成了城市生活，出现了自由民、外国侨民和奴隶等多种社会阶层，对自然、世界的认识随之深入，并出现了早期的自然哲学。社会生活、政治参与、经济交换以及哲学探索、艺术创作等方面几乎同时得到发展，并且相互促进，换句话说，古希腊早期哲学家的活动和思考都紧扣着城邦市井生活和公民政治活动展开。印度古代哲学紧紧围绕经典文献展开，哲学探讨具有高度的精神性、思辨性，甚至是自我精神成长的活动，但与现实生活世界、日常劳作和工商活动并无多少关联。

因对印度原典《吠陀》的不同理解而导致了思想流派的分化。一般学者都视部派哲学产生在《奥义书》之后,直到公元7世纪左右。虽然印度传统思想分成了正统与非正统两大派别,但无论正统派或非正统派都直接或间接地承受了《奥义书》、《梵书》与《吠陀经》的影响,只是非正统各派并不公开承认这些经典的权威性罢了。重要的是,在印度历史上被视为嫡传的正统派拥趸甚众,非正统各派(如佛教、耆那教、顺世论等)也有一定的存在空间,印度思想史上一直存在不同思潮和流派,它们并存着,不仅相互交锋、对抗,也彼此影响和相互吸收,这一点通常被看作印度文化的包容、多元、开放特性的体现。这一特性也被认为是印度传统思想独具的现代性之表现。"一般来说,公众讲道理的传统是与全世界的民主制度的根源密切联系在一起的。然而,由于印度特别幸运地拥有公众争鸣的悠久传统,容忍诉求理智的离经叛道之见,这一普遍性的联系在印度尤其卓有成效。"①

二、印度传统哲学的关键词

"明"(the Swami)是印度传统哲学认识论中的重要概念,它指所有的思想都是没有矛盾的,只有当我们强调真理(truth)的不同方面时才可以看到差别。印度思想家大多承认,真理有许多方面,每一个思想都只是突出了真理的某些方面的某些局部而已。不同的思想具有各自的特点,但它们之间不冲突,而是相互补充。就好像从不同角度对一座教堂所拍下的照片,虽然看的角度不同,但看到的都是同一座教堂。人们都只是从不同的侧面观察真理。有学者指出:"印度人的真理观不同于西方人的真理观,Satya 是等同于'真理'的最古老的梵语。在早期的《奥义书》中,'大法'被认为与 Satya 是一致的。鉴于这一事实,我们领悟到古代印度民族和近代印度民族所持有的真理观有所不同。古代印度的一些主要哲学派别既没有在主观认识与客观世界的一致性中,也没有在主观上有用的知识中寻找真理,而他们宁愿在伦理的实践中寻找真理,那就是在遵奉行为规范中寻求真理。换言之,他们通过伦理寻求完全一致或精神统一,并且他们认为这种生活的精神方式就是真理。……大体上说,印度人倾向于采

---

① 阿马蒂亚·森:《惯于争鸣的印度人》,刘建译,上海三联书店,2007,第10页。

纳本体论真理观，而不是认识论的真理观。"① 尽管我们的具体观察受制于我们的出身、教育、经验和环境，但我们不能为这些条件所限，而要努力突破这些限制，因为我们接受真理的程度就是我们接近真理、打开真理、获得真理的程度。"传统上，印度哲学被称为诸见（darsanas）……darsanas 字面意思为'见解'，即指对事物的认知性'洞察'。其'见解'或'洞察'的隐含义为洞察实相的本质，这反映出领悟实相的本质是印度哲学所探求的目标。那些最早传授具体诸见的师长被称为智者（rishis），意为'见识者'。"② 可见，印度传统哲学表现出了明显的可认知主义倾向，真理问题不只局限在认识论范围，还关联宇宙本体的把握。

印度传统哲学的另一个关键词是"道"（rta），它也构成了吠陀宇宙观的基础概念。"Rta"源于词根"R"，有两个基本含义，即"移动"和"（通过移动）调整和适合"，宇宙中一切借助移动、运动而显示秩序的事情都可以被认为是受到了"道"的支配，因而都要服从"道"的指令。对自然规律、普遍法则的笃信，使传统印度人经常表现出某种程度的宿命论倾向，例如，直至今日，占星家在印度人的日常生活中都占有重要地位，因为人们相信没有什么是偶然的，宇宙万物皆有一种根本的秩序。印度人的"道"不同于中国的"道"。在中国，无论是道家或儒家，在谈论"道"时，都注意到"道"意味着客观性、普遍性的规定，但人可以依据多种方式掌握"道"。但在印度，"道"首先是一种精神性的整体法则，它在宇宙间体现为神意，在人身上则体现为灵魂。这里暗含了一个前提：人可以分成两个部分：一个是肉体、物质的人，一个是灵魂、精神的人。前者是暂时的，因而也是不真实的；后者则是永恒的，故最真切。在神灵面前，自然、肉欲的倾向不仅是微不足道的，甚至是虚幻的。为了实现灵魂的要求，人们必须舍弃这些自然倾向。

与"道"相关联的关键词是"法"（Dharma，音译为"达摩"）。"法"一词来源于词根"dhr"，意思是"坚持""支持"，Dharma 意指从内部支持宇宙。比较而言，"道"侧重宇宙的整体结构性要求；"法"强调符合"道"的诸种个别化要求。此外，"道"注重规则本身的普遍有效性，是至上、不可抗逆的；"法"突出的是对规则的无条件服从，即主体认同。"法"有各种变形，几乎同时意味着宗教、义务、法律、伦理、美德、习

---

① 中村元：《东方民族的思维方式》，林太、马小鹤译，浙江人民出版社，1989，第82页。
② 休·汉密尔顿：《印度哲学祛魅》，王晓凌译，译林出版社，2013，第9页。

俗和道德。从一定意义上说,"法"代表了印度传统的支配宇宙的规则,这样的规则同样控制、支配了人的世俗生活①。从最宽泛的理论上说,"法"是绝对的、不变的并且适用于所有的方面;从社会层面上说,它又与种姓、社会地位相关,以固定的社会行为类型提供了社会稳定的规约基础。"事实上,达摩(Dharma)包括了真理(Satya)、精致(Yagna)和升华(Tapas)等内容。真理指思想、言语和行动的完全一致,如果一个人在其思想、言语和行动中存在不一致,就不能说是掌握了真理。精致指一个人将自己珍重的事物提高到更高水平或更大的实在,这意味着一个人是基于该事物本身而不是个人兴趣而珍重该事物,这也表明一个人要利用自己的资源,包括财富,来谋求人生重要事物的价值。升华指情感和本能通过约束来净化身体和意识而自如控制自己的过程。一个要与真理共生的人就要发展自身的献身精神和自制力。达摩的基础是真理,自私和追求肉体快乐,将导致违背真理,与迷惑和自我沉迷合流。"② 印度传统思想的总体观念是:每个人对其达摩的追求促使他以一种无私的方式实现此世的自我利益。印度人相信,人、自然、万物看似千差万别,但共同受到宇宙秩序的调整,是宇宙秩序的一个部分。

与来世相关的"解脱"概念则与现世的业(karma)的说教高度相关。直到今天,仍有为数不少的印度村民相信,在每个人出生时,造世主——梵天就在这个人的额头上刻下了他的命运。接受命运就是服从达摩,每个人都要尽他最大的努力去履行达摩的要求。在现代印度,即便是追求时尚的人也相信解脱比世俗生活更值得欲求。在一个人将他的达摩很好地在此世付诸实践,成为自律、自控和无私者之后,同时还有适当的引导和正确的榜样,他将在那个时候看到他的最大的善存在于发展他的最大潜能之中,例如培育关于自我的知识、同情和其他美德③。每个人的"法"都将促使他洞悉自身,完善自身。

马克斯·韦伯是第一位将宗教同经济发展联系起来做系统考察的现

---

① 印度教和佛教对"法"的理解有所不同。前者认为"法"既是宇宙秩序又是个人责任,后者则提出,一方面"法"指代佛的教义,另一方面"法"即"佛法",泛指"万事万物"(参见休·汉密尔顿:《印度哲学祛魅》,王晓凌译,译林出版社,2013,第83页)。

② S. Balachandran, K. C. Raja, B. K. Nair, *Ethics, Indian Ethos and Management*, Shroff Publishers and Distributors Pvt. Ltd., 2003, p. 69.

③ Dipankar Chatterjee: "Towards a Better Understanding of Indian Ethics", in S. S. Rama Rao Pappu and R. Puligandla eds., *Indian Philosophy: Past and Future*, Delhi: Motila Banarasidass, 1982, p. 167.

代西方学者。他把世界上的宗教划分为四种类型：第一种类型是"出世禁欲主义"，以古代和中世纪的基督教为代表；第二种是"入世禁欲主义"，以改革后的基督教新教为代表；第三种是"适应现世类型"，如中国的儒教；第四种是"逃避现世类型"，表现在道教、佛教、印度教之中。韦伯认为，印度社会没有发展出现代资本主义的重要原因就是印度人的宗教精神。印度教的教义缺少像新教那样的对现代资本主义产生和发展起重大作用的"进取心""成就感"之类的精神素质，缺乏教导人们通过努力履行天职或改变自己命运以亲证神明之类的思想。这体现在印度社会的方方面面，甚至职业发展和社会分工也受到了极大限制。"在印度的种姓秩序里，除了其他一些传统主义的因素之外，就属这种工具的定型化，成为技术发展的最大障碍。某些建筑手工业，特别是所有与祭祀相关的行业，其技术过程里部分带有巫术性的祭典性格，就必须遵照一定的样式。技术上的变革往往得征求神谕，例如，据说陶匠就曾征求过薄伽梵的神谕。"①

韦伯的分析不无深刻之处，但他过于强调了印度教看似一致的内在联系和出离现世的超越性内容，严重忽视了印度教的多面性，得出的悲观性结论更是令人难以接受。其实，印度教是一个无所不包的宗教。印度教提出了诸多的信念，这些信念几乎包括了心灵的本性和命运、宇宙的最核心力量、道德绝对命令、世俗利益与快乐的享受等多个面相的内容，不同的印度人或者同一个印度人在不同的人生阶段会选取印度教的不同侧面，印度传统思想具有如此多样的可能性，它并不天然地与现代文明或现代社会相抵触。正如有学者所指出的："婆罗门教的世界主义被解释为类似于中国的文化主义。安斯利·艾姆布雷曾对其特点作过如下归纳：它包括世界秩序的观念和婆罗门在维持及解释此种秩序中的作用；它包括多层次真理的观念、理性的社会等级观念、因果观念、轮回观念以及达摩的观念。就像在儒家思想中一样，婆罗门教的世界主义并不依赖于国家权力的运用，而是相反，从外部对国家施加影响和控制。"② 印度教是一个融合古代传统、中世纪和现代学说以及道德和精神体系的巨大综合式松散的宗教，它是不同宗教教派的复杂融合，至今这个融合还在进行中；它是能动的，没

---

① 韦伯：《印度的宗教——印度教与佛教》，康乐、简惠美译，广西师范大学出版社，2005，第129页。

② 杜赞奇：《从民族国家拯救历史：民族主义话语与中国现代史研究》，王宪明译，社会科学文献出版社，2003，第50页。

有设置空间和时间上的边界，故而不断吸收新的观念和信念。从最低级的、与神话传说相关的拜物式崇拜，到发达的吠檀多宗教，佛教的不可知论和耆那教的无神论也都可以包括在广义的印度教之中。

近几十年来，正是由于印度裔学者和管理人才在美国学界和企业领域的影响日深，推动了诸多印度教典籍和印度教思想在当代西方的影响，不仅越来越多的人承认印度传统文化的博大精深，也试图借鉴并运用印度传统思想提供的智慧。印度教经典之一的《薄伽梵歌》得到广泛传播并拥有众多的拥趸就是其中一个突出的例子。许多管理者发现，《薄伽梵歌》提倡领袖的心态平和，加强内心修炼，这启示现代管理者集中精力关注自己的内心，让自己变得强大从而带动整个组织的强大；它主张恪尽职守，而不是关注某个结果或者他人的议论，组织的管理者必须要有定力，能够坚守原则和长远目标；它认为领袖是组织的"仆人"，这鼓励现代管理者摆正自身在组织中的位置，平衡多方面的关系，谋求组织的可持续发展。接受《薄伽梵歌》启示的管理者会在每次精读原典后得到醍醐灌顶般的点拨。可见，印度传统哲学并非故纸堆，而是有生命的活水源泉，仍然不断得到当代印度各界人士的青睐，在阐释中推进和再建构。

第二节　人的定位及其义务

在印度传统思想中，"人"的概念并未获得独立发展。一方面，"人"与其他"有生类"一道只是宇宙轮回序列的普通一员；另一方面，"人"受到"道""法"的指引，需要终其一生去恪尽义务，实现精神完善，被引向梵的"自我"的比重大于现实的人，"人"就被架空了。"在传统上，当印度人谈及人时，他们喜欢用诸如 prānin、bhuta、sattva 或 jiva 等词汇，西方学者把这些词译为'生物'或'生命力'，其含义不仅涉及人，而且涉及兽类或任何有生物。在梵语中，诸如 manusay、purasa 或 nara 等词相当于'人类'。甚至当印度人特别表示'人'时，他们也不喜欢用这些词，他们认为人更应作为'有生类'的一例，而不是作为人类的一个成员。印度人的这一心理能在印度所有宗教文献中找到根据，按这些文献的说法，伦理活动的行为主体是'有生类'。规定人间相互关系的道德准则是有局限性的。伦理应扩展，以致它能主宰人、兽和其他生物之间的所有关系。印度这种人与其他生物相关的概念与西方的人的概念是全然不同的。"① 将行为的主体扩展为"有生类",就使印度传统思想从根源上具有了不同于西方思想的特点,这一特点持续到今天,对当代印度思想社会和印度人认识世界的方式都产生了重大影响。例如印度当代理论体系无一例外都持人道主义主张,都看重人生哲学理论。

一、人在印度传统哲学中的地位

就对人的定位而言,印度传统哲学中的"人"既有别于古希腊的居于神兽之间的模式,也不同于中国的人兽对立的模式,而是将人看作全部宇宙秩序中的普通一员。"人"很少被拿出来放大或提升,更多谈及的是真理、精神、灵魂,人的使命就是把握真理、展示精神和灵魂的纯粹性。"人"的本质不是肉体欲望或现世目标,而在于突破肉体束缚,发掘精神自我,实现梵我一体。这就是印度人最为看重的"梵化",即向宇宙最高意志——梵的无限接近。有学者指出,与中国传统思想相比,"印度教的人文性薄弱,例如《吠陀》的重点在神灵上,人要时常向神灵祈求施恩;而《奥义书》的重点是'梵',它是形上原理,所以人的地位也就不显著;继而发展到《薄伽梵歌》,它是前两者的结合,人的地位也不太显著。从此可综而言之,印度教的人文色彩很淡薄,与中国不同。中国早期有所谓'周文',那是以人文为中心的文化"②。

由此,"自我"而非"人"才是精神的主体。"自我是自然的一种馈赠,是从无限的非人格性(infinite impersonality)中形成有限的人格个性(finite personality)不可或缺的核心。这一有限的人格个性在分离和独立中幸存下来。但是,在有限的人格个性中,一股神秘的冲动却一直在默默地朝着无限努力。无限是混沌的、随意的,本性迫切地向无限延伸从而产生了下面的现实结果:(1)外部的欲望、要求和制造物的不断激增;(2)为了本性的扩大而渴求物质财富;(3)主观好恶优先于客观选择;(4)贫乏世界中的竞争性争斗。"③ 一旦停止向往无限的非人格性,人就会沉沦、堕落下去。

---

① 中村元:《东方民族的思维方式》,林太、马小鹤译,浙江人民出版社,1989,第50页。
② 吴汝钧:《印度佛学的现代诠释》,文津出版社,1995,第3-4页。
③ S.K. 查卡瑞伯逊:《自我、伦理和世界维持论:在印度教-吠檀多的本质特征中寻求共同基础》,载乔治·恩德勒主编:《国际经济伦理》,锐博慧网译,北京大学出版社,2003,第82页。

印度传统哲学还有一个鲜明特点，它不是简单地将"善"（sreyah）与"恶"（anartha）相对立，而总是将善与"快乐"（preyah）相对立。《奥义书》最早进行了这样的区分，它把"值得欲求的事"（sreyah）和"令人快乐的事"（preyah）加以区分，并从这种区分中确认正当与错误。后世的思想家大多继承了这一思路，例如商羯罗把"值得欲求的事"当作最高的善，同时认为"令人快乐的事"是使人陷入重重束缚的原因。就是说，人应该控制他对世俗快乐的追求，而促使自己向往值得欲求的神圣目标。

在中国和日本的传统思想中，"人"都被理解为复数的、社会关系性的，即人是在与他人的关系中得以确认的，人的本质在于他的社会性，但在精神追求上，社会性的人是无法思考的，因此，在道德修养和人格养成上，又不得不承认人的自我和个体性，可见，在中国和日本的传统思想中对"人"的现实定位存在一种矛盾：社会生活世界中的人与道德精神世界的人难以协调。印度的古代哲学在这个问题上采取了一元论立场，"梵我一如"这一核心主张诠释了人的本质规定，统一了人的定位：现实生活是短暂的，是无意义的，通过祭祀、读经、苦行、禅定等正念、正行获得与梵合一，达至解脱、涅槃，这才是至福、至乐的境界。在这样的"梵化"上升过程中，人不过是工具，梵才是目的，成为梵这一精神召唤需要人来落实。当然，人本身也存在身与心、肉与灵的张力：向往梵的心与灵寄寓在身与肉之中，身与肉并不自动听从梵，一方要控制，另一方反控制，二者处于永不休止的争斗之中。

二、印度传统哲学主张的人生义务

由于人不得不受困于向上与下降的紧张对抗之中，业（karma）和轮回（rebirth）就成为制约现实世界中每个人的宿命。"印度教徒的轮回观念、万物皆幻、时间不连续等观念没有鼓励他们对研究自然历史的兴趣，印度人对世界万象最终是不实在的想法，鼓励了冥想式而不是经验式的发展知识的方法。"① 然而，业和轮回的观念并非总是传递消极的信息，由于对业和轮回的敬畏，也催生了现世的义务。在承受业和轮回这些不可改变的宿命过程中，每个个体依其职业、性别、年龄、身份等必须履行各自的现世义务。例如，"专志于寻求达到最后解脱和坚持义务的婆罗门，要

---

① 尚会鹏：《印度文化传统研究——比较文化的视野》，北京大学出版社，2004，第140页。

圆满遵守下面六种实践：诵读圣典，教人诵读，祭祀，帮助人祭祀，布施，接受布施；这是对为首种姓规定的六事"①。

许多印度古代哲学家都郑重告诫人们：我们的命运走向两条路，一个是被现象流转的方向，另一个是归宿本体的方面。前者叫轮回，后者叫解脱。解脱的方法在于领悟唯一不二的梵的本性。但要达到这样的极高智慧，所需要的不是征服自然或他者，而是着力进行身心修养，完成各种现世的义务。最基本的义务包括：苦行、慈善、正行、不杀生②、实语等。其中，苦行是完全个人性的，慈善、不杀生是针对他人或物体的个人行为，正行、实语也以个人的自省为前提。

所谓"业"，就是我们日常思想、语言、行为所产生的影响，这种影响对于我们的身心、灵魂发生一种无形且不可知觉的力量。"业"的影响早已突破个人的生命、职业、行为，扩大至整个社会，产生持续的关联影响。甚至民族传统文化也是一种社会的业力，或相关人群共作共感的互相业力。业又可以分成潜伏业与伴随业两种：潜伏业是前世或今生已存在，尚未显现之业；而伴随业是今生已开始伴随身体所受之业。"业"体现了一种强决定论和强因果论的认识立场，即认为从最小的事件到最大的事件，所有的事件都是某个先前原因的一个结果，没有"偶然"，我们必须看透全部事件。今天所展现的任何结果都有一个存在于可见或不可见过去的原因。"偶然"不过是因未见的原因而被我们贴上了"接受它"的标签。即是说，业总是存在着的，只是受报的早迟而已。正如植物种子发芽有早迟之分一样。今天的某个结果一定是明天的某个原因，行为者——自我——必须深入了解因果链条中的全部后果。但是，构成"业"的核心不是外部力量而是人自身。所以，对"业"的感知和相应的责任都必须落实到那个行动者上，将"业"归于外因或自然必然性都是不可接受的伦理失责。

来自"业"和"轮回"的义务只是一部分，还有其他来源为现世的义务提供了依据，例如，《摩奴法典》指出："吠陀、传承、良习、知足，被贤者宣布为义务体系的四源。"③ 传统印度思想为人们提供的现世义务之最终指向并非他人，更不是他人利益，而是自身的洁净——在精神上的坚

---

① 《摩奴法典》10：73-74，迭朗善译，马香雪转译，商务印书馆，1995，第254页。

② 早期印度教以杀生祭祀为主，后来受到佛教和耆那教"不杀生"（ahimsa）观念的批判，最终放弃了杀生献祭的做法，如今印度教徒的素食习惯也是此一变化的结果。

③ 《摩奴法典》2：12，迭朗善译，马香雪转译，商务印书馆，1995，第26页。

定、思想上的一致和道德上的纯粹意图。现世的义务就不再只是现成规范性的固定内容，同时包含了与个人品质直接相关的德性因素。在西方，义务与德性的区分不仅被深刻意识到，而且在现实中也努力加以区分；义务常常与他人相关，如公正、宽容；德性主要与个人相关，如诚实、慈爱。在印度，义务和德性并未被截然区分开来：一方面，道德义务很难与宗教、仪式、法律、习俗等方面的义务区别开；另一方面，即便是被视为道德义务的内容也涵盖了对人的诸多要求，如对个人身体的义务、对知识的义务、对神的义务。即便是宗教组织也发展出了非常复杂和严厉的义务体系。

对印度传统思想不十分了解的人，常常以为印度传统思想都是主张禁欲苦行或超凡入圣的，其实不然，印度传统思想也包含了肯定世俗生活的内容，古老的"人生三要"和以后发展出来的"人生四要"就比较全面地反映了正宗印度人精神世界的真实面貌。在从吠陀教向婆罗门教转变的历史过程中，婆罗门为了适应大众生活，向世俗的人们提出了"人生三要"的戒律。"要"（purasartha）本指人追求的价值。"三要"即欲（kama）、利（artha）、法，欲指感官享受，它是人的最基本的生活需求；利就是钱财和好处，它是满足"欲"的手段，有了财富，"欲"的满足就轻而易举，所以，承认"欲"的合理性，自然也就要承认牟利的正当性；法构成了生活的指导原则，它又包括两类：一类是普遍的义务要求，即所有人共同的内容，例如信仰法、勿伤害、仁慈、真诚、自制、禁欲、净化内心、制怒、洁身、使用洁净物品、敬神、禁食、不放弃责任等；另一类则是特殊的、与种姓相关的义务要求，即不同种姓的人要做符合各自种姓分内的事。遵照"法"而生活在印度是非常受人敬重的，遵守"法"将使人能够控制感官。因为人的本性总是倾向于求欲求利，真正的人必须听从"法"的指令，合理的求欲求利正是在"法"指导下才有可能实现。

"人生四要"则是在此基础上加上了"解脱"。因为"法"本身不是目的，而是达到目的的手段，"解脱"是摆脱了种种现实遭遇和轮回之后的精神目标，解脱并非只具有消极的否定性意义，它还具有积极的肯定性内容，即指达到了永恒的和平、宁静和至福的状态。欲、利、法、解脱这四种价值存在逐渐上升的等级序列：欲处于最低的地位，但未被排斥，存有自己的位置，是激励人行动的一个有力动机。然而，欲必须从属于其他三个目的，特别是绝对不能与法相对立，还要为解脱做出牺牲[①]。不过，

[①] 李萍：《东方伦理思想简史》，中国人民大学出版社，1998，第82页。

"人生四要"并未严格区分实然（欲、利）与应然（法、解脱），甚至鼓励人们跳过"是"直抵"应当"。"人生四要"在填平事实与价值的鸿沟之同时，也模糊、弱化了哲学式追问的力度。"对许多印度人来说，事实的'是'与道德的'应当'是一致的。这既使'应当'的道德与'是'的实际生活难以辨析，而且也将导致人们对道德世俗与圣化的双重理解，前者表现为道德的实用主义，如流行于乡村的谚语说，'对慈祥的神只需敬拜一次，因为它可能有益于你，但要对恶神敬拜两次，以免它加害于你。'后者表现为道德的神秘主义。"①

印度僧伽（佛教教团）发展出来的"律"正是对出家人的严格要求，出家人不仅要脱离一切世俗义务，同时也要让自己的意志接受律的约束，有时还会因自己的过失接受严厉的处罚，最严重的就是被逐出教团。在一定意义上说，"律"是维持教团组织的一种自治法体系，它与世俗秩序并列，它不干预世俗世界，也不许世俗权力介入，自成一个治外法权的圣域。

第三节 出世与入世的对抗和和解

在思想史考察中，人们经常容易犯一种错误，即"一贯性神话"，以为某个思想流派或者某个民族的思想体系是一以贯之、首尾一贯的，真实的情况是：所有现存的人类思想体系都有其前后不同的变化、更迭，其中的观点、主张也总是充满了难以自圆其说的矛盾。然而，这也正是人类思想的魅力所在。不同且对立思想间的交锋，某个思想不断发生的调整，这些都是吸引后人去关注它们的理由，也是它们给今人以丰富启迪的原因。现代印度的管理者们在成长过程和学校教育中都不同程度地受到了印度传统思想的洗礼，他们从古代典籍中汲取智慧，与此同时，他们也会广泛涉猎西方管理学理论和他国成功的管理实践，在本土化的过程中，印度管理的人性假设也提供了具有指导意义的地方性知识，并对印度传统思想中的出世取向、人的精神发展、宇宙普遍法则等内容进行了现代性的阐释。与西方管理学的经济人假设不同，印度管理的人性假设是"文化人假设"，此处的"文化"是指精神、信仰层面的自我成长。"文化人假设"断定：

---

① 李萍：《东方伦理思想简史》，中国人民大学出版社，1998，第164页。

人在此世的生活只是短暂的，通过各种修行（对管理者而言，经营活动也是一种修行）实现更高层级的文化品位，这才是理解人的现实行为的焦点所在。

一、作为生活方式的印度教

印度是宗教大国，几乎全民信教。正如上文所言，单单是印度教徒就占据了总人口的 79.8%。然而，对于什么是印度教，学界依然有严重的分歧，甚至对于"印度教"一词的用法，学界也存在争议。现代"国际黑天觉悟会"（Hare Krishna）运动的创始人萨茹阿斯瓦提尊者（Bhaktisiddhanta Sarasvati Thakure，1874—1937）认为，"印度教"（Hinduism）是错误的用法，因为在所有的吠陀文献中都找不到"印度"这个词。富勒（C. J. Fuller）在其影响甚广的一书中强调"印度"一词只有地理上的意义，与宗教文化无关。[①] 在本书中，我们所理解的"印度教"是指源于古印度吠陀教及婆罗门教、包含了特定行为要求并被视为人生指南的学说，狭义上仅仅指"婆罗门化的梵文印度教"。印度教徒遍及整个南亚，斯里兰卡、孟加拉国、尼泊尔、不丹、锡金等深受其影响。印度教通常具有如下特点：多神教、仪式烦琐、婆罗门主持祭司。

历史上有不少印度思想家深为宗教派别林立和观念冲突所苦恼，曾经做出了弥合、融汇等方面的努力。例如，近代印度宗教改革家辨喜（Vivekanada，1862—1902）力图打破所有宗教间的阻碍，去除掉宗教的全部矛盾和对立，他相信，真正的宗教一定是无所限制的，也是无法穷尽的，就像所有宗教都敬奉的上帝一样。一些近代民主主义者追随辨喜的足迹，在改造印度社会的同时吸收西方文明成果，因此，对印度传统文明加以取舍或扬弃而非全盘否定或完全抛弃的印度思想家始终占据了主流地位。

著名的印度学家、法国学者杜蒙认为，正是宗教观念，特别是种姓与污染的观念以及婆罗门教的地位在维系着整个印度传统制度的延续。[②] 看似王国与政府在保护宗教，但从根本上说，王国却依赖于婆罗门教的宗教观念与礼仪活动来为其提供合法性。印度"宗教精神原则与王权原则之间的关系可从一个制度获得完全的了解，这个制度把此关系

---

① C. J. Fuller, *The Camphor Flame: Popular Hinduism and Society in India*, Princeton University Press, 1992.

② L. Dumont, *Homo, Hierarchicus: The Caste System and its Implications*, University of Chicago Press, 1980.

具体呈现为人与人的关系，把抽象的理念相当完整地表现出来。国王不只是要雇请婆罗门从事公共祭仪，他还必须与某一个婆罗门建立起固定的、私人的关系，这个婆罗门即是国王的王家祭师（purohita）……俗世的权威之所以获得保障，是因为国王以私人身份向化身为王家祭师的灵性权威表示顺从"①。不仅如此，政治与社会也都依赖于宗教制度及其相应的观念，这样，在古代印度是宗教包含了政治。与此相对，古代中国却是政治包含了宗教（或者严格地说是政治包含了道德文化）。

在出世与入世的关系上，印度文化和印度社会都呈现出了高度的开放性和包容性。一方面，印度教的规范常常有多种解释方法，依所在社区的不同而产生显著差别，这就允许不同地区、族群、阶层等的"创新"；另一方面，在看待世俗事务上，印度教徒显得更具灵活性，例如，1835年英国殖民政府规定英语为印度全境内的官方语言，印度教徒表现出了极高程度的伸缩度，学习英语以便适应新的政治秩序。"在意识上把经过整合与内化了的西方观点视为对传统印度教价值的重新肯定，乃是印度教徒进行活跃的政治斗争以反抗外来统治的先决条件。"② 与此相对，印度境内的穆斯林则抗议，政府的行为迫使他们改变宗教信仰，他们拒绝学英语，即便独立后穆斯林不仅在经济活动上特别是国际贸易方面处处受到掣肘，在行政和各种自由职业领域大多处于极其不利的境地。

甘地（1869—1948）之所以被印度人尊称为"圣雄"，除了他具有为民族独立事业抛弃一切的伟大品格，更因为他持有的坚定信念和他对印度传统思想的坚守。他生于古吉特邦的商人种姓家庭，提出了非暴力原则。"非暴力"（ahimsa）一词是由 a（不）和 himsa（害）两个字组成，原意为"不害"。甘地认为，作为政治原则的非暴力思想包含了两个方面的内涵：消极方面指"戒杀"和"不伤害他人感情"；积极方面则指主动、自觉地去爱一切人。这就意味着要通过自我牺牲和爱的行为，去感化或唤醒敌对者的内在善性，使他们改恶从善、改邪归正③。甘地所发起的"非

---

① 杜蒙：《阶序人2——卡斯特体系及其衍生现象》，王志明译，台北：远流出版事业公司，1992，第478页。
② 同上书，第520页。
③ 基于对西方工业国家贫富对立和传统文化沦丧的恐惧，甘地在经济上反对工业过度集中，提倡以小工业为中心的、地方性的、分散的经济结构，例如，以手工纺织为中心，全面建设乡村其他手工业，包括碾米、磨面、榨油、制糖、造纸、制革、印染等。尽管他也提出要普及农村教育、发展医药卫生事业，但甘地更加担心资本主义的发展会引起人们精神和道德的堕落，他对现代物质文明总体上持否定的态度。

暴力不合作"运动有两个明确且相互联系的目标：取得独立与拯救印度教，他是在坚守印度教的框架下提出国家独立要求的，所进行的社会改革也没有超出印度教所能够允许的范围，印度教的基本秩序和传统要求不能怀疑，更不能抛弃。在甘地看来，决定自己命运的权利只能用来对付英国，不能用来反对印度教。印度"贱民"领袖安贝德卡尔（Bhimrao Ramji Ambedkar，1891—1958）明确反对甘地支持等级制度的立场。为了维护贱民阶级的代表权，安贝德卡尔要求建立该阶层独立的选举制度。甘地反对这一提议，但他们在1932年达成妥协，签订蒲那盟约。1935年，安贝德卡尔宣布，由于种姓阶级制度的不公正，他不愿再信守印度教，并且呼吁他的支持者也放弃印度教，转投佛教。印度独立后，安贝德卡尔出任首届司法部长和宪法起草委员会主席，被誉为印度宪法之父和现代印度佛教复兴倡导人。

概括而言，印度精神（India Ethos）的核心根植于印度教——吠檀多的世界观当中。印度教并非启示性的宗教，它也没有一个创立者，甚至也没有明确的教义。"作为一种信仰来看，印度教是模糊的，无定形的，多方面的，每个人都能按照自己的看法去理解。要给它下一个定义，或者用这个词的普通意义来实在明确地说出它是不是一种宗教几乎是不可能的。在它的现在体系中，甚至在过去，它包含着多种的信仰和仪式，从最高的到最低的，往往相互抵触，相互矛盾。"① 印度人承认存在无数的神。在今日的印度全国，分布着10万座以上的印度教寺庙，人们因各种理由，如宗教节日、地方庆典、个人升学、求职等理由去寺庙祈福、求签、还愿等，寺庙的香火十分兴旺。必须说明的是，独立后的印度政府所颁布的宪法明确规定印度为社会主义民主共和国，各宗教、种族、性别一律平等，因此，印度并非以宗教立国的宗教国度，即便它有近80%的国民信仰印度教，90%以上的国民自称拥有宗教信仰。

二、"文化人假设"的主要内容

印度现代思想文化充分体现了传统的流动性以及传统与现代的高度关联。我们将这一关系用图形象地表示出来。"旧传统思想文化"并未绝迹，它通过改造、转换成了"新传统思想文化"的重要基础，而"新传统思想文化"又与"外来思想文化"相互影响、相互渗透。印度许多近现代哲学

---

① 尼赫鲁：《印度的发现》，齐文译，世界知识出版社，1956，第82页。

家既吸收了西方哲学，同时也继承了印度传统哲学的某些内容，这使他们始终保持了对自身哲学传统的连接和传承。例如，泰戈尔认为，人类不能奉献什么，除非他/她先拥有某物。自我（aham）的功能就是帮助人们取得这一小部分，但只是作为一种过渡转而再奉献给神。他举例说，花园中的花朵在任何时候都是为神而绽放的。我必须先把花朵摘下来使其变成自己的，才能献给神。泰戈尔以现代的个体/整体范畴来诠释印度传统思想中的梵/我关系问题。

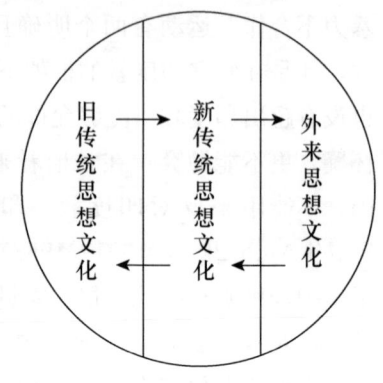

图5-1 印度现代思想文化的构成

我们之所以将印度管理的人性假设归结为"文化人假设"，是因为印度管理深受历史文化传统和现代社会文化的影响，不仅表现在印度现代管理组织的结构、行为等制度层面，而且也反映在印度管理组织中的人员身上，印度的管理者权威、管理者与被管理者的关系、管理者的素养等都留下了历史文化传统的印记。需要特别说明的是，"文化人假设"之中的"文化"并非文化哲学的概念，不是指抽象的人类实践活动及其后果，或者社会历史的整体结构及其文化产物，相反，它是在管理学、管理哲学意义上使用的概念，针对的是西方主流管理人性假设"理性经济人"，"文化人"强调的是组织中的人具有无法脱离的文化身份，身处其中的文化传统仍然切实地影响到他在组织中的表现。

与"理性经济人"不同，"文化人假设"表现出如下鲜明的特点：（1）"文化人"的文化之形态主要是精神性的、超验性的，如注重轮回、来世、解脱等观念内容，认为此世只是短暂的寄存，来世才是永恒的存在。"文化人"并未将生活重心放在此世的营生上，而是将目光投向了深不可测却具有重大精神价值的来世。（2）"文化人"的人之形态主要是个体性、自我式的，对印度人来说，"文化人"是以追求精神满足、实现精神成长、与梵合一的主体，在此意义上，肉身是一种束缚，在日常生活中不少印度人不惜以近乎严酷的苦行，包括瑜伽、打坐、绝食等方式克服身体欲望的诱惑，为精神的驰骋、观念的升华铺平道路。（3）"文化人"的组织行为之形态是兼具了"场"与"资格"。日本社会学家中根千枝在分析社会人际关系以及如何结成特定社会团体时，提出了"场"与"资格"两个原则。她认为，一些社会是以"资格"为主，例如英美的俱乐部、协会，只是强调加入者的个体身份和条件；一些社会是以"场"为主，例如日本的公司、传统艺能组织（茶道、花道之类），看重的是这些组织具有的独特规则、习惯从而形成了的场的背景，加入者一旦进入就必须无条件地遵守并习得上述场的背景，融入场之中，成为其忠诚的一分子。在印度的管理组织中，每个人所具有的"种姓"位阶成为特定的"资格"，甚至是一些职业、岗位的排他性条件，加入其中的管理组织本身也具有"场"的特征，它模仿传统乡村结构，形成了全功能的共同体，印度人接受"场"的意志高于个人的原则。不难看出，"文化人假设"支配下的印度管理组织具有多重、复杂的行为特性。

印度传统思想为现代管理哲学提供了取之不尽的思想资源，处于印度传统思想延长线上的印度管理人性假设——文化人假设包含了如下基本内容：

第一，人生而不同。这种不同不是指个体意义上的个性、特性，而是指一类人跟另一类人不同。由于种姓制的盛行，多数印度人普遍相信人自出生就被限定了，因此人是生而不同的，有高贵人，也有低贱人。低贱人服从高贵人是必要的，也是应当的。在印度，打招呼的方式是因每个人的身份、地位而异的。例如儿子问候父亲时，通常弯下身去，触摸父亲的脚。虽然开启现代化进程已逾百年，但印度社会的总体发展仍然不够迅速，其中一个客观原因是，大量赤贫的下等种姓人群无法有效参与经济活动，分享经济发展的成果。"印度不能为其人民提供足够的工作岗位，贫穷是个普遍现象。因成年人口数目庞大，伴随节省劳力的现代机器设备而来的必然是一定数量的剩余劳动力。在过去20年里，印度实施了多项严格的人口控制计划，但无一成功。早婚、印度教的重男轻女思想、养儿防老的观念以及农村百姓的教育程度很低等因素，都导致了出生率的居高不下。"[①]

第二，奉行相对主义立场。印度人认为，人与他人的特定关系是优先的。同样，在印度，生意建立在有特殊交情的人际交往之上，签订合同的关键在于认识合适的人。"家庭和朋友的重要性超乎西方人的想象。一般家庭都是几代同堂。身为朋友，应该'体察'到对方的需要，并作出行动，能洞察对方的心思是友谊的一个标志。"[②] 与此相伴随，官商勾结之

---

① 菲利普·R. 哈里斯、罗伯特·T. 莫兰：《跨文化管理教程》（第5版），关世杰主译，新华出版社，2002，第289页。

② 同上书，第289-290页。

类的腐败、贿赂或"关系费"司空见惯，一些书籍会明确地告知西方投资人，要想在印度办成事就不得不入乡随俗。由于乡村社会仍然是绝大部分印度国民生活的日常空间，血缘、地缘与业缘交错的各种人际关系网络就始终占据显著的影响地位。熟人与非熟人、有关系者与无关系者这样两类人将会得到完全不同的对待，这影响到印度管理组织内的亚文化和劳资关系，使得外资企业必须启用熟悉本土文化的人才容易打开局面。

第三，看重精神目标。许多印度管理者并不欣赏急功近利或唯利是图的行径，在某种程度上，他们似乎是安贫乐道、安于现状的人，但其实不然。例如，印度教圣典《薄伽梵歌》就如此鼓励领袖："他能够在'行动中'看到'无行动'，又能够在'无行动'中看到'行动'，他是一个具有显著智慧的人，也是所有行动的真正实践者。"① 由于主张精神高于物质，人在精神上获得的自由重于物质带来的自由，所以，多数印度管理者并不愿意对世俗的法律、制度、程序等给予过高的尊崇。超越主义（transcendentalism）是印度哲学的本质，它规定了一个人如何控制自己的意识，进入宁静、发现自我，许多印度管理者热衷阅读和讨论吠陀典籍和吠陀所提出的原则，并从中寻找启示。不过，对于不识字、受教育程度低、精神追求意图较低的普通员工而言，对非正式制度的强调很可能意味着有偷懒、怠工的机会，因此，他们在工作时间内也会经常表现出散漫、自在、随意的行为方式。

与看重精神目标相应的是，印度管理者通常强调组织中的心理契约。有印度学者强调，如果人类的存在并没有最终的、稳固的基础，那么"任何事都可行"的观念就应该是最合理的。内向暗示和自我期许都使得印度人在组织中易于接受心理契约即非正式契约的影响，这尤其表现在人际关系、人员沟通等问题上。印度哲学家维韦卡南达曾说："感觉像基督你就会成为基督；感觉像佛祖你就会成为佛祖。感觉才是生活、是力量、是活力。"② 这种感觉至上倾向其实质是对心理契约的极致表达，体现了用"我"来统一、调解与外界、他人的差异或冲突。特别是中世纪后期印度教的改革所兴起的"虔信"观念，将追求梵我合一的努力从祭祀、诵经、苦行等外在仪式转变为向内心的探求，心理契约占据了重要地位。

---

① 毗耶娑：《薄伽梵歌》，黄宝生译，商务印书馆，2011，第50页。
② Swami Vivekananda, *Vedânta Philosophy*: *Lectures on Jnâna Yoga*, Vedânta Society, New York, 1902.

第四，领导者是组织的灵魂。在严格明确了人的等级及其相应义务的社会规范中，在上位者不只是拥有了更大的权力，同时也有了更大的责任，他们被期望具有自律、勤奋、体恤他人、高度的事业心等品质。在印度现代管理组织中，领导者总能获得比其他国家的同行们更多的尊重和自愿服从，因为古代圣典告诉人们："在给予生命的人和传授圣道的人中间，传授圣道者是最可敬的父亲。"[①] 来自传统印度教的教谕是：我们所做的一切将成为日后影响我们的一切。一切事物中都存在真理和善，要拿出行动，才能彰显事物中的真理和善。一个企业领导者应当发展出一种自觉能力，将自己的所作所为与现实情境、延伸后果等结合起来，从而在今日的言行中发现未来的后果。

---

① 《摩奴法典》2：146，迭朗善译，马香雪转译，商务印书馆，1995，第43页。

第六章 印度管理组织的前世今生

依据组织提供的目标物和实现此目标的方式之不同，我们可以将全部人类组织分成四种：一是利益-强权型组织，支配原则是"你只能做我命令或我希望你做而非你本人想做的事情"，体育竞技领域属于典型的利益-强权型组织；二是利益-竞争型组织，支配原则是"你做的是我命令或我希望你做同时也是你本人想做的事情"，市场经济下的社会组织和企业大多属于利益-竞争型组织；三是情感-强权型组织，支配原则是"你自愿地做我命令或希望你做且你本人认为应该做的事情"，如教会、传统家庭、前工业时代的手工作坊等；四是情感-竞争型组织，它建立在成员间的共同情感基础上，这些成员更加强调一体感、团结和情绪分享，但保持高度的排他性，组织对外是一个竞争者，对内却以情谊为主，激进的工会组织属于此类。在印度，第三、第四类组织比较普遍，例如，在种姓制依然发挥作用的部分邦和广大乡村，第三种类型的组织就很常见；在城市的日常生活中，第四种类型较多。不过，行政领域和早期企业领域以第一类为主，但在市场化以后，第二类组织开始增多。

第一节 传统社会结构的遗产

现代印度社会及其各个阶层都不同程度地继承了自身的历史传统，现代印度管理也受制于自身的历史传统，特别是社会结构方面的稳定性延伸使得今天的印度组织具有显著区别于西方组织的结构性特征，为此，我们有必要首先考察印度传统的社会结构。

一、种姓制及其社会影响

最早发现这一制度的是葡萄牙人。400年前当他们乘船东渡，发现了这种与他们自己国家全然不同的社会制度时，就用自己的语言将其称为"卡斯特"（葡萄牙语 casta），原意是出身、人种等，又可以指家庭根系、血缘或族群。而在印度古文献《梨俱吠陀》这一属于诵者祭司的经典著作中，"种姓"对应的词是 jati，jati 被分成四个瓦尔纳（varnas），"瓦尔纳"这一梵文词至今仍为印度人沿用。Varna 一语表示"肤色"的意思。在古代，当外来的雅利安人最初接触到本地的先住民族时，见其"黑色"和自己的"白色"不同，就以肤色为自他民族之分别的标志，而这分别逐渐变成了牢固的人身隔离和观念对立。四类瓦尔纳依等级序列分别是：婆罗门（brahmins，教士）、刹帝利（ksatriyas，武士）、吠舍（vaishyas，手工业者）、首陀罗（shudras，劳工）。四类瓦尔纳虽然存在高低贵贱顺序，但都有各自不可逃避的使命和责任。"每一个种姓都有在提升社会良善生活方面重要的必须履行的角色，处于该等级系列最顶端的婆罗门是社会智力提供者，刹帝利保卫社会免于外部和内部争端，吠舍为社会提供了商业所需，首陀罗则承担了社会中的体力劳动。"① 婆罗门被希望是素食的、禁酒的和爱好精神性思考的阶层，刹帝利应该是强壮的、勇敢的，饮酒和肉食对他们而言都是被允许的，吠舍就是通常商人的要求，但首陀罗被认为总是以并不令人赞赏的方式行事，在道德上存在欠缺，因此，被置于劣等的地位。

在公元前 1800 年左右，由于外族雅利安人的大规模入侵，印度原生文化被迫中断并遭到严重破坏以致断裂。土著达罗毗荼人所创造的古代农耕文化与入侵者雅利安人的游牧文化出现了激烈的碰撞和持续的争斗，雅利安人最终获胜。为了保证本民族的"纯洁"和获得排他性的控制利益，入侵者设计并逐渐完善了种姓制度，以限制社会成员间的流动，保持社会组织结构的超稳定。但在思维领域却网开一面，留下了人的智力的想象空间和过剩体力的发挥场所。这充分体现在印度教的精神完善之诉求中。印度教作为一种宗教，同时也作为一个社会系统，部分地通过种姓制和特定的仪式来获得自身的形式，部分地通过保存在吠陀典籍和一系列神圣文献之中的神学理论完成自身的表现方式。

从最根本的意义上说，种姓制为所有社会群体划分等级提供了标准，依据宗教意义上的纯洁程度，从最纯洁到最不纯洁的层级，划分出了不同

---

① Rajesh Kuman and Anand Kumar Sethi, *Doing Business in India: A Guide for Western Managers*, Palgrave Macmillan, 2005, p. 39.

的社会等级序列。坚持种姓和家庭的纯洁，这是深藏于传统社会关系之中的。远离污秽、为维护纯洁而战，这已经被视为每一个种姓的"达摩"，或者说一套行为准则，并为此界定什么是可以接受的行为，什么是不能接受的行为。印度不同种姓之间不仅存在居住地的隔离，而且也分别属于不同的同餐群体和通婚群体，传统的印度人大多奉守在同种姓内寻找合适的伴侣的要求。超出本种姓范围去寻找明显过高或过低种姓的异性，不仅十分冒险，而且也通常不被人们接受。"印度教可说是个严格讲究血统主义的宗教，仅凭其双亲是否为印度教徒而决定子女是否为教徒。它之所以具有'排他性'乃在于除此之外即无其他任何方法可进入此一共同体，或至少无法加入那些被视为具有完全宗教资格者的团体中。印度教并没有拥抱'全人类'的欲望。不管他的信仰或生活方式为何，任何人除非生为教徒，否则即为外人——一个基本上无缘接受印度教之神圣价值的野蛮人。虽然有所谓'门户开放的种姓'，不过这些都是不净的种姓。"① 特别是在保守势力十分顽固的南印度地区，纯洁和污秽至今仍被看作全部价值的核心要素。在典型的印度教地方社会，种姓地位作为一种宗教地位，远远高于政治地位与经济地位。即便某位婆罗门穷困潦倒，靠别人施舍度日，其他种姓的人仍然要对他毕恭毕敬；同样，即便一些低等种姓的人因为经商而发财或外出读书而做官，他们见到比自己位阶高的其他种姓者仍然要脱帽致敬。

身处种姓制中的人们并非只是重复前人的经验或完全等待既定的安排，个人的努力仍然是必要的，即便不是积极地谋求改变，至少不能让自己陷入不符合本种姓的处境之中。这样的努力之一就是"净化"，净化也可以说是印度文化的永恒主题。虔诚的印度人一生都要与各种不洁做斗争，不洁可能来自食物、接触、言语、仪式、动作、观念等多个方面。一个人"属于某种姓集团绝不是一劳永逸的事。如果他是高种姓成员，那么他必须提防自己不要因为不当的食品、不当的接触、不当的交友和不当的婚姻而受到玷污；如果他是低种姓的成员，那么他必须留意自己，以防因玷污了高种姓者而受到惩罚，否则他会被贬入更低种姓的行列。无论他属于高种姓还是低种姓，他所属的集团都会并常常会发生分裂，以至于即使他未犯任何错误，他曾经加入的某些种姓也会不再承认他是其中的一员。

---

① 韦伯：《印度的宗教——印度教与佛教》，康乐、简惠美译，广西师范大学出版社，2005，第9页。

如果他要求进取，那么除了为自己谋生，为个人的荣誉和个人的满足所做的一切之外，他还必须持续不断地追求与这种变化不定的种姓的联系"①。

不过，越来越多的学者经深入分析并提出，种姓制并非自古以来被恒定固守的模板，相反，它在不同的历史时期增加或减少了某些因素、突出或弱化了某些方面。例如，"始于1881年的人口普查十年一次，极大地促进了群体地位的认可。许多种姓或新兴种姓为在普查表上获得更高的地位而成立了通常被称为'色帕'（sabhas，大会）的协会组织。成员接受一系列受到社会偏好认同的行为举止，通常集中在诸如女性控制（通过更严格的隔离或适当的穿着）等问题上"②。

毫无疑问，种姓制总体上难容于现代社会，因为种姓制度的基本原理与现代社会的核心价值承载具有明显的冲突，这样的冲突至少表现在如下三个方面：第一，它不仅将劳动者同时也将劳动划分为"洁净"与"污秽"的，这一劳动价值观以及与此相联系的社会集团的隔离意识，严重影响了社会生活中分工体制的合理化发展。第二，将劳动分工永恒化的惯例致使劳动变成被迫的生产方式，它导致种姓制下的人们甘于现状、不思变革，不易接受新技术和新事物。第三，严格的职业世袭意味着对经济竞争的否定，故而严重限制了市场经济的发展和现代雇佣关系的建立。种姓制总体上确实构成了阻碍印度现代化的负面传统遗产。

英国的统治于1947年8月结束，新组建的印度政府于1950年1月颁布宪法，宣布印度成为一个主权独立、以民主立国的现代国家。尽管印度在独立时就在宪法中声明消除种姓制度，但种姓制度在今天仍然具有强大的生命力。高、低种姓的冲突在农村地区普遍存在，在各个社会领域，诉诸种姓的议题仍然十分有效。世界银行的一位学者卡拉·霍夫曾亲自前往印度农村做了一个实验。她从六个村子中随机挑选了一些十二三岁的孩子，组成多个六人的小组，让他们按组参加一个数学小测验。她把这些小组分成两类：一类要求孩子当着他人的面说出自己的种姓，另一类则不要求。测试结果是：第一类小组的低种姓出身的孩子比第二类小组的低种姓出身的孩子平均得分要低18%。换句话说，仅仅是说出自己的低种姓身份就足以打击一个孩子的自信心③。

---

① 许烺光：《宗族·种姓·俱乐部》，薛刚译，华夏出版社，1990，第122页。
② 芭芭拉·D. 梅特卡夫、托马斯·R. 梅特卡夫：《剑桥现代印度史2》，李亚兰等译，新星出版社，2019，第138页。
③ 姚洋：《印度随想（三）》，《南方周末》2007年3月29日。

其实，在四大种姓之外，还存在人数众多的"表外种姓""贱民""不可接触者"等人群，这些人的境遇更加悲惨，始终处于被剥削、被蔑视的地位。受到现代西方民主自由思想的影响，这些不可接触者和贱民们也开始了争取自身权益的斗争，其胜利成果之一就是通过一系列立法废除了对自身的歧视。印度国会在法律上废除了不可接触者，1955年颁布的《不可接触者法案》对那些限制不可接触者进入公共生活的歧视行为加以制裁。不可接触者在意见领袖和代言人的领导下努力改善自身的地位，他们中的很多人甚至不惜放弃印度教信仰，转而成为基督教徒、佛教徒、穆斯林和锡克教徒。改宗所产生的威慑力是缓慢而持久的，这或许将最终动摇印度教和整个种姓制的基础。他们又进一步提出了矫正、补偿式正义要求，通过行政参与、教育机会划拨、公务职位预留等保留政策为自身赢得了各种优待、优惠条件。然而，反歧视的努力并非单向度的，不仅存在极大阻力，同样也有被反向歧视的事例发生，引起了上等种姓的强烈不满。1990年10月在印度围绕保留政策引发了全国范围的争论。当时的辛格政府准备将悬置了近十年的、为表列种姓①和落后部落在议会和政府机关中保留一定比例的席位的政策，即为低种姓在中央政府和公营企业里保留27％的职位的法案付诸实施。保留政策是印度政府为缓和不同种姓之间巨大的政治、经济差异而制定的。但由于导致了"逆向歧视"——高等种姓感到权利被低种姓侵犯了，受到高种姓人群的极大反对。来自高种姓家庭的部分大学生甚至采取自焚行为和其他各种抗议举动。骚乱波及全国，持续了一段时间，造成了相当程度的破坏。

事实上，"印度独立之初的许多政治家和社会学者都抱有种姓终将消亡的乐观的估计。这里的一个预设是：种姓意识形态是建立在特定的经济基础之上的上层建筑，当经济基础改变，上层建筑也将跟着改变。经济的确发生了重大的变化，相互依赖的经济系统和种姓之间的权利—义务体系已然崩解——或许，有些地方崩解得彻底有些地方没那么彻底——但种姓没有消亡反而被强化，或者说实体化了。对于实体化之后的种姓，一种观点认为实体化可以看作族群化（ethnicisation），也就是说垂直的社会系统和种姓阶序衰落，种姓成为水平的族群（ethnic groups），它们的差异与生活方式有关，去除了阶序价值的种姓身份作为

---

① 英国殖民统治期间，曾对低种姓的社会集团进行过统计，并用表格的形式记录了下来，于是，表列种姓就成了低种姓的代名词。

一个文化身份而存在"①。然而,"种姓制度没有消失,种姓主义——对种姓的政治利用——也没有消失,因为目前正在印度出现的是一种变革种姓并使种姓制度化但并不废除它的社会和政治制度"②。现在有越来越多的学者倾向于将种姓制视为事实性存在或者价值中立的历史遗产。然而,如何削弱种姓制的负面性、弘扬种姓制的合理因素,这成为考验印度政治家和社会精英们的一道难题。例如,有人认为:"在像印度这样的发展中国家,基于种姓/阶级区分而做的人群分离产生于一个有着显著意义的文化背景中,这个背景不断变化,并决定了族群间的信任和社会资本的发展程度,以及各种机构的民主功能的发挥。在处于转型中的社会之人群分离的本质不是固定的,而是流动的,它是社会资本特性的结果。独立后印度在民主化和社会发展双重过程中的快速变化,导致新的认同的建构,种姓和阶级群体之间力量平衡的转换,产生了联合和分裂,促成了水平向和垂直向的流动。"③

不过,也有许多学者充分肯定种姓制的合理之处,并认为种姓制也可能在印度现代化进程中发挥独特的作用。例如,种姓在向族群化发展,"经济与政治的变化使种姓从相互依赖的垂直系统转变为水平竞争的实体,与种姓将消亡的预期相反,种姓可以说进入了一个族群化的过程。种姓的族群化程度,与种姓阶序霸权的衰落程度成正比。种姓意识形态在公共领域失去合法性、社会经济地位的重要性提升、下层种姓的平等和反抗意识以及对独立的文化身份的寻求,都是种姓族群化过程的表现"④。也有学者指出:"在国家的文化多元主义原则下,宗教身份作为文化身份被给予制度性保护,与此不同,由于种姓阶序和种姓身份的繁多碎裂,种姓在意识形态上处于暧昧地位,是现代印度一个欲克服的遗产。但是种姓很好地适应了现代制度。种姓在当代作为相互依赖的经济系统的解体和各种姓的

---

① 吴晓黎:《社群、组织与大众民主——印度喀拉拉邦社会政治的民族志》,北京大学出版社,2009,第199页。
② 麦伦·维纳:《争取平等的斗争——印度政治中的种姓》,载阿图尔·科利编:《印度民主的成功》,牟效波等译,译林出版社,2013,第221页。
③ Sudha Pai, Socail Capital, Panchayats and Grassroots Democracy: the Politics of Dalit Assertion in Two Districts of Uttar Pradesh, in Dwaipayan Bhattacharyya, Niraja Gopal Jayal, Bishnu N. Mohapatra, Sudha Pai ed., *Interrogating Social Capital: The Indian Experience*, Sage Publications, 2004.
④ 吴晓黎:《社群、组织与大众民主——印度喀拉拉邦社会政治的民族志》,北京大学出版社,2009,第359页。

强化，平等竞争逐渐取代等级性的相互依赖的庇护——依附关系，最主要的是经济的商业化和民主政治过程的结果。"① 种姓制何去何从，种姓制与现代印度社会发展、现代印度人的身份认同等的关系如何，这些问题仍有待进一步观察。

  一个无法否认的事实是，在现代印度，种姓制的影响力确实正在急剧下降，而且它更多局限于地方性影响，在今天的印度很难产生全国性影响，复兴或重申种姓制这样的口号已经无法成为掀起全国性运动和决策的旗帜。"种姓在全国层面远不及在任何单个邦的政治中重要，这是因为，印度不只有一套而是有许多种姓体系。大体说来，每一个语言区域有其各自独特的种姓体系。而且，因为大多数邦的边界（印地语带除外）符合（也是大致说来）语言区域的界线，每个主要邦的政客们不仅共享一种共同的语言，而且共享共同的（轻微或完全）区别于其他邦的传统社会体制。"② 随着接受西式教育人群的增加和现代价值观念的传播，对自身传统文化的反思和否定的人群也在相应地增加。"一百多年来的社会改革运动、政治领袖的公开声明、宪法宣言以及立法，已经破坏了印度种姓制度的意识形态基础。没有任何政党、政治领袖或知识分子支持以下观点：种姓制度是以等级制度为基础并由同族血亲和共生规则维系的自然道德的秩序的一部分，种姓与职业相联系并世代相传，每一种姓（宗族）都体现着自己的行为规则（法则），以及低级种姓身份是前世触犯戒律的结果。"③

  不过，仍然要提防一些保守人士或宗教极端分子利用人们对自由、民主价值的珍视而重拾种姓制中的沉渣。事实上，标榜民族主义、排外主义口号的政党在多个邦赢得了大选，成为执政党，这是近十余年来印度当代社会需要引起有识之士高度关注的动向。正如有学者所指出的："现在存在一些以种姓为基础的政党、以种姓为基础的教育机构和宿舍，以及以种姓为基础的房屋社区。通过在民选机构中为表列种姓和部落保留席位，在公职雇佣和教育机构录取中为所有落后种姓保留权益，种姓在政治上被制度化。印度现在的趋势是朝着赋予种姓的制度结构发展，而这种结构不开

---

  ① 吴晓黎：《社群、组织与大众民主——印度喀拉拉邦社会政治的民族志》，北京大学出版社，2009，第358页。
  ② 詹姆斯·马诺尔：《中央与邦的关系》，载阿图尔·科利编：《印度民主的成功》，牟效波等译，译林出版社，2013，第93页。
  ③ 麦伦·维纳：《争取平等的斗争——印度政治中的种姓》，载阿图尔·科利编：《印度民主的成功》，牟效波等译，译林出版社，2013，第217页。

放、不具有包容性，因而会滋生种姓间的冲突和不信任。"[1] 21 世纪以来世界各地出现的反全球化、保守主义倾向在当代印度也有许多追随者。

二、家与村庄的结构

在印度，家庭是种姓制延续和再生产的重要场所。传统的家庭角色和关系以如下原则被建构起来，这些方式通常与古老的种姓价值相关：等级（hierarchy）、纯洁（purity）和污秽（pollution）。对一个印度人来说，最原初的忠诚和承诺都始于家庭，而不是工作单位或社会组织。只能在家庭外寻求关系或者扩展家庭外的生活，对许多印度人来说意味着不幸和孤单。

（一）变与不变的家原理

在偏远山区、落后地方和保守的邦，家庭仍然是种姓制的维护者，如荣誉杀人、寡妇殉夫等，家庭都是推手。从一定意义上说，正是这种对家庭或种姓集团的狭隘忠诚，在历史上妨碍了印度人发展出对国家的忠诚和维护国家利益的公共精神。个体将他的忠诚奉献给家庭[2]，个体在家庭中的地位又被性别和年龄所规定。当然，这并不是说印度人不能将他们的忠诚转移到更大的组织，而是要看到这样的转移对绝大多数普通印度人来说有相当难度，需要培育出共有的企业文化和成熟的领导风格，才能形成强大的吸引力。这就不难理解成功的印度企业大多有一个极具个人超凡魅力的创始人，强势推行一整套经营理念和行事原则，从而加强员工对企业文化、企业价值的认同，确立起对企业的较高忠诚度，促成现代印度人将他们的忠诚拉向家庭外的工业或企业组织。

即便在今天的印度，家庭和亲缘关系仍处于日常生活的中心，这具有明显的优缺点。管理现场（包括企业和政府机关）中盛行"裙带风"或家人优先的原则，法律条文、法定的程序这些表面原则常常被公然庇护家人的做法所取代。在现代商业背景下，家庭的战略性地位可以通过印度商业系统或企业集团还主要被家庭控制这一点得到最好说明。据估计，71%的

---

[1] 麦伦·维纳：《争取平等的斗争——印度政治中的种姓》，载阿图尔·科利编：《印度民主的成功》，牟效波等译，译林出版社，2013，第246页。
[2] 不过，在印度，"优先家庭"是针对市场竞争而言的，并非仅仅出于维护家庭共同利益的目的，因为"印度家庭的凝聚力以及对个人的规范能力也因对超自然和对升职者的崇拜而有所分散。我们在印度教徒中看不到传统中国那样的祖先崇拜现象"（尚会鹏：《印度文化传统研究——比较文化的视野》，北京大学出版社，2004，第155页）。

印度市场资本属于印度家族企业，印度家族企业雇用了75%的印度劳动者。独立后，由于奉行社会主义民主政治原则和计划经济的国家政策，印度企业是在一种受到保护并与政府部门建立紧密联系的环境下发展的，缺少国内外充分竞争市场的洗礼。国有企业和私营企业同样难以理顺各种内外关系，优化相关资源。

在今日印度的中小城市和乡村，不少家庭都是几代同堂的大家庭。对家庭利益的看重和家庭成员间的紧密纽带，不仅构成了主要社会关系的基础，也成为社会行动的动力。印度的私营企业绝大多数都是以家庭成员间的合作为主，即便是巨大的私营企业仍然有很明显的家庭色彩，家庭主要成员全部参与其中，担任重要职务，企业常常被视为家庭财产，管理企业的权力要在家庭成员中分配。这种重家庭和朋友的交往方式对组织交往产生了多重后果，其一是关系主义。在印度，生意建立在人际交往之上，拿到合同的关键在于认识合适的人。其二是腐败、贿赂或"关系费"司空见惯，要想在印度办成事就不得不入乡随俗。甚至有印度学者指出："人的管理无非就是对各种关系的管理。有时各种关系会产生冲突，一个管理者必须学会如何去处理生活中和商务中的矛盾情境。解决冲突的或相互对立的利益时，唯一的途径就是维持各方的平衡。管理者与雇员之间的利益也会发生对抗，一个出色的管理者应当知道如何在他的上级领导和雇员之间平衡好他的角色，以此寻找令双方满意的解决方式。这是一个艰巨但并非不可能完成的任务。"[1]

在现代印度，有许多大型家族企业，其中三个最大的家族企业是：信赖工业集团（Reliance Industries），据估计其市值为96.3亿美元；塔塔集团（The Tata Group），市值为79亿美元；埃迪亚贝拉工业集团（the Aditya Birla Group Industries），市值为60亿美元。这些企业在处理竞争性市场方面非常大胆，且具有创新。它们在计划经济时代因与政府的良好关系而受到保护，经济自由化以后又获得了国际市场、资本的青睐而游刃有余，今天成为印度企业经营的榜样，甚至被视为印度的新名片。这些成功的印度民营企业在一定程度上成功地改造了它们的员工，将对家庭的忠诚移植到企业组织中。但家族企业内部的权力角逐和争斗并未停止，仍然经常发生代际权力交接冲突事件。"至少就印度家族企业而言，经常存在

---

[1] Moid Siddiqui, *Corporate Soul: The Monk within the Manager*, Response Books, 2005, p. 188.

如下比较普遍的问题：缺乏明确的盈利焦点、短视思维、较弱的营销技巧、不能区分家族利益和商业利益等。事实上，只有很少的印度家族企业（3%）存活时间超过了三代。印度最大的家族企业之一的信赖工业集团就上演了这样的分家闹剧，在他们的父亲去世后，继承企业的两个兄弟展开了权力角逐。"①

（二）村庄的今昔

在印度广大农村，不同种姓的人至今仍然大多分开居住，形成了主村（有种姓身份或高等种姓的人居住的地域）和副村（没有种姓身份或者不可接触者居住的地域）相互隔离、互不往来的局面。占人口多数的副村，环境脏乱，家庭贫困，识字率低，重复着千百年来亘古不变的生活方式。

大量的理论和国际发展经验表明，一个国家农村地区非农产业的发展往往会产生十分明显的减贫效应，但前提条件是必须依赖于良好的人力资本环境。印度农村许多反贫困战略及其相应的措施之所以没有取得显著的减贫效应，主要是因为农村落后的基础教育以及劳动力素质低下，致使印度农村内部非农产业发展受到严重制约②。阿马蒂亚·森曾对比中印两国的现代发展后指出："中国受过良好教育的人口在抓住市场机制提供的经济机会上起了重要作用，与此对比，当印度在1991年转向市场化的时候，有一半成年人口不识字，而且至今这个情况没有多少改变。"③

印度政府也着手改善乡村面貌，提高农业效率。这首先缘于当时的印度执政党信奉社会主义的集体农业发展路线，认为只有大规模经营而非小农生产才是提高农业生产力的希望，于是推出了集中土地进行"合作联合农业"运动。这就是闻名于世的乡村建设计划，它在一定程度上提升了印度农村的社会发展水平，改善了村民的总体处境。印度于1952年10月2日在全国选定了55个地点启动了农村共同体发展计划，每个地点大体涵盖1300平方公里的地区，包括了300个村庄，拥有30万人口。每个地区都配有经过训练的村级工作人员，农民可以向他们咨询良种、化肥使用等问题。

---

① Rajesh Kuman and Anand Kumar Sethi, *Doing Business in India: A Guide for Western Managers*, Palgrave Macmillan, 2005, p.41.
② 与印度相比，中国在市场化改革以前的计划经济时期，全面普及教育、加强公共卫生医疗等计划有效地提高了村民的识字率和文化素质，这为市场化改革以后中国的经济高速增长提供了较好的人力资本环境。
③ 阿马蒂亚·森：《以自由看待发展》，中国人民大学出版社，2002，第34页。

不仅如此，印度中央政府又于20世纪60年代发起了"绿色革命"运动，该运动由三方面内容构成：高品质良种的引入和普及，大量增加高效化肥的投入，扩大灌溉面积。该项工作由印度农业研究所牵头落实，他们首先从墨西哥国际玉米和小麦改良中心引进品种，从引入高收成的良种入手。其次，印度农业技术人员不断研发并改良了适合印度生长的多个新品种。再次，充分利用现有的灌溉系统，同时对缺水的山地、荒地进行补充，最终扩大了全国范围内的农业水利利用面积，为粮食增产增收和农户收入的增加提供了保障。然而，这场声势浩大的绿色革命虽然取得了显著的成效，但也存在一些不可忽视的问题，主要表现在两个方面：其一是它拉大了农村贫困户与富裕户的差距，播种新品种和新建水利都需要个人的投入，富裕户会因个人的积极配合收益更大。其二是高效农业配合大量机器使用，不仅没有增加对农业劳动力的需求，反而减少了农业劳动的投入量，这就意味着农村无地人口、贫困者失去了被临时雇用的机会，他们的生存境遇变得更糟糕了。从1963年到1980年实行的"绿色革命"的效果看，印度农村状况的改善十分缓慢，例如，1951年，有82.7%的印度人居住在农村，1961年，仍然有82%的印度人居住在农村，到了1971年为79.88%，1981年为76.3%。

原则上，上述农村共同体发展计划希望唤起广大村民的公共参与并鼓励村民的流动，为此，政府提供了很多自愿工作的岗位，但实际上由于它是中央政府发起、控制并全额得到财政支持的，缺少广泛的群众基础，最终没有在广大农村扎下根来。不过，这样的发展计划确实给农村带来了部分显著的改变：一方面是农村的基本公共品的供给主要由政府保障的新传统得以确立，至今，印度农村的基本公共设施，如村小学、村诊所、村内道路、自来水、民用电等都相对齐全，城乡公共服务差别不大；另一方面是鼓励了村内的公共领域、社会空间的生长，各种民间组织、村民自愿组织在政府的默许和支持下得到迅速发展，这些都很好地弥补了因政府和市场供应不足的缺陷。

不可否认的是，尽管在现代化进程中印度农村的经济成就不太明显，村庄外貌改观不大，但在乡村政治、社会参与、人文精神等方面却让人们印象深刻。这主要得益于1959年印度中央政府在农村全面推出的潘查亚特体制（Panchayati raj），相比于上述的"合作联合农业"，因为它鼓励农民建立自治机构，潘查亚特体制不仅得到有效落实，也实现了预期目标。由于采取渐进改良的方式，农村的社会关系未被根本破坏，印度村民间的关系以及普通村民积极参与村内事务等方面秩序井然，印度农村仍然充满了生机。村民们通过广泛开展的各类自治活动，引入民主参与机制、渠道，对所在村庄实施切实的影响。潘查亚特体制，又叫潘查亚特自治行政，这个词来自古老的农村治理体系，从村子里选出五个年长者，这些老者被认为具有独立、亲和力、神圣和公正等品质或行事能力，由他们带领村民处理村庄事务和解决相关纠纷，这个体制的推广，弱化了由苏联传入的社会主义集中制所可能导致的一言堂、家长制的不足，同时也避免了西方一人一票制民主对村民相对较高的素质要求。"19 世纪时英印政府在其统治的主要城市都建立了拥有本土选举代表的城市自治体，它们享有有限的财政权以履行民事职责。自 19 世纪晚期，乡村潘查亚特也开始建立，不过其财政权力和功能极为有限。20 世纪时国大党的民族运动发现了地方自治体的潜力，甘地更提出了印度自治意味着乡村自治（grama swaraj）的概念。不过在独立后的制宪过程中，安倍卡尔博士的观点占了上风：在现有的地方权力结构下，乡村自治政府将导致上层种姓和既得利益群体的专制。因此，选举的自治体没有成为政府结构的法定部分，而是写在了作为参考和方向的《宪法指导原则》（*Directive Principles of the Constitution*）之中。独立之后，加强地方自治政府的呼声不是来自政治领域而是来自经济领域。作为自 1951 年起开始实施第一个集中化的五年计划的一部分，农村社区发展规划的实施由于缺乏地方选举代表和机构而很难保证民众的参与。为此印度政府在 1957 年专门任命了巴万塔莱·梅塔（Balwantarai Mehta）统领的一个研究委员会，为重振潘查亚特自治系统和界定它在发展过程中的角色提出意见。该委员会 1959 年的报告建议了三级自治政府的结构并为大多数邦所采纳。但是自 1960 年代中期开始，农业危机使中央政府绕过地方自治机构实行了一系列统一、垂直的农村发展项目，地方自治政府在发展中的角色大大削弱。1978 年关于潘查亚特自治的另一个调查委员会——阿硕卡·梅塔委员会（Ashok Mehta committee）——对潘查亚特的立法提出了修改意见，并建议中央修改宪法纳入地方自治政府，并保证定期选举。这一建议最终在 1993 年宪法第 73、74 次修正案中实现。"[1]

潘查亚特自治行政如今已经覆盖了几乎所有的邦，广泛吸纳了地方精

---

[1] 吴晓黎：《社群、组织与大众民主——印度喀拉拉邦社会政治的民族志》，北京大学出版社，2009，第 330 页。

英，属于一种"贤人治理"。在各级潘查亚特中，总席位的1/3留给了女性，在比哈尔邦甚至有1/2的席位由女性占据。潘查亚特自治行政运行的状况和成效在不同地区有着显著的差异。"因为对政府的信任受到了政府结构的开放和效率的影响，所以，我们需要检验潘查亚特自治在印度重建的简短历史，以便解释与地方政府相适应的合法性水平的变化。除非对宪法的第73次修正案获得通过，这将激烈改变整个图景，也将带来全国潘查亚特自治组织结构一定程度的正规化发展。它们大致可以分成三个类型：在马哈拉施特拉邦，潘查亚特自治比印度其他地区都要早地成为现实；在西孟加拉邦，各种条件的组合使得潘查亚特自治成为邦活动的焦点，取得了显著的成功；在比哈尔邦，流动性、政治化的农业人口被阶级和种姓冲突分成了不同的群体，他们发现潘查亚特自治是他们争取支配斗争的主要演讲台，却导致组织处于效率和信任的低水平上。"①

三、热心政治议题的民间组织

国家与社会相对区分并相互作用的观念，起源于现代化过程中的欧洲。作为原发现代化的国家，欧洲各国的众多思想家发现：在现代化过程中，一方面是政治权力的非人格化发展，政治中心或主权已经从君主个人转移到建立在非个人的规则基础上的国家，国家成为凌驾于个人以及无数个人组成的社会之上的独占领域，国家正在成为威力巨大的"利维坦"；另一方面，古代与中世纪共同体的消亡和一个复杂的商业社会的形成，凸显了某种程度上独立于国家统治权力的、基于契约和自愿性关系的领域，这一新领域就是18世纪的哲学家黑格尔、19世纪的思想家马克思所指的市民社会，涂尔干称之为"有机团结的社会"，滕尼斯则将它冠名为区别于传统共同体的"社会"。国家与社会的相对独立所带来的竞争、冲突与合作已经成为现代国家内主要政治议题和政治事务的实现方式。

与此相对，在许多东方国家，例如中国、印度，历史上都存在皇权之外的族权、神权（中国）、婆罗门特权（印度），这些权力一定程度上弱化了封建皇权的专断性，同时也限制了国家权力的集中和恣意，不过，由于不具有市场经济所带来的自足自立式的专有领域，上述准社会权力并未获

---

① Subrata K. Mitra, Making Local Government Work: Local Elites, Panchayati Raj and Governance in India, in Atul Kohli ed., *The Success of India's Democracy*, Cambridge University Press, 2001, p.111.

得制度性保障，随时有被取缔的风险。国家与社会相对分离又相互制约的观念确实是西学东渐的产物。庆幸的是，印度独立后仍然坚守了民主、法治、共和等基本现代政治原则，在尊重社会、维护公民权利、宽容地方习俗等方面都赢得了广泛的国际好评。非政府组织、民间组织等大量存在不仅发挥了重要作用，提供了印度社会治理、公共政治事务的多种解决方案，同时也增加了印度社会的复杂程度。

在印度，现代意义的民间社会、中间社会组织的发达并非始于独立之后，英国殖民时期就开辟了这样的先例。从思想史上看，印度历史上一直不缺乏中间组织，各种教派林立、世俗政权间的并列等都提供了容忍中间组织的空间。今日印度的草根组织非常庞大，它们发挥着国家机器/行政机关都无法替代的作用。然而，印度民主制度的另一面却是低效和不负责任，集中表现就是政府的"公地化"——政府的职能被一小撮政客所蚕食，普通百姓的福利却被大大延滞。

尽管印度传统思想中包含了诸多关于平等、正义、慈悲的学说，但现实的党派政治夹杂的地方对立、种姓隔阂等负面政治诉求却不断传递出树立敌友、分清我们/他们界限的信号，排除、隔离、拒绝等歧视性行为仍然大量发生。一些印度激进人士提出用"印度教民族"来定义印度人，认为只有印度教徒继承了祖先的宗教和文化，其他人如穆斯林、锡克教徒、基督徒等即便在印度国土上生活了数个世纪，都不属于"印度人"。然而，这样的极端民族主义者或右翼思想持有者却在20世纪90年代以来的数次地方选举和全国大选中获胜，这表明在不同程度上确实存在民族主义和复古主义的复兴，特别是依此采纳的激进主义经济和社会政策直接导致政府对市场的干预以及社会分裂，对当代印度的管理组织也造成了严重冲击。

在现代印度仍然广泛存在各种来自宗教、历史、习俗、社会阶层等方面的尖锐对立，众多的民族、语言的分歧以及根深蒂固的种姓间的对抗，即便在独立后也多次造成了国民间撕裂性对立和骚乱，让印度濒于动乱和分裂的边缘。有学者痛心地指出："在印度教的领域里，不管在过去还是现在，对于任何非教徒都树立起一道森严的宗教性藩篱。所有这些非印度教的人皆被视为具有巫术性的不净。"[①] 种姓主义泛滥、宗教教派对立对当代印度社会产生了诸多不良影响，但印度终究得以作为一个完整国家被

---

① 韦伯：《印度的宗教——印度教与佛教》，康乐、简惠美译，广西师范大学出版社，2005，第16页。

维持，其中一个重要原因就是印度社会组织极其发达，其程度远在中国之上①。从消极方面看，中间组织的大量存在加剧了社会价值的多元化和社会生活的不确定性，特别是一些宗教极端组织和政治极端立场持有者的存在带来了印度社会政治角逐的白热化对抗。不过，在民主体制下，作为政治的激进主义者一旦执政后也会受到反对党的制约，实行的政策都会变得缓和起来。

令人备感欣慰的是，在现代印度，宪法权威、选举政治规则、权利表达机制、媒体独立报道等都得到了稳定落实，并获得了国民的一致认可，绝大多数群体之间的冲突都采取了和平建设的方式，冲突各方都愿意纳入互有妥协的政治程序、改良式行政过程和多元利益关联者参与其中的议政建言平台进行协商解决。自独立以来，虽然也发生过几次大骚乱，但民主制度让印度这个巨大的多民族国家维持了统一的局面。这得益于民主制度的一个主要特征，即宽容。人们可以通过各种形式表达自我的意愿，如结社、演讲、示威等。尽管这些表达未必能够取得预期的结果，但表达本身就已经在很大程度上消弭了潜在的巨大冲突。

第二节 现代经济政策的变迁及其后果

从国家宏观经济政策和经济社会发展的水平上看，"印度独立后的历史分为两个不同的阶段。1947—1991年是改革前的时期，这一时期过度管制、腐败问题和政府能够管理好经济的错误观念束缚了国家的发展；从1991年开始是第二阶段，财政危机和经济信心的动摇迫使政治家们最终决定做出方向性的改变"②。始于20世纪90年代的经济自由化开启了印度现代经济的腾飞引擎，到21世纪初人们惊呼"印度奇迹"时，印度已经在很多领域取得了骄人的成就，印度人经营的企业、印度社会的活力都开始促使"印度式管理"变得时髦，并开始受到广泛的关注。

---

① 中国历史上曾经有过发达的民间社会组织，在农村是会、社、门等组织，在城市是街坊、组、帮、同业公会等。计划经济时代这些中间组织被全部剪除，所有社会领域都被直接纳入国家的管辖之下，中间社会组织因此失去了生机，至今也只是在缓慢生长中。

② 戴维·史密斯：《龙象之争——中国、印度与世界新秩序》，丁德良译，当代中国出版社，2007，第64页。

一、独立初期的经济政策

印度独立以来，尽管有过族群、宗教动荡和剧烈街头政治的冲击，经济也长时期陷入超低水平状态，但是，社会主义的平等、法治社会的民主、计划经济的国家意志等都得到了坚定的贯彻，实行的是融合了资本主义的民主、法治和社会主义的平等、公有化等多元理念的"混合政体"，印度民族独立运动的领袖尼赫鲁将之称为"第三条道路"。"印度在独立后的三十年中坚持了议会政治的原则，这在新兴国家中实际上是独一无二的。印度的领导人把他们在民主的社会主义型式中制定计划的方法，说成是亚洲和非洲发展的一个新样板。……尼赫鲁把它说成是'从一切现存制度（俄国的、美国的以及其他的）中吸取精华的第三条道路，它寻求创造某种适于本国历史和哲学的东西。'"[1] 在经济上，"在独立的十年后，印度依循费边社会主义（Fabian Socialism）实施经济政策，现又被称为'尼赫鲁社会主义'（Nehruvian Socialism）。这位印度第一位总理追求苏联式的重工业化与中央计划，但不要集产主义和抹杀个人。他的想法是国家应承担进行大型投资的责任以使印度变成工业大国，民间'营利性'企业则只需扮演辅助的次要角色即可。后来的政权逐渐将这种半社会主义式理念诠释为由国家控制资源和资产；之后演变成政府垄断经济政策、重要的实体与金融资源，造成无效率的国家资产分配与浪费。政府控制大部分资产，决定使用的优先顺位，民间部门不过是国家的延伸，不能处理劳工、资本或原料使用，在许多产业还有政府规定的行销限制。如果公司亏钱也不能关闭，国家通常会提供某种补贴以维持这类公司的营运，以避免裁员"[2]。可见，印度独立后采取的"第三条道路"在经济上以国家调控的计划经济为主，但保持了民主政治的某些内容，这使得社会力量、地方势力、私人经济部门仍有一定的话语权，印度社会由此表现出了自身的特性，这也构成了"印度式管理"的底色。

从国际政治角度看，印度采取的是"不结盟"政策，在美苏之间维持平衡。我们可以将独立后的印度政府视为独立的前行者。印度独立后五十年的混合经济模式包含了如下政策原则或行政目标：（1）政府执行了两个

---

[1] 弗朗辛·R. 弗兰克尔：《印度独立后政治经济发展史》，孙培钧等译，中国社会科学出版社，1989，第1页。

[2] 萧美惠、林国宾：《印度：下一个经济强权》，财讯出版社，2007，第17页。

十分矛盾的任务：一方面政府要积极帮助、促进和推动私人资本的增加，但另一方面政府又使私人资本的增加控制在合法化的范围内，换句话说，就是控制私人资本不能大到影响社会平等的程度，但什么是"社会平等"却毫无标准可言。（2）在许多重要的工业部门，政府直接拥有、控制和运营若干个大型企业。这被视为国家自主的必要条件，也是创造就业、保障民生的可靠措施。（3）政府要为全体国民提供某些基本的福利，例如国企和政府雇员的终身雇佣、全民的免费医疗、低价的公共交通费等。不过，与其他社会主义国家不同，即便是坚持社会主义原则和计划经济政策，但印度并没有消灭私有制，也没有完全排斥私营企业，国家主要是在基础工业、能源、运输、金融和国际贸易等方面握有绝对控制权，其他领域包括农业、小规模的工业和商业活动都向私人资本开放，所以，独立后的印度经济体制又被称为"混合体制"。

　　采纳社会主义原则作为国家的经济发展目标，这促使印度政府限制和管制已有的大型私有企业的扩张，印度政府希望的是，基础的和大型的工业由国有企业运营，满足大众的日常生活消费品则由小型企业基于地方可获得的原料和初级技术来提供。当时的计划部部长纳达（Nanda）对公有制和国有化有很明确的追求，但分出了阶段，其目标是全部工业和商业活动的国有化。为此，他主张最初必须在政府指导下建立起大规模的、不断增长的公有企业，特别是在基础工业、能源、运输、金融和外贸领域，私人企业只允许在农业、小型工业和商业领域占据有限的份额。结果，印度政府拥有并直接经营许多企业，如航空、铁路、保险、电力设施以及灌溉工程。政府对金属、钢铁、化学品以及工程设备的生产等领域的控制范围也很广。印度政府还控制了全国银行资产的85％。政府和各级政府官员之所以不断强调公共部门的重要性，而且不断扩张公共部门涉及的领域，理由有如下几个方面：第一是追求社会—经济目标，这是体现社会正义和政府责任的主要方式；第二是提供就业岗位；第三是促进落后地区的发展；第四是保护小型手工业，在小型手工业发达的行业和地区，所设立的国有企业不以市场效率为尺度，相反，出于政治考虑它会大量吸收无数以农户为单位的小作坊，以减缓农村贫困问题。然而，在经济自由化之前，"印度不能为其人民提供足够的工作岗位，贫穷是个普遍现象。因成年人口数目庞大，伴随节省劳力的现代机器设备而来的必然是一定数量的剩余劳动力。在过去20年里，印度实施了多项严格的人口控制计划，但无一成功。早婚、印度教的重男轻女思想、养儿防老的观念以及农村百姓的教育程度低下等因素，都导致了出生率的居高不下"①。

作为公共部门的政府所属企业的数量一直在增加，1951年是5个，1983年是209个，1988年达到231个。在此期间，政府对国有企业的投资也从1951年的2.9亿、1983年的3 003.9亿增加到1988年的7 120.9亿卢比。同样，1988年在政府公共部门就业的雇员数是1 832万人，与此相对，在私人机构工作的人数仅为739万人。公共部门和私人部门的投资变化可参见表6-1。

表6-1　公共部门和私营部门的投资变化　　　　单位：百万卢比

国家经济计划时期	公共部门	私营部门
第一个五年计划（1951—1956）	15 600（46.4）	18 000（53.6）
第二个五年计划（1956—1961）	36 500（54.1）	31 000（45.9）
第三个五年计划（1961—1966）	61 000（58.6）	43 000（41.3）
第四个年度计划（1966—1969）	65 710（40.8）	95 180（59.2）
第五个五年计划（1969—1974）	136 550（60.3）	89 800（39.7）
第六个五年计划（1974—1979）	314 000（66.0）	161 610（34.0）
第七个五年计划（1980—1985）	975 000（56.6）	747 100（43.4）
第八个五年计划（1985—1990）	1 021 640（55.9）	806 060（44.1）

* 括号内数字为所占百分比。
资料来源：Bepin Behari, *Mismanagement of Indian Economy*, B. R. Publishing Corporation, 1991, p. 209.

计划经济完全排除了市场的激励机制，使经济活动因缺少市场价格引导和利益驱动而变得毫无生机。具体到工业企业，竞争环境的缺乏导致了生产现场完全违背现代管理常识，"缺少'精加工'的兴趣——只能在一件完工粗糙的印度产品和另一件同样粗糙的产品之间进行选择。不重视人和时间——劳动力非常廉价，所以可以随意增加。就业可能成为生产单位的唯一目标"②。这被学者归结为一种印度的商业文化模式"chalta hai"（听任不管），它是指：在计划经济时代的印度，对交易双方而言，何时交付商品、能够提供怎样的商品都是不能充分保证的；时间上的承诺没有什

---

① 菲利普·R. 哈里斯、罗伯特·T. 莫兰：《跨文化管理教程》（第5版），关世杰主译，新华出版社，2002，第289页。
② 纳谢德·福布斯、戴维·韦尔德：《从追随者到领先者——管理新兴工业化经济的技术与创新》，沈瑶、叶莉蓓等译，高等教育出版社，2005，第199页。

么意义，产品总是不能准时送达，对此只好采取听之任之的无奈态度。不仅如此，近乎停滞的经济领域无法提供足够的经济发展动因，社会进步、消灭贫困都成为不可能完成的任务。

在计划经济时代，印度政府过于强调经济独立和国家对经济活动的直接干预，以至于对外国资本和自动化技术都持有敌意态度，以为经济发展必须是以本国政府为唯一主体。独立后的第一任总理、国大党的领袖尼赫鲁曾对塔塔集团的创始人、著名企业家塔塔说："不要和我讲利润，那是一个肮脏的词语。"尼赫鲁确信只有由行政精英和政治领袖来谋求国家的工业化和国民的富裕生活才是可靠的，所以，他在1950年开始编制第一个五年计划，实行严格的价格管制和各种形式的官僚干预，结果却事与愿违，最终导致了印度的"执照统治"或者说"许可统治"。"在印度，开发有着完全不同的含义，即本土化。如果产品来自进口，那么就进行当地生产。产业中的研发变成了开发本地原材料和零部件，开发本地稀缺要素的替代品，以及开发本地制造工艺。他们的目标是要使各种产品的生产完全本地化。本土化不仅是研发的唯一目标，而且还被认为是研发的唯一合理目标。例如，由政府和包括每年的研发峰会在内的各种商务会议所颁发的表示'认可研发努力'的奖励，全都授予进口替代产品。"[①] 片面追求进口替代和全面的本地化导致了非常严重的社会经济危机。"错误之一是通过进口替代实行一种内向型的经济体制，使整个国家失去了通过出口产品来利用20世纪五六十年代世界经济'黄金时期'提供给印度的绝好机会；错误之二是无限制地扩大公有部门而极大管制商业部门。印度的内向型经济无法利用亟须的外国资本和技术，政府与贸易团体的紧密关系宠坏了工人，抑制了必要的生产力改进。"[②]

领导印度独立运动的立国者们大多具有人道主义情怀，他们对原来的宗主国英国抱有复杂的情感，一方面强烈反对英国的主权占领和经济剥削，同时对资本主义的贫富对立、拜金主义、个人主义思潮等抱有强烈的不信任态度；另一方面承认英国诸多政治原则和社会政策的合理性，许多英国殖民政府的政治遗产得以保留，如公务员制、司法体系、英语教育、社区自治等。独立后执政几十年的印度国大党对私有制、市

---

① 纳谢德·福布斯、戴维·韦尔德：《从追随者到领先者——管理新兴工业化经济的技术与创新》，沈瑶、叶莉蓓等译，高等教育出版社，2005，第137-138页。
② 戴维·史密斯：《龙象之争——中国、印度与世界新秩序》，丁德良译，当代中国出版社，2007，第56页。

场经济十分警觉,迷信国家计划,在尼赫鲁执政时期依据费边社会主义的原则制定了很多劳工法律,对企业雇佣和解雇都做出了非常严格的规定,例如,雇员超过100人的大中型企业需要有政府的批准才能裁员或宣布破产,甚至企业淘汰处在试用期的不合格人员也需要行政部门的批准。上述种种规定对印度经济的发展和企业日常经营都造成了严重的障碍。

因为合乎民主、个人权利的现代政治原则,工会组织在印度不仅是合法的,而且还是重要的政治力量,工会已经不再满足于仅仅为工人谋求经济利益,也提出了很多政治和其他方面的目标。截止到2017年,印度境内登记在册的工会组织多达85 000多家,这还不包括很多未登记的工会组织,加入工会的人数占到全部就职人员的65%。由于历史的原因,许多印度工会组织并非专业性的工人利益组织,更多的不过是特殊形式的政治组织。印度社会生活和公众性组织都有泛政治化的倾向,工会对企业管理、员工行为和投资人都有不可小觑的影响力。工会的因素是现代印度企业管理中不能不重视的一个重要方面。

印度中央政府是以工业化为努力目标的,主要精力投放在了工业领域,但也开展了一些农业改革,取得了一些效果。在政府的强力推动下,农业现代化在稳健地推进。例如,农业生产所创造的利润占GDP的比重从1950—1951年的65.76%下降到1960—1961年的52.44%、1970—1971年的46.26%、1980—1981年的39.46%、1988—1989年的35.26%。印度政府针对土地分配存在严重不公的现实,废除了古老的柴明达尔制度,开启了农村土地改革,这极大促进了农村经济发展和农民收入水平的提高。但印度中央政府主导的土地制度改革并不彻底,绝大多数土地仍然被地主和富农实际占有,7.3%的中等以及大土地所有者实际上占有的土地面积达到40%以上,而超过92%的人口仅占有不到60%的土地,不少农民主要依靠租佃大地主和富农的土地维生。许多农民无法获得基本的生活需要和生产活动的资金支持,只好向高利贷等地下金融机构或者非正式部门获得资金,最终却因为高息或者家庭债务急剧上升而陷入贫困。印度农村的巨大购买潜力仍然有待提升。

二、开放自由化后的经济政策

20世纪80年代末90年代初的苏联解体给了印度重重一击。解体后的苏联自顾不暇,不得不抛弃了曾经的盟友——印度,其直接后果就是：苏联解体让印度失去了大笔国际援助，政府财政陷入危机。雪上加霜的是，1991年1月17日海湾战争爆发直接导致石油和相关原材料价格猛涨，与此同时，海湾战争又导致大批在中东工作的印度人失业回国，印度政府同时失去了现金外汇这一重要渠道。印度经济运行陷入全面的困境，被迫向英国求援。印度政府按合约首先将国家储备黄金抵押给瑞士和英国的银行，并接受了它们提出的一系列经济、金融、企业管理方面的改革要求，包括对外方面的卢比贬值20%并部分可自由兑换、废除进口许可制度、取消出口补贴、降低关税，对内方面的有取消大多数行业的许可证、减少国有企业的数量、简化与合理化税收、开放之前禁止私企进入的领域等，由此开始了全面的经济改革。1991年7月24日，这是印度工业史上一个极其重要的日子，这一天标志着计划和内向式经济政策的终结，这样的政策很长时间以来都以社会正义和保护民族工业的名义而被严格遵守。当时的财政部长（后任政府总理）辛格主导推出了"新经济政策"，包括私有化、市场化、自由化、国际化、减少干预、取消审批、降低关税等各个领域的新举措。成效非常显著，1947—1990年期间的GDP年平均增长率为3.5%，而1991—2011年期间的平均增长率为7%，印度自此驶上了经济发展的快车道。

与20世纪五六十年代相比，印度政府的经济政策在90年代以后发生了显著的变化（见表6-2），但这个变化其实也有一定的持续性，是渐进推动的。在60年代，行政管制非常严格，政府不鼓励技术进口，国家主持的科研投资主要投放到封闭的国家研发机构，科技发展对产业的直接引领作用不大。国家所确定的战略产业是汽车业，但不允许外商直接投资，也禁止新的国内企业进入，钢铁业也禁止私有企业进入或扩展规模。到了70年代，进一步限制外国投资，很多跨国公司被迫转移，但制药业是个例外。由于无产品专利认定，仿制药品产业获得极大增长。在80年代，政府逐渐放松技术进口管制，也开始允许民营企业自由进入和扩张，但仍然受管制，同时继续限制对外国投资。不过，在1982年，在公共部门允许与日本企业合资经营，出现了国企合资经营。到90年代，进口替代政策才被放弃，除少数部门，其他部门都实现了自由进口，对外国投资全面解禁，允许外商和国内企业直接投资或进入战略部门，但仍然保留了当地企业控股要达到一定比例的要求。

表 6-2　后管制主义模式的政策变化

企业治理、结构和所有权的变化	宏观经济的变化
股份定价自由化	资本市场的去管制化
股份的回购	金融机构的去管制化
外资公司的平等化	贸易政策的去管制化
资本控制的降低	活期账户和资本账户的可转变
跨国公司投资控制权的减缓	撤销外国交易管制法（FERA）
对公司扩张和多元化经营限制的减缓	外国投资和技术领域的自由化

资料来源：Ananya Mukherjee Reed, *Pespectives on the Indian Corporate Economy: Exploring the Paradox of Profits*, Springer, 2001, p.134.

随着20世纪90年代以来的经济自由化的开展，印度力图从进口替代型经济转向出口型经济。由于放宽了经济管制，市场焕发了活力，投资出现了多元化，银行、金融、保险、房地产、IT以及研发等现代服务业增长率从1997年以后超过了制造业部门。这些新兴部门和行业的发展，一方面对于具有熟练劳动技能和高学历的专业人才产生了强大的需求，而且这些行业往往是高收入的就业岗位，这吸引了高层次科技人才留在印度创业。"1991年，印度政府在全国的一些主要城市建立了'软件技术园'，作为全面的经济自由化的一个部分。软件技术园提供了国际水准的软件出口工业，建立起卫星城式的远程通信基础设施，从而保证免税进口硬件和软件产品。软件出口所创造的利润归功于零所得税政策。软件技术园项目获得了巨大成功，成为印度软件出口高潮的真正发动机。如今，在印度的小城市也都建立起了软件技术园，它们扮演了与大城市同样的功能。"[1] 另一方面，服务上述新兴行业也需要相关低收入的就业岗位来配套和支持其发展，如印度班加罗尔地区的软件开发与设计业本身，不仅需要程序设计师和工程师等专业技术人才，同时也需要提供简单劳动和服务的劳动力为专业技术人才提供配套，后者为一些低收入人群提供了许多就业岗位。

谈及现代新兴经济体的发展，人们经常将印度和中国进行对比。虽然起始点不同，两国都在放弃计划经济政策之后取得了巨大经济成就，但两国的企业管理形态和未来经济走势仍然存在显著的差别。"大约二十年前，印度和中国改变了它们的发展道路。两个国家都从一个大多数重要经济机

---

[1] Rajesh Kuman and Anand Kumar Sethi, *Doing Business in India: A Guide for Western Managers*, Palgrave Macmillan, 2005, p.48.

构和企业都由国家控制的经济体系，开始转向利用市场并彻底地向私人及外资、跨国公司开放。……在这一转型中，中国是领先印度的，其持续近二十年的'经济高速增长'被认为是这一转型的成功证明。印度大约在最近十年才刚刚开始'迅速增长'。……目前，中国的策略是利用低人工成本的制造业以达到成功，而印度是把低人工成本的服务业作为发展的方向。"① 从社会发展上看，中国所走的道路也有别于印度。从一定意义上说，印度是先"乱"后"治"，中国则由"制"而"治"。"乱"的好处是民众从一开始就享受形式自由，坏处是民众可能失去实质自由；"制"的好处是在转型期间维持了秩序，坏处是民众要始终忍耐一定程度的自由的缺乏。

也有学者对中印收入状况进行了比较研究②。中国在20世纪80年代以前，基尼系数一直比较低（除1953年比较高以外），但是80年代以后人均收入的基尼系数开始整体呈上升趋势，从1989年的0.29上升到1998年的0.403。印度的基尼系数从20世纪50年代初到70年代末基本上呈下降趋势，但是从80年代初迅速上升，到1997年时基尼系数达到0.355。从中印两国基尼系数变动的长期趋势来看，中国收入差距的上升速度较快，2002年的基尼系数达到0.445左右；印度收入差距上升的速度相对比较缓慢。这些实证数据表明：（1）两国不平等变化的历史起点和变动轨迹不一样：印度由较高的不平等程度逐渐下降以后又逐渐上升；中国从一开始则由较低的不平等程度逐渐上升。（2）两国不平等扩大的时间起点不一样：中国是在1978年以后不平等开始扩大，印度则是在1991年进入市场化改革以后开始扩大。（3）两国农村内部不平等程度差不多，同样是进入改革开放以后两国农村不平等都在扩大。但与中国比较，印度政府在市场化改革中特别强调邦政府直接对农村发展负责，尤其是农村公共产品，如供水、供电、公共教育、基本医疗等，基本上直接由邦政府负责，这些政策措施对于增加农民收入、缓解农村贫困等都起到了积极作用。（4）中印城市内部收入不平等程度和结构不一样，表现为：印度城市内部收入分配不平等大大高于农村内部的收入不平等，也严重高于中国城市内部不平等。印度的土地制度改革以及"绿

---

① N. 拉加拉姆、李鹏：《印度与中国的中产阶级：问题与关注》，《江苏社会科学》2008年第5期。
② 权衡：《中国印度收入状况的比较》，《文汇报》2007年9月27日。

色革命"在一定程度上增加了农民收入,缓解了农村内部的收入不平等。印度城市经济结构中现代服务业发展快于制造业,而服务业实际上又包含了传统服务业(如清洁工、司机、挑夫等)和现代服务业(如会计、律师、信托管理人等)等不同类型,因此服务业的从业者之间的收入差距十分显著。(5)中印两国贫困人口结构与数量不一样:中国的贫困人口长时期内主要分布在农村,而印度城市和农村都分布了比较高比例的贫困人口;中国经济高增长的同时产生了较强的减贫效应,尤其是农村反贫困获得了巨大成功;但是印度仍然有相当数量的贫困人口和低收入群体,其贫困发生率达到27%。人口增长过快、落后的教育和人力资本环境,制约了印度农村经济增长以及减贫效应。印度大量的农村无地农民进入城市,在无法获得城市就业的情况下,就形成了显性化的城市贫困和不平等——"贫民窟"。

三、印度现代经济的主体

构成现代印度经济的主体,首先无疑是政府,尤其是经济决策部门,除此之外,还有其他经济组织和实体也是重要的主体。从有组织的经济利益集团角度看,印度包含了很大程度的多元性,除了占统治地位的阶层,如工业资本家、大贸易商人、富裕农场主,以及主要分布在各个部门的白领中产阶级和各类专业人士,还有许多联合的体力劳动者、小业主、小有产者的自我组织,这些组织确实可以在它们所属的行业、领域发出声音并表达诉求,从而影响政府的决策,获取自身的经济利益。印度通常被称为"世界非政府组织之都",早在20世纪90年代,印度的非政府组织数目就超过了10万个!经济领域的行业协会、学会等在印度企业发展、印度管理模式的形成上扮演了非常重要的角色,企业人士也得到了这些社会组织的大力支持,并借助这些社会组织向社会发声,从而产生更大的社会影响力。

不可否认,仍然有一些印度政府官员深信:印度的发动机在于更有效率的公共部门,而不是私人企业。在社会发展和经济进步方面,政府仍然是主要的决策者、推动者和参与者。印度现代经济模式似乎是"政府搭台、企业唱戏",但政府并不总是那么强大和有效率,企业也不总是那么唯唯诺诺或言听计从,相互之间既有合作,也有分歧。20世纪90年代印度开放以来,其现代经济的主体正在由政府官员为主导转向以市场竞争者为主的形态,印度的政府职能和相应的经济政策都在发生重大调整。

印度现代经济发展也得益于独立后建立起的一批新式现代大学,这些大学引入了西方教学内容,始终追踪西方最前沿的科学技术研究。在2006年10月的世界大学排名中,印度技术研究所(the Indian Institutes of Technology, IITs)和印度管理学院(the Indian Institutes of Management, IIMs)在200所大学中分别排名第57名、第68名。"印度的精英层大都与七大印度技术研究所有关,这些研究所分布在卡拉格普尔、孟买、钦奈、坎普尔、德里、古瓦哈提和卢凯伊。这些研究所在印度1947年独立后不久就建立起来了,它采取美国麻省理工学院的培养模式,旨在培养科学、技术和工程方面的教育精英。该计划取得了成功,在2005年《时代》杂志的'高等教育供给'排名中,印度技术研究所在技术教育研究所类排名世界第三,仅次于麻省理工学院和加利福尼亚技术研究所。"①

不过,印度虽然在高等教育上做出了很多努力,也取得了世人认可的成就,但基础教育十分薄弱,欠账依然十分严重。卡图里亚曾指出,在1980—1982年25岁以上的印度人总人口的73%没有接受过任何类型的学校教育,在所有发展中国家中处于非常低的水平。② 而且,接受过职业教育的人口比例,印度也是十个发展中国家中最低的。虽然工科在校生的绝对数字最高,但与其总人口的比例仅高于肯尼亚。印度的技术教育还存在结构性的缺陷,在印度的很多工业分支系统内,很多员工接受了非常低的技术培训就开始操作机器。

在国际管理学界,印度企业家因其成功经营而日益受到关注,不仅有越来越多的印度裔人士占据全球大型跨国公司的重要职位,而且印度本土的成功企业家也层出不穷,他们的行事风格和经营理念也得到了许多赞誉。根据"世界经济论坛"的2006年《全球竞争力报告》,印度是"金砖四国"中投资环境最好的国家,印度排名第43位,中国排名第54位。根据世界银行所推出的一套称为治理指数(Governance Index)的评比,在政治稳定性与政府效率方面,中国的评价优于印度,但在控制贪污、法令规范与管理效率方面的评价印度皆高于中国。

---

① 戴维·史密斯:《龙象之争——中国、印度与世界新秩序》,丁德良译,当代中国出版社,2007,第120页。

② Rajat Kathuria and Dennis C. Mueller, Investment and Cash Flow: Asymmetric Information or Managerial Discretion, *Empirica*, 1995, Vol. 22, pp. 211-234.

此外，我们仍然需要指出，即便在自由化改革之后，印度政府在经济领域的作用以及对社会宏观管理的角色并没有削弱，例如，印度政府每年依然都会将大量公共资金投入某个企业或行业，这样做不只是为了追求资产回报，更重要的是社会公平等方面的考量。公共资金的投入，"代表了一种试图在劳工利益和其他可能增加企业盈利努力战略却可能被劳工反对的投资人利益之间进行的协调，而且，这样的公共资金的投入也为劳工（和公民社会中的联合机构）反对某些资本集中的战略提供了一个强有力的支撑"①。

第三节　创新社会管理的动因

当代印度社会是高度多元化的，对此，不同的人站在不同视角就会做出相异甚至截然相反的评价。例如，有人说："在民主国家中，印度被作

案例 5：

正在崛起的印度互联网企业

瑙克瑞（Naukri.com）是一家网络招聘公司，它是借助互联网迅速成长起来的印度本土公司。通常的实体招聘包括人际介绍、猎头公司、劳务派遣公司、职业规划咨询公司、劳务市场、学校职业规划办公室、分类招聘广告、政府的就业服务、各类职业协会的招聘、工会与公益式组织的服务等。在印度，广播是一个最便捷的招聘信息发布和收集的渠道，某个电台栏目，如"招聘时间"就可以让听众获得有关工作的许多直接消息。网络招聘则是比较新颖的方式。

瑙克瑞公司没有将钱花在广告上，而是存放在银行里，公司雇了很多销售员，走街串巷去推广，建立客户关系。他们还在各地开设新的分支机构，当出现互联网泡沫破灭危机时，其他竞争者们难以获得第二轮风投，瑙克瑞却根本不需要风投，这极大帮助了瑙克瑞击败竞争对手而胜出。瑙克瑞公司的组织结构如图 6-1 所示。

---

① Ananya Mukherjee Reed, *Perspectives on the Indian Corporate Economy—Exploring the Paradox of Profits*, Palgrave, 2001, p.194.

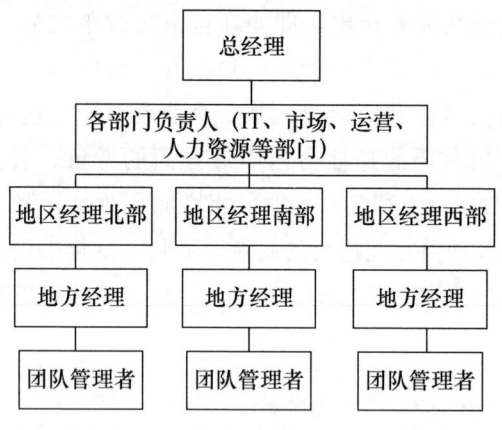

图6-1 印度瑙克瑞公司的组织结构图

瑙克瑞提供的产品所服务的对象是两个目标客户群：一个是招聘单位，一个是找工作的人。对招聘单位，瑙克瑞提供一系列增值服务，包括设计最佳的工作地、提供工作画廊、最热门的空缺职位、需求细分、求职者简历数据查阅、电子应用下载等。同样，它也为求职者提供范围广泛的服务：简历润色修改、简历视频化、邮件通知、空缺位提示、简历展示、简历管理等。瑙克瑞还购买了一家专门刊登招聘消息并在报刊摊出售的杂志，买下这家杂志的意图是争取那些无法使用网络或者没有时间浏览网页却有片段时间翻阅书刊以寻找工作机会的人群。瑙克瑞会拿出网上排名前1 500位的工作岗位放在这本杂志上。

瑙克瑞已经在为未来制订详细的市场扩张计划，它打算将它的现有产品全面推广到印度之外的新市场，这些市场包括美国、中东等地，因为这些市场也需要印度智力，瑙克瑞希望通过为当地的招聘单位提供较好服务从而占据一席之地，以满足这些市场中的用户们的需要。

资料来源：SanjeevSwami, Kanpur, Job Search at Naukri.com: Case Study of a Successful Dot-Com Venture in India, in Sandeep Krishnamurthy ed., *Contemporary Research in E-Marketing V.2*, Idea Group Publishing, 2006.

为一个主要的例子被引用：尽管拥有一个声誉高、受到良好教育的公务员队伍（印度行政公务部），与关键企业的领导人的联系总是受到限制，具有高度的特殊主义，而且很少通过工业组织之间进行协调。因此，它虽拥有相当高的组织整合与团结，但协作性低。我们可以把印度……称为'弱国'，在这里政府虽然可能在原则上遵守法律，而且可能会避免对公共福利的经常性掠夺，但实际上它会侵占稀有资源，极不关心脆弱群体（妇女、老人、穷人和残疾人），提供伪劣的公共品，对公民要求的反应即使有也非常慢，而且在对努力在世界市场上进行竞争的企业进行支持方面也是出了名的无能。黑帮和民主组织出现了，为私人提供指定的公共制度无法提供的保护。"① 笔者对此问题的观点是：必须承认印度社会的多样性，才能客观、全面地考察和认识印度，绝对不能就某个事件或某一局部轻易下结论。

一、印度社会管理的制度基础

现代印度的国家政治体系属于自下而上的民主政治，拥有强大的分散化、节点式政治组织，民间组织和地方政府都有很强的议事参政决策能力，公民参与的渠道和空间也非常广泛，社会生活的差异化和多元性得到了充分体现。"民主在印度的成功挑战了很多为民主设定了前提条件的流行理论：印度不是一个工业化、发达经济体；印度商人和中产阶级没有完全控制印度的政治；印度绝不是种群上单一的国家；印度很可能在构成'公民文化'的各种指标中排名靠后。印度民主最好这样理解：它不是主要依赖社会经济之类的决定因素，而是关心社会权力的分配是如何达成妥协和谈判的。权力妥协的过程反过来催生了领导战略、政治机构和多样社会群体政治角色的设置，一句话，国家与社会的相互关系的达成。"② 印度深厚的市民社会根基得益于民主所给予的宽松环境。政治制度安排上的民主其好处在于，它给民众留下了自己组织起来反抗政客和国家强权的权利，即民众可以自由自愿地结社结党以团结同道，借助集体力量实现各自的合理诉求。

开放后，印度政府不得不调整自身的位置，重新定义自身的职能，它在最初的新发展格局中处于一个十分矛盾的状态：一方面政府力图强化自身在国家发展中的新角色，总想有所作为且处处插手；另一方面又希望找到比过去更有效率的方式进行再分配，不得不借助市场之手的力量。可喜的是，印度政府总体上是在适应新的环境和角色，至今三十年来，印度坚持了"自由化"、对外开放的原则，采纳开放的经济政策，政府承担起了三个全新任务：降低政府在经济活动中的重要性；拥抱市场；改善国内资

---

① 迈克尔·武考克：《社会资本与经济发展：一种理论综合与政策构架》，转引自李惠斌、杨雪冬主编：《社会资本与社会发展》，社会科学文献出版社，2000，第286页。

② Atul Kohli ed., *The Success of India's Democracy*, Cambridge University Press, 2001, Introduction, p. 1.

本和国际资本的关系状态。印度电信业是各地政府引进民间部门投资最成功的案例。在这个部门的民营化进程中，整个垄断架构都被瓦解，包括国内长途、地方订户网络和国际语音及资料业务，统统交给了民企，不再保护国企在此领域的垄断经营。保险业是印度另一个打破政府垄断、准许民营企业与外国保险公司结盟并与国营保险公司竞争的领域。

我们在上文中提到，现代印度农村同样有比较完善的公共品，政府财政的支出项目上城乡差别并不十分显著，而且分布广泛且十分活跃的民间组织也发挥了不可忽视的重要作用，印度农村公共物品的供给正是在政府与草根组织的合作中完成的。印度农村公共产品的供给范围主要包括农村内部的饮用水、村级道路、村级小学和村级卫生医疗保障等，而且，几乎所有的农村在上述方面都是一样的待遇和标准。村一级政府负责项目申请、项目参与以及项目实施的监管和配合等。许多项目由邦政府负责向全社会招投标，并鼓励招标单位尽可能使用当地农村的劳动力，同时支付一定的劳动报酬。从印度公共产品的供给机制可以看出，邦政府直接负责村级管理和建设，减少了中间环节。比较成功的一个公共产品案例就是几乎全部的印度农村的饮用水都已经实现了直接饮用。印度尽管目前还有较大面积的贫困发生率以及较大的城乡差距，但是农村相对充足的公共产品供给成为一道强有力的保障线，它确保了全部村民的日常生活无论如何贫困都不至于突破死亡的底线。

在印度，中央政府的权力是有限的，各个邦政府在对众多地方事务的处理上拥有相当大的自主权，从而可以与中央政府讨价还价，这实际上较好兑现了民主的政治原则。以尼赫鲁、甘地、安贝德卡尔为代表的印度独立运动的领袖们，虽然有着不同的宗教信念和政治支持者，但他们一致同意现代印度必须始终坚持如下三个原则：民主、世俗、以中央计划为核心的社会主义，他们试图走出不同于欧美的资本主义和中国式社会主义的"第三条道路"。这样的政治信念付诸实践的过程依然困难重重，例如，"印度建国后国大党政府以国家主义的方式承担其国族建设的任务。它在文化领域进行国族整合的最重要举措，是试图确立国族语言，这也是国大党在独立运动时期就开始进行的事业。然而，在印度多语言的事实面前，将语言人口比例最高但仍然不到一半的印地语确立为国族语言的尝试，在非印地语地区尤其是南方泰米尔人的激烈抗议下以妥协而告终：包括印地语在内的多种（目前有18种）语言被确立为'官方语言'，国会和中央政府使用印地语和英语，各邦政府拥有制订语言政策的权力。在语言邦运动迫使中央政府在1950年代后期和1960年代根据语言边界重新划邦之后，邦作为地区-语言-文化和管理共同体，而具有凝聚成文化同质的民族（nationality）的可能性"①。

印度现代社会管理中的一个严重问题是公众对政府组织及其人员的工作难以形成实际的监督。"在印度北部的大部分地区，常常看到乡村公立学校中领薪水的教师和乡村公立诊所的医生旷工这一严重问题。村民通常很清楚这个问题，但没有纠正它的制度手段，因为政府资助的教师和医生在这种不充分分权的体制中并不对村民负责。……每年有大量资金以穷人的名义预算并拨出，但是极少能够到达那些处于分配公正的活跃政治圈以外的人。"②"民主保障法律形式上的平等，而不是社会经济平等。随着时间的推移，普通印度民众日益信奉的公民权利，已经引起对权力和资源的大量要求。民主制度既有助于这些要求得到满足，也受到这些要求的挑战。"③印度式民主有时就成为低效率、低执行力和地方势力纷争的代名词。

在印度，群体权利概念不仅受到热捧，而且常常被置于个人权利之上，这存在很大风险，因为它可能为政府权力的任意扩大留下空间，也为不同社会群体之间的融合设置了障碍，由于忽视了个人权利，广大农村和低种姓人群作为个体的存在无法得到合理肯定，这可以说是今天印度社会管理的一个严重问题。现代印度"宪法同时体现着两种相互冲突的平等观念，一种基于个体权利，而另一种基于群体权利。宪法的其他条款超越了'许可'政府给予特定阶层的公民以优待，而是'要求'政府应当给予优待"④。尽管印度政治日益平民化和地方化，但有组织的贱民政治参与仍然有限。许多贱民不得不脱离印度教，或改信佛教，或改信伊斯兰教，但他们的社会地位并没有因此而显著好转。"印度没有发生过真正意义上的社会革命，而民主又把这样的革命排除在社会选择之外。全球化和城市化虽然可以消解种姓制度，但是，印度庞大的农村人口将使种姓制度长期存在下去，并可能迟滞印度的经济发展。贱民有组织的政治参与，是彻底打

---

① 吴晓黎：《社群、组织与大众民主——印度喀拉拉邦社会政治的民族志》，北京大学出版社，2009，第130页。
② 普拉纳布·巴德汉：《分享战利品——群体平等、经济发展与民主》，载阿图尔·科利编：《印度民主的成功》，牟效波等译，译林出版社，2013，第267页。
③ 同上书，第16页。
④ 麦伦·维纳：《争取平等的斗争——印度政治中的种姓》，载阿图尔·科利编：《印度民主的成功》，牟效波等译，译林出版社，2013，第226页。

破种姓制度的重要一步。"① 印度的独立是通过和平手段实现的,而且在独立过程中担当重任的也是高种姓的知识分子,他们在意的主要是政治革命,即印度国的独立自主,社会革命——社会阶层间的流动和社会公共空间的开放等却被跳过。"由于缺乏一套大众教育体系和一套面向农村地区的充足的医疗服务输送体系,低级种姓的大部分成员将缺乏必要的人力资本,而这些资本可以使他们能够利用经济发展提供的任何机会。……现在还几乎没有迹象显示,印度政府——中央、各邦或地方机构已经将它们的关注点转向提高人力资本上来。如果它们不这样做,印度将依然是一个等级制的社会秩序,只是没有了支撑旧的社会秩序的意识形态正当性和社会稳定性。"②

二、印度社会管理的新探索

发达的草根组织和民众极高程度的社会参与,这些是得益于英殖民统治的良性政治遗产。印度独立后仍然保留了若干殖民政府的执政理念,例如独立的司法体系、竞争的新闻媒体、文官队伍、乡绅和宗教领袖在礼俗世界的影响力等,这些都使得印度社会管理坚持了民主、分权、自治等现代政治理念。独立至今的70多年来,印度社会管理有诸多创新,绿色农业工程、村级潘查亚特自治行政等都有效地动员了最基层的社会成员参加进来并成为基层社会生活的主力军,从而保持了社会运动或公共事业的持续扩大和深入推进。与此同时,各类社会组织、企业也以各自擅长的方式助推上述活动的深化。印度创新社会管理的动因来自何处?如果用一句话来表述,那就是现代正式制度(包括司法、新闻媒体、政党地位等)与传统的非正式制度(例如种姓集团的行为惯例、精英阶层的精神志向等)交互作用之结果。二者可见的、无处不在的相互制约就会将局部的社会现象、一些阶层的困境转化成社会议题,成为公共的事件,逼迫政治集团、行政部门、社会组织等相对独立、分散的社会力量等携起手来,化解公共事件的危机,社会领域也由此在一次次解决危机中凝聚团结,达成某些共识。

多年来,印度地方选举和党派政治经常被民粹主义观念所左右。民粹主义对经济发展的负面影响十分强大,却常常成为误导公众的廉价口号,

---

① 姚洋:《印度随想(三)》,《南方周末》2007年3月29日。
② 麦伦·维纳:《争取平等的斗争——印度政治中的种姓》,载阿图尔·科利编:《印度民主的成功》,牟效波等译,译林出版社,2013,第251页。

实际上，民粹主义一旦成为社会政策，就既妨碍经济增长，又搅乱民主政治的健康成长，因为收入较低的广大民众很容易被政客们的小恩小惠式许诺所打动，政客们利用民众的直接利益诉求以达到自己的政治目的，却完全不顾社会整体利益。加之中央政府的实际控制力较弱，常常处于被不同的邦相互对立的要求的裹挟之中，较富裕的邦要求更多的开放性市场竞争，而较穷的邦则要求获得更多的财政转移支付。抗议和示威在印度并不罕见，根据《世界政治和经济指标手册》，在被报道的政治罢工和反政府示威的数量方面，印度位居全球前十名之内。然而，在印度始终得到较好坚持的联邦体制结构成功地将抗争、冲突隔离在地区性舞台上，没有酿成全国性暴力冲突或血腥的国家政权更迭。一些有效维护多样性并吸纳地方分歧冲突的机制包括：定期选举、中央的两院制、宪法基本权利的落实、民选产生邦的立法机构、村级潘查亚特自治行政等。

  印度的社会管理主要由地方政府实施，由于采取联邦制，各个邦都有高度的自治权，各邦的执政党采纳了不同的社会发展政策。高度的自主行政权给了邦政府管理创新的空间，当然也带来了印度各个邦之间经济发展、市场发育、社会开发等各个方面的巨大差异。一些经济发展迅速的邦，水和电都是免费的，包括高等教育和城市公共交通，即便收费，其价格也远远低于该设施的运营和维护费用，因为邦政府提供了公共财政的巨额补贴。"印度包括了28个邦和6个自治体，在经济表现上邦与邦、自治体之间的差距非常显著。在1998—1999年度，每个资本所创造的国内生产总值最高的是马哈拉施特拉邦（US＄657），最低的是奥利萨邦（US＄238）。改革以后，发展最快的邦包括：卡纳塔克邦、马哈拉施特拉邦、泰米尔纳德邦和古吉拉特邦，发展最缓慢的邦是北方邦和比哈尔邦。安得拉邦、卡纳塔克邦、马哈拉施特拉邦、泰米尔纳德邦和古吉拉特邦也成为最有活力、走在改革前列的邦，相反，比哈尔邦和北方邦因为人口众多，可以看作最缺少改革意愿的地区。印度国家层面事务的复杂性由此可见一斑。"① 即便在实施自由化政策之后，各邦之间的差距不减反增。世界经济数据显示：2017年印度实现GDP 24 390亿美元，人均GDP 1 852美元。其中，果阿邦人均GDP 6 944美元，位居第一位。果阿邦人口不足200万，人均GDP是整个印度平均值的近四倍。首都德里管辖区人均GDP 5 444美

---

① Rajesh Kuman and Anand Kumar Sethi, *Doing Business in India: A Guide for Western Managers*, Palgrave Macmillan, 2005, p. 37.

元,位居第二位。著名城市孟买所在邦人口过亿,人均 GDP 3 097 美元,位居第七位。班加尔罗市所在邦卡纳塔克邦人均 GDP 2 793 美元,也高于全印度平均值近 1 000 美元。加尔各答市所在的邦西孟加拉邦人均 GDP 只有 1 626 美元,低于全印度的平均值;同样,印度人口最多的北方邦,人口 2 亿左右,人均 GDP 只有 996 美元①。其他社会发展指标上,各邦之间也差别显著:喀拉拉邦的农村妇女识字率高达 98%,拉贾斯坦邦的一些地区则仅有 4%。

两位从美国留学归来的印度学者阿塔努·戴和拉杰什·贾殷提出了"农村基础设施和公共服务模式"(Rural Infrastructural and Service Commons,简称 RISC 模式)。他们的设想是印度 7 亿农民不可能都进入城市,但他们必然也有向往城市生活和分享现代社会发展的愿望,现有的印度农村的小村社结构不利于经济发展,更无法充分安排剩余劳动力。RISC 模式就是在全印度建立 6 000 个农村中心集镇,每个集镇可以容纳 10 万人,集镇的覆盖规模大概是骑自行车可以很轻易到达的范围。在中心集镇铺设公路、宽带,提供电力以及基本医疗、警察服务。这些民间智慧和企业力量正在得到政府的支持,并且产生了显著的效果。这一设想十分类似于中国人曾经熟悉的"温州模式"或"苏南模式"之类的城镇化模式,不过,当代中国的城镇化主要集中解决的是产业转型、人口就业、税收增长等经济目标,RISC 模式却是基于"社会"这一核心理念努力营造宜居的生产-生活共同体。

发展公民社会,显示了印度社会管理新探索上的重要方向。公民社会这一概念突出了社会管理的主体资格,与传统的行政主导的社会管理理念不同,公民社会概念包含了现代性价值。在印度,公民社会的概念与其说是民主的指标,不如说是衡量社会现代性程度的指标。如印度学者帕塔·查特吉(Partha Chatterjee)所说,公民社会是"定位于印度某些精英人群的历史欲望中的一项规划"②,它是由"具有现代社团生活特征的机构"所构成的领域,这些机构"起源于西方社会,建立在平等、自主性、自由进出、契约、协商式决策过程等原则之上"③。印度前现代社会时期也存

---

① http://www.5shiguang.com/guoji/6479.html.
② Partha Chatterjee, *The Present History of West Bengal*, New Delhi: Oxford University Press, 1997, p. 56.
③ Partha Chatterjee, *A Princely Impostor? The Strange and Universal History of the Kumar of Bhawal*, Princeton University Press, 2003, p. 172.

在大量的地方、职业、种姓等社会组织,但都不具有现代性。"社群组织与被囊括在公民社会组织名下的组织的一个基本区别,在于前者建立在宗教、种姓等归属性群体身份之上,在印度的背景中,大多数时候,这决定了它们在现代主义(包括了自由主义者和左翼)知识分子和行动分子眼中的特殊主义含义和保守色彩。"①

第四节 现代企业的组织行为特征

印度的现代化进程既是一个寻求民族认同、营造民族共同体的政治变革过程,也是一个国家资本涌入、本土企业竞相崛起的经济复苏过程。在印度独立之后,这两个方向的现代化得到延续,但因执政党治国理念的制约,采取了国有化、公有制为主的经济政策,国际资本纷纷撤出,民营企业也在规模、准入行业、经营方式等方面受到了严格监管。计划经济时期的印度国有企业在管理上乏善可陈,但依赖国家保护或者通过讨好有关政府人员的做法却成为公开的"规则"。20世纪90年代初的自由化改革,开启了印度第二次市场化的大幕,政府的相关政策对市场竞争、民营企业经营变得友好起来。经过三十年来的发展,印度现代企业的结构和组织行为特征逐渐凸显并被明确识别出来,正在成为国际学界比较研究的成功样本。

一、印度现代企业的出现

印度现代企业的出现最早可以追溯到为英属东印度公司服务的本地中介性公司和提供初级产品加工的本地小微企业。由于市场广大、消费类型多样,加之印度教徒并不拒绝世俗经济成就等因素,殖民时期的早期企业扩张十分迅速。截至1944年,印度私人资本控制了62%的雇员数在1 000人以上的制造企业,58%的劳工在印度私人资本企业就业,而英国资本虽然控制了最大企业的最大份额,但只占总企业数的4.7%。正是因为民间企业一直非常活跃且为独立运动提供了各种形式的支持,独立后印度政府并未采取全部取缔、收买私营企业的做法,为私营企业留下了一定

---

① 吴晓黎:《社群、组织与大众民主——印度喀拉拉邦社会政治的民族志》,北京大学出版社,2009,第268—269页。

的生存空间。

不过，印度政府对私营企业，特别是外资企业并不总是十分友好。"跨国企业与印度政府直接的关系确实存在紧张的方面，导致这些紧张的因素包括：(1) 在印度十分盛行爱国主义情绪，民选的政府又不得不认真对待这些群体和他们的政治诉求；(2) 官僚主义的低效率经常会导致达成某个共识的进程极其缓慢；(3) 广泛存在的腐败；(4) 由当地企业所支持的、阻止跨国企业竞争者的防御战略。"[①] 尽管如此，印度政府本身并不天然地反对市场活动、经济发展，正如有学者所指出的："印度有腐败和官僚主义、欠缺的基础设施、对商业的模糊态度、严重阻碍个人商业成功的税收制度、等级和宗教差别。印度也有积极的一面：保护知识产权的法律系统、英语、更强的私有经济传统、言论和出版自由、稳定的民主。此外，印度还有更加久远和有效的资本市场。孟买股票交易所创建于1875年，是亚洲最早的股票市场，比东京股票交易所还早三年。印度一共有22家股票交易所，孟买交易所有6 000种上市股票，价值4 500亿美元，全世界都关注孟买的Sensex指数。"[②]

笔者主张，应当将印度现代企业做出分类，才能比较清楚地解释印度现代企业的组织行为特征。有两种分类方式，一种是依据企业的性质，分成国有企业和私营企业。国有企业都是在独立后政府出资兴建的，大多分布在铁路、航空、银行、机械制造等领域，这些国有企业显然都属于现代企业。部分规模巨大，从事大型设备制造、化工等行业的私营企业也可纳入现代企业之列。另一种是依据企业的国际化程度，国有企业以满足国内市场为主，较少参与国际竞争，就被排除在现代国际企业之外。部分老牌私企，如塔塔集团，和20世纪70年代以后借助互联网浪潮兴起的私企，如英孚索思公司，都属于现代国际企业。这样，印度现代企业的组织行为特征分别体现在旧式的现代企业——以国企为代表，和新式的现代企业——以高度国际化的私企为代表。就现状和未来前景而言，前者仍处于改革、调整的阵痛阶段，它的组织行为导向是政治决策和国家经济目标；后者则表现出极高的活跃度，积聚了极强的市场竞争力，它的组织行为导向是市场性的，以服务消费者和用户为目的，它借助印度的自由化政策，

---

① Rajesh Kuman and Anand Kumar Sethi, *Doing Business in India: A Guide for Western Managers*, Palgrave Macmillan, 2005, p. 119.

② 戴维·史密斯：《龙象之争——中国、印度与世界新秩序》，丁德良译，当代中国出版社，2007，第169页。

正在成为印度企业发展的未来领跑者。

二、印度现代企业组织行为方式

独立后的印度由于实行社会主义计划经济，企业被明确地分成了两类：一类是国有企业，一类是私营企业。国家的主要资金、技术和人力都投向了前者，私营企业较少得到政府支持。然而，在对私营企业的行政管理上，印度政府的做法也比较独特，它将私营企业分成正式组织和非正式组织，前者指的是大型私营企业，分布在城市；后者是小微私营企业，主要分布在乡村。根据印度的《工厂法》，如果工厂使用机械动力且雇人10人以上的，或者不使用机械动力但雇人20人以上的，就必须依照《工厂法》进行登记，这些企业被称为"登记企业"，纳入政府的直接管辖范围，又被称为"正式企业"。小于上述企业规模的小工厂、小作坊就被称为"未登记企业"，即"非正式企业"。印度政府对正式企业有各种各样的严格限制和要求，例如，为雇员提供社会保障、解雇的限制、结成工会、征收消费税等，但对非正式企业，政府既不提供保护，也不增加限制，非正式企业可以自由解雇员工，员工的工资标准也很低。自然地，非正式企业通常雇佣低学历甚至不识字的人，主要生产没有技术含量的廉价生活日用品，最终它们提供的是极其廉价的产品，即穷人也可以购买到支付得起的产品。

在经历了20世纪30年代的大萧条之后，西方主流国家纷纷出现了以福特模式为主导的企业资本主义新形式，它在很多方面放弃了旧式资本主义社会的结构，一方面，它极大提高了蓝领工人的报酬和生活水平，这就使社会主义者所要求的通过工人解放、资产国有化改善工人境遇的方案变得无效；另一方面，它调和了市场和非市场机制，使规制企业资本主义成为可能，这有助于缓和自由竞争资本主义所造成的极端社会矛盾；此外，与社会主义相比，资本主义市场的扩展已经有可能纳入自由民主的政治结构之中[1]。换句话说，企业、市场化不再是私人资本肆意横行的领域，工业民主正在成形。许多发展中国家在转向市场化过程中大多是兼收上述三种模式之长处，并且力图结合本国实际加入自身的元素，在此方面，中国和印度都取得了部分成功，但仍然不能说已经形成了可资借鉴的成熟榜

---

[1] Ananya Mukherjee Reed, *Perspectives on the Indian Corporate Economy—Exploring the Paradox of Profit*, Palgrave, 2001, p.15.

样，它们还在不懈探索、修正的过程之中。

　　国际学界企业管理制度的比较研究成果显示，世界上迄今至少存在三种资本主义模式：市场主导的体制（盎格鲁-美利坚模式）、国家主导的体制（日本或东亚模式）、法团主义体制（欧洲大陆模式）。英美体制的核心是强调私人企业在追求经济增长方面的效率，主张国家干预的最小化、企业追求最大化股东收益。欧洲体制力图平衡企业、劳工和社会的多方利益，允许国家必要时对市场的介入和对资本行为的限制。日本体制的基本信念是：企业应该服从经济发展，特别是国家福祉的需要，因此，国家的干预、政府部门主导的计划、国民消费引导以及较高程度的社会控制等都大行其道。欧洲模式和日本模式都加入了效率、经济性之外的其他社会价值，如公正、平衡、尊严等。应当看到，上述不同形态的资本主义模式也反映了资本主义的自我修复、自我更新的能力。

　　经常被人诟病的是，印度的基础工业，特别是制造业的水平和质量依然处于极其不稳定的状态，价格低廉是其优势，但无法控制的质量和低下的检验标准都让人难以接受。印度多数企业的产品标准化程度低，这被认为是由多种因素导致的。一个重要因素是现代质量控制技术未能普及到全部工业领域，未能成为企业人士的常识。在许多印度工业企业，生产和过程的标准化方法直到今天都没有得到广泛发展，生产现场中仍然充斥了经验性的管理方法，在接收原材料时缺少对原材料的恰当的科学检验和控制的方法，这造成生产过程充满各种混乱，导致生产标准化产品的任务变得更加困难。存在于印度政府官员意识中的政治优先观念，也使得行政机关较少持久且果断地推进各种被证明行之有效的现代管理技术。正如一些学者所指出的："阻碍印度制造业发展的真正难题是政府不愿去改革制度。通过减员增效取得成功的制造公司虽然能让公司所有者和股东满意，但很难让政客们高兴起来。"[①] 即便是在实施自由化政策之后，这种状况虽然有所改善，但依然无法满足人们的预期，"甚至到了2006—2007年，缓慢的改革和各种水平的腐败都使得印度成为一个难以做生意的国家。在印度，一名投资者要花费总投资额的7.8%去打理上述的事项，而且要花费62天注册一家公司，而新西兰和泰国只要两天。同样，在印度雇佣和解雇都是非常困难的，为此要花费270天办理20个许可证，而在丹麦只要

---

① 戴维·史密斯：《龙象之争——中国、印度与世界新秩序》，丁德良译，当代中国出版社，2007，第133页。

花 70 天办 7 个许可证"①。

尽管如此，必须看到印度为数不少的企业界人士多年来所做出的不懈努力，也明显取得了一些成果。例如在借鉴美国的市场体制、日本工厂管理的基础上，在一些新式现代印度企业中，管理水平都有了极大提高。一般而言，在人力资源管理上，与社会-经济背景相关的因素可以分成两类：一类是组织可以控制的，一类是组织无法控制的。种姓、父母的社会地位、家庭职业、早期教育等都被看作后一种因素。组织却可以通过正式的工作训练而分配技术知识和管理能力，这些因素就被看作组织可以控制的。在印度，无论是国企还是新兴企业，在人力资源管理上强调的是组织可以控制的因素，传统的组织不可控制因素在旧式工厂、家庭作坊、师徒制的行业依然很盛行。

特别是自 20 世纪 90 年代启动经济自由化以后，印度取得了稳步而显著的成就，引起了世界的广泛关注，有人将印度的新发展方式归结为"印度模式"。这种模式的主要内容包括依靠国内市场，拉动普通国民的日常消费而非政府大力投放基础性建设方面的投资，借助服务业的兴起而非传统制造业的改造升级，首先在高新技术产业获得成功，之后才向技术含量低的第一产业和第二产业扩散。"在接近半个世纪的保护、管制之后，在十余年缓慢的经济开放、去管制化和全球化过程中，迎来了印度工业的新时期。中央政府仍然主导经济开放的方向，并以各种方式推动经济活跃发展。更多的外资机构投资（FII）和外资直接投资（FDI）涌入印度，印度政府与其他发展中国家政府一道竞争，力图获得更多的投资。因此，在当代印度兴起了有利于工业活动或企业家事业开展的氛围。"② 在新经济时代，印度企业间的竞争进入良性轨道。竞争的基础包括质量、创新、交货速度、生产效率、消费者满意度等，印度成功的企业越来越表现出与世界成功企业类似的特点，它们都在低成本、快速市场反应、卓越的创新、全球化、出色的品牌等方面表现优异，正在成为新印度工业的引领者。

---

① Krishna Mohan Mathur, Pragya Mathur Kumar, Shiv Shubhang Mathur, Mandita Narayan Mathur, *New Horizons in Indian Management*, Kalpaz Publications, 2010, p. 96.

② R. Srinivasan ed., *The New Indian Industry: Structure and Key Players*, Macmillan India Ltd., 2005, p. 383.

第七章 印度管理思维方式

在一定意义上说，西方管理思维方式总体上是现代性的，在处理问题的立场上通常采取外向征服式，即通过科学化手段改造外在环境以实现组织预定的量化目标。与此相对，深受自身历史文化传统影响的印度管理者所表现出来的思维方式则主要是内向反省式的，即当事人（包括管理者和普通员工）在管理现场倾向于提出自我精神目标，强调对此目标的不断检视，以改正自身的言行，尽管也有客观的物质性目标，但自我设定的精神目标往往被置于具体、变化的组织目标之上。这样的管理思维方式与西方是如此不同，以至于许多人会怀疑印度管理思维方式的成效，甚至怀疑它与现代管理组织的兼容性。20 世纪 90 年代以后印度企业取得的成就证明，印度管理思维方式与印度社会中的管理组织是一致的，然而，我们也承认印度管理组织的成功并非只是这类管理思维方式带来的，本章将对印度管理思维方式的特点、成效及不足做出检视。

第一节 协调多元并存的组织目标

哲学有时被理解为一种对生活处境充满智慧的理性回答，有时也被视为对存在和价值的本性之类问题的深层次理解，可见，对人类自身的处境或紧迫的重大问题也会存在共通且多样认识的可能性：共通反映在不同民族和时代所给出的回答都有共性；多样反映在同一个文化或历史的族群同时继承了不同时代或不同形态的遗产。具体到组织目标问题上，管理哲学将比一般的管理学更深入考察组织目标设定及其实现过程中的价值取向，换句话说，管理哲学"分析的起始点就是认识到文化信念或价值影响：（1）个体如何看待这个世界以及他们与这个世界的关系形态；（2）以怎样的、为他们所意愿的方式与其他个体发生关系和相互作用；（3）他们对变化，即他们所能够接受的变化的态度。这些基本的倾向在组织背景下就被表达为：(1) 对工作的态度；(2) 所喜欢的领导方式；(3) 解决问题的路径；(4) 组织内部和外部的合作"①。此时，管理哲学不过是分歧共存的人们所进行的同情式理解的思想成果。

一、印度民族思维方式的总体特征

从精神主义出发去理解周遭世界或人的存在，这是十分常见的印度传统思维方式的特点。精神的载体是"我"，它是抽象的意志。从思想史上看，"我"（Atman）原本是呼吸的意思，后来才演变为"意志"，"我"的实质与核心在于"灵魂"或"精神"，它们被视为维持生命的支柱，因此，"我"是灵魂我，它统领身体，是一切的中心生命。"我"具有如下本性：(1) 它是一种完全离开了外部经验的纯粹主观（无缚的精神）；(2) 它是常住不变的实在（satyasya satyam）；(3) 它是无形象的、最微细的东西。知道了"我"的人，就能获得解脱，"我"是生前死后的理想目的。佛教的解脱是由于"无我"的体会而得，但正统婆罗门的解脱却是由于安住于"我"的本性而欲获得它。正是对婆罗门教的"我论"的批判才有了佛教的"无我论"，但是，"无我"或"有我"都突出了精神超越于物质、觉悟优先于迷误的地位。韦伯曾指出："关于世界的'意义'何在特别是人生的'意义'何在的问题，亦即追问人生之担负劳苦与罪责却又脆弱无常与矛盾纠葛，到底有何正当道理的问题，在印度是一切宗教认知的决定性动力。"② 这类问题通常被表达为有精神追求的人如何在此世实现梵我合一。

印度传统思维方式是个人优先的，由于主张沉思、精神性取向，个人本位比较突出，但不是与功利、实用追求相联系的个人主义，而是与个体的精神追求、信仰自由相关的个人主义。与其说是个人本位，毋宁说是"自我本位"，即鼓励每个人发掘自身中的灵性，摆脱束缚，达到解脱。"印度思想持续地将个人视为其思想的核心位置。家庭、群体、社会、国家，所有这一切都以个人为基础。个人寻找幸福，这样的幸福是完满的、永恒的、没有起伏的。"③ 然而，我们也应看到，将印度管理思维方式归

---

① Rajesh Kuman and Anand Kumar Sethi, *Doing Business in India: A Guide for Western Managers*, Palgrave Macmillan, 2005, p. 67.
② 韦伯：《古犹太教》，康乐、简惠美译，广西师范大学出版社，2007，第394页。
③ Gita-in-Action: *Indian Insight into the Management of Self*, University Book House, p. 1.

结为个人主义，总体上是令人困惑的，特别是与管理现场相联系，个人主义的色彩就大为削弱。因此，严格说来，现代印度管理组织中的思维方式就管理决策而言是精神（个体）式的，就管理秩序而言是关系（集团）式的。

由于印度传统思想强调自我修行，相应的修行方式非常繁多，如自我控制、自我净化、自我约束、自我升华等。"我们必须意识到这样一点：人未必总是倾向于以自然的方式、出于个人利益而做所有的事，他愿意做可以促成他的感觉欲望实现的事情，而不是那些导致更高生活目的的事情，如解脱。所以在道德意义上的自我牺牲并不必然意味着为了他人而牺牲个人的利益，更准确地说是牺牲个人的低级利益，以此达到更高的利益。'应当'的问题有时就与那些广义的个人利益相关的诸如性格、活动联系在一起。"[1] 可见，关心自我的归宿而非单纯物质的或社会的利益在印度始终被看作更加具有正面道德价值的事情。

一个民族的管理思维方式的特点尤其体现在如何看待个人与集体或社会的关系上。比较管理学家霍夫斯泰德曾以此为指标考察不同国家的组织文化的特性。西方古代思想倡导的是社会本位，如古希腊的城邦伦理、古罗马的世界主义。但从中世纪开始，从基督教伦理中逐渐生长出对个人德性的关注。近代以后，城市生活方式和工业文明开始兴起，社会本位的思维方式逐渐式微，个人本位占据了上风。管理学兴起于工业文明的浪潮，西方管理学的价值观以个人主义为主。在印度，"自我"是起点，终点（解脱）也交付给了"自我"，只有在起点到终点的过程中，社会、他人才受到关注，社会、他人本身并没有独立的精神价值，关心社会或他人只是个人修行的一个方面，社会或他人无非是个人修行的手段。"印度诸宗教的超越现实的思想影响了印度人的伦理思想。在印度，放弃私有财产被奉为一种美德。佛教和耆那教都教导信徒们放弃'我的'这一观念，鼓励一无所有的德行，他们教导以舍财布施众人来实施为他人服务。"[2] 解脱是一种精神状态，不取决于社会环境或生活条件，只需要个人不懈努力就可以做到。不过，什么样的状态才称得上解脱，这一问题并不十分明了。所以，对解脱的理解众说纷纭，通往解脱的途径也就有千万条，其中包括苦

---

[1] Kedar Nath Tiwari, *Classical Indian Ethical Thought*, Motilal Banarsidass Publishers, 1998, p. 7.

[2] 中村元：《东方民族的思维方式》，林太、马小鹤译，浙江人民出版社，1989，第106页。

行、瑜伽、诵经、祭祀等个人性行为，也包括行善、布施、勿伤害、勿说谎等社会性行为，这意味着在自我本位的价值观中为社会、他人的存在留下了空间。

计划经济时期印度推行的社会价值观是独立自主，即在中央政府的全面引导下建立起自成一体的经济体系，虽然确实在短时期内不仅建立起了相对齐整的研发机构和科研攻关团队，也办成了不少大型国有企业，与此同时却极大弱化了国民的市场意识，企业管理和行政管理都极少注重经济性、效率化指标。"推行了40年的内向保护主义政策培育了印度企业延伸学习梯度的能力。企业发展了改进产品和开发新产品的能力。但它们没有学会效率化生产。"①

对发展中国家来说，一种完整的二元结构对工业增长也许是必不可少的。在这样的二元结构中，一方面是国家支持、投入的大型国有企业，另一方面是民间资本活跃的小微企业，后者承担了地方经济振兴的功能，满足国内较不发达地区和农村区域的产品、服务等方面的需要，因为小企业主要是劳动力密集型的，可以充分提供就业岗位、增加收入以及满足制造业中附加值增长链条的基础加工需要。如果这些小微企业还可以自主从事出口导向的外向型经济活动的话，它们就将通过承包或其他供应链与境外机构联合加入国际化分工体系之中，这样的二元结构不仅在一定时期内是合理的，而且最终会带来该国总体社会的发展，"亚洲四小龙"都曾经走过这样的发展道路。然而，在印度实行经济自由化之前，由于严格的计划经济和进口替代政策，印度企业完全自闭于国际化分工与合作的体系之外。

将全部现代印度管理者的认知、思维、价值等单方面地归于传统知识、古老智慧，这显然是一种误导，因为印度传统思想不仅未能原封不动地延续下来，而且它被不同的当代印度管理者做出了各自的取舍。"与儒学和其他东亚价值观不同，印度教有一个遗产使得它明显失去了成为国际化企业价值的吸引力，儒学价值观已经为亚洲和西方政治家、学院学者们提供了深刻的'文化资本'，与此相对，与印度教相关的政治和意识形态结合似乎阻止了它为解释印度新近的经济增长提供一种宗教价值观。"②

---

① 纳谢德·福布斯、戴维·韦尔德：《从追随者到领先者——管理新兴工业化经济的技术与创新》，沈瑶、叶莉蓓译，高等教育出版社，2005，第112页。

② Thomas Birtchnell, From "Hindolence" to "Spirinomics": Discourse, Practice and the Myth of Indian Enterprise, *Journal of South Asian Studies*, August, 2009, Vol. XXXII, No. 2.

然而，也有一些印度学者将印度式管理理解为印度式管理精神主义（spiritualism），认为这样的印度管理信条具有标志性符号特征，每个民族甚至每个人都会提出精神方面的要求，它尤其关联于人的价值观、生活方式，有着稳定且广泛的表现。管理精神主义通常是由代表性的人物承担，例如，组织高层管理者或者企业创始人，"组织的领袖们对工作现场的精神主义氛围的形成具有很大的责任。他们必须始终盯着更长远的目标，在面临风暴时要保持平静，在行动上保持勇气。他们要将精神向度融入组织的全部工作中，他们总是要聆听内心的声音，并为组织员工树立楷模，他们应当总是遵循正当的道路"①。

二、印度组织管理的协调思维

事实上，在英国人确立统治之前，并不存在"印度"这样的统一国家，在那片土地上共存着众多的小王国。"印度"（India）一词来自古梵语"Sindhu"（中国古代译作"身毒"），意指河流，特别是印度河，并没有"国家"的意思。古代印度人用"婆罗多的土地"（Bharatavarsha）称自己所居住的土地。今天的印度宪法使用两个词来定义自己的国家，一个是 India，一个是 Bharat。从历史上看，印度古代社会结构具有如下一系列特点：土地公有；长期存在一种以农业和手工业直接结合的、自给自足的农村公社；公社中劳动分工由种姓制确定并保持不变。然而，在印度独立建国之时，印度民族作为一个地域-政治共同体，并没有被赋予任何特定的历史、宗教和文化内涵，相反，由于存在长时间的异族统治尤其是穆斯林统治的历史和被认为具有深刻缺陷的旧式社会结构，持有西式现代主义观念的领导者们（他们同时也是印度独立运动的主要领袖）认为，重建印度的最好方式是与过去决裂，建立一个全新的现代身份。独立之时，尼赫鲁坚持新印度的建设必须以自由、民主和世俗的"民族哲学"为基础。尼赫鲁连续多年所赢得的选举胜利使这一新的民族身份获得了民主的合法性。②在建立这样一个现代民族身份的时候，"世俗主义"（secularism）成为关键词。不过，需要指出的是，在诸多印度独立运动领袖当中，有关现代文明的理解和未来国家的设想存在深刻的分歧。除了尼赫鲁所代表的

---

① Krishna Mohan Mathur, Pragya Mathur Kumar, Shiv Shubharg Mathur, Nandita Narayan Mathur eds., *New Horizons in Indian Management*, Kalpaz Publications, 2010, p. 287.

② Bhikhu Parekh, Nehru and the National Philosophy of India, *Economic and Political Weekly*, Jan. 5-12, 1991, Vol. 26, No. 1/2.

理性主义、科学主义之外,还有甘地及其追随者对科学、市场、工业文明和城市生活的深恶痛绝,他们认为那些都是西方文明的负面遗产,必须抛弃,要走印度自己的发展之路!

  现代印度管理思维方式受到了世俗化的影响,不过,"世俗化"在印度的含义有其特殊内容。在印度通用语之一的印地语的语境里,作为形容词的"世俗"通常包含了两层意义:一层意思是非宗教的,暗含的意义是理性的;另一层意思是包容了各种宗教的、非排他的并存。可以说,前者是"世俗"的强意义,后者是"世俗"的弱意义。在印度这片各种宗教盛行的土地上,"世俗"的弱意义占据主导地位:印度的民族身份在这个意义上是一个世俗身份,国家以对各宗教的一视同仁保证宗教之间的和平共处。印度国家的世俗性体现在从制度结构上确立某些领域为世俗领域,这样的重要领域包括:政治——尽管在实践中也许不能保证政治完全无涉于宗教;国家机构;教育——至少在国家财政全额支持的教育机构中不得讲授宗教。①

  印度是高度分化、多元的社会,不仅在行政上如此,在经济活动、企业管理中也存在各地、各行业的显著差别。例如,在独立之前,根据1935年的《印度政府法案》,印度被分成三种不同类型的政府形式:第一种是总督省和最高专员省,第二种是土著王公领地邦,第三种是分布在西北部和东北部的部落区域。第一种占据了印度领土的60%,属于严格意义的英属印度,奉行联邦主义,在第二种和第三种地区实行的是各不相同的管理体制。这种地区差别以及地区与中央的关系都延续到了今天。在今日的印度,各邦(相当于中国的省)之间的差距同样非常显著。从经济发展水平上看,可以将全部印度的邦分成三类:长期贫困的邦(比哈尔邦);中等收入的邦(如安得拉邦、西孟加拉邦、喀拉拉邦、卡纳塔克邦);富裕的邦(旁遮普邦、马哈拉施特拉邦、哈里亚纳邦、古吉拉特邦、泰米尔纳德邦)。从语言和文化上看,印度各地同样也存在显著不同甚至对立的诉求。"在印度国境内有14个主要的语言集团(每个集团都自称有独特的文化遗产),一个人数众多的穆斯林少数教派(占全国人口的1/6)和处于这个社会结构核心的三千多个实行内婚制的种姓集团。实际上,印度独立后的整个国家政治结构,都依靠这些语言、宗教和种姓等感情和结构上

---

  ① 吴晓黎:《社群、组织与大众民主——印度喀拉拉邦社会政治的民族志》,北京大学出版社,2009,第116—117页。

的调和，来作为加速国家一体化、加强政治制度的合法性和最大限度地扩大和平解决发展过程中产生的社会冲突的可能性的唯一方法。"①

现代印度在行政上划分为28个邦、6个直辖区和中央直辖区德里三种类型，每个邦或区都是高度自治、独立的，在经济上这些不同的行政单位就是由不同边界划分的独立王国，货物进出不同的行政单位都要办理相关手续，且行政效率低下，物流速度慢，公路拥堵。据说从柯尔喀塔到孟买的2 150公里路程卡车要走八天，平均每小时行驶11公里，有32个小时是在邦与邦交界的地区和收费站度过的！②

印度独立运动的两位领袖人物——泰戈尔与甘地之间曾经发生过激烈的观念冲突，主要集中在这样两个问题上：一个是如何理解自治（swaraj）的意义，另一个就是怎样以最完整的方式去理解自由（freedom）。泰戈尔着力批判了他所处时代通行于印度社会的政治观念，即民族主义的信条，因为这些民族主义包含了盲目的排外和仇视西方的观念，未能深刻把握"自治"和"自由"的含义。20世纪初期所发生的一系列事件加深了泰戈尔对民族主义的担忧，他所希望的是国际间的合作。泰戈尔指出，从国内角度看，传统印度人通过对各种教条无批判的接受，将自己束缚起来，成为这些观念的教条式服从者。他们过度崇拜一个领导者，而这个领导者虽然很神圣，却利用了民众的盲目信念，而不是去提升民众，相反，却进一步延滞了民众去获得正确认识。泰戈尔尖锐地指出，从国际层面看，甘地的学说在很大程度上促成了一种不健康的分离主义倾向，这种倾向愚蠢地抛弃西方世界所创造出来的知识以及取得的进步成果，这样的倾向阻碍着印度的未来发展，并最终限制印度实现真正意义上的自由。甘地本人是从传统意义上看待"自治"和"自由"，他首先并主要地把它们都视为个体精神的圆满和不计后果的动机再现。他赞美普遍和谐（universal harmony）的理想，但他从未意识到印度的民族主义是对他的普遍和谐理想的一种威胁。然而，泰戈尔和甘地都以肯定印度传统思想的伟大、维护印度的统一为前提，恰恰是他们的批判者保留了西方的民族-国家系统的观念。其实，无论是过去还是现在，印度的真正问题不是政治问题，而是社会问题。民族主义者的鼓动却引领人们去追求单纯的政治目标，完全忽视

---

① 弗朗辛·R. 弗兰克尔：《印度独立后政治经济发展史》，孙培钧等译，中国社会科学出版社，1989，第22页。

② 《长征》，《经济学人》2006年6月3日。

了对社会问题的关注。无论是国大党的温和派还是激进派，都没有严肃对待社会问题，这为今日印度社会的纷争埋下了祸根。

　　自 20 世纪以来，无论是印度本土的学者还是关注印度思想理论的西方学者，他们之间一直都存在着围绕东西方哲学区分等一系列相关问题的持续性对话，西方人试图去认识印度人并印证自身的立场，而印度人试图通过对话来发现融汇了各种观点的综合性产物，即提出一种"世界哲学"。摩尔（Charles A. Moore）、诺斯洛普（F. C. S. Northrop）、贝特（E. A. Burtt）、霍金（W. E. Hocking）、拉达克里希南（S. Radhakrishnan）、拉儒（P. T. Raju）、库马拉斯瓦米（Ananda Coomaraswamy）、陈（W. T. Chan）、纳卡穆拉（H. Nakamura）等都曾做出过努力，他们不断重申各种现存思想的不同且合理的存在，并且尝试进行各种融合、嫁接、开新的可能性。西方学者对普遍性的追求与印度学者接受多元并列思想体系的观念发生了有趣的对比，或许在某种程度上对彼此都有助益。

　　不仅如此，还有许多学者经常争论这样一个问题：印度究竟属于东方还是属于西方？有观点认为印度人更接近欧洲人、美国人而不是亚洲人。例如，著名的德国印度学学者麦克斯·缪勒曾经指出："印度在未来将属于欧洲，它一直在印欧世界占有其位置，在我们欧洲人的历史中占据着位置，在构成历史的最核心的本质和人类思想史中都占据不可忽视的地位。"[1] 这一观点的最有力实证就是在梵文中，印度雅利安人所使用的语言与希腊语、拉丁语、盎格鲁-撒克逊语存在高度的关联。相关学科学者的研究表明，上述所有语言都存在相当程度的共性，印度雅利安人被认为在公元前 1500 年之际说着梵语，迁徙到了印度，该语言也是今日通行印度语的基础。"即便我们将视线从共同分享的知识领域转移到行为的领域，也可以看到很多相似点。例如，印度人好进攻、争辩、情绪化和擅长分析等。这些特性使得印度人大大不同于在亚洲受到推崇的'儒家式绅士'所树立的模式，日本人类学家中根千枝将印度人描述为非常讲逻辑，她指出：印度人的思维更接近西方人而不是东亚人。"[2] 笔者认为，尽管印度文化和印度人的思维方式显然有别于东亚，但将它划入西方传统之列也似乎过于牵强。

---

[1] F. Max Müller, K. M., *India: What can it Teach us? A Course of Lectures Delivered before the University of Cambridge*, N. Y.: Funk and Wagnalis, Publishers, 1883.

[2] Rajesh Kuman and Anand Kumar Sethi, *Doing Business in India: A Guide for Western Managers*, Palgrave Macmillan, 2005, p. 38.

第二节 等级支配下的组织交往

印度的经济改革主要受制于国际货币基金组织提出的结构调整方案,因此,很多新经济政策是迎合了国际资本和全球化市场的要求,对印度国内虽然带来了许多积极的成效,但也伴随着许多意想不到的困难。有学者指出:"印度的新经济改革产生了如下结果。第一,自由化政策已经推动了更多的资本密集型工业。在组织良好的部门产生了去集中化的生产和相对较高的劳动力交易成本,因此,新增长的雇佣岗位绝大部分可能发生在非正式的部门之中。第二,曾经禁止在公共部门自愿退休和在私营部门关闭亏损企业的做法被修正,这就必然带来较高的失业率,进而导致较高的贫困率,从而出现反国民福利的社会后果。第三,自由化政策带来了劳动力的单性化,例如临时雇佣率的上升,由于节省人力的技术的引入,出现了更多的短期合同式员工,雇佣的短期化将导致工作条件的恶化,劳动力经济地位和健康的损害。第四,去集中化生产的战略鼓励了生产的资本主义式模式,在此模式下,劳动者较少从合理化生产中获益,结果,收入分配上的不公平将扩大,这又会鼓励经济力量的集中。"[①] 国家政策主要影响的是宏观层面的经济环境,在企业内部以及企业之间的组织行为则一定程度上因袭了古老的传统,成员的社会身份差别、职业的宗教洁净程度等仍然是制约组织交往成效的重要因素。

一、管理组织与情境的关联

跨国比较管理研究的成果表明,每个具体国家的管理思维方式总体上是与该国的文化价值观密切相关的,即管理组织深嵌于某个民族文化、历史传统构成的文化情境之中。一些跨国性实证研究的统计分析告诉我们:在一个权力距离较大的国家中,人们喜欢决策权的集中,而组织的正规化则与规避不确定性的倾向有关。例如,法国和意大利的管理者偏向于设计等级严格的官僚式组织机构,组织的集权化和正规化程度都很高;德国人

---

① A. D. Saramma, Economic Reform: Some Implications on Employment in India, in Debendra Kumar Das ed., *Indian Economy: After 50 Years of Independence—Experiences and Challenges*. Vol.1, Globalisation and Development, Deep and Deep Publications, New Delhi, 1998, pp. 458–459.

偏好正规化却倾向分权化，重视下级反馈，并鼓励向上流动；印度人偏好高集权化却喜欢低正规化组织，即组织边界松散，人员关系亲密性强，但上级权威依然得到无条件尊重。

需要指出的是，持有特定文化传统的群体所表现出来的组织内交往形态未必只是基于一种唯一的价值，相反，更可能基于不同的价值取向。有印度学者从受到广泛关注的文献中收集、总结出如下四个取向来考察人群的组织交往方式：（1）高度的背景关联或低度的背景关联；（2）意识形态为上还是实用原则为上；（3）现实关联还是抽象性的交流；（4）言语交流还是非言语交流①。笔者也认为，在印度，组织内的人际交往如同其他社会生活的情形，也是遵守包含了等级差别的各种序列，即便是同一个群体中的人，也要谨守各自的职责；即便是做同样的事情，由于当事人的身份不同，各自受到的奖惩也是有差别的。古老的《摩奴法典》曾教导说："婆罗门或刹帝利被迫和吠舍过同样生活时，应尽可能设法避免从事耕耘，此工作伤生并依靠外力如牡牛的帮助。"② 在现代印度，所谓等级并非单纯的职业分工或社会阶层区分意义上的不同，而是保留了许多传统因素的文化身份等级，这体现了印度传统仍然顽强地得到了继承，这与现代化进程中的中国所发生的变化形成了鲜明的对比。"早在 20 世纪 30 年代，就已很难发现有哪个受过现代教育的中国知识分子认真采纳了当地中国的宗教信仰，但是即使在 60 年代，也能极为平常地发现受过西式教育的印度知识分子在理论和实践上，保持着对印度宗教传统的忠诚。"③

总体上，印度管理者的组织内交往属于高情境式的，这样的组织交往在组织内部比较自如，在组织间的交往则可能易于受挫。换句话说，不少印度管理者与他的印度同胞或下属的交往通常比较成功，但与印度之外的其他同行的合作并不总是很顺利。有学者指出，"在日常生活世界，印度人通常对所处的环境十分敏感，这意味着他们在不同的场合采取不同的行为。印度谈判者较高的期望水平是与他们对外国人的本能怀疑、存在贫困综合征、对分配公平的强烈关心等直接相关，这些都导致印度人追求一种有争议的谈判战略。"④ 这可能源于印度传统宗教文化中的多元性因素并

---

① Rajesh Kuman and Anand Kumar Sethi，*Doing Business in India：A Guide for Western Managers*，Palgrave Macmillan，2005，p. 107.
② 《摩奴法典》10：83，迭朗善译，马香雪转译，商务印书馆，1995，第 255 页。
③ 许烺光：《宗族・种姓・俱乐部》，薛刚译，华夏出版社，1990，第 260 页。
④ Rajesh Kuman and Anand Kumar Sethi，*Doing Business in India：A Guide for Western Managers*，Palgrave Macmillan，2005，p. 138.

存的特点。例如，印度的主神教在如下两个方面明显有别于犹太-希伯来先知所创立的一神教。印度的主神教不是把神看作存在于宇宙之外或之上的创造者，而是看作宇宙由此推进的始因。此外，印度的主神教不是简单地要求人类服从神，而是要在虔信中与神合一。印度的主神教包含了一种神秘的属性，这种神秘性又不是完全超验的，世间的婆罗门种姓被相信可以理解甚至控制神的意志，印度宗教和婆罗门的关系可以类比为太阳和吸收了太阳光芒而发光的月亮的关系。

印度教认为，人有两次出生，一次是肉体的出生，一次是精神的出生，后者比前者更重要。精神的出生指接受教育后达到的状态，这种教育由"师尊"指导完成。印度男子（特别是婆罗门种姓）在8～12岁之间要举行拜师仪式，一旦师生关系确定，便终身有效，该男子在今后的全部个人生活、事业、婚姻、心理、精神等问题上都要倾听并接受师尊的指点，由此，师尊会深度介入该男子家中事务并且持续影响家人有关该男子事项的判断。师尊的存在和发挥的指导咨询式作用，使得印度家庭获得了向外部开放的可能性，因此，印度家庭不同于中国传统家庭建立在血缘基础上的封闭性和排他性，相反，它具有类似于日本传统家庭的拟制血缘特点。

可见，传统宗教的观念和习俗仍通过影响具体成员而影响到了组织交往。在印度，婚礼和其他重要事件的日期和日程都必须基于"宗教时间"（Rahukala）来安排。重要的活动、会议、典礼、购物或其他生活事件都必须避开每天的特定时间段，这个时间段被称为"宗教时间"。据说一位前印度总理拒绝在规定的时间在他的选举任命书上签字，原因仅仅是基于"宗教时间"方面的考虑。一些有影响力的报纸每天都会公布经过精确计算了的这些时间段。印度的历书曾经被设计成可以为极长时间周期后的活动提供准确的时间。当然，不是所有人都死守"宗教时间"的规定，最近，一个很有名的印度预言家卷入了刑事案件，他请求法官不要在那天的"宗教时间"期内下判决。令这位预言家失望的是，法官没有听从他的请求，依法当庭做出了判决。可以看出，世俗化和科学理性也在现代印度产生越来越显著的影响，因此，就不难看到这样表面冲突的现象同时并存于印度社会：一方面遵守"宗教时间"的人会得到人们的理解，另一方面无视"宗教时间"的处理方式同样也被接受。

二、组织交往及其特点

交往是人的社会性这一本质属性的体现，人类通过交往实现了物质资料的生产和精神世界的建构。前工业时代的交往难以达到自由的程度，因为它不仅受制于地理阻隔，而且受到思维方式的影响，只能结成特定的交往方式。人是思想的产物，人不是无所事事、脑中空空地展开交往活动，相反，人在交往之前会进行目的设置，在交往中不断试错并与原有的判断予以对照，在交往后还会继续思考，反省交往的得失。交往是人的定在，也就是说，将自身通过交往予以现实化和主体塑造。工业时代的交往在范围、程度、频率上都获得了极大发展，组织交往就是工业时代交往的一种极其常见的形式。组织交往是围绕组织目标而展开的资源协调活动，有效的组织交往将有助于组织目标的达成。

广义的组织交往包括组织内交往和组织间交往，但在印度，对于绝大多数员工和基层管理者而言，鲜少有机会参与组织间交往，多数印度组织也极少为员工提供这样的平台，不过，我们不能由此断言，印度组织是高度独裁、专制的，因为组织内交往在印度不仅十分常见，而且也产生了许多重要的管理方面的积极成果，例如，员工之间很容易由同事关系发展出朋友关系，在工作之外同事会相互介入对方的家庭事务，为对方的生活等多种社会需要提供支持；企业主或高层管理者时时参加员工聚会，送员工礼物，帮员工解决一些生活难题，这些都极大提高了员工的忠诚度，换句话说，印度组织内交往中员工参与度较高。

在印度，社会正义通常被视为对私人事业相关活动谨慎行事的必要限制，这就意味着要对私人组织及其活动进行严格的控制。这种观念扎根于民众意识中，社会舆论经常会涌现出对企业领袖一种不信任的深层负面评价。总体上说，印度政府和公众对企业，特别是私营企业并不那么友好，而且印度政府对工业活动仍然保持着极高的影响权重：一方面是宏观经济政策给予的企业投资准入及限制作用；另一方面是财政投资的风向标作用，政府和政府官员对实际的企业组织具有显著的约束力。例如，在20世纪60、70年代，政府的公立研究机构主导着印度的IT产业，那时的软件开发主要是为IBM和其他公司进口的、带有系统软件的硬件编写应用程序。由于实行计算机进口禁令，除了那些用于生产出口软件的系统外，进口的新系统很少，印度软件知识日益陈旧。80年代中期印度政府才开始改变政策建立了出口加工区，允许为软件开发企业免税进口硬件，到90年代末，软件产业平均每年增长50%，规模从1991年的2.43亿美元增加到2000年的83亿美元。

由于存在对既定组织秩序维护和个人特定身份的自觉认可，组织所代表的整体性、集团式目标仍然具有优先性,所以,也有学者指出:"印度文化通常被描述为一种垂直式的集团主义文化类型。印度人容忍或者说尊重等级制。在任何情况下,一名下属都不会批评或公开质疑他的上级,即便该下属知道他的上司错了。同样,上级也不能容忍来自他的下属的批评。许多印度人都在寻找如何处理通常被概括为 Sneb-shradha 的关系,这种关系的理想状态是,尊长者照顾依靠他的那些人的生活,从属者要向他的监护人证明自己的无条件忠诚。如果出于某个原因,相互的惠顾关系不再存在了,那个感到被辜负的一方就会对此产生愤怒。"① 这就不难理解:印度组织内交往并非平等交流的状态,它通常由企业主或者高层管理者主动发出讯号,因此,印度组织内交往与企业主、中高层管理者的管理思维紧密相关。

谈到现代印度的组织交往不能不提及的一个内容就是,朋友仍然具有不可忽视的重要性。对一个成人而言,朋友的多少、与朋友的关系程度、对朋友的关照等都可以成为衡量一个人社会影响力、个人品德的主要指标。朋友间的义务通常占有较高的比重。身为朋友,应该预先体察到对方的需要,并做出相应的行动。能洞察对方的心思是友谊的一个标志。印度人的朋友关系通常由同学、同事、同一个教派的教友、同一个种姓的成员等发展而来,朋友间不仅具有共同的经历、情感,而且有接近的价值观,因此,相互的认同度高,自然就容易带入组织内。

工会也可以成为组织交往的一个载体。在印度,既有全国性的行业工会,也有企业内的工会,前者提供了组织间交往,后者成为组织内交往的重要方式。印度法律对企业设立工会有严格规定,工会干部多从活跃、能干的员工中提拔,工会的经费和活动场地则需要得到企业的支持,因此,尽管印度工会首先是劳方的代言人,但也会努力成为劳资双方的调停者,表现出十分灵活的工作作风。

上述组织内交往看似十分接近企业文化,有不少学者为此做出如此归类,但笔者持不同的观点。企业文化的核心是企业价值观,即对企业使命做出与人类共通价值相符合且具有本企业独特性的阐释,但在印度,由于传统宗教的深刻影响,社会价值观通常由印度教之类的传统思想提供,人们进入企业,可以接受企业的行为约束、目标要求和交往规则,但在价值

---

① Rajesh Kuman and Anand Kumar Sethi ed., *Doing Business in India*: *A Guide for Western Managers*, Palgrave Macmillan, 2005, p. 68.

观上则持保留态度，也就是说，由于社会价值观的强度和影响力超过甚至覆盖了企业价值观，多数印度企业特别是中小企业并没有必要发展出自身成形、独立的企业文化。

第三节　分歧共在的组织秩序

众所周知，现代组织秩序的实现需依靠明确的正式制度所给出的指示，这些指示对个体的组织成员来说就是由此指定了他在组织内所应当履行的既定角色，组织成员不过是组织分配角色的扮演者。"自我是角色扮演的中心。它被要求将自己与角色圈中的各种连接点实现融合。有时角色扮演就自动实现了融合，有时要刻意去促成各种角色的融合，还有时要放弃融合，显然，在角色融合中存在危机，那些不成功的角色扮演会在冲突和张力中导致无果而终。"[①] 组织成员在组织行为中会承担多个角色，他能否胜任这些角色要求，将决定他在组织中的处境和获得的组织评价。

一、多方制衡的传统秩序原理

印度社会广泛存在的保持分歧和差异的组织秩序不仅与现代民主原则相符合，同时也具有自身的传统文化的基因。这被视为印度传统自带的"印度教式的民主"（Hindu democracy），或又被称为"大民主"，它主要体现在国家构成层面。在历史上，古代印度君主的权力明显受到了地方势力的有力制约，也受到了宗教集团提供的超自然力量的制约，由于绝大多数国民信奉宗教，国王的行为也被迫受到超自然力量的约束。此外，还有婆罗门顾问、大臣等辅弼者的制约，地方王公、部落首领等的制衡。这样的高层权力间制衡关系形成的印度传统社会秩序事实上拒斥了独断的管理权力，从而促成了印度人思维方式上的多元共存、分歧共在的特点。"在印度人的理想中，不仅不同的种姓集团，而且是完全相反的东西、极不平衡的东西以及完全不能相容的东西，也都一视同仁。就连吠檀多或罗摩克里希那的教团也不例外。吠檀多运动的展开，并非西方基督教与印度教的有意义的结合，仅仅是：不去努力扫除传统因素，企图把西方基督教的习

[①] O. P. Sharma, *Gita-in-Action: Indian Insight into the Management of Self*, University Book House, p. 156.

惯移接在印度宗教这一树干上。"①

　　这样的事关社会秩序的民主原则并非理性设计的结果，也非现代制度民主的产物，上述民主行事原则的低效率问题在印度更加严重，例如，为了维护社会平等，每年国家财政支出的相当一部分投入毫无产出或无助于经济增长的偏远山区及穷人的项目，给低种姓人开办的小微企业以大量不计回报的补贴。在一些议员的游说下，国家铁路的规划也经常向贫困地区倾斜，由此造成的亏损非常严重，仅1995—1996年度那些欠发达地区的铁路线的亏损就达到22亿卢比。在北印度的许多地方，国家雇员的乡村公立学校的教师们和乡村公共卫生所的医生们旷工的问题十分严重，村民们虽然早就认识到了这个问题，但他们完全没有可以使用的任何制度性手段去解决这个问题，因为拿着政府工资的教师们和医生们在效率低下的平权化体制中并不需要对村民负责。

　　除了保证制衡的民主原则，印度传统社会还盛行精英主义，社会上层人士的权威对社会矛盾的协调、社会资源的分配都具有极其重要的影响力。然而，这一精英主义受到现代政治价值的冲击，精英阶层在社会秩序维护上的作用也有所式微。在现代印度，"精英控制逐渐消弱，民主也很受欢迎地向社会等级的更底层扩散，这些已经与先前奉行的行政礼仪的放松，以及公共行政及经济管理决策过程在制度上的独立性被持续腐蚀联系起来。例如，以下做法现在很常见：一个邦的低级种姓首席部长一就职便立即调离属于高级种姓的高层公务员，并从他自己的种姓中选拔顺从的官员，培植他所属种姓内的亲信。在1997年3月到9月这六个月间，北方邦的表列种姓首席部长组织的政府成功创造了一个纪录，调离了大约1 400名文职官员和警察。一些地区长官和部长级别的公务员在那六个月中被调离和任命多达四到六次。在印度的政治文化中，这作为群体平等的一种不可避免的副产品现在已被广泛接受。许多本应该独立的行政部门的公务员现在也努力讨好那些政客，以避免被调任到不理想的职位和地区"②。在民主治理的名义下广泛推行某些缺乏远见的平等政策，这极大削弱了精英控制的范围，使得早期形成的行政协议失效，行政和经济发展中的决策决定过程和制度性环节都遭到破坏。卡夫拉吉将这一现象称为

---

　　① 许烺光：《宗族·种姓·俱乐部》，薛刚译，华夏出版社，1990，第190页。
　　② 普拉纳布·巴德汉：《分享战利品——群体平等、经济发展与民主》，载阿图尔·科利编：《印度民主的成功》，牟效波等译，译林出版社，2013，第262页。

"托克维尔式悖论"。他指出，在 1947 年之后的很短时期内民主政府在印度很好地发挥了作用，这恰恰是因为当时的印度社会还不是民主社会，一旦民主社会缓慢形成之后，随着政治平等意识的真实扩展，民主政府的运作就变得困难起来。[①] 平等、经济效率和地方民主如何共存，并且进一步自我强化和相互增益，这应当成为印度领导者必须面对和着力解决的问题。为此，也需要在全体印度人中展开持续而深入的讨论，以改变现有的思维方式、生活惯例，否则，上述问题始终处于无解的状态。

传统印度社会的各类组织内部都奉守各自不同的行事原则，因此具有高度的独立性，这些千差万别的各类组织包含了分离的因素和各自为政的诉求，这是印度传统社会充满分歧甚至纷争、冲突的主要根源。不过，多方制衡的组织间关系则提供了必要的约束，使得权力分配与资源共享通常得以和平进行，各方在坚持己方利益的同时接受对方的合理存在，分歧且共在的组织秩序容纳矛盾或争斗，并为矛盾或争斗提供了展示的渠道，这就是万花筒式的印度组织秩序：看似杂乱却乱中有序，看似争斗不已却大多能够以妥协让步收场。

公开的政治主张表明：现代印度实行的是民主多元的政治体系，政党轮替的现代民主政治体制使得印度民主有其自身的特点，即它不以某个政党为主导，它也没有哪种意识形态占统治地位，结果就形成了印度公众在思维方式上大多接受普遍多元的立场。组织管理也接受各种相互冲突的意识状态和价值观，多元性就成为现代印度管理思维方式的一个重要方面。

二、印度式管理父道主义

独立以来的印度政府在社会政策上始终持有"家长主义"管理思维，它通过干预、介入经济活动，向国民提供基本行政服务等方式来履行政府的管理责任，在印度，公共事务管理组织为全体国民提供了许多廉价而广泛的各种公共物品。行政组织奉守的行事原理也影响到了营利组织，国有企业不用说，私营企业之类的营利组织也深受影响，企业主或高层管理者大多持有父道主义观念，对下级或随从施恩厚爱，并要求他们全力回报或尽心服从。

"印度式管理"被国际管理界知名刊物《商业周刊》称为"达摩式资

---

① Sudipta Kaviraj, *The Enchantment of Democracy and India*, Permanent Black, 2011.

本主义",我们已经在前文指出,"达摩"或"法"是印度传统思想的核心概念,所谓"达摩资本主义"管理模式的关键内容集中在两点上:第一,经理人不应该只追逐金钱;第二,公司不应该只为股东服务。以否定式判断或告诫表达出来,这一思维方式正来自印度传统思想的"不二论"式思维方式。也有学者将印度式管理理解为精神主义,认为这样的印度管理信条具有标志性符号特征,精神本来跟人的价值观、生活方式有关,每个民族甚至每个人都会提出精神方面的要求,一旦被提炼为普遍特征,成为一种主义,它就必然有其稳定和广泛的表现。管理中的精神主义一定是由代表性的人物承担,例如,组织管理者、企业创始人,"组织的领袖们对工作现场的精神主义氛围的形成具有很大的责任。他们必须始终盯着更长远的目标,在面临风暴时他们要保持平静,在行动上保持勇气。他们要将精神向度融入组织的全部工作中,他们要总是聆听内心的声音,并为组织员工树立楷模,他们应当总是遵循正当的道路"[1]。

现代印度显然并不属于成熟的市场社会。例如,不少印度人还没有养成明确的时间观念,通常不守时,这一点常常受人诟病。不仅西方管理者,即便是那些高度西化了的印度管理者,令他们烦恼的是,他们不得不面对这样的处境,工作或约会或保证在约定时间送到的快件,都不能保证兑现。"抛开通常的礼貌不谈,在现代社会,人们越来越强调对'即时'流通环境的适应,无法按照原定的时间日程行动确实是很麻烦的,印度标准时(Indian Standard Time,IST)常常被人们戏称为'印度拖延时'(Indian Stretchable Time)。"[2]

父道主义下的组织秩序常常是难以预测的,若遇到以身作则、贤明的组织领袖,是件幸事,若是片面强调压服、无条件服从的暴君式组织领袖,则会造成组织缺乏生机,组织陷入道德风险之中。总的来说,印度的整体商业环境不容乐观,商业金融诈骗案件频发,其中比较著名的有哈沙德·梅塔(Harshad Mehta)诈骗案以及其后继者柯坦·帕雷克(Ketan Parekh)诈骗案,这两起诈骗案都因牵涉人员众多,涉案金额庞大,在印度广为人知。根据国际管理咨询权威机构毕马威(KMPG)2008年出台的报告,在之前的两年中,有60%的印度企业遇到过商业欺诈行为,其

---

[1] Krishna Mohan Mathur, Pragya Mathur Kumar, Shiv Shubhang Mathur, Mandita Narayan Mathur, *New Horizons in Indian Management*, Kalpaz Publications, 2010, p. 287.

[2] Rajesh Kuman and Anand Kumar Sethi, *Doing Business in India: A Guide for Western Managers*, Palgrave Macmillan, 2005, p. 74.

中 5% 的企业损失超过 250 万美元，大部分企业的损失在 25 万美元到 250 万美元之间，超过 70% 的企业认为在接下来的两年中，印度商业活动中的欺诈行为的数量将会进一步增加①。还有非银行财务公司（Non-Banking Financial Corporations，NBFC's）的丑闻，像罗亚佩塔（Royapettah）基金和阿尔瓦尔佩特（Alwarpet）基金等多家非银行财务公司由于投资不当而破产，企业没有对其投资者做出任何补偿。此外还有牵涉大量政府官员的哈瓦拉（Hawala）丑闻，这些案例都从侧面反映出印度政府部门对交易安全的监管不力。尽管印度有证券与交易委员会（the Securities and Exchange Board of India），但是其权力非常有限，甚至都没有对上市公司的自行审计进行否决的权力②。

不可否认，在一些大型集团公司的现代化工厂中，总体上具有较高的流程化管理和内部管控水平，与国际接轨，达到了很高的科学化水平，而且，这些公司充分挖掘印度传统思想和灵活使用现代社会制度，创造出了行之有效的现场管理方式。从员工层面来看，这得益于传统的种姓制导致的分工体制，维护了员工相对明确的义务观念、服从精神和极高的忠诚度；从消费者层面来看，印度大量贫民人口提供了"低成本的有限能力"，一方面降低了企业的成本，另一方面也迫使印度企业着力于开发价格低廉的产品，这样的产品在国际市场也具有极大的竞争力。

关于是否存在"印度式管理"的问题，笔者依然谨慎地认为，尽管一些印度大型企业的企业家和管理学界的专家学者试图借鉴印度教圣典中的思想，以建构印度独特的管理哲学或管理价值观，提高公司治理水平，使印度企业的经营行为更加符合全球视域下的一些共同准则，但是，这样的努力仍有待检验。

---

① KMPG, "India Fraud Survey Report 2008", 转引自 CLOL staff, "India is a haven for fraud", India Online 2009.

② Bhushan D. Sudhakar and A. Kumar, "Indian Corporate Scandals: Causes And Solutions", *Review of Human Factor Studies*, June 2005.

第八章 印度管理权威

关于是否存在传统文化这个问题，有着两种极端对立的观点：一种观点认为传统文化是本体性的存在，是本来就有的，它构成了持有该传统文化之民族的精神特质。这一观点可以称为传统文化论中的本质主义。另一种观点则认为传统文化是人为塑造出来的，并不存在独立的实体性的传统，存在的只是流动的、对传统的不断选择和培育的活动。相应地，这一观点被称为生成论或建构主义。笔者认为，上述两种极端观点虽然具有不可忽视的认识论意义，但在价值观上都是不可取的。任何一种现存的传统文化既有适合现代性的内容，这是开新的结果；又有自身内在一致并且有别于其他类型传统文化的特定内容，这是返本的前提。僵化的传统文化是不存在的，固守传统文化无异于缘木求鱼；同样，完全抛弃传统文化就失去了立身之本，也是有问题的。持有中道的立场或者说扬弃的方法才是对待传统文化的恰当方式。在现代印度，人们很容易观察到传统的历史因素得到了尊重和延续，但这样的传统因素或历史文化已经得到了"再创造"，持有或相信这些传统的心灵及其行为方式都有了不同以往的新内容。同样，印度现代组织中管理权威的性质和作用有了不同于以往的巨大变化，普通民众和组织成员对待管理权威的方式和态度出现了与传统社会既有联系又有区别的变化。

第一节 管理者的基本素质

印度管理人士的创造性和职业精神受到人们的高度评价，甚至有评论者认为印度的经济发展动力更具有市场性和个人精神。"不像中国与其他东亚经济体，印度或许最明显的不同之处在于其在未受政府直接的财务或政策性推动下，经济还能快速发展，甚至连日本都曾设有功能强大的国际贸易与投资部（Ministry for Trade and Investment）负责将选定的几个重点发展的产业推向市场的高峰。印度IT奇迹的发生背景却是政府完全放任不加以干涉。印度企业所享有的成就与发展出的竞争优势，完全是管理能力、创业家精神水平以及与生俱来运筹帷幄能力的展现。"[1] 印度成功的私营企业确实是靠实力、靠投资人的眼光和经理人的市场竞争战略等取得的。

一、向古哲先贤学习

现代印度管理者的第一代大多来自英国殖民时期的行政机构和中介企业，前者就是公务员，后者就是买办商人。从构成成分上看，前者主要是婆罗门等高等种姓，后者则主要来自两个集团，一个是被称为"印度的犹太人"的帕西人（他们都是袄教徒），另一个是古吉特拉商人阶层（属吠舍种姓），他们都有经商的历史传统。因为受到宗教观念的束缚，传统的权力阶层，如婆罗门和刹帝利都不被鼓励介入工商业活动，例如，《摩奴法典》如此告诫："不要为谋取生活而频频接触浮世，操行要正直、诚朴、纯洁而无愧于婆罗门。"[2] 正因为早期商人都来自非主流社会，一方面他们勇于接受新事物，有较强的商业意识，另一方面他们通常不被主流社会认可，无端受到排挤。但在独立运动中他们大力支持国大党，这可以说是极富远见的战略投资。独立后国大党执政，即便实行的是社会主义公有制，上述商人和民营企业人士的领地、私产、公司都得到了维护，印度传统商业文化得以在现代企业管理实践中延续下来。

一些大型印度企业，例如塔塔集团、印孚瑟斯技术集团（Infosys Technologies）、印度斯坦利华公司（Hindustan Lever）、信石集团（Reliance group）、拿丁集团（Larsen & Toubro）、威普尔有限公司（Wipro）等，都自称充分借鉴了印度教圣典和吠陀经里的内容，以此为据制定本公司的伦理价值观和长期战略愿景，并在每日的公司运营中积极实践这些来源于印度教教义的诸多启示[3]。一些印度管理学者也积极地通过实证研究试图将这些应用于印度公司治理中的印度教传统伦理价值观加以理论化、系统化和标准化。例如，研究印度教和印度企业管理的查尔斯博士总结

---

[1] 萧美惠、林国宾：《印度：下一个经济强权》，财讯出版社，2007，第273页。
[2] 《摩奴法典》4：11，迭朗善译，马香雪转译，商务印书馆，1995，第88页。
[3] Taran Patel and Anja Schaefer, "Making Sense of the Diversity of Ethical Decision Making in Business: An Illustration of the Indian Context", 2005.

道:"根据《薄伽梵歌》,管理的本质可以被概括为:坚持准则的自律,劳动成果的合理分配和忠于职守。"①

如饥似渴地向古哲先贤学习的印度管理者们,不总是依靠阅读经典文献,他们还愿意倾听活跃的宗教人士的意见,将他们的教导融入日常管理行动之中。宗教领袖式智囊的存在也为印度管理者们提供了智力、心理和社会联系等多方面的支持。"在印度,由于宗教和宗教领袖继续扮演着重要角色,宗教领袖和宗教活动与现实世界中的变化保持着同步,他们使用现代通信技术和手段影响他们的追随者。因此,在这种新形势下,有许多中产阶级人士聚集在新兴的'古鲁'(Guru,宗教领袖)周围,聆听他们的布道(Satsang)。"② 不可否认,印度社会充满了精英主义价值观,无论是教育领域还是社会运动,被视为精英的人有一大批拥趸,高僧、师尊、企业家、政治领袖等都可以成为一呼百应的人。

上述印度管理者的特质通常被归结为来自印度教传统思想的影响,在当今全球公司治理的视域下,管理知识的普遍化和管理模式的趋同得到彰显,然而,同样不可忽视的是,印度的经济发展、现代企业管理确实在努力维持自身的特异性。印度著名的管理大师③阿萨雷亚(Athreya)博士明确地总结了印度教圣典中"法"的一些基本含义,他认为"法"应指正确的道路,它支撑着家庭、组织和社会结构。他在多次公开演讲中反复指出,法是为了社会的稳定、社会秩序的维持、大众的幸福和人类的进步,他也明确表明这样的启示来自《摩诃婆罗多》④,在第八卷战争进入第三阶段时,卡尔那(Karna Parva)指挥战斗并向他的将士做出了极富哲理的陈述。可见,"法"可以引申、发展出许多积极概念,这些概念被印度大型企业在制定企业文化和战略时广泛借鉴。在阿萨雷亚博士看来,受益于印度古老的传统思想毫无疑问将有利于改进印度企业的公司治理,二者的高度关联性被简要地表述如下:第一,"公益事业"。这一思想可在"世间汇集"(Loka Sangraha)中看到,它指工作不仅仅为私利,还要为公利。第二,"效率"。源于 Kausalam 一词,强调的是对资源有效的运用以

---

① Charles Chow Hoi Hee," A Holistic Approach to Business Management:Perspectives from the Bhagavad Gita",2007.
② N. 拉加拉姆、李鹏:《印度与中国的中产阶级:问题与关注》,《江苏社会科学》2008 年第 5 期。
③ 在印度,管理大师也被视为"导师"(guru)。
④ 《摩诃婆罗多》(Mahabharate),印度教经典之一,讲述的是婆罗多王室的故事。

实现生产最大化,明智地使用资源并为子孙后代保护好资源。第三,"创新"。它是 Vividhta 的现代发展,意味着除了生存以外,商业活动必须保持创新的动力,持续地寻找更有效的方法实现经济和社会的期望。这些创新体现在工艺、产品、机器、组织、战略和人等各个方面。第四,"学习",即 Jigyasa,它要求革新与常例相互依存,公司必须从社会的反馈中学习,从公司内部遇到的问题、挑战、争论和训练中学习[1]。

印度学者卡普(K. M. Kapp)运用韦伯的"新教伦理"理论阐述印度社会的现代发展。他认为支撑印度资本主义发展的是"业"(Karma)、"法"(Dharma)、"幻"(Maya)、"解脱"(Moksa)等基本价值,这些价值都是印度教经典所珍视和倡导的价值[2]。根据担任印度多家企业高级顾问的饶(Rao)博士的观点,"公司治理的伦理属性的建立必须基于一些核心价值观,例如诚实、正义、尊重他人、公平、意志坚强、互信、责任和关爱他人……其中很多价值观在印度教圣典中被我们所熟知……而且不论公司的目标是什么,这些价值观都要被所有员工随时随地地坚持"[3]。同样地,印度知名管理学教授比昂(Biony)在认真梳理了印度教传统思想后,总结到:"要实现公司治理的目标,手段和目标同样重要。安全和公平总是符合伦理的,所以我们相信不要做那些如果公开就会让人感到羞耻的事情。"[4] 将全部现代印度管理者的认知、思维、价值等单方面地归于传统知识、古老智慧,可能具有误导性,因为印度传统思想留给当代印度管理者的并非都是合理的内容。例如,"不杀生"戒律导致印度全国牛的数量剧增,牛的总数几乎等于印度人口的一半,牛与人的冲突尤其体现在耕地的利用上。此外,因不杀生,印度人对猴子和老鼠也十分纵容,导致它们不仅泛滥成灾,而且损害粮食、谷物、建筑,甚至传播疾病。

印度很多高层管理者强调:一个人可以仅仅基于一种义务而工作,而不是出于对工作后果的期望。如果他以这样的方式工作,那么,他实际上

---

[1] Athreya, M. B., Business Values For The 21st Century in the Book "Corporate Governance and Business Ethics", All India Management Association ed., Excel Books, New Delhi, 2005.

[2] K. M. Kapp, *Hindu Culture*, *Economic Development and Economic Planning in India*, New Delhi: Asia Publishing House, 1963.

[3] Rao, S. L., A Work Ethic in the book "Corporate Governance and Business Ethics", All India Management Association ed., Excel Books, New Delhi, 2002, pp. 22—35.

[4] Binoy, J. K., and Binoy, N., Better Corporate Governance is the Need of the Hour, The Chartered Accountant, November, 2005, pp. 762—771.

就是一个 sanyasi（印度教中为宗教目的而行乞的人），他已经置身于放弃世俗愿望、向往精神提升的出世秩序中。对一个"行乞者"来说，这样的放弃世俗愿望的秩序根本就不是自我克制所能达到的，而是他本身就向往的。换句话说，个人领导是一种"内向性事物"，他涉及如何创造一个更好、更强的自己的问题，还与如何改变自己的自我目标设置有关。只有将这样的内在动机和对完美的追求转化为在意世俗成功，即与管理者的精神成长和发展相关，才能催生管理者个体的自我实现。这就是人们通常说到的"自律"。"自律是管理者最值得拥有的个人目标。自律对通过恰当的行为实现组织目标来说是必要的，因为管理者的自律会产生更好的工作环境和有意愿工作的效率，管理者应当记住，为了发挥管理的作用，应当时刻保持自律。"[1]

二、印度优秀管理者的素质

其实，印度企业家和管理者们并非只是回头看，仅仅从他们的古老文化传统中汲取资源，他们同时也向前看，向他们的西方同行们学习。很多印度大公司中高层管理者都在欧美国家取得了 MBA 学位，将塔塔集团带入管理现代化的拉坦·塔塔最大程度模仿和学习的是美国通用集团，当然，他对美国的做法也有批判和发展，他说："在美国，公司业绩直接跟管理者的报酬挂钩，这就导致美国管理者倾向于短期行为，不太关心公司的长期成长或发展。……很多获得高额报酬的管理者过着奢华的生活。……在还有很多贫困者的印度社会，大企业的社会责任和管理者的模范行为就需要充分考虑限制个人消费，帮助穷人。"[2]

由于政府部门长时间不太友好的经济政策和多数国民对富人阶层或市场行为略带敌视的态度，印度企业管理在这样的环境下被迫学会了如何应对以赢得管理的空间，"人们会观察到，印度企业管理有时是现代的，有时是传统的，但更经常的是表现出境遇主义以适应政府的指导"[3]。印度管理者灵活应变、游刃有余地应对各种环境，显然得益于他们身处其中的复杂社会制度条件。

---

[1] A Chandra Mohan, C. N. Krishna Naik, *The Leadership Style of Indian Managers*, Indian Publishers Distributors, 2005, p. 201.

[2] 小島真：タタ財閥——躍進インドを牽引する巨大企業グループ，東洋経済新報社、2008，第 61 页。

[3] *Management Philosophy and Style in Indian Industries*, Vol. 1, p. 90.

客观而论，现代印度的多数管理者（特别是高级管理者）并不只是自身传统的继承者，他们普遍受到了良好的西式教育和现代法治观念、市场意识的熏陶，在他们身上现实主义立场和前瞻性的战略思维也很常见。印度管理者善于捕捉机会，也是管理沟通的高手，"印度谈判者将谈判看作一个解决如何动手的问题，谈判的成功与否就被认为取决于谈判者的智慧，他能否设计出一个理想的解决问题的方案。对理想方案的强调意味着印度人的谈判具有很高水平的期待，他们试图将谈判看作可以转化成现实的方案。……高的期待水平还会导致竞争产生具体化的倾向，印度谈判者会在一定程度上批评性地评论谈判对手的状态或处境，毫无疑问，一个批评性的评论对阻止未来可能发生的不希望的后果却是必要的，但一个过于采取批评立场的思维有可能对任何事都很挑剔，有时它会导致'决策'停顿的后果"①。

印度职业经理人是一批专业素养极高的管理人才。合益（Hay）集团印度CEO研究项目的负责人塔鲁玛·拉贾（Tharumah Rajah）认为，印度企业的CEO通常具有如下特质：（1）执着地专注于成长、结果和创新。印度优秀的CEO强烈专注于创新、发展和经营结果，他们为此会慷慨地提供技术和相关信息，并相信这些技术和信息都将得到良好的应用。"如果能够仿效印度CEO的一些领导方式，很多人会受益匪浅。尤其是他们对于成长和创新的专注，以及乐于做那些对社会和国家发展有益的事情。"② 合益集团的领导力发展全球总监玛丽·方丹（Mary Fontaine）建议更多的西方企业领导人采用印度同行们的一些领导方式，"我们通常也支持这些价值观，但考虑到我们所面对的压力而往往很难去实现和执行"③。（2）高度利他主义的经商哲学。不同于大部分西方企业领导人，印度的企业家们经常在考虑那些对社会有益的事情。虽然外界认为他们都是嘴上说说而已，事实上大多数时候的确如此，并因此影响到他们为企业重大经营问题做出的决策。当印度的企业领导人在谈论那些对印度有益的事情时，他们不仅仔细聆听，也会认真地看待这些事情并付诸行动。印度的企业家会谈磋商时也乐于探究其他同行们如何看待这些项目是否会支持印度的发展，这些项目若对社会有益处，他们会不遗余力去推介。（3）高

---

① Rajesh Kuman and Anand Kumar Sethi, *Doing Business in India: A Guide for Western Managers*, Palgrave Macmillan, 2005, p.134.
② 《新世纪》，《新世纪管理经济文摘》2007年第91期。
③ 同上。

度的坚韧力和诚信度。印度卓越的 CEO 展现出了很高的诚信度和很强的内在力量,这两点在印度的商业环境中是十分重要的,因为企业家们可能会经常面对政府部门的严厉评估、面对来自媒体的刁难和质疑,以及一些与工会、地方利益集团等的冗长谈判,耐心和坚韧力将变得至关重要。
(4) 更为正式和职业化的人际关系取向。与西方的同行们比较,印度 CEO 更倾向于保持正规和职业化的商业关系。虽然印度 CEO 也会表现出对他人的同情,但他们尽力避免在工作环境中建立亲密的私人关系。印度的 CEO 会花较少的时间在公司内部政治、个人和私人问题上。他们在接受新闻媒体的访谈中提及过去的经验几乎全部与成长有直接的关系。

印裔 CEO 正成为全球跨国公司中的一道风景线,如百事可乐、花旗银行、联合利华、标准普尔公司、摩托罗拉、Adobe 公司的 CEO 或前 CEO 都是"印度制造"。印度人在全球知名企业中担任高管的人数仅次于美国,这得益于现代高等教育在印度的推进。早在印度宣布独立之初,首任总理尼赫鲁力图将印度打造成工业强国,创办了印度理工学院。印度理工学院已经成为蜚声海外的知名学府,它为印度乃至全球培养出了一大批顶尖的制造工业产品的工程师。印度管理学院也是印度最好的高等院校之一。这两所大学每年都有 30 万名高中生报考,录取率不到 2%,远低于哈佛大学的 13%。在印度,人们经常戏言,印度学生是因为考不上印度理工学院和印度管理学院才屈尊去哈佛大学就读。

当然,也不能忽视英国为印度留下的积极遗产,这些遗产至今让印度人受益无穷,它们包括:法治观念、宪政政府、竞争性的多党体制、自由的媒体、专业的宪政服务、开放的民间社会、现代性的研究机构。最不能被遗忘的一点是作为官方语言的英语,它使印度能更加便利地进入全球市场。即便不能说当年的英国是为了造福印度人才引入和维护了上述各种制度或观念,但在客观效果上它们加速了印度现代化的进程,也极大削弱了现代文明在印度传播的阻力。英语的普及至少将印度受过教育的人士和上流阶层引向了现代化事业,西方技术、思想、生活方式等持续不断地进入印度。"印度是最早向西方学习的学生之一,仅仅排在日本之后,位居世界第二。大部分领头商行在公布他们的财务时,遵循的是传统的体制和美国会计准则——一般公认的会计准则(GAAP)。银行遵循的节约准则同样也在欧洲或美国奉行着。"①

---

① 卡迈勒·纳特:《崛起的印度》,张旭译,湖南人民出版社,2012,第 107 页。

除了系统、专业的学校教育，现代印度企业人士学会管理的实践场所来自两个方面：一个是大型国有企业，一个是部分成功的家族企业。在自由化之前，印度仍然保留了一些私营公司，它们活跃在许多领域，最大的四家私营公司是：塔塔（Tata）、埃迪亚贝拉（Aditya Birla）、马丁伯恩（Martin Burn）、耆那信徒（Jains）。国际知名的印度企业家也主要来自私营企业，包括外资企业和传统的家族企业，相反，国有企业提供了更多的政客。有国企工作经历的人日后不少加入了官僚队伍，成为高级行政官员，或者步入政界，成为职业政治家。

20世纪90年代开启的自由化改革无疑带来了印度社会的巨大变化，也对管理者素质提出了新要求。什么样的人适合自由化时代的新印度呢？有学者指出如下四种管理者将最受欢迎：（1）商业管理者，他是一名战略家＋建筑师＋协调者；（2）乡村管理者，他是一名传感器＋建设者＋贡献者；（3）职能管理者，他是一名扫描员＋四处游说者＋竞赛的胜者；（4）企业管理者，他是一名领导者＋天才的探索者＋挑战者[1]。印度的自由化改革仍在进行中，尽管有些年份因党派斗争、地区冲突而受阻或倒退，但总体上向外开放、给市场以自由、给企业松绑的趋势未变。我们相信，在这样的市场友好、企业友好的环境中，印度管理者的基本素质要求正在发生与西方日益接近同时又可以寻求自身特性的变化。

第二节 管理者与员工的关系

案例6：

印度的阿牟尔模式

37岁的乌夏本·帕特尔是印度古吉拉特邦纳瓦利村的一名家庭主妇，她每天早晨5点起床后就去挤牛奶，然后将牛奶送到村里的牛奶合作社。下午，她再送一次牛奶。依靠卖牛奶，她每天可以赚2.8美元。这笔钱对

---

[1] Rakesh Khurana, Emerging Global Economic Scenario and the Role of Manager, in Debendra Kumar Das ed., *Indian Economy: After 50 Years of Independence—Experiences and Challenges*, Vol.1, Globalisation and Development, Deep and Deep Publications, New Delhi, 1998, p.94.

她很有意义,她会用这笔钱购买生活必需品和支付两个儿子的学费。事实上,这个合作社在纳瓦利村发挥了非常重要的作用,在6 000个村民中,有932人参加了这个合作社,村民还用赚到的钱修筑了新的道路和村小学的教师住房,甚至还捐钱给其他受灾的人。

像纳瓦利村这样的合作社在全印度有175个,覆盖了200万人口。与这些合作社有联系的是印度最大的乳制品企业阿牟尔公司(Amul)。阿牟尔公司是家农业合作社性质的企业,在成立至今的六十多年的时间里,该公司通过独具匠心的"三级化体制"把印度全国极其分散的乳业供给和需求有效地连接起来。奶农和村庄被组织在全印度175个合作社中,共有1.3万个村庄的260万户奶农成为阿牟尔公司的股东和供应商。成千上万无地的、社会最底层的家庭获得了有效的收入。阿牟尔拥有一流的加工厂和包装厂,由于有自己低成本的原料来源,阿牟尔生产的乳酪、冰激凌和巧克力成为世界级巨头雀巢公司和联合利华公司的强有力竞争对手。阿牟尔的年销售额为6.12亿美元,增长率达25%。它雄心勃勃,产品已经出口到美国、中东和非洲,正在成为一个大型跨国公司。

已故的英国经济学家兼哲学家舒马赫(E. F. Schumacher)曾在他的名著《小的是美好的》中写道:发展中国家的人们不必被动地参与发达国家的激烈竞争,他们能够依靠传统的生活方式取得进步。一些国际大公司,如飞利浦、可口可乐等也逐渐发现,集中生产低价格、小尺寸和功能简单的产品,可能是发展中国家的企业获得市场成功的奥秘。在金融领域,向发展中国家国民推广少到100美元的微型贷款也很成功。在信息产业领域,从印度的班加罗尔到美国的波士顿,工程技术人员正竞相开发便宜的无线电话和计算机,这些设备简单得连文盲都能使用。

在现代印度,与员工直接打交道的主要是基层管理者,如工头、车间组长、工厂班长等,其实这些人也是因表现突出、忠诚、肯干而从工人中提拔起来的,但对他们来说,成为基层管理者已经是很好的待遇了。中高层管理者则由受过良好教育、科班出身、家世优越的男士担任,他们既接受了完整的西式专业教育,学习工程专业或者管理专业等,同时也以自己的家系、所属的种姓、出身的地区为傲,并不拒绝传统文化的影响,愿意倾听宗教导师的教导,他们与员工的关系很难简单用亲如一家来形容,因为多数员工视他们为楷模,他们则经常视员工为需要点拨和关照的"未成年人"。至于企业的所有者或总经理,他们都是做出重大决定的人,主要

工作是与政府机关、政党领袖、新闻媒体、金融大鳄等交涉，较少亲自下到车间、工厂、仓库过问细枝末节的事情，但他们会与员工的组织——工会打交道，通过支持工会工作，间接施恩于全体员工，这也反映了"文化人假设"这一印度管理人性假设的深刻影响。管理者与员工都接受了包含传统文化与现代生活方式等多重内容的"文化模式"的影响，在现代印度管理组织中，理性主义只有在传统文化模式改造之后才能发挥有效作用。

一、印度管理者的行为方式

印度管理者是一类什么样的人群？与西方管理者相比较而言，印度的管理者更倾向于合作而非排斥竞争者。因为印度管理者更容易忍受众说纷纭的争执情形，一些在其他国家或者不同文化背景下的企业领导人看来非人情化、令人困惑，甚至自相矛盾的行为，在印度企业家看来也许是正常的。印孚瑟斯公司（Infosys，也称"印度系统公司"）创始人穆尔蒂梦想着印度实现"有人情味的资本主义"和"社会民主模式"。二十几年来，穆尔蒂一直在赚钱和道德两个方面试图成为他人的榜样，他至今仍然住在30多年前创业时居住的只有两个卧室的公寓里，他每天自己打扫卫生间，经常到公司食堂去擦地板。他与其他创始人的个人财富中的60%都放进印孚瑟斯基金，用来资助慈善事业。穆尔蒂的信条是：金钱的真正力量在于施予。

正像案例6所表明的，为数不少的印度私营企业主、成功的企业家都十分关心社会议题，投身公共事务，他们不仅在企业内为员工提供有保障的工作岗位和体面的收入水平，也在企业经营活动之外投入大量人力和财力解决某些社会问题。这从另一个方面证明了传统印度教的文化概念的深刻影响，包括上层人士施舍下层民众的自然正义观念、挣脱轮回实现解脱这一非物质占有式追求等，因此，印度管理者在营造组织内人际关系以及处理与员工、客户、供应商等的关系时，通常是将自己设定为巨大文化传统的传承者这一角色，他们履行这一角色越是主动、越是全面，所产生出来的精神价值就越大。

也许经受了广泛存在的不守时的折磨，或者是官僚主义政府有关部门的"摧残"，成功的印度管理者通常有很好的耐心，也善于处理棘手的外力阻挠因素导致的突发事件。如果遇到因外界机构干预而进展缓慢、耗时过长的情况，他们会比多数人员有耐心。印度的企业家把应对这种外部干预的行为称为"边界管理"。"边界管理"一词特指对与企业相关的政府关系和媒体关系的处理，以及从特别渠道获得所需的信息。所以，在进行项目计划时，印度管理者通常会为这些可能发生的事情预留一些时间。

印度管理者一直在努力塑造专业精英形象，维护与员工的良好关系。早在20世纪50年代中后期印度就开始将时间研究、工作标准化、定额定件等现代管理方法运用到企业管理之中，随之还进行了"工作任务分析"和"薪酬分析"等管理技术推广和提升。例如，一些印度管理者提出：在夜班中，工作安排应当考虑提供人工光源以减轻疲劳感，人工光源不能太亮以免晃眼，必须经过多次实验，尽可能充分考虑现场人员的工作内容、工作方式和人员密度等因素来确定合适和宜人的亮度。

管理者的领导风格直接影响了管理者与员工的具体关系形态。领导风格指组织情境下领导用于影响跟随者行为的活动方式。领导所表现出的领导风格既可能是积极的，也可能是消极的。每一个管理者在领导风格上都各有不同。印度企业的管理者通常会被要求习得一些额外的技能，包括顺利维护并发展各种关系，能够很好地处理棘手的工会会员、政府部门中的小官僚和供应链、销售链中的小商贩们。当然，不能忘了，还必须要有这样一种重要的能力——超强的危机管理能力，因为在绝大多数印度城镇基础建设都处于不发达的状态，有物质匮乏和运力受限等方面的问题要面对，而且还要应对各种压力集团或非政府组织。然而，具有这样的"极好且顺利地操作一艘船"管理经验的人才，即便在海归的印度管理者中也是很缺乏的，这也是印度组织壮大的一个现实掣肘。

在印度，走向管理者岗位的人员大多是具有工程或商科知识背景的人，他们通常会被认为具有专业能力。因此，印度企业特别是私企倾向于招聘工程、商科类学生，不太愿意招收非专业技术类学生，例如艺术、教育、人文学科等。这似乎印证了上文提到的印度企业内发达的组织内交往和相对欠发达的组织间交往这一现象。

印度公众大多受到社会主义公平观念的影响，对企业人士，特别是私营企业主持有负面评价。这也意味着对企业管理者提出了更高的要求，例如，有学者指出："印度商人应该重新定义中心目标。他们通常被人们看作反对民主理念的堡垒，但是，民众的广泛觉醒、上升周期的变革都使得赢得最大利润与现代社会的追求越来越不合拍了。因此，商人要在社会中找到恰当的位置，就必须在盈利的过程中同时服务消费者的利益，改进工人的福利，与政府合作推动社会进步并总体上提升社会的福利。'短时期的较大利润'这一目标应被'长时期的合理利润'这一新概念所取代。"① 这也导致了印度管理者对于工作和人的看法有别于西方同行。外国投资人或管理者需要自己判断，是接受他们的方式，还是为他们建议一些变通的办法。塔塔钢铁公司前主席和经营主管罗希·莫蒂（Russi Mody）就给出了如下忠告：如果要在所期望的结果、所期望的规则和所期望的人之间做选择，请选择所期望的人，其他两项会自动得到。这为寻求成长的管理者们提供了很好的建议。掌握了出色管理技术且品德可靠的管理者，才是最受欢迎的人。

不过，也有学者明确指出："印度企业管理行为同西方发达国家尤其是和英国有很大相似之处：二者都倾向于双重控制战略（对体力劳动者和较低层次的行政管理人员严格控制和直接管理），高层管理者内部微妙的控制（例如，通过进展报告），管理者和工人之间互不信任，表现为对抗性阶层关系。"② "与中国或日本的管理精英不同，印度的管理精英们受到的是英语教育，这或许是一个阻止印度管理者独立思考的重要因素。"③ 过于强调印度管理的独特性或者印度传统思想对今天管理现场的作用都可能是片面的，必须承认：被称为管理学的学科具有知识上的一致性和稳定性，这构成了无数差异化管理实践可以得到诠释的现代管理学之理论核心。印度管理者也在相当程度上表现出与其他国家管理者类似的行为方式和心理目标。

二、与员工和工会打交道

印度企业的普通员工、劳动者的构成也是分层的，他们的来源、历史传统和现状都有很大不同。日本学者柳泽悠认为，至少可以将印度广大普通劳动者分成三个阶层，"第一是机械工业等领域的劳动者，第二是以大规模工厂制棉工业的熟练工为代表的纺织工，第三是生产粗糙烟草的小微企业的劳动者、矿工、黄麻厂的劳工"④。第一层级的劳工主要是机械、金属工业的熟练工，他们是完全定居在城市的高工资劳动者阶层，此类劳动者和他们的家庭成员都固定生活在城市，与农村社会的联系较少；第二

---

① Amar Narain Agarwala, *The Emerging Dimensions of Indian Management*, the Indian Press Private Ltd., 1970, p. 32.
② M. H. Tayeb, *Organizations and National Culture: A Comparative Analysis*, London: Sage Publications, 1988.
③ S. K. Chakraborty, *Against the Tide: The Philosophical Foundation of Modern Management*, New Delhi: Oxford University Press, 2003, p. 4.
④ 柳澤悠：現代インド経済——発展の淵源・軌跡・展望，名古屋大学出版会，2014，第50页。

层级的主要代表是棉纺工业的纺织工，他们是来自农村骨干成员的半固定劳动者阶层，他们在农村属于自耕农，有自己的小块土地，离职后他们将回到农村，作为农业劳动力融入农村社会，并参加农业活动；第三层级是来自农村下层贫困的低收入劳动者阶层，他们通常没有文化，甚至不识字，在农村也没有自己的土地，在工厂只能做最没有技术含量的工作，因此，收入最低、雇佣关系最不稳定。"在这样的结构中，印度的工业雇佣结构的最下层，成为包含了农业劳动者、供应农村下层社会的源泉，因此，工厂中最低劳动者的工资水平基本上就是由农业劳动者的工资水平来决定的，棉纺织工和机械、技术工业的熟练工的工资水平则分别是最低工资的2倍和3倍。"①

不过，就企业劳动者的构成来看，来自农村并且以临时工身份务工的人员和定居城市的产业工人，无论在教育技术水平上还是社会团结程度上看，都有着巨大的差别。当然，在民营企业、小微企业来自农村的务工人员占据了劳动者的绝大多数，"大多数印度工人（79.3%）出生在农村。他们与乡村生活的联系如此紧密，这又是传统文化、家庭、社会学因素和农业性质的职业等导致的结果。任何从乡村到城市的移动都会伴生出无数的困难"。与此相对，"产业工人属于完全不同的文化，他们的社会、教育和技术背景都明显不同于那些农业工人。二者的工作条件也有区别，产业工人受到较好的组织保护，他们的工会拥有强大的政治游说能力，工会促使产业工人得到更高的工资和更佳的工作条件"②。

人们经常在印度管理组织中看到，印度雇员在管理组织中所显示的职业忠诚实际上不是针对组织，而是针对组织权威——管理者个人，因此雇员与管理者的关系更多是情感性的，而非工具理性的。员工对企业的忠诚不仅表现在日常工作上，还表现在较低的离职率，很多印度人一辈子服务于同一家公司，很少跳槽。2001年，印孚瑟斯公司被授予最佳雇主奖，迪内希（Dinesh）先生——印孚瑟斯公司的合伙创始人和运营官——对此的解释是，印孚瑟斯公司执行了以人为中心的政策和实践，他说："我们有一个非常棒的人力资源系统。在我们公司，核心，也是唯一最宝贵的资产就是人，因此，为了有效管理好这个资产，我们建立起了一套运行良好的人力资源系统。……这个系统包括雇员股权回报计划，为组织创造了财

---

① 柳澤悠：現代インド経済——発展の淵源・軌跡・展望，名古屋大学出版会，2014，第50页。
② *Mismanagement of Indian Economy*, pp.100-101.

富的人也应该得到高的报酬。人们通常有学习、情感满足和财务稳定增长等三个方面的需要层级，印孚瑟斯公司都能充分提供上述三类需要满足的条件。"①

独立后不久的一段时间，印度各界饱受罢工浪潮的冲击，这极大破坏了工业生产率，也为管理层留下了短时间内难以解决的棘手问题。1947年12月印度中央政府召集并成立了工业委员会，该委员会的成员广泛吸收了政府官员代表、诸多具有行业号召力的商人、工业家和有动员能力的劳工领袖参加。通过委员会的反复磋商、对话，来自工业、商业等领域的声音得以有效传达，产、商、学、官等各界精英人士开始接受将生产利润与劳工一道分享的观念，并据此制定出相关的劳动法、公司法，这对缓和劳资冲突、解决企业劳务管理与作业管理等都产生了积极的影响。例如，塔塔钢铁公司在过去20年内裁减了一半左右的员工，使它成为钢铁业成本最低的公司之一，但被裁掉的员工可以继续领全额工资直至退休。

工会势力已经成为印度现代管理组织中不可忽视的重要力量。以工作年限为中心的提升是工会的要求，在政府的行政组织中也同样如此，公务员的提升基于规则条例的考试和服务年限以及可得的空缺，而个人的实际表现（performance）并未获得重点考虑。联邦薪资调整委员会（Pay Revision Commission）近期曾建议对基于表现的提升予以倾斜，中央政府未予回应。因为最初设立的"印度行政官"（Indian Administration Service, IAS）这样的中央官僚系统的官员提升是可以不依据资历的，结果导致了强烈的政治介入，这使得中央政府经常放弃绩效表现、允诺工作稳定以换取公务员队伍的忠诚。

第三节 现代创业者

由于英殖民统治，印度较早被纳入世界经济分工和国际金融体系，这无疑为印度现代企业家的成长创造了得天独厚的条件。1875年孟买证券交易所挂牌交易，这是亚洲第一家证券公司。它为印度经济发展和企业调配资金、公众参与经济活动都提供了非常重要的渠道。截止到1992年，

---

① Krishna Mohan Mathur, Pragya Mathur Kumar, Shiv Shubhang Mathur, Mandita Narayan Mathur, *New Horizons in Indian Management*, Kalpaz Publications, 2010, p. 336.

孟买交易所内排名前十大印度公司全都属于传统行业，它们是：印度国家银行、塔塔钢铁公司、印度烟草有限公司（ITC）、信赖工业公司［又译为"信石集团"，音译为"瑞莱恩斯公司"（Reliance Group）］、印度斯坦消费品公司、塔塔工程动力公司、联合水泥公司、世纪纺织公司、格拉斯姆产业公司和塔塔茶叶公司。到了 2006 年，情况有了显著改变，有四家与 IT 服务、外包服务和电信行业直接相关的公司跻身前十名，它们是塔塔咨询服务公司、印孚瑟斯公司、威普罗公司和巴哈尔迪公司，另外六家是石油天然气公司、国家热电站公司、印度石油公司、信赖工业公司、印度烟草有限公司和印度斯坦消费品公司。

一、现代印度的卓越企业代表

进入 21 世纪以来，印度作为新兴经济体的表现更是抢眼，有学者指出："下列印度公司因为它们的创新的杰出表现已经成为世界领导者：（1）印孚瑟斯公司通过高级管理领导力和将企业知识转换成股东价值提供了源源不断的知识型员工；（2）印度萨蒂扬（Satyam）软件技术有限公司通过计算机服务创造了学习型组织，实现了股东的投资回报；（3）塔塔咨询公司则实现了最大化公司人力资本，创造了基于客户的价值增值；（4）塔塔钢铁公司在组织内部创造了一种共享知识和组织学习的环境；（5）尤里卡·福布斯公司（Eureka Forbes）创造了一种公司知识推送的企业文化，提升了知识型员工和共享知识的氛围。德里已经是今日世界 BPO（Business Process Outsourcing，业务流程外包）的首都，在全球最适合投资的城市竞争力排名中印度有七个城市进入榜单。"①

（一）塔塔集团

在印度，知名度最高且最受人尊敬的私人企业是塔塔公司。1911 年，塔塔公司开办了印度第一家钢铁工厂，现在的塔塔集团下属 93 家公司，包括塔塔茶叶（世界上第二大茶叶生产商）、塔塔咨询服务公司、塔塔钢铁、印度酒店、塔塔汽车制造厂、塔塔能源公司，等等。塔塔公司虽然经历了诸多完全不同的政治经济环境，例如英殖民统治、独立运动、计划经济、自由化等，都能够存活下来并不断发展壮大，因为塔塔公司的创始人和管理高层始终保持对宏观经济环境变化的敏锐感知，不断调整公司战

---

① Krishna Mohan Mathur, Pragya Mathur Kumar, Shiv Shubhang Mathur, Mandita Narayan Mathur, *New Horizons in Indian Management*, Kalpaz Publications, 2010, p. 98.

略,其内部管理令人赞叹不已。尽管印度工业企业常常遭受工会运动的冲击,塔塔钢铁70多年来却从未爆发过一次罢工。塔塔集团被视为印度企业精神的象征。塔塔的各项产业,特别是钢铁和棉纺的发展,可以说是现代印度经济发展史上一个不可或缺的重要组成部分。塔塔钢铁公司实施了一系列改革,借助各种资源引入了最好的技术,并对它们加以改进,以便发挥更好的作用。它鼓励自主研发和外购同时并举,还形成了诸多标准来提升所有产品的总体质量。塔塔集团难以撼动的领袖地位也与它充满创新、始终处于技术研发的前沿有关。1981年设立了塔塔研究开发设计中心,这是塔塔集团内最大的研发中心,该研发中心不只是研究生产过程的自动化、新产品的设计,而且还广泛涉猎金融、通信、运输、计算机应用技术等各类前瞻性的现代技术。塔塔集团致力于提升社会公平价值,确立了以行动为特征的伦理计划。这些措施所取得的成效十分显著。到2003年,塔塔钢铁公司是世界上成本最低的钢铁公司。

有一个广为流传的关于塔塔公司创始人的逸闻。1903年的某一天,塔塔公司的创始人贾姆塞特吉·塔塔带一位外国友人前往皮克的阿波罗饭店用餐,却被告知该饭店仅对欧洲人开放,他不受欢迎。他受到强烈刺激,决定建造一座印度人也可以光临的高级酒店,于是,他开始修造泰姬饭店,这是孟买第一座用电照明的建筑,该饭店建成后成为社会各界名流争相前往的去处,至今也是全印度最高档的酒店之一。贾姆塞特吉·塔塔不只是一名爱国者,他更是一名成功的优秀企业家,他很早就引入了技术研发概念,使得塔塔公司不只是制造企业,同时也是新技术、新产品的发源地。早在1911年,他授意在塔塔公司专门建立了印度科学研究所,该研究所不仅培养了一大批实用型高端技术人才,而且激励了国内其他科学研究所的发展,极大地推动了科学技术与工业制造相结合的现代理念在印度社会的传播。

在劳务管理和员工待遇方面,塔塔集团也做了许多探索。1912年,塔塔公司就在劳工管理和工会合作方面采取了在当时还十分少见却非常先进的福利政策,它是亚洲最早引入一天八小时工作制的企业,1915年它就为企业内全体员工提供免费医疗服务,1917年为企业所在地建造了小学,让附近学龄儿童免费入学,1920年设立了有偿退休制度(迟至1948年印度劳动法才将有偿退休列入强制的法律化要求),1934年设立了员工参与企业利润分享的奖金制度(迟至1965年印度才将此要求列入相应的法律规定之中),1937年设立了固定年限退休金制度(印度政府在1972

年才将此要求法律化)。

在全球化的今天,塔塔公司开始向全球各个领域扩张。从 2000 年到 2005 年,它先后收购了英国泰特莱茶叶公司(Tetley)、韩国大宇汽车公司(Daewoo)、新加坡大众钢铁公司(Natsteel)和美国皮埃尔酒店。不断扩大海外事业发展,这成为塔塔集团成长战略的一个最重要的支柱。2000 年,塔塔茶叶公司以 4.312 3 亿美元的价格买下了英国制造红茶的大企业泰特莱茶叶公司,由此,塔塔茶叶公司成为世界排名第三的红茶制造企业;2005 年 2 月塔塔钢铁公司以 2.836 9 亿美元的价格买下了新加坡的大众钢铁,同年的 12 月又以 3.623 5 亿美元的价格并购了泰国千禧港公司;2007 年 1 月塔塔钢铁公司以 129 亿美元的价格收购了欧洲第二大钢铁公司英荷克鲁斯钢铁公司。塔塔集团也广泛参与印度国内的市场化改革,2021 年 10 月 8 日,印度政府宣布,塔塔集团将以 1 800 亿卢比(1 美元约合 75 印度卢比)的竞标价格正式收购印度航空公司,交易将通过现金支付和债务清偿的方式完成,塔塔集团将承担印度航空 1 530 亿卢比的债务,并向政府支付 270 亿卢比现金。整体收购方案包括印度航空、印度航空快运公司 100%的股份以及相关航空地勤服务机构 50%的股份,2022 年 1 月 27 日,塔塔集团成立了全资子公司——塔莱斯私人有限公司——直接拥有并运营印度航空公司、印度航空快运公司,这意味着印度放弃了营利状况不良的国有企业,塔塔集团在国有企业私有化方面扮演了重要角色。

如今,塔塔集团已经是印度首屈一指的跨国企业集团,它完成了职业化、多业态化、国际化的进阶式跳跃发展,它的集约化管理避免了许多印度家族企业在继承人问题上的纷争或被肢解的风险,它提出的企业价值观和创办自己的企业基金会来实现企业的社会责任,这些举措都受到了广泛的赞许,但也有学者提出了如下警示:其一是"印度的股票市场在持续且急速地扩大中,塔塔集团内的上市公司股票变得相对便宜,很多人可能会在较低的点位购买,因此,塔塔集团应当提前预防未来出现敌意买入股票的行为"。其二是"塔塔集团的基金会迄今为止都是靠自有资金维持,资金运营状况并未公开,基金会与集团的关联密切,它的财务却被集团所掩盖,今后应当考虑资金进出、股票信息等的公开"[1],以消除公众的疑虑。

---

[1] 小島真:夕夕財閥——躍進インドを牽引する巨大企業グループ,東洋経済新報社,2008,第 43 頁。

（二）赫柔车行

我们要介绍的另一家印度优秀企业是赫柔车行（Hero Cycles）。它创始于 1944 年，最初只是一家自行车零件生产企业——阿姆利则地区的小规模作坊。1956 年开始生产整车，当年的年产量只有 639 辆。但 60 年代初开始向邻国和东非国家出口自行车，现在已经向包括美国、德国、法国和英国在内的 85 个国家出口自行车及相关的零部件。自 1987 年至今该公司都是世界上最大的自行车制造商。在 2000 年，该公司每天的自行车产量达 16 000 辆。

赫柔车行的生产管理有自身的习惯和连续坚守的观念。例如它的全部员工都始终采纳固定工资率的方式，在按件计酬的做法风行的时候也没有放弃，它强调对员工的综合表现而非单纯的生产力指标做出评价。赫柔拥有 340 家固定的供应商，其中的 1/3 专门为赫柔公司生产。赫柔每种零部件的供应商平均为 4 家，最多为 6 家。赫柔"从一开始就有了'供应商发展部'，而且一直保留了下来。工程师负责对供应商的日常探访，对随时出现的问题整理归类，并把重点放在对工艺流程的控制上。在推出新产品或者要对原有产品进行改进时，赫柔就会向供应商提供相关的技术。无论是公司还是当地的国家生产率委员会以及汽车部件技术协会等外部组织的技能开发项目，赫柔都将供应商管理置于其中。赫柔每年为所有的供应商举行一次研讨会"[①]。

赫柔车行提出了与丰田公司相似但比它早得多的"准时制"，这在完全没有时间观念的印度非常新奇，但赫柔车行力排众议坚持了下来。为此，赫柔车行在其全资的附属公司将一些资本密集型的零部件生产内部化，1990 年完成了后向式产品流程一体化，建立起了自己的高铁冷轧部门，确保核心部件的高质量，也使得它始终处于自行车生产技术的领先地位。

（三）信赖工业公司

我们要介绍的第三家杰出企业是信赖工业公司。成立于 20 世纪 60 年代末的信赖工业公司最初只是一家小纺织企业，到 2000 年，它不仅在利润和销售额上成为印度最大的私有企业，而且成功转型为完全垂直一体化的石化企业，它所经营的各种业务的规模都进入了世界前十名之列。

[①] 纳谢德·福布斯、戴维·韦尔德：《从追随者到领先者——管理新兴工业化经济的技术与创新》，沈瑶、叶莉蓓译，高等教育出版社，2005，第 31 页。

早在 20 世纪 80 年代末信赖工业公司的生产管理就已经达到了国际一流水平,在 90 年代中期,它是全球最大的一体化聚乙烯对苯二酸盐生产商、第二大对二甲苯生产商、第三大精对苯二甲酸生产商。它"也是世界上垂直一体化程度最高的企业之一。在涤纶生产上,从石脑油到纤维成品,附加值增加了 7 000%,大大节省了原材料、运费和装卸费用。瑞莱恩斯使用所谓的'出汗'(sweat)技术,持续在全员生产能力以上运转工厂。通过不断地消除流程中的瓶颈,成本得到了很大的节约。例如,在一个满负荷运转的涤纶纱工厂中,工程师发现主反应器还能容纳更多的空气。对于新压缩机的投资大大提高了生产力,而所花费的成本只有建设一个新厂成本的 1/5。'出汗'技术使瑞莱恩斯在增加产量的同时保持着高利润;公司的利润率为 19%,远远高于它的主要国际竞争对手杜邦公司(Du Pont)和英国卜内门化学工业有限公司(ICI)14%的利润率"[1]。信赖工业公司的工厂在"流汗",它们全部以企业生产能力的 120%在运转。在确定掌握了生产现场创新后,信赖工业公司现在集中于开发新技术,特别是"绿色技术"。这也是信赖工业公司在 1996—1997 年石化市场下滑时仍然能够抵御利润率压力的重要原因之一。

信赖工业公司十分强调工作环境中的专业文化,通行的是一视同仁、一目了然、始终如一的各种制度、行为规范和决策程序,公司的运作一直都以合理性为基础。公司高级副总裁贾兰(Lalit Jalan)说:"'我觉得是这样'与'我知道是这样'是有很大差别的。我们非常重视这种差别。"[2]信赖工业公司的成功主要源于对国内市场的控制,国内收益占了公司总收益的 95%。但信赖工业公司始终保持国际化眼光,一直以世界最高水平来衡量自己。当信赖工业公司决定在贾姆纳加尔创建一所大学时,它要寻求 1 万英亩土地,原因是斯坦福大学有 9 000 英亩土地!信赖工业公司还是印度第一家通过了穆迪和标准普尔信用评估的公司,是美国百年扬基债券(100-year Yankee bond)的首家亚洲发行商。信赖工业公司在项目实施速度上不断打破世界纪录:涤纶长丝工厂建造用了 17 个月,世界平均水平是 26 个月;涤纶短纤维工厂建造用了 16 个月,世界平均水平是 26 个月;PVC 工厂建造用了 24 个月,比世界平均水平少了 3 个月。

---

[1] 纳谢德·福布斯、戴维·韦尔德:《从追随者到领先者——管理新兴工业化经济的技术与创新》,沈瑶、叶莉蓓译,高等教育出版社,2005,第 123 页。

[2] Lalit Jalan, India Business, Pelember, 1997.

二、现代印度奇迹的创造者们

为什么会有如此多充满活力的印度私营企业呢？有学者认为这得益于印度人重视家族的观念。"分享资源，节约投资成本，这些都是印度独特的社会品性，印度人创业时就充分利用了这一品性，并从中获益良多。在这个国家，尤其是在一些小城镇的传统中心地带，即便是到了今天，仍然是三世同堂居住。他们共同分享着许多什物，如'家庭'冰箱、'家庭'洗衣机或'家庭'运货车。印度的这种大家庭的分享体系，为承担风险提供了必要的经济和社会安全保障，同时也提供了精神上的支持。"[1] 当然，20世纪90年代以后实施的自由化经济政策也是一个非常重要的因素，这之后，有更多的外国机构投资（FII）和外国直接投资（FDI）涌入印度，印度的各个邦政府之间展开竞争以吸引更多的境外投资，为此，邦政府也着力改进工业环境和维护企业经营自由，这些也对外来资本构成了巨大的吸引力。当然，更重要的还是，企业家精神在现代印度越来越受到肯定。许多印度年轻人投身创业、创新、创造的商业竞争之中，一批卓越的新生代印度企业家脱颖而出。

1966年，一名21岁的年轻人阿齐姆·普莱姆基（Azim Premji）正在美国斯坦福大学就读，当他的父亲——领导着拥有蔬菜相关产品的"西印度蔬菜制作公司"（WIPRO）的负责人——突然去世时，他决定放弃攻读学位，离开斯坦福，回到印度负责经营这家具有20年历史的家族企业。这位年轻人掌权后对家族企业开始了彻底的现代化和专业化改革，首先转型进军电子灯泡的生产，以后随着IBM和TCL从印度退出，阿齐姆·普莱姆基感觉到在IT硬盘领域存在机会，1980年从美国哨兵计算机公司（the Sentinel Computer Corporation）得到了生产许可，在印度制造和销售微型电脑。1982年，他又和美国太阳微系统（Sun Microsystems）以及其他几个国际公司合作，取得了在印度的代理权。WIPRO最终成为印度领先的计算机和打印机制造商。20世纪80年代后期硬盘业衰落、软件业兴起，WIPRO又将主业转移到软件和设计。截至1992年，WIPRO的软件实力达到了国际一流水平，建立起了自己的全球IT服务系统。

1981年7位软件工程师离开美国公司，自立门户，1986年正式创建了印度系统公司。印度系统公司是印度成长最快的公司之一，现有雇员10万

---

[1] 卡迈勒·纳特：《崛起的印度》，张旭译，湖南人民出版社，2012，第27页。

名,是第一家在美上市的印度公司。创业不足四十年的印度系统公司如今已经是全球软件、IT服务和咨询行业的巨头。创业之初印度还没有人使用电脑,客户都是欧美用户,因1998年提出了解决"千年虫"问题方案而闻名,获得了发展契机。同时他们也创建了一种新的公司模式——商业民主化。殖民地时期的民族主义要求和独立后实行的计划经济都使得多数印度公司与政府机构、公有制体系存在千丝万缕的联系,那些商业王朝集团例如比尔拉(Birla)和塔塔都不例外。但系统公司就打破了这一点,它不是依靠跟政府的密切且友好的关系,而是依靠对客户需求的满足以及技术革新的速度赢得了市场。系统公司的总部设在班加罗尔[①],那里有充足的人力资源,早在1972年印度政府就在班加罗尔建立了太空研究所,确立了它的高科技基地这一城市功能定位。

印度系统公司的成功既让人看到了印度的巨大潜力,同时也暴露出印度经济转型的艰难和迫切性。因为软件的最终目的不是消费,而是生产,只有制造业使用软件生产其他工业产品,软件的目的才得以实现。这既是印度软件产业的最大潜力,也是它可能错过的最大机会,因为目前的印度软件几乎是出口导向的,印度系统公司的高效率所节约的可能只是印度生产商的竞争者成本,"这需要软件业和印度生产商同时作出改变:软件业必须重视国内市场;本地生产商必须懂得如何借助当地软件企业增强竞争力"[②]。

印度重要的工程企业巴夏汽车公司(BAL)一直追求创新,它与泰坦公司(Titan)、孟买染色公司(Bombay Dyeing)和雷蒙德公司(Raymonds)一道被视为四家最具有产品创新能力的印度企业。巴夏汽车是印度最大的二轮机车生产商,是世界第三大二轮机车生产商。1984年它最早在浦那的阿库迪(Akurdi)工厂推行质量圈[③]。到2000年7月,巴夏共有646个质量圈。虽然质量圈是完全自愿的,但它从一开始就是由业务管理部门推动,在公司内部的总结大会和全国性的年会上,表现出色

[①] 英国殖民时期,作为殖民中心的班加罗尔就较早地开展了工商业活动,取得了一定的发展,开始了工业化,建立了铁路、电报和邮政系统,也是当时印度第一个使用电的城市。

[②] 纳谢德·福布斯、戴维·韦尔德:《从追随者到领先者——管理新兴工业化经济的技术与创新》,沈瑶、叶莉蓓译,高等教育出版社,2005,第103页。

[③] 受到日本管理的影响,印度积极引入了质量管理技术,推动企业内部的质量圈活动,并成立了全国性的协会——印度质量圈论坛(Quality Circle Forum of India, QCFI),在2000年机构会员达到了近1 000家。逊达拉姆-克莱顿(Sundaram Clayton)据说是印度最活跃的质量圈企业,号称员工参与度为100%,它成为唯一一家获得戴明质量奖的印度企业。

的质量圈成员被邀请专门介绍他们在一年内所做的改进。巴夏把质量圈和生产现场管理进行了有效的结合,成为生产一线与高层进行沟通的一种渠道。质量圈已经完全融入公司的治理结构,被看作一项值得肯定的持续活动。目前巴夏公司的重点是使质量圈能够更直接地针对企业目标来解决问题。

印度斯坦利华有限公司(HLL)是联合利华在印度的子公司,也是印度第二大私有企业,由于它的高度本地化,很少有印度人将它视为外资企业,事实上,它一直被认为是印度管理最为专业的企业之一。1998 年《远东经济评论》将 HLL 列为印度连续四年最受尊敬的企业,《福布斯全球》将 HLL 列为 2000 年度世界家用消费品公司的首位。"HLL 长期以来就是其他印度公司管理人才的来源地,现在又成为进驻印度的跨国公司所需管理人才的发源地,这是公司专业化管理水平的体现。"①

印度制药业也是创业者众多的领域。印度政府过去一直以贫穷人口众多、收入低无力承担昂贵的进口药为由,支持本国的药企大量生产仿制药,这些仿制药不仅极大满足了印度市场的需求,也成为出口到其他发展中国家的主要商品之一,但长年受到国际药业巨头的指控。自 2005 年始,印度政府全面承认药品专利,印度大约 2 万家药品生产商不得不面临转型,由于有大量的人才储备和先期的利润留余,一些大型药企转向新药发明即成功转型为产品开发商,例如印度最大的制药公司兰伯西拥有 500 多名研究人员,在全国设立了多个研发中心,已经成功开发出了多种先导化合物,并申请了国际专利。该公司将销售额的 4% 用于研发支出,其中的 1/4 用于新药研究。兰伯西总裁布赖恩·坦贝斯特(Brian Tempest)曾断言,印度是世界最佳的药品生产地。由于制造成本低(大概只有发达国家的 1/3),研发成本只是跨国竞争对手的 1/8,印度公司可以争取到世界非专利药品市场 1/4 的份额。

总之,20 世纪 90 年代至今,现代印度的经济结构已经有了很大改变。印度的 IT、金融、服务业、房地产业持续快速增长,它们贡献了58% 的 GDP。到目前为止,已经有九家印度公司跻身于福布斯世界最强企业的排名中,包括印度石油、印度斯坦利华有限公司、印度系统公司、信赖工业公司和西印度蔬菜制作公司等。有人说:19 世纪属于欧洲,20

---

① 纳谢德·福布斯、戴维·韦尔德:《从追随者到领先者——管理新兴工业化经济的技术与创新》,沈瑶、叶莉蓓译,高等教育出版社,2005,第 147 页。

世纪属于美国,人们相信21世纪很可能属于亚洲,这句话表达了这样一种乐观情绪,亚洲将在21世纪有大的作为。一些专家甚至提出,在亚洲中,只有印度因为具有深厚的企业家精神的传统,将很快超过中国成为亚洲的领跑者[①]。

---

① Y. Huang and T. Khanna, "Can India Overtake China", *Foreign Policy*, July/August, 2003.

下篇

以色列管理哲学

现代以色列国的主体居民是犹太人。犹太人有据可查的远古史始于公元前2500年，活动范围大致在今日伊拉克南部地区。公元前1800年前后，犹太人的祖先建立了迦勒底国，迦勒底国中出现了先知——亚伯拉罕，亚伯拉罕带领家眷和追随者渡过幼发拉底河，定居在约旦河以西的巴勒斯坦。当时的巴勒斯坦被称为"迦南"，迦南人是该地的原住民，亚伯拉罕和他的族人因是"来自河那边的人"，被当地居民称为"希伯来人"。据《旧约》记载，亚伯拉罕的次子以撒生有双胞胎儿子以扫和雅各，雅各在一次夜行途中梦遇天神"以色"，与之摔跤并获胜，天神大喜，赐予他"以色列"之名。雅各去世后，他的家庭出现了分裂，犹大本是雅各指定的家长，归顺犹大领导的人称自己为"犹大人"，但雅各的多数弟兄不服，这些人自立门户，称"以色列人"。雅各的儿子们形成了犹太十二支派①。然而，其中的十个支派在被亚述掳掠、放逐后不再出现在任何历史文献中，自此从人们的视野中消失，这被称为"丢失的以色列十个支派"。学术界对此的解释是：这些人在流散、辗转的生活中与当地人同化，从而消失在各个民族之中。

公元前6世纪末，被沦为巴比伦之囚的犹大国人被征服者称为"犹太人"，于是犹太人这一名称开始流传开来。标榜"犹太文化是独特的"，号称"犹太人有天生的排外性"的观点都是站不住脚的。即便今日的犹太人和以色列国都没有停止不断适应现实的环境，重写自身的传统。

然而，关于犹太史，越是时间久远的部分，人们越难以简单地断言全部都是"客观的"历史，也不乏传说、神话的内容。探寻以色列管理模式和管理思想之历史资源就会发现，史实与现实、祖先的荣光与当下的进取、宗教的严谨诫命与赢得竞争的生存压力等诸多看似矛盾的不同方面交织杂糅在一起，这些素材不仅提供了理解当代以色列管理世界的丰富画卷之钥匙，也为我们确认其背后的哲学原理提供了重要的线索。

---

① 也许出于对祖先的尊重，犹太人的领导机构、委员会、陪审团等通常都由12人组成。

第九章 以色列管理之基——现实人假设

一般而言,现代以色列的哲学研究包括两个同等重要的领域:一个是与西方国家同步的经典哲学问题研究,例如现代性、语言、真理等范畴及其意义;另一个是对古代犹太思想(特别是犹太教)的哲学阐释。在古代犹太思想史上有两位重要的哲学家,即古罗马时期的裴洛(约公元前20—公元50)和中世纪的迈蒙尼德(1135—1204)。裴洛将古希腊哲学引入犹太教,改造和发展了犹太教,使犹太教获得了西方思想界近似的表达方式,即便在基督教出现并成为西方主流宗教之后,犹太教仍然以自身的说理式教诲内容被接受。例如,裴洛提出了喻意解经法(Allegorical Interpretation),即用希腊哲学中的灵肉、身心等概念来阐释《旧约》,完善了犹太教的推理形式和哲学基础,从而将犹太教引入理性主义路线。迈蒙尼德则敏锐感受到中世纪后期启蒙思潮的解放意义,用现代意识改写犹太教知识体系,同时极大简化犹太教的烦琐仪式,使犹太教更加适应现代生活方式。迈蒙尼德归纳出的犹太教信仰13条至今仍被广为采纳。这两位哲学家其实都可以划入"同化论者"之列,因为他们所做的工作的直接目的是要取得西方世界对犹太教和犹太人的接纳。19世纪后期在欧洲部分犹太知识分子中出现的犹太复国主义则完全不同,这一新思潮不仅强调犹太思想的独特性,而且肯定犹太人作为一个民族独立建国的历史合理性诉求。犹太复国主义最终占据了主导地位,并直接构成了今日以色列的"立国之基",这也为现代以色列管理思想奠定了基调。

第一节 他者视野中的"现实人"

我们在前文中对日本和印度的管理哲学人性假设做出了规定,提出它们分别呈现出"自然人"和"文化人"的理想型,在此,我们将以色列管理哲学人性假设设定为"现实人"。相对于"经济人"假设,"现实人"这一理想型并不总是以直接的经济目标为导向,这也是它与"自然人""文化人"的相似之处,但它更加在乎所处境遇及其走出困境、把握发展的机会取得实际的成效,这又是它与"自然人""文化人"显著不同所在。虽然我们可以从犹太人的历史文化传统中找到"现实人"的痕迹,但应当承认"现实人"的定型是与犹太复国主义运动相伴随的,在以色列立国、建设和壮大的过程中最终确立起来。有一个希伯来语的词汇"bitzu'ist"最为精准地反映了这一理想型的内涵,该词的本义指只关心如何能把事情做成的人,可以粗略地翻译成"现实主义者"。以色列成功的企业家、政治家、社会活动家大多是这样的现实主义者,他们不受既定观念的束缚,可以同时采纳看似冲突的行动方式。例如,第二次世界大战期间,犹太复国主义运动的先驱们一方面鼓励并组织生活在巴勒斯坦地区的 18 000 名犹太人重返欧洲,组成"犹太营"加入英国军队,同纳粹作战;另一方面不顾英国当局的移民政策,组织了地下机构,秘密将欧洲的犹太难民源源不断地转移到巴勒斯坦。换句话说,他们在欧洲和英国并肩作战,同时在巴勒斯坦抵抗英国的统治。以色列企业家也大多如此,人们通常对他们的深刻印象是:务实、实用、正视现实。

一、他者视野

从哲学基础上说,"经济人"假设是以个体为本位的,并且预设这样的个体具有完全的理性。与此相对,"自然人"假设是将人置于关系、场所之中,同时肯定了人的情感特征;"文化人"假设则是出世导向的,因此主张的是个体的精神自我;"现实人"假设超越了个体与群体的划分,将"现实"视为存在之源,以解决现实提出的问题为着力点,人的使命在于因现实而生、因解决现实问题而成。"现实人"并非孤立的个体,也非毫无个性的群体一员,相反,"现实人"是以"他者"视野处理我们与他们的关系。"他者"观念促使"现实人"努力协调内(犹太人或犹太教徒)与外(非犹太人或非犹太教徒)的关系。

在历史上的很长一段时间,犹太人都是作为少数族群生活在其他异民族的包围之中,先是迁徙两河领域和迦南,后是客居埃及歌珊地,再返回已被其他民族盘踞的迦南,不久被掳为"巴比伦之囚",最后流散世界各地。"他者"观念由此产生,并一直如影随形。直接的、可感触的他者是周围的异乡人或异教徒,间接的、难以企及的他者是弥赛亚世界和上帝的应许之地。可以说，"他者"的观念是制约犹太社会生活的基本价值之一。

他者，一般地被理解为异于自己（同类）的他人，但在犹太思想中，"他者"首先指称上帝。上帝是最杰出的他者，它超于万物之上，是万物的创造者，是世界秩序的维护者，一切善皆因尊重他、执行他的意志而生；一切恶皆因亵渎他、违背他的旨意而起。万物最终又要回归到上帝，接受上帝的裁决。从这一意义上说，不是犹太人造就了《圣经》，而是《圣经》造就了犹太人；不是耶和华选中了犹太民族，而是犹太民族选中了耶和华。《圣经》是"他者"的言行录；耶和华是他者的化身。第二个层次的"他者"是同胞，即具有相同先祖、相同信仰的人们，用"他者"视野看待同胞，既强化了同胞共性这一观念，又树立了"非我族类，其心必异"的对抗意识。有许多犹太思想家不无忧虑地指出：只要有一个同胞处于困境和不幸中，就还不能说犹太人找到了幸福。犹太复国主义者、以色列开国元勋本-古里安认为，在以色列之外，不管一个犹太人的境遇如何好，他仍然是个"流亡者"，回到以色列，首先是所有犹太人的责任，其次才是他们的自由。犹太同胞之间的连带感不仅体现在强烈的民族意识上，还构成了文化认同的标志，时时唤起犹太人采取共同行动，以实现整体的目标和公共利益。第三个层次的"他者"是国人，亡国之后的犹太人流散到了世界各地，不得不与当地文化甚至是与当地民族融合，对所在国的忠诚就成为非常迫切的现实要求。随着近代资产阶级革命的兴起，侨居欧美的犹太人深受民主、自由、平等意识的影响，出现了"同化"潮流，试图融入主体民族和主流文化之中，以所定居国家为荣曾经是许多犹太人的心声。

以上是从外延方面考察了"他者"，从内涵上看，他者的本质在于将自身客体化，成为他者（特别是上述三类对象）的人质，与他者一道共受苦难、同担罪责，以自己的内心虔诚和实际努力成就自身。"做他人的人质"其实就是以"他者"的眼光审视自身，率先做出主动行为，以自身的不断自律获取接纳。我与"他者"的关系不是物质性或功利性关系，而是一种道义关系。自身在他者面前是有欠缺的、不充足的，为此，必须提醒自己不断反省。传统犹太教徒认为，与神的盟约不同于人间的契约，世人的契约以缔约者各自的利益为出发点，每一方都想着谋求最大的好处，通过讨价还价，达成妥协。但这样的妥协常常是暂时的，由于建立在利益基础之上，双方随时可能毁约，如果毁约能够带来更大利益而只付出较少损害的话。相反，犹太人与神的盟约是以耶和华的恩宠为主，即便人背信弃义，耶和华永远会信守他的协议。耶和华神既是缔约的一方，同时又是契约执行的监督者，耶和华神是无可超越的、终极的他者。

"他者"是外在于我们的，对我们而言，他者的要求是命令，必须服从，不受我们的个人偏好或情感制约；同样，他者的存在也可以有效地避免"化公为私"的行为。公元前13世纪前后，犹太人的祖先希伯来人在首领摩西率领下，历经艰难险阻，逃出埃及。希伯来人走向独立自由的"出埃及"行动，"不但意味着犹太人摆脱异族奴役的自我觉醒，同时也是古代犹太民族开始形成的一个关键性标志"①。为了纪念希伯来人在"耶和华的佑助"下摆脱奴役，获得新生，告诫犹太人不得丧失独立和抛弃信仰，犹太民族每年都要举行为期7天的"逾越节"。

"他者"观中一方面包含了无助、无望的消极等待和自责、自弃乃至自虐的倾向，反映了弱者的叹息和求告无门后仍然残存的一线希望；另一方面又夹杂了自立、自强的现实精神，在对"他者"的观照中，民族认同和个人自律也在黯然滋长。在苦难的历史长河中，犹太民族百折不挠，九死一生，正是"他者"的观念促使犹太人为自身设立行为域限，在承担责任时无悔地克制自己。对待"他者"，不仅是敬畏、服从，更重要的是亲近。所谓亲近，强调的是要在认知的理性层面和情感的经验层面都达到全身心地投入，缩小自我与他者的距离，实现与他者的同一。关键不在于他者有什么要求，更不必追问这些要求是否合理公正，而是内省自律，将内心坦诚展示给他者。

然而，犹太教也存在一个终极价值归属方面的难题。"他者"与我们的关系不可更改，他者的要求是至上的，于是，就有了宗教与世俗的尖锐对立。不仅如此，在对待"犹太性"这个问题上，也遇到了现代民主观念和科学意识做出的批判。犹太传统思想训导人们：犹太人首先是文化共同体，无论走到世界的何处，他们都会因相同的文化根脉而彼此联系起来。但是，生活于近代欧洲的犹太人在民主思想启蒙下，在反犹浪潮刺激下兴起了强烈的民族意识，这使得现代犹太思想越来越偏离了传统犹太思想，即便今日，"犹太性"究竟是种族概念、文化概念还是宗教概念，这个问题仍然未能被充分说明。

传统犹太教强调犹太人所遭遇的重重苦难正是耶和华施加的考验，只有矢志不渝，才能证明清白，从而获得"千年王国"的入场券。近代以后

---

① 沐涛、季惠群：《失落的文明：犹太王国》，华东师范大学出版社，2001，第12页。

有开明人士做出了修正，如亚伯拉罕·盖格（Abraham Geiger，1810—1874）认为，耶和华赋予犹太人一种特殊使命，使其成为"万邦之光"，"就是让犹太人通过自己的伦理一神教来教诲全人类，播撒和平与正义。犹太人的散居就是为了完成这一使命，而不是长期所说的对自身罪孽的惩罚"①。19世纪70年代以后兴起的犹太复国主义者②更是突破了传统的弥赛亚观念，"他者"内在所包含的等待救赎之被动性被弱化，这就不难理解为什么犹太复国主义运动最初不被保守的犹太教人士所接受。不过，也有不少现代学者对犹太教做出了有利于犹太复国主义的诠释，他们认为，犹太教的本质在于实践性。实践的信念基础是对耶和华神的信奉，实践不仅是信念的外化和客观化，从而体现了虔信者的心志；而且是人的身心达致统一，从而完成人对现实生活的责任。

在今天，民族主义的复兴和正统派犹太教势力的扩张，加速了以色列国内各个领域的纷争，且日益白热化。尽管有为数不少的立场中立的世俗人士，但沉湎于政治或者热衷于街头宣传、积极推销自己信条的极端宗教人士却更愿意发声，这使得对"他者"的解释也越来越远离原本的包容、自律色彩，"他者"正在变成无关的他人、充满敌意的异类。

二、"现实人"意象

近代犹太人的启蒙运动通常被称为"Haskalah"，它是一场呼唤犹太文化和犹太人的社会现代化的意识形态运动，它首先在18世纪70年代至90年代的德国爆发，然后在19世纪20年代至80年代逐渐传至西班牙加利西亚省和俄国。它鼓励两个方面的改革：一个是实现内向式犹太文化的复兴，为此，需要扩大和调整犹太文化中的常规内容；另一个是用新的技能培训犹太人以使他们能够参与异教徒的世界之中。这场启蒙运动的指导思想是各种各样的启蒙式批判理性主义，它也促成了犹太教再次全面接受现代洗礼。对犹太人来说，启蒙运动与另两项民族事业的发展紧密相关，即政治解放和社会再度团结，这两项事业标志着犹太人走出封闭的隔都③，

---

① 转引自张倩红：《困顿与再生——犹太文化的现代化》，江苏人民出版社，2003，第135页。
② 犹太复国主义者受到欧洲人文主义、启蒙运动的洗礼，以西方民族主义思想为指导，试图用人为的努力取代消极的期待和无助的哀告，主张通过政治手段、移民、特许权等方式积极促成"重返锡安山"的早日实现。但是，复国主义者大多为世俗的犹太人。
③ 隔都（ghetto）一词最早出现于16世纪初的意大利，可能与意大利语的铸造厂（geto）有关，但更多学者认为它源于希伯来语"隔离"（ghet），特指欧洲国家通过法律手段对犹太人实行强制隔离而设立的犹太区。

登上现代文明的舞台,这之后才有了犹太人在政治和智识上深度卷入现代历史的洪流之中。犹太复国主义也得益于启蒙运动,犹太复国主义正是受到启蒙、解放口号的激励以及回应在欧洲多国抬头中的现代反犹主义的挑战这二者相互纠缠的结果。

"现实人"假设这一理想型,其实是对犹太社会的现代化转变,特别是以色列建国过程诸多思想的提炼而得出来的,将"现实人"假设视为传统犹太教的教导或者犹太民族历史文化的结晶,都是过于简单甚至可以说是充满误解的看法。作为一种思想,犹太复国主义出现于19世纪下半叶,它的目标是要为流散世界各地的犹太人建立独立主权的国家,当时早就完成了"地理大发现",世界版图被瓜分完毕,每块适合人类定居的土地都被归于某个特定的主权国家名下,要建国几乎难于登天!一些政治犹太复国主义者采取行动,既鼓励单枪匹马的个人英雄主义尝试,又成立了多个委员会、基金会、协会等世界犹太人组织,集合分散的力量来推进民族复国大业,从第一批犹太复国主义者登上巴勒斯坦这一犹太祖先栖息之地,经过几十年的浴血奋战,在诸大国间游说与抵制不利政策并举,与当地原住民阿拉伯人有争有和,脚踏实地,终于将复国的蓝图变成了现实。这一创举不是一夜之间完成的,也非少数领袖人物之功,无数普通犹太人举家迁徙至此,几代人薪火相传,"现实人"的人性假设就成为最真实的生活场景和最朴素的认识结论。

很多以色列人都持有非常明确的现实主义态度,他们倾向于认为,我们所生活于其中的社会不是一种预先的安排,而是我们选择的结果。"现实人"假设使得以色列人并不讳言自身利益,同时在他人面前也公开承认维护自身利益的合理性,甚至认为,一个丝毫没有个人利益的行为,其行为者的动机令人怀疑。正像孤独的人再怎么表白自己是合群的也没有人相信一样,一个自称与当下决定没有个人利益相关的人未必说了真话,所以,有犹太学者指出:"孤独的人,是在其所主张的冒险中没什么可失去的人。没有任何尘世牵挂的虔诚的神职人员是不会做出牺牲的。他的克己什么也证明不了。"[①]

"现实人假设"并不保证所有人都是自律的,法规、程序和习惯都是不可少的约束手段。在今天的以色列,犹太教对世俗生活的影响范围和深度都很大,即便是非犹太教徒也不得不受其限制。这样的"现实"背后有

---

① 埃马纽埃尔·勒维纳斯:《塔木德四讲》,关宝艳译,商务印书馆,2002,第90页。

一系列政策和制度安排,例如,每当周五的日落之后,以色列全国就进入了每周一次的安息日(Shabbat)。根据犹太教义,从周五日落到周六日落之间的24小时内,犹太人不能劳作,包括开火做饭、开车、打电话等都在禁止之列。可能且受到鼓励的过安息日方式是全家团聚、诵经、读书、散步。即便不信教的世俗犹太人也会谨言慎行,遵守安息日的惯例。"在以色列,作为自由的共同体成员所组成的一个团体,成员基于契约而对于遵守契约之神的命令负有连带责任,如果胆敢包容那破坏命令者于他们之中,那么无论哪一个个体都得畏惧神的报复。"①

"现实人"意象也有被例外处理的时候。在2006年度的全球民主化指数排名中,以色列在全部36个抽样国家中排名第20位,此前的2003年和2004年以色列的排名分别是第14位和第17位②。排名之所以有所下降,一个重要原因是以色列政府没有能够处理好境内各个族群的关系,没有能够对非犹太人的国民施加同等的待遇。"从根本上说,以色列是一个不正常的国家,这是一个地处阿拉伯世界的犹太国家,是一个地处以色列的西方国家,是一个地处专制统治区域内的民主国家。"③ 在以色列境内还有不少非犹太人,主要是阿拉伯人,其中,阿拉伯人又分为穆斯林阿拉伯人、基督徒阿拉伯人、贝都因人,此外,还有德鲁兹人、切尔克斯人、亚美尼亚人等非阿拉伯人。他们中不少人拥有以色列国籍。如何在坚守正义、民主的价值下公平对待非犹太人、非犹太教徒,对以色列政府而言仍然是一个极大的挑战。

令人遗憾的是,多数时候以色列政府倾向于将非犹太人问题置于不存在的境地,视而不见,采取的手段是军事化打击、建隔离墙以阻止自由通行、不纳入国民化行政管理之列,非犹太人事实上就被视为"非人"。非犹太人经常受到来自国家权力部门的无端猜忌和粗暴对待。在这样的敌对式他者的观念中,"现实人"也被明显地从身份甚至从人种上做出了切割,犹太人即便刚从海外移民到此,连希伯来语都不会说,仍然被热情接待、照顾有加,而同样是持有以色列护照的非犹太人,包括阿拉伯人等,即便世代居住此地,他们有很多犹太人的同学、同事,能说流利的希伯来语,仍然被视为"非人",在以色列政府看来,他们是要切除的"肿瘤"或用

---

① 韦伯:《古犹太教》,康乐、简惠美译,广西师范大学出版社,2007,第335页。
② Http://www.ynetnews.com/articles/0,7340,L-3248693,00.html.
③ 阿里·沙维特:《我的应许之地》,简扬译,中信出版社,2016,第330页。

武力去除的麻烦,却不是值得理性对待、纳入民生事项与行政管理之列的现实问题。在对待非犹太人的国民之问题上,许多以色列人放弃了"现实人"假设,这样自如、轻松地调换思维方式处理非犹太人问题实在令人匪夷所思。拥有苦难历史的人并不自动获得对其他苦难者的同情,却可能成为加害他人并将这一加害行为正当化的借口。

"现实人"假设是犹太文化现代化过程的产物,也得自近代欧陆犹太启蒙运动的同化观念、犹太复国主义运动的民族危机意识,并最终体现在以色列建国后的一系列行政政策、立法原理和社会活动之中。实际上,政府、政党、军队所代表的公立组织与私营企业、民间组织为代表的非公立组织在对"现实人"假设的理解和运用上存在显著不同,前者将"现实人"偷换成了"犹太人"甚至"犹太教徒",仅仅关注犹太人利益的满足,后者则基于现代市场自由或公民权利等价值观,从更加开放、平等的角度诠释"现实人"假设,例如,以色列企业雇佣员工通常以能力和岗位匹配度为基准,民间组织在提供社会服务时则是以需要的迫切性、问题的直接性为前提的,从一定意义上说,企业和民间组织的所作所为更符合现代管理理念,也对以色列政府的某些不当行为予以了纠偏。

第二节 "现实人"假设之管理原则

如果追溯现代以色列管理哲学的传统资源,毫无疑问通常会指向犹太教,不过,需要说明的是,"犹太教"只是一个统称,里面包含了多个流派,而且犹太教在漫长的历史过程中也多有演变、革新,犹太教提供的遗产也是多重的。犹太教不仅是人类最早出现的一神教,而且是最彻底的一神教。在犹太教看来,基督教并不纯粹,它认为与上帝作对的撒旦也属于真实的存在,这显然背离了一神教的实质。犹太教认为恶或邪恶的化身都只是对善的歪曲,只有善才是真实的,因为只有唯一的神——耶和华神才是真实的。

一、犹太教传统思想概说

犹太教的核心教义到底是什么?有这样一个故事:有一个人想改信犹太教,他希望别人在"单脚可以站立的时间里"告诉他"犹太教的全部学问",著名的拉比希勒尔接见了他,他刚抬起一只脚,希勒尔开口说道:"不要对别人做连你自己都厌恶的事。这就是《塔木德》的全部学问,其他的都只是注释和评注。"简言之，就是"不要向别人要求自己也不愿意做的事情"。这其实是"己所不欲，勿施于人"的犹太版本，这一信条被视为犹太教的精华所在。

犹太教通常又被称为"伦理一神教"，这显示了伦理性在犹太教中的重要位置，以及犹太传统中对社会行为进行伦理性解读的牢固倾向。一方面，特定的伦理规范被宗教戒律所强化并获得最终支撑；另一方面，宗教的训诫得到日常生活伦理的践行并成为民众生活方式的重要内容。"一种伦理之所以有其特殊的固有特质，并不是由于其命令的特殊性——以色列的日常伦理与其他民族的日常伦理并非不相似，而是由于在此伦理背后的中心的宗教心志（Gesinnung）。以色列预言对此心志的打造发挥了极为强大的影响力。"① 犹太教的信仰是以此世的修行和信徒的内心虔诚为证的，注重的是日常的道德实践。伦理-宗教的合一提供了以色列各类组织在管理指导思想上的价值基础。

"伦理一神教"的实质在于它断定伦理只涉及好的、善的、合乎道德的事物，因为它与人的理性、自由意志有关，而恶不过是美学性的，它是一种丑的、不雅观的表现，源于人的羞耻意识，例如夏娃因为好奇心偷吃了禁果，之后的第一个反应是隐藏自己的私处，羞于暴露自己的胴体，可见，"恶"是一种因自身的不完美展示在他人面前而产生的不安，其实就是因丑而生的恐惧②。否定恶的真实性意义，将恶划入审美活动之中，这远比将恶视为不善更为彻底，"恶"不仅不再拥有与善处在同一系列或话语框架之中的位置，而且也在美学层面将其钉在了耻辱柱上，这样，"恶"既不真，也不善，更不美，它完全被排除出了值得认真对待的问题之列，只要宣布它是"恶的"，就等于宣布"它是另类的""它应被严肃地忽略"。据说，有一则希伯来文的祈祷文专供人们在见到恶魔的时候诵念："感谢主我们的上帝，使被造物有多样不同。"恶魔虽然被认为也是神所创造出来的，但在位阶上低于神，并从属于神。此外，犹太教明确地在神与人之间划出截然不同的界限，结果，"古代以色列曾有过的显著发展的氏族组织并不容许带有中国或印度特色的真正祖先崇拜出现，也不容许带有埃及印记的死者崇拜产生"③。

---

① 韦伯：《古犹太教》，康乐、简惠美译，广西师范大学出版社，2007，第398页。
② Michael S. Berger ed., *The Emergence of Ethical Man*, Ktav Publishing House Inc., 2005.
③ 韦伯：《古犹太教》，康乐、简惠美译，广西师范大学出版社，2007，第195页。

这大概构成了犹太律法主义的一个深层原因,恶被排除,善不是通过战胜恶而显现,相反,善就是善,善只是服从它自身,善不需要过多的自主意志,只要循常规、依教理、守律法即可。"先知的应许,对于基督教多神信仰的嫌恶与轻蔑,尤其是通过一种在仪式完全确固、井然有序的生活样式里教导青年的那种无与伦比的密集教育所创造出来的极为牢固的传统,以及强固有组织的社会共同体、家庭与教团的力量——叛教者一旦失去它,必定无从指望和基督教教团拥有同等价值且确实的连结——所有这些都在使得犹太人的共同体坚守在其为贱民民族的自我选择的状态里,只要而且既然犹太教律法的精神,亦即法利赛人与古代末期拉比的精神,牢不可破地维持不坠的话。"① 需要指出的是,对多数普通人而言,犹太教的基本教义或者饱学之士的教诲都提供了不可违背的行事原则,但对领袖、精英来说,犹太教只是提供了原则性指导,需要因时因地做出权变,有时核心原则也会被加以调整。历史上有许多拉比在向人们讲解经书时夹杂"私货",做出新的诠释,犹太教的教义虽古犹新,一直在不断生成中。

犹太教传统思想的经典是《托拉》(Torah)和《塔木德》(Talmud)。狭义的《托拉》仅仅指《摩西五经》,广义的则指《旧约全书》。旧约思想的核心是盟约,即耶和华与犹太人达成的协议,据此协议,耶和华眷顾犹太人,把他们从万民之中遴选出来,视为自己的子民,并将给他们"应许之地"。同时犹太人要尊奉耶和华是唯一的神、至上的主,全心服从耶和华的安排。这就意味着,在任何情况下都要抵制种种诱惑,承受重重苦难,始终不渝地听从耶和华神的召唤。救赎,特别是期待救赎,一直是犹太教传统的重要主题。

犹太教和基督教共以《旧约》为圣经,都属于崇拜独一无二的上帝的一神教,皆以摩西十诫为基本戒律,但是,两教在教义、礼节和生活实践诸方面又存在着许多显著的分歧,为此,在中世纪发生过三次大的论争,即巴黎论争(1240 年)、巴塞罗那论争(1263 年)和托托萨论争(1413—1414 年),两教的分歧集中在对弥赛亚概念的不同理解上,即是否承认耶稣为弥赛亚或救世主。"弥赛亚"是西文词 Messiah 的音译,这个西文词是由古希伯来语的 ha-mashi 派生而来的,该词的原义是受膏者。以后它泛指所有被赋予神圣使命的人,包括了国王、祭司和先知,甚至也指非犹太人的王。直到第二圣殿时期,才出现了和末世论相联系的弥赛亚概念。

---

① 韦伯:《古犹太教》,康乐、简惠美译,广西师范大学出版社,2007,第 528 页。

第九章　以色列管理之基——现实人假设

在犹太人的世界中,《旧约全书》通常是全职神职人员或正统派犹太教徒研读的经典,普通大众经常阅读的是《塔木德》,它又被视为第二经典或"犹太法典"。《塔木德》是中古时期的犹太思想家对《旧约全书》的阐述或争辩的结晶,它一方面体现了对《旧约全书》这一经典的忠诚,另一方面因其加入了日常生活的场景和适合时代变迁做出的损益而显示出对经典的权变,更加贴近民众日用生活,被广为传诵,时时引用。《塔木德》的内容涉猎广泛,除了法律,还有天文、地理、医学、算术、植物学、经营管理、处世之道等各个方面。在体例上,《塔木德》包括两个部分:一个部分是历代拉比们的言论,又被称为《密西拿》(Mishnan)或《巴勒斯坦塔木德》,成书时间始自公元166—206年,公元6世纪完成。"密西拿"意为"教诲",是口传教导以及巴勒斯坦犹太学者们所确立的有关犹太政治、民事和宗教法规的思想汇总。另一个部分被称为《革马拉》(Gemara)或《巴比伦塔木德》,成文于公元5世纪。在内容上,它是对上述言论的研讨实录,包括医学、天文、工业知识、公共事务、哲理、谚语等,被视为犹太人生活的百科全书。

我们在此抄录几句取自《塔木德》的原文:

——每个人生来都一模一样,所有的人都分享着人类的基本要素,因此人与人之间是生而平等的,每个人的价值都是相同的,没有任何人生而比另一个人更重要。

——人是按上帝的形象被创造的,这意味着人的生命同样是神圣的,也意味着人与上帝的关系具有神圣的意义。如果人的本质不包含神圣和天意,他们仅仅是有智慧的动物而已。

——对于生命的谋杀,被视为对人类内在的神性的否定。

——任何人都不能宣称自己的血比其他人更红。

——鉴于每个人都具有生命权,这就强制我们当他或她的生命受到威胁时就应当帮助他们。根据这一陈述,生命权不仅是要求我们对他人生命的尊重,也是为了保护我们自己的生命。[①]

《塔木德》中的上述句子非常清楚地表明,犹太教不仅承认个体生命

[①] 转引自铁戈:《〈塔木德〉与现代人权理念》,《中国改革》2014年第6期。《塔木德》是用希伯来文撰写的,译成外文是一项工作量巨大的艰难的事业,英译本《巴比伦塔木德》有76卷,《耶路撒冷塔木德》有28卷。国内尚无中文版,山东大学犹太教与跨宗教研究中心正在组织专家着手将《塔木德》的核心部分从希伯来文译成中文。

的神圣,也肯定人们之间的平等以及人类的互助,这些要求不只是伦理诫命,更是对社会交往、人的使命做出的积极肯定。

在此需要强调的是,"犹太教的本质"这个概念及其问题,并非一直存在于犹太教义之中,也非传统的犹太教的理论问题,恰恰相反,它是迟至19世纪通过犹太的历史性和知识性复兴运动才被提出,而且首先是由犹太教外部人士提出的。在欧洲犹太启蒙运动中,很多知识人思考犹太教如何融入基督教文化和现代社会之中,此时犹太教的本质问题才被视为迫切的问题正式提了出来。在以色列,关于"犹太人"的法律定义是,信仰犹太教的人或者母亲是犹太人,这个定义是调和了公民个人和犹太人集团两个不同层面而提出的关于犹太人的身份认同。据统计(Seigio Della Pergola,2017),2016年全世界的犹太人总人数是1 441.07万人,其中,633.64万犹太人定居在以色列,占总人数的44%,剩下的807.43万人分布在世界各国,居前三位的国家分别是:美国有570万犹太人,占39.6%;法国有46万犹太人,占3.2%;加拿大有38.8万犹太人,占2.7%。

二、犹太复国主义运动中的"现实人"

犹太复国主义是一种全新的思想,是受到西方近代启蒙思潮激励、对近代欧洲多国频繁发生的反犹事件的反击而提出的。犹太复国主义一词的音译是"锡安山主义"(Zionism),1892年1月23日由犹太作家纳坦·比恩鲍姆在维也纳的一次讨论会上首次公开使用。该词被不同集团运用在不同场合,就有了多重含义。犹太复国主义有时指犹太民族返乡复国的思想,有时指犹太人以返乡复国为宗旨的运动,还可能指犹太人作为独特民族的文化权利。

社会主义者摩西·赫斯(Moses Hess,1812—1875)于1862年出版了《罗马和耶路撒冷》一书,这是第一部阐述犹太复国主义的经典著作。他提出,与其他民族的同化并不能促成犹太人的解放,摆脱反犹主义迫害的唯一办法是返乡复国,回到巴勒斯坦,恢复古代的犹太国家。犹太复国主义的首倡者西奥多·赫茨尔(Theodor Herzl,1860—1904)是维也纳的文学批评家,原本是个同化了的犹太人,但1881年发生在俄国的大屠杀使他深为震惊,1895年赫茨尔在前往巴黎报道"德雷福斯事件"时开始坚信:犹太人的同化努力并不被欧洲人接受,没有自己的家园,犹太人就永远都不会安全。1896年他在撰写《犹太国》中宣告"巴勒斯坦是我们永远难忘的历史性家园",但赫茨尔同样相信,犹太人的建国要靠欧洲皇帝的赐予和财阀的资助。

1882年,受到俄国反犹运动的刺激,一批接受了犹太复国主义思想影响的俄国犹太人成立了"热爱圣山运动"(Chibbat Zion)组织,该组织以回归巴勒斯坦、重建犹太国为宗旨,行动方式是动员和帮助犹太人自愿移居巴勒斯坦,并于当年7月成功实现了第一批犹太移民顺利抵达巴勒斯坦的计划,这在欧洲掀起了犹太人移居巴勒斯坦的第一次高潮,史称第一次"阿利亚"(Zionist Aliyot)。很快,这些新移民们在巴勒斯坦建立了犹太定居点(希伯来语叫"伊舒夫")。然而,一个不可忽视的事实是:截止到1897年,巴勒斯坦拥有超过50万的阿拉伯人、贝都因人和德鲁兹人,这些世代居住此地的原住民建成了20个城镇、几百个村庄。返回"祖国"的犹太人并非回到荒无人烟的不毛之地,犹太人的建国过程一直伴随着如何与当地土著共处的难题。

1897年8月,第一届犹太复国主义者大会在瑞士巴塞尔召开。"犹太复国主义的核心思想是:犹太人是一个民族,他们在放逐之后应该重回古代的家园,去除离散的民族在精神和伦理上的分歧,以现代的犹太文化和语言重建一个新的犹太人的社会。"[1] 犹太复国主义者提出了行动纲领,即《巴塞尔纲领》,该纲领公开承认巴勒斯坦是犹太人的祖国,为了在法律上保护犹太人,必须在巴勒斯坦建立犹太人的国家。大会决定设立犹太复国主义机构,这就是后来著名的世界犹太复国主义机构。

1899年,行动的犹太复国主义者建立了犹太垦殖银行(Jewish Colonial Bank),为移居巴勒斯坦的犹太人发展农业、商业、运输业和建筑业提供信贷。1901年在瑞士召开的第五次犹太复国主义大会上决定成立犹太民族基金会(Jewish National Fund,JNF),全部经费来自向全球的犹太社区发放募捐箱的募集,其用途是为犹太人提供在巴勒斯坦购置土地、开发农林业、从事城市建设和公用事业等事项的资金。1908年该基金会在巴勒斯坦设立办事处,负责组织协调指导当地犹太新移民的定居垦殖活动,有计划地购买土地以便为不断涌入的新移民提供农业生产领域的工作机会,同时也不断巩固犹太复国事业的成果。因业务持续扩大,又先后设立了三个分支机构:犹太民族基金会(从世界犹太人中募集捐款)、橄榄

---

[1] 唐娜·罗森塔尔:《以色列人——特殊国土上的普通人》,徐文晓、程为民译,华东师范大学出版社,2009,第87页。

权基金会（接待、安顿新移民）和巴勒斯坦土地发展公司（从阿拉伯人手中购买土地，安排农业生产，建立集体农庄等）。1920年成立了犹太民族委员会，对内处理犹太人自身事务，对外代表犹太人与英国托管当局合作或提出建议，为犹太人争取最大权益，它事实上成为建国前犹太人在巴勒斯坦的临时自治机构。各种社会组织、准政府组织逐渐建立起来，犹太人将复国的目标化解成一个个可见的实际行动，"现实人"正在改写历史。

　　犹太复国主义运动出现之前的近代犹太思想家大多持有世界主义立场，强调融入当地社会，主张同化，只是肯定犹太人的宗教身份，并不追求犹太教独特的政治地位和影响。但犹太复国主义理论特别是政治犹太复国主义完全改变了这一切，它对犹太思想文化、现代犹太人的行为方式、犹太组织管理等都产生了深刻且持续的影响。生活于公元前后的著名拉比希勒尔有句名言，"假如我不为己，谁会为我？假如我只为己，我是什么？假如不是现在，那是何时？"这句极富思辨内涵的反诘语成为犹太复国主义者的座右铭，他们以自己所理解的方式重新诠释希勒尔，新的诠释又借助希勒尔的历史地位而获得了话语权，并对现代犹太人接受"复国"这一改变历史进程的行动产生了说服力。犹太复国主义运动的先驱们放弃了传统的救赎观念，转而用每一个具体行动来加速返回应许之地的进程。

　　不过，犹太复国主义并非铁板一块，也存在分歧甚至对立，至少包含了三个大的流派。一个是劳动犹太复国主义，该派重视劳动，带有浓厚的社会主义色彩。在很长一段时间，劳动犹太复国主义都是犹太复国主义的主流，它的骨干成员组成了以色列劳动党。另一个是修正犹太复国主义，成员大多持有右翼主张，他们认为围绕土地产生的各民族间的争端只能用武力解决，这明显比提倡通过政治手段解决争端的派别激进得多。持有修正犹太复国主义信条的政党就是利库德，它广泛吸纳了其他右翼政治派别。再一个是宗教犹太复国主义，它认为回归"耶路撒冷之地"并创建犹太人国家的做法，得到神的救济，以便更早地实现救世主的降临。

　　犹太复国主义从无到有、从弱到强所走过的路，完全超出了第一代犹太复国主义者们的设想，在很长一段时间，人们对犹太复国主义的态度以观望，甚至指责为主，实际接受犹太复国主义行动方案的人更是少之又少。例如，从1882年到1948年5月以色列发表独立建国宣言，66年间只有55万人移民到巴勒斯坦，20世纪30年代世界犹太人总人口估计是1 600万，只有不到3‰的人响应了犹太复国主义的号召。与此相对照，在19世纪80年代到1945年间，移民到美国的犹太人是240万，远远超过了抵达巴勒斯坦的人数。

经典的文字鼓舞人心,但现实依然十分骨感和严峻。即使同是犹太人,不少欧裔的西方犹太人对待他们在以色列遇到的"低劣的"东方犹太人时表现出的态度也是冷酷而轻蔑的。此外,今日的以色列表面上是西方式议会民主制的现代国家,但实质上却是"半世俗半祭司"国家,以色列这种犹太教属性与多党制的民主政治为宗教政党干预国家政治提供了可能。1985 年《基本法:国会法》7a 条款中明确提出,否认以色列国是犹太民族的国民将被禁止参加以色列国会选举。犹太教组织不只在信徒中传播教义,还力图使之成为政教分离世俗国家的政治哲学基础,这自然会对不信教的自由人士、其他非犹太人的国民造成直接的伤害。此时政治意见领袖们就会赤裸裸地倾向于拥护拥有话语权的正统犹太教人士,这正是由政客们对"票仓"的现实考虑所致。

三、现代以色列管理组织中的"现实人"

霍夫斯泰德曾指出:"管理者和领导者,以及与他们一起工作的人,都是国民社会中的一部分。要想理解他们的行为,必须了解他们的社会——例如,在他们国家中普遍的人格特点是什么类型;家庭是如何发挥职能的,对子女的抚养方式意味着什么;学校系统如何发挥功能,什么样的人进入什么类型的学校;政府和政治体制如何影响百姓的生活;他们那一代人经历过什么历史事件。"[①] 管理者存在于特定的国家,特定的国家由其历史传统、现实政治和经济发展现状等构成了特定的国家文化,从而为生活于其中的管理者、管理组织提供了思考、行动的约束性条件。管理人性假设就是这样的产物。不过,管理人性假设既然是生成的,也就意味着它是不断演变、革新的,管理人性假设只是提供了管理思维方式的大致方向和管理价值判断的简要指导,实际的管理组织和管理者并非千篇一律、简单照抄,以色列更是如此。现实人假设主要是对建国以来以色列现代管理背后基本精神的概括,实际的以色列管理组织(包括行政机构、企业、非政府组织等)既有一定的相似性,更表现出了广泛的灵活性,从而具有各自的特性。现实人假设为以色列管理者提供了一般行为指导而非明确的限制。

---

① 吉尔特·霍夫斯泰德、格特·扬·霍夫斯泰德:《文化与组织——心理软件的力量》(第二版),李原、孙健敏译,中国人民大学出版社,2010,第 21 页。

如果说日本和印度的现代管理活动都源于现代企业（早期的民族资本主义企业），以色列的现代管理活动则始于社团或社会组织管理，主要脱胎于以犹太会堂为基础的教民和普通犹太人的自治管理，因为在欧洲多个国家，犹太人很长时间处于受排挤的地位，他们被迫"抱团取暖"，以犹太会堂为主要的公共空间，以拉比等文化人的劝导为主要的内部调解方式，相互关照，解决关系大家的事务，这通常被称为"犹太会堂共同体"（Synagogue community）。这样的共同体既有传统的情感纽带，又有现代的有机团结因素，例如，以色列人喜欢开会、争执，人人都想发言、说出与别人不同的意见，这些现象在今天的以色列仍然十分常见。组织的领导人需要在亲民与决断力之间寻求平衡，既要宽宏大量，听得进不同的声音，尊重人人有表达异议的权利，又要能够力排众议，在众声喧哗中当机立断，将此二者融于一身的高明的组织领袖总是深受爱戴。

中国人的群居生活是出了名的，它基于同宗同族人们的相互关照义务。犹太人同样倾向于过群居的集体生活，其理由则是出于完成正统犹太教要求的仪式。"礼仪严正的犹太人之所以难以离群索居或小伙群居，正是肇因于需要有个礼仪正确的'屠宰者'在身边的必要性，而这也使得在美国直到现今为止，礼仪上正统的犹太人无不集中居住在大城市里（而改革派的犹太人则得以独自从事以高利贷榨取乡下黑人的利润优沃的事业）。"韦伯由此总结道："在外族当中讨生活的犹太人，若要在农村地区过一种所谓礼仪严正的生活，也实属不易。犹太民族的重心必然会愈来愈往一个方向移动：变成一个城居的贱民民族，而且正如所发生的。"① 这种依赖城市商业活动的群居生活既为犹太人提供了向心力，维护了自身传统的延续，同时也限制了与当地人的深度交往，甚至引起了当地人的猜忌和不信任。

两千余年的犹太教浸染，使得犹太人对待管理组织、管理事务的认识都有了自身的特点，在组织中设立并维护权威，组织内成员或选举出来的代表协商投票通过的规章制度必须得到无条件遵守，这是以色列管理坚守原则的一个重要体现。在以色列，绝大多数社会生活事件以及管理组织的日常运行都是严格依照雷打不动的原则——犹太教法、现行法律、组织章程、生活习俗等，管理组织呈现出高度的原则一致性，组织制度自动发挥作用，组织内人员分工明确，各人的职责一目了然。

---

① 韦伯：《古犹太教》，康乐、简惠美译，广西师范大学出版社，2007，第438、450页。

以色列管理组织注重及时且高效的反馈环节。完成一件任务后对相关人员的奖惩、激励非常迅速和清晰，事后对该行动从计划到组织、领导、控制等每一个环节都将做出全面的分析，总结其间的经验教训，向有关部门提出修正建议，为下一步的行动提出合理化指导。特别是政府部门、军队这样的正规、公立组织，严格完成戴明环式的质量控制体系循环，其结果就是以色列管理组织拥有令人惊叹的行动力、自组织学习能力。

现代以色列人在富裕的经济条件中成长，身处于多重语言共存的环境，绝大多数国民都有海外留学、游历、创业的经历，这使得以色列人有敏锐的国际眼光。以色列拥有世界领先的高等教育，培养了一大批专业技术人才，也储备了极其丰富的人力资源，这助力以色列成为举世闻名的"创新的国度"。世界上众多的互联网巨头、高精尖企业和跨国公司都在以色列设立了分公司、分支机构或办事处，在吸引外资、开创海外市场、寻求商业机会方面，以色列政府和社会各界都是"现实人"假设的信守者，这为以色列管理组织提供了宽松的制度条件。由此可见，相比于日本管理哲学的"自然人"假设、印度管理哲学的"文化人"假设，以色列管理哲学的"现实人"假设似乎更契合现代管理组织，它直接鼓励了现世利益或财富成就，在此动因引领下，组织的管理者保持高昂的斗志，机敏地捕捉市场机会。这就不难理解为什么有许多以色列管理组织擅长反应迅速和倾向于套利变现而不是做百年的长青基业了。

以色列对移民实行双重国籍制度，这种宽松的安排是要向全世界的犹太人开放门户，这也显示了以色列的"制度自信"，当年持有双重国籍的爱因斯坦差点成了以色列第三任总统。知名经济学家费舍尔被以色列政府看中，受邀加入以色列国籍，入籍几小时后他就被任命为以色列央行行长。不难看出，以色列政府基于现实主义立场采取了内外有别的政策，它优待的是具有国际声望、在本领域取得卓越成就的犹太后裔，这样的人通常对以色列政府或犹太人的复国事业抱有深切的同情，因此，不会公开挑战现有的以色列政治体制或犹太教教理，自然不会成为"麻烦"的制造者。以色列政府推崇的所谓"犹太性"或"犹太传统"都可以继续存在，然而，以色列境内世代定居于此、拥有国籍的非犹太人，例如阿拉伯人、德鲁兹人、基督徒则因难以融入"犹太传统"之中，被视为"犹太性"的异己力量，以色列政府却对此视而不见，不仅剥夺他们维护自身文化传统的权利，甚至连基本的公民权也无法得到落实，在他们居住的区域极度缺乏清洁的饮用水、电力供应、公路、公立学校等公共设施和公用事业的服务，这样冰火两重天的社会不公是今日以色列无法掩盖的现实。

第三节　管理中的内外之别

案例7：

"创业家"欧伦·兰兹

以色列人欧伦·兰兹先后创办过七家公司，他曾被以色列财经杂志 *The Marker* 评为"100位年度最具影响力人物"。

他应邀在以色列特拉维夫证券交易所内的创新中心举办了一场题为"以创业为事业"的公益讲座。在讲座中，他告诉听众，如果你想创业，你必须每两年换一份工作，或者尝试不同的职业。否则，等你到了40岁，你的技能只适用于一家企业，你就别无出路了。欧伦·兰兹分享他二十多年的创新心得是：不要害怕失败，从头再来就离成功更近了一步。

像这样由政府机构或非政府组织举办的分享创业经历、介绍各类资源的讲座，每周都在特拉维夫的各个角落举办。创业意识融入了以色列人的基因当中，不少人觉得成立或者加入创业公司，研究或制造出类似于从无到有的新技术、新产品，更令人生起强烈的成就感。特别是对技术开发人员来说，如果他们保守地选择长期给微软、谷歌这样的大型企业打工，拿一份稳定工资，可能会被他的以色列同行嘲笑。

今日以色列的整个国土大致可以分成三个区域：北部从加利利湖到地中海海岸是开阔的丘陵地带，分布了很多海拔超过500米的高地，这个地区居住的主要是阿拉伯人；中部是从海法到加沙濒临地中海的海岸地区，该地区集中了全国人口的60%以上，以特拉维夫为中心构成了整个以色列的经济核心地带；南部则是内盖夫沙漠到亚喀巴海湾的地区，气候干燥，分布着许多荒漠以及经济相对落后的贝都因人、德鲁兹人的村庄。这三个不同区域正好也代表了以色列现代经济与社会发展的不同格局。

一、宏观社会领域中的内与外

"内外有别"显示的是人类分群、阶层差异这一普遍事实，即便在工业时代和经济发达国家，从未消灭社会意义上的"内外有别"，因为"内外有别"是人类聚群而居、寻求归属的现实化行动。不过，在社会价值观上，"内外有别"并不总是被认可，将"内外有别"限定在特定的领域，例如地方共同体的交往、古老习俗的延续等，这通常被认为是合理的、可以接受的，但超出了这些领域，则会产生价值评价上的难题，因为"内外有别"若在全社会推行，就可能对整个社会的行动统一和共享的普遍观念造成极大的破坏，以色列就面临着这一困难。不仅在国家层面，犹太人与非犹太人之间、犹太人内部信教者与不信教者之间以及来自不同出生地的回归者之间，"内外有别"也都显著存在，正是在回应这些"内外有别"的过程中，以色列国家管理与社会治理既互补又抗争的局面得以生成。

以色列建国只有短短的70余年，却取得了惊人的成就，这缘于以色列在管理上承认异质因素，推崇多元性。以色列内部充满了各类差异化的组织，整个社会生活表现出高度的多元、异质的方面，不同背景的犹太人从世界各地回归并在这片热土上聚集，造成了深刻而持久的诸多分歧，丰富多样的差异性催生了以色列管理的多元性。

在现代以色列，尽管希伯来语是官方通用语言（阿拉伯语也是官方语言之一，英语也广泛通用），但以色列人日常生活中实际使用的语言多达82种，多语言、多种族、多差异的社会中形成的以色列文化，只能是一种不断生成中的熔炉式文化。这也提供了以色列人极强的适应性和以色列社会持久的创新活力。

当然，多民族、多语言、多文化传统等这些因素本身并不直接等同于创造力，更不会自动成为组织中的管理活力，很多时候它们会成为分离、对抗、仇恨的种子。更为重要的是，必须在"多"之中构建"一"，要有全民共享的基本共识，各个不同的族群至少接受这些基本共识的约束，在此"一"的指导下，"多"才会成为有效的管理创新源泉。全面、持续的公立教育就可以在公众中促成统一的力量。以色列建国前就十分重视教育。在得到世界各地犹太人大量捐助和复国主义者的不懈努力下，希伯来大学（Hebrew University）自1918年7月破土动工，1925年在耶路撒冷建成，到了20世纪30年代，该校就成为整个中东地区教育水平最高的学府。希伯来大学第一届理事会成员个个赫赫有名，包括以色列第一任总统魏兹曼、物理学家阿尔伯特·爱因斯坦、心理学家西格蒙德·弗洛伊德、神学家马丁·布伯、大企业家柴斯菲尔德等。1924年又在海法兴建了以色列工程技术学院，1925年在雷霍沃特设立了丹尼尔·西埃弗研究中心。

这些教育和科研机构为犹太社群的壮大和以色列国家发展源源不断地输送了大量的人才。今天，以色列有 8 所大学、27 所专科学校，其中有 4 所位于全球 150 所顶级大学之列，有 7 所位于亚太地区 100 所顶级大学之列。以色列政府在教育上的投入可谓不遗余力，早在 20 世纪 60 年代以色列的教育预算就占到了国家预算的 11%，仅次于它的国防预算。1993 年以色列教育经费占国民生产总值的 9%，排名世界第一①。

更令人赞叹的是，以色列的教育机构并非闭门造车，更非与世隔绝的象牙塔，它们都十分关注现实问题，不断回应现实发展的需要，成为以色列国家创新的重要智库。以色列的教育和科研机构非常重视成果的转化。1959 年以学术科研为主的魏兹曼科学研究所成立了"耶达"（Yeda，希伯来语的意思是"知识"）中心，全力推进研究成果市场化的工作。这之后，"耶达"孕育了数千种成功的医疗科技产品和众多的高科技公司。2001—2004 年，该中心出售的专利收入就达到了 2 亿多美元。2012 年，该公司通过技术转移实现的销售收入超过了 10 亿美元。

以色列成功之光明面是醒目和卓越的，而以色列成功背后的阴影，即过度的内外之别，特别是人为地在国民间划分出"异类"，造成的伤害和撕裂令人触目惊心。在几次中东战争之后，以色列迅速扩大了版图，一些原阿拉伯人的领土成了占领区。以色列在占领区实施的政策不仅是反人道的，而且是赤裸裸的种族隔离，它用军事高压强制推行犹太化政策，肆意强占原住民阿拉伯人的房屋、农田、果园，打击为阿拉伯人争取权利的民间组织，这加剧了占领区的紧张局势，引发了更多的基于民族仇恨而实施的恐怖袭击活动。"以色列政府在西岸和加沙地区保持了极高的基础性权力控制，在那里，以色列政府自 1967 年占领之后一直坚持巩固基础性权力，确保在当地推行长期的犹太化政策。吊诡的是，这带来了对武力管束的依赖：一旦以色列的体制完全确立下来，巴勒斯坦的和以色列的民间社会都开始蜕变并仅仅作为专制国家的部分构件而活动，从而丧失了自身的独立性。"②

其实，不只是在占领区，在以色列境内，对于已经拥有公民权的阿拉伯人，以色列政府也采取了"内外有别"的政策。"这个犹太人的国家没

---

① 赵伟明：《科学技术——以色列经济腾飞的翅膀》，《国际观察》1996 年第 6 期。
② A. Kathryn Stout, Richard A. Dello Buono, William J. Chambliss ed., *Social Problems, Law, and Society*, Rowman and Littlefield Publishers, Inc., 2004, p. 380.

收了阿拉伯人的土地,践踏着他们的权利,没有给予他们真正的平等。这几年来,压迫有所减轻,但以色列并没有与以色列的阿拉伯人缔结一个真正的公民契约以保障阿拉伯人的完整公民权。直到今天,仍然没有明确定义这个犹太民主国家对作为少数民族的阿拉伯人所承担的义务,也没有明确定义作为少数民族的阿拉伯人对这个犹太民主国家所承担的义务。一方面,以色列的阿拉伯人从未享有真正的平等;另一方面,政府并不总是在其管辖范围内进行执法,而是允许他们的部分城镇和村庄处于无政府状态。于是造成了不受法律制约的危险处境。"[1]

在社会学中有一个"档案抽屉效应",又称"发表偏倚",说的是:阳性(有统计学意义)结果的论文更易发表,阴性(无统计学意义)结果的论文则被丢入档案袋和抽屉里。换句话说,看似符合常识的结果更容易被人们接受,这又将进一步强化人们对这样的结果形成"刻板印象"。人们通常认为阿拉伯人缺少教育,没有掌握现代生存技能,从而成为现代化战车的淘汰者,但事实上,缺少教育、技能恰恰是结果,而非原因,其结果正来自不良的制度安排,尤其是宏观社会领域中无处不在的不公、歧视、排挤,使得以色列国境内的许多阿拉伯人不仅陷入无法摆脱的不幸命运之中,而且他们的后代以及家庭同样也得不到向上跃升的通道,也看不到境遇改善的希望。尽管只是阿拉伯人群体在承受这样的困境,但整个以色列国都将为此付出代价。长时期容忍国民间的不平等、公然推行对一部分国民的非国民待遇,这会在国民间造成撕裂,从而严重损害国家的总体精神和国民整体意志。

二、微观组织中的内与外

孔茨曾以"管理学的丛林"为题总结了 20 世纪 70 年代西方管理学界的状况,他试图归纳并提炼出更具普遍意义的新管理学理论以结束丛林状态。然而,到 80 年代再论西方管理学界的现状时,孔茨承认,"丛林"局面不仅未缓解,反而更加明显和深刻。笔者并不主张鼓励管理学界提出某种一统天下、定于一尊的管理学理论,这样的"统一"学说仅仅满足了极少数学术大家或管理权威近乎变态性审美的需要。其实,对一个国家而言,管理思想是造福于全民的。正是看似各自不同甚至对立的管理学流派、学说之间的平等对话、公开交锋,才能不断提供新思想,也为投身实

---

[1] 阿里·沙维特:《我的应许之地》,简扬译,中信出版社,2016,第 403 页。

业的管理实践人士提供不同的思想，因此，充满活力且符合学术范式的各种不同管理思想之间的对话，有助于推动现代管理学的发展，加速管理学向其他学科的渗透，扩大管理学知识体系有效作用的边界。

战后至今取得重大管理学理论突破和管理实践成就的国家大多做到了广泛借鉴他国经验，向外保持高度开放，允许各种管理学说争鸣和管理活动试错，美国、日本、以色列均是这方面的模范生。富有差异的社会生活、异质的组织结构、交错的组织成员沟通，这些多元成分都可以成为社会和企业创造性的源泉。我们很难想象在一个只允许一种声音、一种思维方式、一种价值观念的社会或组织中会不断涌现革新的念头或管理变革的动力。当然，在整个社会或组织的观念层面必须具备高度相似且得到较高程度认同的共有观念，它们为上述多元成分的共存提供了互通性制度条件，这些共有观念包括法治、信任、诚实、责任等内容。现代以色列包括政府组织在内的各类管理组织基本上都能够接受、维护这些共有观念。

以色列的管理组织大多小而精，人员较少，但业务非常专业，组织目标的设置通常精准而明确，因此，组织的层级较少，组织结构趋于扁平化，一线的员工甚至每个组织成员都被赋予了一定的自主决策或行动的权限，这就带来了组织整体上的灵活性，对外界环境、市场动向、新技术的未来发展方向等都保持了极高的敏感度。

从2004年到2008年，以色列经济的年均增长率达到了5.2%，2010年至2011年，当整个世界陷入经济危机时，以色列的年均增长率仍然为4.7%。有人将以色列取得上述经济成就的原因归结为："大幅度减少了政府开支（从2002年花费51%的GDP减少到2011年的42%）、显著削减了国家债务（从2002年的100%的GDP减少到2011年的75%）、维持一套保守而承担责任的金融体系、创造以色列高新科技工业继续繁荣发展所需的条件。……以色列已经变成了一个创业之国（start-up nation）。以色列在学术研究和产品研发上的投入占GDP的4.5%，超过了其他任何国家。经济合作与发展组织（OECD）成员国的平均投入只有2.2%。"[①]

国民的活力同时意味着社会的分化，社会的分化和变动也会时时带来抗争活动。在近三十年的时间里，以色列就先后经历了七场影响巨大的国内反抗：定居者的反抗、和平的反抗、自由司法的反抗、东方犹太人的反抗、极端正统派犹太人的反抗、个人享乐主义的反抗和境内巴勒斯坦人

---

① 阿里·沙维特：《我的应许之地》，简扬译，中信出版社，2016，第355页。

的反抗。"定居者们奋起反抗政治的规章和约束；反战分子奋起反抗历史与地缘的现实；自由主义者们奋起反抗太过强势的国家；东方犹太人奋起反抗西方犹太人的控制；极端正统派们奋起反抗世俗主义；享乐主义者们奋起反抗犹太复国主义者集体思维定势的令人窒息的因循守旧；以色列的巴勒斯坦人奋起反抗犹太民族主义。然而，所有这些反抗都有一个共同点：他们反抗20世纪50年代至80年代期间，本-古里安所打造的犹太国；反抗那个兴建了供给房、创立了迪莫纳、稳定了年轻的现代犹太国家的20世纪50年代至60年代的以色列。"[1] 可见，建国者立下的国家理念正在受到年轻一代的挑战，以色列社会价值正在发生值得关注的新变化。

在今天的以色列公民中，国外出生的人口占全部人口的1/3。大量移民的持续涌入，不仅促成以色列的总人口一直处于快速增长之中，而且使得以色列的社会文化、国民生活处于不断的生成、变动中，这些移民带来了出生地的语言、生活习惯、思维方式等，给以色列增添了变数和活力。在以色列，同样自称犹太人之间的差别之大完全超乎了人们的想象。在以色列，从移民前的居住国的角度，可以将全部回归的犹太人大体分成三类：一是以东欧、中欧为主包括德国、俄国、波兰后裔的犹太人，被称为阿什肯那兹人（the Ashkenazim）；二是来自西班牙和葡萄牙后裔的犹太人，又叫赛法迪姆人（the Sephardim）；三是自亚非等国返回的犹太人，叫东方犹太人（the Oriental Jews）。上述每一类犹太人中又有信教和不信教之分，信教者中还有自由派、改革派、正统派之分。为数不少的以色列犹太人是世俗人士，犹太教徒中改革派或自由派的比例也不低，然而，犹太正统派，特别是极端正统派依然有着不可忽视的社会力量。

许多极端正统派学生仍被教导，建国是一个现代犹太灾难，因为只有上帝才能允许在他的土地上重建以色列国。一个典型的极端正统派男性从六岁开始，在宗教学校全职学习，直至四十二岁过了兵役年龄才结束。参加完成人仪式，男孩子们不再学习科学、历史、数学和英语，因为世俗的科目"有碍经典"，他们只把时间花在研读《摩西五经》上。因为终日献身于宗教事务，极端正统派人士通常不事生产，不理家政。极端正统派家庭平均生育七个以上的孩子，近60%的极端正统派男性不会外出找工作，

---

[1] 阿里·沙维特：《我的应许之地》，简扬译，中信出版社，2016，第326页。

他们也被免除税务和义务兵役。极端正统派聚集的博奈巴拉克镇是以色列最贫困的街区,半数以上的居民生活在贫困线以下,依靠政府救济、公众施舍和慈善机构的捐助维生。

　　传统犹太人十分看重家庭,强调家庭成员间的纽带。古代犹太人有个风俗:每当一个男孩降生,父母就在自家院里栽下一棵杉树,如果是女孩则栽下一棵松树,待孩子长大成家时,双方父母便各自采下所栽树木的枝条编成天棚,婚礼就在天棚下举行。在现代以色列,法律要求所有犹太人的婚礼都应由犹太教正统派拉比主持,这使非犹太人或者非犹太教徒的以色列国民十分为难,每年都有数千对拟结为夫妻的男女被迫飞赴他国缔结婚姻。事实上,以色列国会一直承受着巨大压力,是否通过立法允许婚姻法庭来受理民事结婚和离婚登记。但要做出改变极其困难,因为主张遵守传统、维护犹太性的声音同样十分强大。

第十章 以色列管理组织的特性

对管理组织进行哲学考察，这明显区别于管理学中的组织行为理论，后者注重的是管理组织内各要素间的关系，为改进这些关系提供若干建议，以有效地促成管理组织总体目标的实现。管理哲学观照管理组织时则强调组织整体的文化基础、历史沿革，并从中提炼出管理组织的基本理念以检验管理组织目标的正当性。大流散时期的犹太人借助会堂保持了较高程度的社会交往和文化传承水平，会堂也成为犹太人组织生活、组织管理的训练场。今日的以色列管理组织也充分借鉴了会堂的历史经验。

第一节 传统的会堂管理

管理学作为学科的产生始自19世纪末20世纪初的多位不同国度学者的努力，但管理思想的出现却几乎与人类的社会活动一样久远，不同民族和文化传统因各自的社会结构和知识体系的差异而有了相互有别甚至对立的管理实践及其思考。以色列早期管理组织理论亦是如此。在不断迁徙的过程中，以色列的先民既保留了自身的生活内容，又不断吸收其他民族的文化形式，在士师为代表的思想领袖引领下，确立了伦理一神教的传统，如果仅仅遵循宗教的价值观，例如超然世外、救赎感恩等，就易于形成出世主义，但拉比－会堂体系的出现极大纠正了这一倾向，正如耶稣所言"上帝的归上帝，恺撒的归恺撒"，拉比们专职献身传教诵经的事业，成为耶和华神在世间的代言人，他们潜心研习、钻研神的意志，其他信徒则可以由此脱身全力从事俗世工作。

一、犹太会堂的出现

对现代以色列人来说，在管理组织的问题上，最重要的传统形式就是犹太会堂。历史上，犹太社团的维系和犹太人的日常交往都依托于会堂。会堂萌芽于公元前6世纪，经历了两千余年的洗礼，成为犹太人的生活世界中十分稳固的社会共同体，在一定意义上说，会堂也是多功能的管理组织①，对会堂的管理经验的总结给后人提供了诸多耐人寻味的管理知识。

犹太会堂是犹太人进行宗教活动、集会和学习的场所。公元前588年，西底家反叛，巴比伦王尼布甲尼撒二世出兵围攻耶路撒冷，并于公元前586年攻陷耶路撒冷，西底家弃城逃亡，犹大王国灭亡。巴比伦人抓获西底家后，挖掉他的双眼，并将他及其众多臣民变成第二批"巴比伦之囚"。公元前581年，尼布甲尼撒二世的护卫长尼布萨拉旦焚毁犹太圣殿，拆除耶路撒冷城墙，又掳走了700多名犹大国民。"巴比伦之囚"及其后裔被称为"犹太人"，犹太人逐渐成了整个犹太民族的通称。圣殿被毁后，滞留在耶路撒冷的犹太人不得不在各自的住宅内进行礼拜活动和宗教教育，那些被掳掠至巴比伦、沦为"巴比伦之囚"的犹太人则开始在异国他乡建立起犹太会堂②，以代替被毁的圣殿，但这一做法在当时并未普及。部分返回耶路撒冷的犹太人重建了圣殿（史称"第二圣殿"），不幸的是，公元70年它被罗马总督提图斯毁坏，犹太人公开的、大规模的献祭活动和通过圣殿维持的祭祀制度被迫完全停止，此时会堂逐渐取代圣殿，它的意义才变得重要，最终成为犹太人宗教生活的中心。分散各地的犹太人在聚集地建起各自的会堂，听从拉比的布道，遵从犹太律法的规定，犹太教的信仰和惯例得以相对完整地保留下来。

分散世界各地的犹太人大多习惯聚群而居，犹太会堂就成为特定犹太社区的社会生活的中心。会堂在不同时期都扮演了极其重要的角色，无论是西方封建时期的隔都，还是现代美国改革派社区，会堂不仅成为当地犹太人的重要心灵寄托之地，也成为传播社会观念的重要场所。会堂还成为犹太复国主义兴起的重要支持力量。"正是反犹主义的疯狂和外部世界强大压力的反作用，促成了犹太教内部的统一，也加强了犹太人的凝聚力，同时更催发了他们对故土的眷恋和强烈的犹太复国主义思想。16世纪以来，罗马天主教会开始推行犹太隔都制，试图以此达到迫害的目的。未曾

---

① 犹太会堂兼具宗教法人、社团组织、地区共同体等多种功能，有些功能是非管理性的，我们在本书中重点谈与管理组织关联紧密的方面，并从这个意义上将犹太会堂视为一种特殊的、古老的管理组织，不过，这只是一种并不十分贴切的比喻。

② 也有人主张会堂起源于古代犹太人外地代表每两周在一起祈祷的传统。但这只是提供了构建会堂的动因，并不一定导致建设会堂的实际行动。

想，隔都却显出了犹太人的集体生活，维系了犹太人的宗教信仰。他们不仅实现了自治，而且完全按《律法书》上规定的宗教方式生活，成为犹太人自治和管理复杂的平民事务的训练场。"①

就像犹太教徒出现了分化，犹太会堂也因教派的不同形成了各自的行事风格，例如，正统派所属的会堂仍实行男女分座，改革派和保守派的会堂则废除了这种旧习。各地会堂的建筑样式和布局也有很大不同，例如有的会堂设有净身池。在现代，会堂除了继续承担传统的宗教信仰、心灵慰藉的作用，又增加了社会服务、文化交流和慈善事业等多种活动。犹太会堂不同于基督教堂，它只是犹太圣殿的替代物，因此并不具有完全的神圣性，人们在会堂不仅做祷告、读圣经，还可以讨论公共事务、评议邻里，会堂具有更强的世俗性和民间性。

至今，犹太会堂在以色列之外犹太人聚集较多的国家或地区仍然广泛存在，这些建筑风格各异的犹太会堂不仅成为当地的一道风景线，更是当地犹太人自我教育、自主学习和解决内部事务、寻求相互支持的重要平台。犹太会堂内部管理的核心人物是拉比，但因涉及许多宗教之外的事务，每个犹太会堂通常成立多个专业委员会，委员全部从教区内的教民中平等选举产生，结合每个人的能力、专长予以分工，每个委员会都召开定期的会议解决常规事项，若遇突发事情，则会举行临时会议协商拿出对策。犹太会堂的财力大多比较雄厚，主要来自教民的捐赠和犹太裔企业家的慷慨解囊，对这些款项的支配也由专门委员会掌握，除了会堂的翻修、复建、修缮和日常运营的费用，还会用于扶助贫困教民，资助地区公益事业等。犹太会堂的日常管理是非营利性的，以加强教民情谊和营造良好自身形象为目标，从这个意义上说，犹太会堂扮演了生活共同体的角色，为教民提供了丰富的社会生活内容。

二、犹太会堂的核心人物

犹太会堂的核心人物毫无疑问是拉比。拉比是指接受了正规宗教教育、学过《圣经》和其他犹太圣典、受命担任犹太人社会或犹太教会众的精神领袖或宗教导师的人。取得拉比身份须经另外一位拉比的正式任命，一般都是由师父将拉比证书发给门徒。

早在公元1世纪时"拉比"一词就已普遍使用，14世纪时拉比已经

---

① 赛妮亚：《犹太文化精神》，甘肃人民美术出版社，2006，第65页。

像今天一样领受薪金,以便他们摆脱非宗教的职务,专心并全职做好此事。19世纪以来,犹太社团开始注意培养具有多方面世俗知识的拉比。在今天,拉比的地位依然很高,对众多社会事件和生活领域的事务发表具有重要影响力的言论。

　　从大量流传下来的传说、史书来看,绝大多数拉比都是智德双全的人,堪称正义、厚道、守法的楷模。例如,有一则拉比的故事。泽巴雅兹的沃尔夫拉比是一名富有声望的法官。有一天,他的妻子大叫,说她的女仆偷了她一件很贵重的东西。这名女仆是个孤儿,含泪矢口否认。法官妻子很生气,说:"让我们到法庭去解决吧!"沃尔夫拉比一听他的妻子说去法庭,就赶紧穿上教袍,准备出门。他的妻子很奇怪,"我能够为自己辩护,你不必去。以你的地位和我一起去法庭有损你的身份"。"我知道你能,"拉比回答道,"但谁替你的女仆辩护呢?我必须要看到她也能够得到公正的对待"。

　　一般情况下,职业化的拉比深居简出,他们不参与世俗争权夺利的事项,而是将自己献给耶和华及其子民,因此,拉比在犹太人中享有极高的声誉。但非犹太人则对"古怪的"拉比多有不解,例如,在西方世界中有人对"犹太人的杰出智力"做出的解释是:因为"大量最聪明的男性天主教徒几个世纪以来都没有孩子,而犹太教的拉比们却被鼓励结婚和生育"[1]。这样的误解既显示了人们对犹太拉比的间接赞美,也暴露了普通西方人对犹太教的无知。这种似是而非的解释是站不住脚的:一方面,一个民族的总体智力水平并体现在拉比这样的少数特殊人士(尤其是宗教人士)身上,恰恰是体现在无数极其普通的国民身上;另一方面,"犹太人的杰出智力"本身就是个伪命题,因为犹太人在很长一段时间作为少数族群受到了排挤,故他们中的优异者一旦脱颖而出则更易受到关注。

　　众所周知,现代法治国家大多主张政教分离。政教分离通常采取两种形式:一种是国体建制上的宗教与国家统治权力的分离,这就是现代欧洲多数国家所实行的政教分离;另一种是划分出公域与私域,将建制的宗教与公共生活秩序的治理权予以分离,美国就属于这一类。但以色列似乎不符合上述两种类型。虽然标榜是世俗国家,但又以犹太复国主义思想为指导,同时接受犹太教对诸多国民生活和国家政治事务的介入,例如,现代以色列国设有拉比院,其中有两位大拉比,一名代表来自西班牙系犹太

---

[1] 诺齐克:《无政府、国家与乌托邦》,何怀宏等译,中国社会科学出版社,1991,第20页。

教，一名代表来自德系犹太教。他们负责裁定重大争端，一些民事活动也被划入拉比院的管辖之中，包括办理结婚登记等民生事项。严格来说，以色列并不是一个真正意义上的政教分离的国家。犹太会堂式组织（如定居点的生活共同体、基层社会组织）、拉比式组织领袖（如政党政治中的克里斯玛型人物）、犹太宗教圣典的教义和源自圣典或传说的历史惯例等都在今日以色列的各类现代组织及其行为中不难窥见。

宗教集团以及宗教思想在现代社会的作用是多重的，既有正效应，也有负效应，例如，人们在讨论印度管理思想、印度管理哲学时都会注意到印度教的影响，讨论日本管理思想、日本管理哲学时也无法略过传统佛教、儒学、神道的影响，然而，上述宗教思想对各自国家的经济发展、组织管理成就是否起到类似新教伦理的作用呢？这依然是个未决的问题，还需要更多的素材、更为显见的理论逻辑予以证明。然而，我们无法否认：在以色列，犹太教在知识传承、民族身份认同、社会习俗确立等方面确实厥功甚伟，不过，论及犹太教与现代管理组织的关系，例如新闻媒体、司法机关、企业、NGO等，我们又必须承认：它们都是现代化政治-经济变革的产物，传统宗教及其思想所产生的影响大概仍然是间接的。总之，在谈论犹太教思想文化与高度现代的理性组织的关系这一问题时，切不可本末倒置，忽视主要矛盾的主要方面，仅仅依据表面现象得出结论。

第二节　现代组织的形态

截止到2018年4月，以色列的人口是884.2万人，国土面积为2.2072万平方公里，主要语言是希伯来语、阿拉伯语、俄语和英语，主要宗教有犹太教、伊斯兰教和基督教。在经济上，依据2017年的数据，人均GDP是4.2588万美元。以色列被誉为"专制地区的唯一民主国家、欠发达地区的唯一发达国家"。然而，以色列与周边各国不仅政治体制迥然有别，甚至军事冲突不断，以色列是在充满敌意、突袭的恐怖中越战越勇、越战越强的国家。这并非只是源于精神力量，更重要的是不断走向健全、快速反应的各类现代组织。

一、民间自治组织的演变

以色列国的建立可以说是一个非常成功的大组织建立与行为之案例，

它从设立目标、运营并最终达成预期目标，整个过程时时处处体现了精心的策划、严谨的管理和具体的行动。这始于犹太复国主义者所进行的思想发动和观念转变，是思想促成了行动，完成了复国事业，同时也奠定了以色列现代组织形态的基调。

犹太复国主义启迪了当时的犹太人：他们是一个民族，他们只有在自己的国土上才能摆脱民族离散、四分五裂乃至被屠杀的悲剧。他们可以创造一个现代犹太人国家，依靠自己的体力劳动养活自己。与土地亲近的农业生产在一开始就受到了犹太复国主义者们的重视，在田里工作是犹太民族再生的象征。复国主义者强调，希伯来文的男人一词"亚当"（adam）来源于"土地"（adama）。农业生产对以色列建国具有多重意义：耕作的土地成为国土，耕作的收成实现了粮食的自给自足，集体劳作带来了社会合作模式，农业技术的革新和推广提高了国际竞争力等。

在1904—1914年间的第二次阿利亚运动（移民）中，开始出现基布兹（Kibbuz，希伯来语的意思是"集合"或"群体"）的雏形。试建基布兹的活动，其实也是早年的犹太复国主义者建立功能组织和未来国家机构的尝试。基布兹是以色列的特色，是在民主社会主义和犹太复国主义指导下建立起来的集体农庄，也是一种政治上平等、经济上共产、生活上合作的乌托邦社区。基布兹内的人没有私有财产、不拿工资，衣食住行和教育医疗全部免费。基布兹的建立也经历了一段时间的摸索和痛苦的失败教训。1903年4月，摩尔多瓦首都基什尼奥夫爆发了复活节大屠杀，49名犹太人被杀死，上百人受重伤。这之后的十年里，约有100万的犹太人逃离东欧，其中，有近35 000人移民至巴勒斯坦，他们中的一些人怀揣托尔斯泰式的理想主义，于1909年建立了第一公社——迪甘妮亚，规模很小，公社内部的人员关系紧密，但这个公社并不成功，经济上的困难始终存在，与周围原住民的冲突、恶劣的生存环境都是导致失败的原因。1921年一些具有社会主义信念和自我牺牲精神的人又做出了新的尝试，他们从当地的撒索克家族购入29 000德南①的土地，开始建设共产主义式的社群——基布兹。

基布兹内没有货币流通，也不鼓励个人意志，强调的是集体观念和

---

① 古代犹太人土地丈量的单位，约为1/4英亩。

公有共享的生活方式。基布兹实行生产资料公有，全部采用供给制，集体劳动，按需分配，基布兹成员分享一切物质财富，衣物鞋帽和三餐都一起分享。成员间靠平等的人际关系维系，基布兹内的大小事务均投票共同决定，有时连刚刚出生的孩子的名字也是经过大家投票后取的。婴儿六周以后就和父母分开，在单独的集体机构——儿童之家抚养。基布兹统一建房，同一标准，社长同社员的待遇一样。从幼儿教育开始到上大学都由基布兹免费提供，但大学毕业后必须回基布兹工作。少数留在外面工作的、身份仍然属于基布兹成员的人，除基本生活费外，工资要上交到基布兹，由基布兹统一分配。上述做法的目的是创建一种人人相亲相爱的新型成员关系。据说缅甸军政府曾经派遣一些人去以色列基布兹接受实践训练，一年后这些受训者得出一个结论：这种集体主义的极端形式对他们来说是不能接受的，因为它需要强大的公共精神和自我约束①。

以色列国土面积的相当一部分是靠土地开垦获得的，而这又起源于基布兹集体主义式农业体系。20世纪80年代之后，基布兹的组织结构和运行原理也发生了很大变化，开始允许个人有自己的住房和衣服等日用品，儿童之家于1984年关闭，儿童放在成员家里各自抚养，基布兹的经济活动也从手工农业劳动转变为以工业生产为主。年轻一代的成员有了更为明确的隐私权和自主决定权的要求，一些基布兹关闭了公共饭厅，大部分基布兹开始需要付费购买食品。大家不再共享一台电视机，而是各自在家收看有线和卫星电视。为了防止年轻人和有能力的人离开，近一半的基布兹放弃了平等的价值观，陆续引入了竞争的、有差异的工资。尽管基布兹的数量和规模都有所减少，但直到2013年以色列境内还有274个基布兹，工业产值约120亿美元，占全国总量的9%；农业产值75亿美元，占全国总量的40%。

目前以色列全国生活在274个基布兹内的人口数占总人口的3%。基布兹能够维持到今天是因为它有活力，并且有很好的经济增长，这得益于基布兹能够不断采纳和引入新的农业技术，不仅基布兹内部有农业技术研发和推广机构，以色列的大学也十分注重农业技术人才培养，不断在农业科技领域实现技术突破。此外，基布兹的成功还在于它尊重成员的愿望和

---

① Otto M. Schiller, *Cooperation and Integration in Agricultural Production: Concepts and Practical Application, An International Synopsis*, Asia Publishing House, 1969.

选择，基布兹给予其成员相当大的选择权，其成员个人完全自由地选择进入或退出，留下或离去，悉听尊便，具体成员可以根据时代的发展选择适合他们的生活方式。基布兹也保持了足够的组织灵活性，除了集体主义、共同劳动、平等分配等几项基本原则，其他原则都可以调整，或者修改或者废除，这让基布兹不拘囿于一种发展模式，可以容许各种生活方式和价值观的存在，从而迸发出更大的活力。例如，50名青年于1998年创建了一种新式基布兹"爱诗博"（Eshbal，意为野荆棘），他们用自己劳动赚取的工资上交集体，然后再由集体发生活费。他们希望用他们的热情和能力为基布兹运动注入新的元素和活力。

作为农业集体生产组织的基布兹是主流的基布兹，除此之外，还有其他类型的基布兹。作为生活空间的基布兹的历史始于1910年在加利利湖的南岸一些年轻的有志于开拓出共同生活的新形式的犹太人而做出的实践，是一些志同道合的人们自发自愿组合而形成的互助生活型基布兹。还有一类基布兹是在世界犹太复国主义机构以色列事务所推动下建立起来的，以色列建国基金为了建国的目标在全世界犹太人中募集资金购买土地，利用其中的一部分土地建起了基布兹。最后还有一类基布兹是因国防的需要而建立的，在国境线和巴勒斯坦自治区的边境周围，政府出资建立了一些基布兹，这些基布兹大多分布在新占领的定居点，也有不少土地原本属于世居的阿拉伯人，以色列军人以国防安全的名义将他们从自己的家园中赶跑、驱逐。

以色列另一个具有代表性的民间经济组织是"莫沙夫"。1921年在捷兹里尔河谷地区建立了第一个莫沙夫，与基布兹不同，莫沙夫属于农业合作组织，其成员在单干的基础上互助合作，成员租用公共的土地，莫沙夫则为成员提供生产、销售和日常交往等方面的服务。成员是自食其力的劳动者，劳动所得归劳动者个人所有，莫沙夫是一种承认私有、拥有自主权的互助合作组织。

犹太复国主义运动中，以色列成立了各种相关行动组织，事先做出的周密的组织计划、成功的组织协调等都带动了各项事业的发展，这也体现了犹太人在组织管理上的老道。伊舒夫（Ychouv，又译为"伊休夫"）的词义原为占领和居住的地方，特别指1948年以前犹太人在巴勒斯坦的居住地，后来指移民至巴勒斯坦的早期犹太社团，最后转指巴勒斯坦犹太人的自治机构。伊舒夫共分三级：伊舒夫代表大会、民族委员会和地方委员会。伊舒夫代表大会的性质相当于议会①，是伊舒夫的最高代议机构，按照比例代表制的原则普选产生。除一些极小的党派团体外，绝大多数党派都参加了伊舒夫代表大会，它代表着大多数伊舒夫成员的意愿，因为许多伊舒夫成员都隶属于一个或两个党派团体。伊舒夫代表大会只举行一般性的辩论，其主要职能是选举一个由23～42人组成的民族委员会、表决民族委员会做出预算和制定税率等决议。出于行政管理的需要，由民族委员会再任命一个执行委员会。执委会一般由6～14名各政党领袖组成，相当于内阁，是伊舒夫真正的权力机构，管理伊舒夫的世俗事务。总之，"伊舒夫成功地建立了真正的经济体系，与阿拉伯社会保持着密切联系。最后，伊舒夫有了选举产生的议会（Assefat Hanivrarim，民族代表议会），议会负责在委任当局前代表伊舒夫"②。

以色列人喜欢结社，两个陌生的以色列人坐在一起很快就会相谈甚欢。以色列人生活在各种各样的民间组织、社会团体的包围之中，以色列有非常发达的民间组织，例如，成立于1984年的谢克特学院是一家非营利性教育机构，它致力于传播犹太教育，巩固犹太传统，每年要为以色列境内和东欧约35万的成年人、儿童提供培训。高比军人之家则为以色列国防军人提供服务，该非营利组织成立于2002年，是为了纪念一个名叫高比（Kobi Iche Ibom）的参谋军士，他在一次军事行动中牺牲，他被认为是一位优秀的军人，拥有对国家和家庭深切的爱。所以，高比军人之家以爱为原则，帮助那些陷入困境的孤独军人。

分布在世界各地的犹太人结成了各种类型、行使不同目的的犹太人民间组织或半官方机构，例如，世界以色列正教组织（Agudath Israel World Organization）、以色列使团（Israel Mission）、犹太人办事处（Jewish Agency）、犹太劳工委员会（Jewish Labour Comitee）、犹太人联盟和福利基金理事会（Council of Jewish Federations and Welfare Funds）、世界犹太人大会（World Jewish Congress）、犹太人联合募捐活动（United Jewish Appeal），单在美国这个除以色列之外犹太人最多的国家，就有美国犹太人委员会（American Jewish Committee）、美国犹太人

---

① 以色列现代议会设120个席位，这是根据宗教界人士瓦尔哈夫蒂戈的建议而定的。他认为议会席位的设置要符合犹太教的传统，应与《塔木德》中记载的波斯帝国时期的犹太人大议会人数相等。

② 克洛德·克莱茵：《以色列：寻找身份的国家》，傅勇强译，三联书店（香港）有限公司，2008，第25页。

联合分配委员会（American Jewish Joint Distribution Committee）、美国犹太人会堂理事会（Synagogue Council of American）等多种服务犹太事业的民间组织。在美国有一个非常出名的亲以色列压力集团"美以公共事务委员会"，其会员有6万余人。在以色列建国之前它是美国犹太人的"传声筒"，以色列国建立后它转型为以色列政府影响美国舆论和国会政策的重要机构，被戏称为以色列驻美"第二大使馆"。1976—1992年间美国四位总统都曾担任过该会的领导人，该机构促使美国政府对以色列的援助由1962年的9340万美元上升到1986年的近38亿美元，并迫使里根政府取消对沙特阿拉伯的军售。

二、现代正式组织的结构

20世纪50—60年代，以色列经济得到迅速发展，年增长率突破了两位数。创造以色列经济奇迹的一个重要助推力量是由政府主导的国家工程。第一个国家工程是20世纪50年代的住房供应。政府投资建造了20万座公寓大楼，最开始建的是面积较小的单元楼，以室内建筑面积24～32平方米的户型为主，以后建的公寓面积扩大到48～52平方米。截止到1957年，以色列成为世界上自有房产率最高的国家。第二个国家工程是农垦。仅1950—1951年就新建了190个基布兹和莫沙夫，1951—1952年又新建了110个基布兹和莫沙夫。"以色列建国后的第一个十年，以色列的村庄数量增长了14%，从290个上升到680个。耕地使用面积从160万德南增长到350万德南，土地灌溉面积从30万德南增长到125万德南。"[①] 第三个国家工程是工业化。以色列将一半的德国政府战争赔款转变为政府贷款，资助个人创业、在偏僻地区兴建工业园区。

军队是以色列重要的正式组织。虽然在其他国家，军队都难以划入社会组织之中，通常的管理学也将军队排除在管理组织之外，但由于每个成年的犹太人都必须参军，退伍后男子在45岁之前每年还要参加4～6周的预备役训练，或者配合军方的活动，在军队的服役经历以及与军人的各种联系都对国民影响甚深，军队的渗透在以色列无处不在，这样，我们就没有理由不把以色列军队视为重要的以色列现代组织。有学者指出，在以色列国防军中服役是成为以色列人的速成课。进入部队后的训练不仅强度大，而且包括了多方面的内容，其中最主要的是灌输国家观念和军人的职

---

① 阿里·沙维特：《我的应许之地》，简扬译，中信出版社，2016，第146页。

责意识。以色列还是世界上唯一征召女性进入作战部队的国家。义务兵始于18岁，男子三年，女子两年。预备役中的生活，培养了人们的平等观念和服从职责的习惯，不论你的经济状况和社会地位，所有的人都要服从他（她）的直接上级。一般来说，一个以色列人申请工作填写军队记录时留下空白，这会引起人们对应聘人是否可靠的怀疑。

以色列的政治与行政的分离是做得很彻底的，以色列政治竞争是个人、制度性的，而非意识形态的，政党的轮替和担责并不会干扰行政组织及其预期目标。在行政组织中，以色列实行自上而下的官僚科层制，地方的发展受制于中央的决策和资源投入，然而，一方面，中央政府是在法治约束下活动，行为是可预期的，同时它也有通盘的全局部署；另一方面，移民、宗教、地方社会等其他势力的存在，保持了各种协商、谈判和院外活动的机制，这又保证了以色列能够取得中央与地方关系上的平衡。

以色列的行政组织具有极大权威，但并不专权，企业组织具有充分的自主权，却要遵守各方面的规定和习俗，这也是以色列以小博大的制胜法宝之一：在差异中发现商业机会和创新，在共识中建立人人共守的规则。以色列政府在此方面功不可没，它不仅激活了上述民间组织，还推出了各类项目，并在正式组织的有效性建设上不遗余力。例如社会管理方面，政府主导或支持的项目就有定居点（settlement）、社区（community）、城镇（town）、邻区（neighborhood）等，它们构成了以色列社会的单元，为以色列人的交往和日常生活提供了各种具体形式。

以色列工总（Histadrouth）的全称是"巴勒斯坦地区犹太工人总工会"，又简称为"犹太工总"，创建于1920年，它既为成员——犹太劳动者——提供服务，又致力于犹太复国主义运动和全面的社会福利建设，它对犹太人日常生活和以色列国家政治影响之大，被人们戏称为"国中之国"。犹太工总建立了下属的学校和医疗网络，为会员提供各类生活保障。它所建立的庞大的医疗基金，在很长时间里是以色列境内唯一能够真正运转的基金。犹太工总同时也是庞大的雇主：它开办了无数企业。所以加入工会几乎是每一个成年以色列人必需的，建国时，50%左右的人加入了工会。今天，以色列75%的从业者、90%的蓝领工人都加入了工总，会员和家属的总人数占全国总人口数的1/3。

在今天，以色列工总的势力依然十分强大，它可以左右党派间的分合，因为以色列工总有自己的经济实体，包括基布兹、莫沙夫、城市工业合作社、建筑和公用公司（Solel Boneh）、银行等。这些机构占据了1/4

的国民经济，覆盖了70%的农业领域。在以色列的正式组织中，工会和雇主的关系所依据的法律理由既不是无所不包的，也不是根深蒂固的，习惯和传统扮演了更为重要的作用，为此，以色列工总坚持设立各种劳动关系法。尽管以色列是一个资本主义国家，但以色列的公共部门——那些被政府、犹太复国主义机构和工总所持有的营利机构——创造了接近一半的国民生产总值。也有学者对以色列无处不在的集团压力对个人造成的伤害表示了担忧："当国家成为一切的主导，个人就被边缘化了。当以色列昂首走向未来时，它也抹杀了过去。再也没有以前的景致，再也没有以前的身份。所有的事情都以集体的形式完成，所有的事情都是从上层强加下来。所有的一切都有了人为的痕迹。"①

以色列拥有今日全球最领先的水利用技术和水管理经验。在以色列，水的利用有专门的法规、专门的政府机构，水利机构和水管理全部都受到《水资源法》的制约，该法明确指出，以色列的水资源属于人民——每一个国民。它对水还有专门的定义，水包括服务用水、地下水、废水等。以色列对水的管理是高度集中的，负责管理水资源的部门是水利机构（The Water Authority），设在国家基础设施部，该机构负责制定水方面的政策、定价以及长期规划。在以色列，土地可以私有，但水绝对是公有的，因为缺水，也因为地下水都是关联着的，所有水都被管理起来，都被纳入政府有关部门的控制之中，如果有人要在自家的后院或农田里挖井，就需要得到水利机构的批准。在水利机构下，设有国家水资源公司——麦考罗特水公司。这家公司负责日常的水经营活动，包括抽水、输水、海水淡化、水出口等。

今日的以色列无疑属于发达国家，同时也是实行了广泛议会民主的法治国家，而且还推行各种社会福利政策，与此同时，犹太教特别是极端正统犹太教的影响仍然无处不在，以色列是一个万花筒，古老的、保守的传统与最新式的现代生活如此不同却又同时并存。尽管其间也充满了纷争、冲突，但这些冲突更多是活力的体现和创造性的来源，而非社会崩溃、文化衰败的前奏。这一切得益于整个以色列奉守的是现实主义原则，任何党派组成的政府或联合政府都始终不渝地坚持了这一最基本的行事信条，各种管理组织——社会主义的、公有制的、私人所有的、市场化的等，都可以存活下来。

---

① 阿里·沙维特：《我的应许之地》，简扬译，中信出版社，2016，第147页。

在今日以色列，现代正式组织以官方或准官方性质的组织为主，例如政府部门、工会、军队等。在社会层面，非政府组织分布广泛且有较规范的制度和较成功的管理实践；但在市场领域，私人营利组织，即私营企业虽然在设立、组建上并没有什么行政或法律方面的阻力，在各行各业事实上都确实有许多私营企业，不过，大型私营企业仍然不多，而且以色列私营企业间合并、重组、出售的情形时有发生，本土的百年老字号比较少见。以色列的建国历史较短，这是一个客观原因，更重要的是，以色列社会盛行创新的观念，在企业经营上，流行的组织控制原理是"混搭"和"进攻"，这都加剧了以色列国内行业重组、市场竞争的激烈程度。

第三节 现代组织控制原理

对多数中国人来说，以色列还是一个十分陌生的国度。然而，我们有必要更多地了解这个国家。建国至今的70余年，以色列在人类可以想到的所有领域都取得了骄人的成就，单就经济和企业管理方面而言：以色列在纳斯达克股票交易所上市的公司数量比中国、印度、韩国、日本、加拿大和整个欧洲上市的公司数量之和还要多。就眼下最炙手可热的"创业""互联网+"领域，以色列也不示弱，以色列共计有3 850家创业公司，平均每1 844个以色列人里就有一人创业。"2008年，以色列的人均风险资本投资是美国的2.5倍，欧洲国家的30余倍，中国的80倍，印度的350倍。与绝对数相比较，以色列这个只有710万人口的国家吸引了近20亿美元的风险资本。"[①] 以色列有许多小而精、微而强的企业，这些企业都有极强的组织控制能力，我们将这些组织控制原理概括为两个方面："混搭"和"进攻"。

一、"混搭"

"混搭"的英文是"Mix and Match"，对应"混"和"搭"两个动词，将二者拼配之后赋予新含义，这首先源于21世纪初的日本时尚界，指将不同风格、材质、品味的服饰元素按照个人口味拼凑起来，混合搭配出独

[①] 丹·塞诺、索尔·辛格：《创业的国度——以色列经济奇迹的启示》，王跃红、韩君宜译，中信出版社，2010，第11页。

特的和个人化的风格。用"混搭"来概括以色列现代组织的控制原理，虽然有点突兀，但也十分贴切。类似的词汇确实有很多，例如"多元""融合""拿来""开放"等，也许"混搭"更传神。就像时尚领域推崇跨界一样，以色列现代组织也倾向于吸收不同专业的人员，因为它们要攻克的问题通常是难以用某一特定专业来界定的，例如医疗器材中的"胶囊手术刀"，它是集光学成像技术、材料学、医学等多个学科交叉攻关而取得的成果。

相比于专业分工和专门化训练，以色列更强调跨专业间的交叉和渗透。以色列各类组织非常强调多功能化和去专业性，一个工作人员虽然有相对固定的岗位，但他的职责和工作能力总被要求是多方面的，这就导致这样一个结果：所有人员都是身兼多个任务或职能的。在以色列，要给某人的工作定个头衔是很困难的，一方面一个人做的不只是一件事情；另一方面这个人所做的工作总是可以跟其他人进行交替。这就是"混搭"的实质。"在以色列，混搭现象最普遍的要数医疗设备和生物科技领域。在这些行业，你会发现隧道工程师和医生们一起研发出某种信用卡大小的设备，淘汰了注射器。或者，你会发现一个公司既研究β细胞、光纤，也研究黄石国家公园的海藻，同时还有治疗糖尿病用的可植入人体的人工胰脏。还有一家创业公司，专门制造一种药剂，能从人体的小肠中发射出图像，这种药剂采用的光学技术来自导弹前锥体。"[①]"混搭"使以色列人普遍具有了多方面的管理、协调的能力，高级管理者更是具有极强的适应性和快速反应的能力。

在政体上，以色列属于议会民主制共和国，议会实行一院制，它是国家最高权力机关。这样的议会制其实是现代西方通行的议会制和古代犹太代表机构传统相融合的产物。国家议员共有120名，全部通过普选产生。部长内阁构成了国家的行政机关，即政府。建国以来，由于没有哪个政党获得足以单独组阁的议席，历届政府都是由若干政党组成的联合政府。党派间围绕竞选和入阁而聚散分合，议会里党派林立，议席分散，无一政党或团体在议会中拥有单独组阁所需的半数以上的简单多数议席（61席），从而形成多党联合执政的局面，建国至今都较少发生某个大党单独组阁的现象。这也源于以色列各党派和各种政治势力势均力敌，虽然都是强手，

[①] 丹·塞诺、索尔·辛格：《创业的国度——以色列经济奇迹的启示》，王跃红、韩君宜译，中信出版社，2010，第188-189页。

但又能够接受妥协、共生，结果就是联合执政，这可以说是以色列政府管理、政治生活中的"混搭"。

1948年5月14日，当大卫·本-古里安在特拉维夫宣读《独立宣言》、在亡国两千年后恢复和重建起以犹太人为主体的现代国家时，建国者本身并不知道"一个犹太国家"意味着什么。以色列官方公开标榜自己是一个世俗国家，没有国教，但是以色列至今没有正式的宪法，一个重要原因是围绕应当建立怎样的宪法这一问题国民之间存在严重分歧。大部分非正统派犹太人想要一部保障更多政治、社会和宗教自由的宪法，但极端正统派犹太人却希望通过一部基于传统犹太教律法的宪法，甚至试图建立神权政治或政教合一的国家。在两派毫无妥协余地的激烈对抗中，宪法就被无限期悬置下来。"很难准确界定宗教在以色列公众生活中的地位。以色列不是世俗国家，也不是神权国家。事实上，在神权国家，政治权力来自神灵（或神灵在大地上的代表），但在以色列，权力明确地来自民主意志，这种意志建立在广泛的言论自由的基础上，通过典型西方式的选举表现出来。"① 标榜政教分离的世俗政权却又公开允许宗教意识形态和宗教组织成为国家政治的参与力量，这或许是意想不到的"混搭"吧。

"混搭"之所以在以色列形成气候，以致成为常见的组织控制原理，根本原因在于"现实人"假设提供的管理指导，"现实人"假设强调突破既定框架和先入为主的偏见束缚，回到现实这一原点，一切以解决现实问题、满足现实需求为导向。虽然犹太人之间有深厚的宗教关联、历史渊源和爱国情怀，但这只是一个方面，这个方面并不直接构成一个犹太企业家或者犹太投资人做出决定的前提，因为他们在管理上、组织控制和资本投资上总是尽力做到客观、中立，换句话说，以色列商人或企业家通常是以合乎商业本质及其精神的方式做出决定的。这也体现了"现实人"假设的效应。如果做横向比较就会发现，"流散各地的中国人，在本国的经济和法律体系不是很健全的情况下，所投的资金占中国国外直接投资的70%，而流散的印度人在祖国高科技基础设施建设方面也贡献颇多。以色列经历的状况却有所不同，绝大部分美国犹太投资者历史上都没触及过以色列的经济。直到最近，当以色列日趋强大的时候，许多流散的犹太人才开始将

---

① 克洛德·克莱茵：《以色列：寻找身份的国家》，傅勇强译，三联书店（香港）有限公司，2008，第36页。

目光投向以色列,并觉得可以将其作为一个发展生意的地方,而不仅仅是出于同情或者慈善的心理对其进行投资"①。

"混搭"盛行也体现了以色列现代组织的开放性特征。这种开放的组织控制方式其实也关联着管理组织的价值观。一般来说,"价值是行为的特征、特性或属性,以及顾客愿意放弃资源(通常是钱)来换取的产品或服务的任何内容"②。价值观是人们判断某种行为、事物的善恶性质和程度的根本观点。管理价值观是管理组织或管理共同体所推崇的并为全体或绝大多数员工所认同的价值观。管理价值观可以为管理决策提供必要的限制,从而方便人们在经济性、效率化指标的考虑之上,提升综合权衡各要素(特别是非经济性的要素)的地位,创设出更加合理、周全的评价体系。多元的管理价值观特别是社会导向的管理价值观更主张由单纯追求本组织的利益扩大到宏观的社会福利,在利润与其他目标发生冲突时并不一味地优先考虑本组织的利润。

如果说管理组织的价值取向还只是弱式控制的话,它受制于组织内具体管理者的个性、风格等因素,那么价值管理则力图将管理的价值取向客观化,表现出强式控制。价值管理是美国学者肯·布兰查在《价值管理》一书中提出的概念。他认为,依据组织的愿景,企业应设定符合其愿景与企业文化的若干价值信念,并具体落实到员工的日常工作上。"以价值观为基础的管理(values-based management)是管理者建立、推行和实践组织共享价值观的一种管理方式。一个组织的价值观反映了组织赞同什么以及信奉什么。"③ 这是对20世纪80年代以后提出的管理文化、管理价值等概念进行的理性化努力。通过为管理组织及其活动设置一个具有长远性和广泛性的价值观,对管理者形成约束力,对全体员工产生激励作用,并借此向其他利益相关者和广大公众传达本组织的形象,这就意味着它为人们的行为、相互间的义务以及组织统一的共识提供了依据。以色列现代组织大多提倡平等、进取、责任等普遍性管理价值,这些都鼓励了为完成任务、实现预期目标而进行各种可能尝试的跨界"混搭"。

---

① 丹·塞诺、索尔·辛格:《创业的国度——以色列经济奇迹的启示》,王跃红、韩君宜译,中信出版社,2010,第139页。
② 斯蒂芬·P. 罗宾斯、玛丽·库尔特:《管理学》,孙健敏等译,中国人民大学出版社,2004,第563页。
③ 同上书,第119页。

二、"进攻"

以色列宣布建国的第二天，即 1948 年 5 月 15 日，黎巴嫩、叙利亚、伊拉克、约旦、埃及等周边的阿拉伯多国联合行动攻击以色列，力图在地图上抹去新生的以色列国，第一次中东战争爆发。至今已经发生了五次大规模的中东战争，以色列却越战越勇，这也深刻影响到了现代组织的控制方式，以色列最终确立起以"进攻"为主的国家战略。

现代以色列人生活在这样的一个国家之中：它和超过一半的邻国处于战争或半战争状态，至今他们经常听到刺耳的防空警报鸣响，匆匆跑进最近的防炸弹掩体之中。以色列政府在外交和军事上采取的是"贝京学说"（Begin Doctrine），即强有力的先发制人才是最好的防御。1981 年，时任以色列总理的贝京下令出动八架 F－16 战机秘密飞往伊拉克，彻底摧毁了巴格达附近即将完工的核基地，在事后公布的内阁公报中宣称："以色列绝不允许敌人对我们的人民研制大规模杀伤性武器，定将采取一切必要的先发制人的行动来保卫以色列的公民。"这次行动成为以色列现行的国家安全策略的最佳诠释。

以色列人擅长的"现实"原则并未成熟地扩展到国际关系的处理上，特别是与多年交恶的周边阿拉伯国家的关系问题。"人们都热爱和平"，这在以色列几乎是一句空话，因为不同人对"和平"的理解完全不同，而且即便有相似的理解，在怎样实现和平的方式上也存在难以调节的对立。巴以冲突既包含了民族、国家间的对抗，也体现了在组织控制方式上的根本分歧。"要实现和平，就必须以现实的态度解决中东的基本问题。首要的是，我们必须全都认识到战争丝毫无益：阿拉伯人不可能在战场上击败以色列；以色列也不可能把和平条件强加给阿拉伯人。"① 如果将一些军事冲突和领土冲突问题看作需要科学对待的管理问题、组织协调问题，也许解决起来将更加得心应手。

以色列对犹太移民大开方便之门，这也成为对付阿拉伯人、巩固国家安全的重要策略。1950 年以色列政府颁布的《回归法》规定："凡是犹太人均有回归以色列的权利，只要办理移民签证即可成为以色列公民。"随后又颁布了《国籍法》，从法律上进一步赋予世界各地的犹太人自由移居

---

① 西蒙·佩雷斯：《新中东》，辛华译，新华出版社，1994，第 42 页。

以色列并永久居住的权利①。以色列是所有犹太人的祖国,欢迎它的子女随时返回家园,如此露骨高调宣示民族主义旗帜的国家,这在今天放眼世界大概也只有以色列了。然而,一个非常棘手的问题是:如何甄别犹太人?犹太人②意指什么?犹太人之外的理解多样且夹杂了难以掩盖的轻视,例如,韦伯就曾这样断言:"就社会学而言,犹太人到底是什么?——一个贱民民族(Ein Pariavolk)。……一个在礼仪上——无论就形式或事实而言——与周遭社会环境区隔开来的客族(Gastvolk)。……早在(中世纪的)强制隔离之前他们就已自愿性地生活于犹太人区(Ghetto)。"③ 即便是犹太人内部,在不同时期"犹太人"的内涵也有极大的不同。在游牧时代,犹太人只是指称一个家族(即犹太支派);在摩西时代,犹太人则指"上帝的选民",他们以信守唯一的主为前提,与耶和华结成了盟约;在流散时代,犹太人开始意指宗教共同体,依靠相同的宗教信仰、宗教仪式而联结起来的族群;在20世纪上半叶的建国时代,犹太人又汇集成了现代意义的民族,为恢复家园、重返故土而抗争。这样繁复而多舛的历史变迁恐怕是其他民族都未曾见过的。犹太人流而不亡、分而不散,最终复国,重新延续了自身的文化传统和精神纽带。但这只不过是"想象的共同体",是由书本教化、政治宣传、意识形态煽动而催生出来的,并非客观的物质性、实体式存在。"从种族学的角度来看,犹太人早已不是一个纯源同种的民族了。他们之所以能长期保持其犹太身份,是由于他们信仰犹太教,遵循犹太《圣经》中规定的各种法规和戒律,以及遵循某些保留下来的古代犹太人的生活习惯。"④

　　坚持犹太属性和民主原则,这是以色列立国的两个支柱。实际上,前者比后者更重要。以色列号称是犹太人的故乡,它向世界上所有犹太人开放,只要被证明是犹太人及其后裔或者持有犹太教信仰,只要他(她)有意愿,随时都可以返回、定居以色列。因此,以色列是唯一人口持续快速增长的发达国家。人口的增加意味着要建更多的定居点,与周围国家间存在的边界和有争议的领土问题就难以解决。以色列境内的阿拉伯人权益保

---

　　① 参见以色列议会网站:http://www.knesset.gov.il.
　　② 犹太(Judaea)源于犹大(Judah)。犹大是雅各十二子之一,"巴比伦之囚"时期,犹大支派与便雅悯支派、利未支派完全融合,成为今天犹太人的祖先。目前,犹太是一个民族的名称,指生活在以色列国的主体民族和目前仍然散居在世界各地、信奉犹太教或有犹太血统的那一部分人,也就是犹太人(Jew)。
　　③ 韦伯:《古犹太教》,康乐、简惠美译,广西师范大学出版社,2007,第13页。
　　④ 杨曼苏主编:《以色列——迷一般的国家》,世界知识出版社,1992,第65页。

障和周边阿拉伯国家的领土争端在可以预见的未来几乎无解。

持续几十年的中东战争不仅造成了巨大的人员伤亡和财产损失，也留下了难以解决的国际纠纷，例如战争难民、人道主义救助等，由于双方的推诿，上述问题几乎陷入僵局。1949年国际社会为了救助沦为难民的巴勒斯坦原住民，设立了联合国近东巴勒斯坦难民救济和工程处（UNRWA），1950年开始此项事业时登记的难民数约为75万人，2016年末登记人数达到534万人，66年间增加了6倍！

尽管在以色列国内也有不少有识之士对"进攻"这一指导思想做出过深刻的反思，遗憾的是，这些反思都只是停留在公开发表的论著中，并未成为政府做出改变的新理念。21世纪以来，全球范围内兴起的民族主义、地方保护主义，对第二次世界大战之后逐渐确立起来的世界价值观构成了巨大挑战，也对各个民族国家内的阶层、种族之间关系向善的良性改进带来冲击。许多人忽视了这样一个事实：正是因为我们将对方视为敌人，采取敌对立场，结果不断强化了二者的对立。"进攻"作为阶段性的手段、作为解决当下迫切问题的策略，或许可以起到立竿见影的作用，但将它视为全面的、长久的国家战略，恐怕就会成为双刃剑，不仅利弊共存，而且将反噬自身，最终与"敌方"同归于尽。

第十一章 以色列管理思维方式

一个民族的思维方式主要体现在它对世界的认识并将此认识总结为可以传授的知识上，这些知识构成了该民族的文化传统之重要部分。管理思维方式则表现为对组织形态、组织内外人际合作以及组织行动后果等实际事项的认识，这些认识成果通常反映在管理者的问题意识、管理现场解决问题的路径选择上。以色列管理哲学中的管理思维方式一方面受到了包括犹太教在内的民族历史传统文化的深刻影响，例如传统犹太教经典对"智慧"（Hokmah）的强调就提供了有关管理理性、管理目标的深刻理解；另一方面来自现代复国主义运动，尤其是建国后创业革新过程中不断习得的新观念、相应的新行动方式，总体而言，以色列管理组织大多保持了与国家机构的密切合作，同时又强调国民间、同业者间维持良好的合作关系之可能性。

第一节 管理的传统基因

今日以色列无疑是高度现代化的国家，甚至位居最发达国家之列，但在管理的思维方式上，以色列的最大特点和最令人着迷之处不是它的现代性，而是它的传统性，更准确地说，是传统的现代转型或者扬弃传统后实现的现代延续。在这方面，传统思想没有成为现代以色列管理组织的桎梏，现代管理理论和实践也可以找到坚定的拥趸。

一、犹太教的管理智慧

现代犹太人不仅接受了西方文明的优秀成果，而且继承和发扬了自身的犹太传统文化，在今天，以色列管理者也不断从犹太传统思想中吸取营养。犹太传统思想是个不断自我革新的宝库，它也处于不断适应变化了的环境和吸收西方文明成果的过程之中。"清除现世的巫术，起始于古代希伯来的先知，它同古希腊的科学思想一道，把所有巫幻性的获救手段都视为迷信、罪恶而抛弃摒除。"韦伯认为，新教作为逻辑终点，导致了西方近代科学精神的产生，这也对犹太人及其文化产生了一定的影响①。"犹太人是世界上第一个建立整套有关生命及其义务之观点的民族。犹太人并不认为人们对法规与对智慧的需求，是两个毫无关联的领域，他们想象：既然所有的生命都来自'生命创作者'，就应该从单一的观点来管理。物质与精神、智慧与道德，都是同样的……最重要的原则，不是'只有一个上帝'，而是'上帝是独一的'。这个观点不仅影响了西方哲学的整合性及普遍主义者的倾向，甚至也影响了现代科学。"②

犹太教徒奉守严格的一神信仰，它是人类最早的一神教。犹太教包含了多重明确无误的教义：造物主耶和华是公义之神，神不仅是世界存在的最终依据，也是德福的标准；善是真实的，恶只是意念（或者说是误念、邪念），是不真实的，只有善才能统一世界和引领人类③；犹太人是神在世间的唯一的选民；耶路撒冷圣殿是唯一的圣地；大卫王朝是犹太史的荣光，是唯一的王朝。犹太先知预言，当末日到来的时候，所有的人都要接受大审判。

自古以来的很长一段时间内，有关古代士师教诲的不完整资料一直以口头传诵的方式保存，但在第二圣殿被毁（公元 70 年）之后，开始被有意识地采取文字形式记录下来，经过一个半世纪的搜集、编撰和注解，终于集结成为正式的文字作品。这些文字作品中最重要的部分，也是最早被编辑成稿的部分就是《密西拿》（Mishna）。密西拿是依照法利赛式拉比法的文字组织形式被仔细编撰出来的，它在第二圣殿后期就开始由人整理，在之后又经过数代人的持续努力才得以完工。自此，成文的经书最终取代圣殿受到高度推崇，它们被要求反复吟诵、默读、抄写，而且在实际生活中还经常被引用作为论据和道理的来源。这也产生了一个积极的后果：传统犹太人的识字率非常高，据说犹太人是全世界最早消灭文盲的民族。

---

① 韦伯：《新教伦理和资本主义精神》，黄晓京、彭强译，四川人民出版社，1986，第152、68 页。

② 汤玛斯·高希尔：《犹太人的礼物——一个游牧民族如何改变历史》，曾晓莺译，台北：究竟出版社股份有限公司，2001，第 176 页。

③ 上述内容的许多方面明显有别于基督教。基督教事实上提供了善恶两个不同的神，上帝是至善的化身，撒旦则是至恶的渊薮，善恶都是真实的存在，且具有不同的出处，因此，在基督教看来，扬善和抑恶并非同一件事。

犹太教充满了直指人心的启迪，例如，对唯一神的认识上，犹太人实际上并不认可"耶和华"这一叫法，因为摩西十诫明确规定"不可妄称上帝的名"，古犹太人遇到上帝的名字时不能直接读出，而是转读为"阿东乃"（Adonai），意思是"吾主"（My Lord）。据说："当摩西试图探寻上帝的本质，问'您叫什么名字'时，他听到威严的、令人生畏的回答：'我就是我'。一个没有名字的上帝。希伯来语的表达是 YHWH：雅卫（Yahweh）。后来基督徒把它错拼成'耶和华'（Jehovah）。"[①]

犹太教的教义不只是宗教学说，它还具有翔实的指导生活的内容，包含了丰富的生存智慧。例如，犹太教义强调：虔诚的犹太教徒应当具有谦恭、正义感和无功利的慈善意识这样三种特征。谦恭是对耶和华的无条件顺服，真信者从不怀疑神的存在及其力量，努力克制自己并成为耶和华的忠诚子民；正义感强调的是一种理性能力，即对得失、福祸之类的问题能够做出独立的辩证思考，将正义看作终极命令的现实作用，正义终将以符合神的意志的方式成为现实；无功利的慈善意识则强调要向神展示自己是值得托付的义人，最重要的慈善行为不是捐出财物，而是善待他人。中世纪犹太思想家迈蒙尼德曾经说过这样的话：最高的纯洁是帮助一个人谋生，从而使得他可以自立。需要指出的是，犹太教义所提倡的无功利的慈善意识并不先在地排除其他民族或教外人士，这样的慈善意识是普惠式、无差等的。

在今日以色列，尽管许多犹太人尤其是犹太教极端人士强烈建议以是否信奉犹太教来确定犹太人的身份性质上的区别，甚至主张将犹太教升格为"国教"，但世俗人士和自由主义者反对的呼声同样十分强烈，在此问题上的分歧和争辩始终没有停止，短时间内也毫无终止的迹象。虽然犹太思想并不等于犹太教思想，但又不能不指出，在历史上以至今日，犹太教对全部犹太人的思想、文化、日常行为等都产生了深远的影响，但这并不等于说犹太教只是恒定的，更不意味着犹太教仍然有继续主宰的地位。事实上，现代犹太人中有为数不少的世俗主义者，现代以色列的各类组织，特别是由犹太人创建、参与、经营的组织，其实同样深刻地受到了近代以来西方世俗主义思潮的影响，许多上述组织奉守具有高度一致内容的科学原理、管理常识，从而取得了令人震惊的高效率

[①] 西蒙·蒙迪菲奥西：《耶路撒冷三千年》，张倩红、马丹静译，民主与建设出版社，2015，第19页。

和巨大成就。

笔者认为，活的传统才是有生命力的传统，当代人裁剪、营造出来的"发明的传统"使得传统具有了活力。同样，以色列并非自身传统的顺从仆人，相反，它是驾驭自身传统的高贵主人。以色列前总理佩雷斯曾指出："我们必须研究历史以汲取其重要教训，但是我们还必须知道何时该无视历史。我们不能容许过去对我们建设新道路的能力构成不可改变的影响。同奔流不息的河流一样，我们也是长期变化过程中的一部分：地貌变迁，知识扩展，技术开拓我们的视野。活跃在当今政治舞台上的我们所挑的担子以及所抱有的希望和期望不同于我们的先辈。一个人若是把历史先例奉为把握未来事件的俗套，注定要失望和失败。"[①] 传统的素材被今人拿来服务于特定的目的，传统完成了"创造性转型"，今人也获得了借传统之名与先祖、与自身历史的深切关联之共同想象，行动的合法性和民族文化共同体都借此得以深化。

普通犹太人大多也接受了现实主义立场，对传统与现代的关系问题保持变通的态度。20世纪80年代，以色列的犹太教改革者们发起了一场影响深远的"世俗人文主义的犹太教"社会运动（The Movement for Secular Humanistic Judaism）。该运动的中心口号是"知识与选择"（knowledge and choice），它倡导的主要思想如下：犹太教不只是一种宗教，同时也是一种包含了复杂成分的文明，身处其中的犹太人要依靠自身的感悟与知识做出选择和判断，而不是依赖耶和华神。有很多生活在世界各地的犹太裔的思想家始终持有开放的世俗观念，例如阿瑟·凯斯特勒、普里莫·莱维、马内·斯帕勃、汉娜·阿伦特等现代著名的思想家，尽管他们都欣然接受自己的犹太身份，但都拒绝承认独特的犹太性，他们认同的是犹太文化和历史传统中的智慧、审慎、忍耐等精神，他们都倡导普遍主义、理性主义的观念，反对将犹太教、犹太性、犹太人抬高至作为特殊问题对待的做法。

二、"商业民族"的诞生

现代犹太人在商界纵横驰骋，以至不少人认为犹太人是天生的精明商人，其实，正如韦伯所指出的，"人们时而或忘的是，以色列打一开始便

[①] 西蒙·佩雷斯：《新中东》，辛华译，新华出版社，1994，第3页。

是以一个农民的誓约共同体（Eidgenossenschaft）而站上历史的舞台"①。早期犹太国家也是建立在农业文明基础之上的，然而，著名的"巴比伦之囚"之后犹太国家灭亡了，流散世界各地的犹太人被迫转向以社会层面的联系为主，建立起了犹太社团和相应的新社会结构，从而确认了新的共同体原则，即由从前的血缘原则过渡到地缘原则。"自此之后，一则是借着生为犹太人且承担礼仪义务，一则是通过个人主动接受，成为犹太教团的成员。"② 犹太人被迫经商是在大流散到欧洲国家之后。在封建时代的欧洲，土地是最重要的财富，农业是最正经的职业，客居的犹太人通常被排除在外，无法自由购买土地或者稳定地成为地主，为了活命，犹太人不得不从事被当时的欧洲人普遍视为低贱的商业活动。

不过，即便是在借贷行为广泛受到质疑的农业时代，犹太教并不是一概反对教民谈论营利事业，这无疑减轻了古代犹太人从事商业活动的道德犯罪感，这样的主张一方面强化了犹太教徒与非犹太教徒的对立，另一方面也重申了犹太教内部人士的同胞情谊。韦伯曾指出，"借贷给贫穷的同胞时，既不许使他蒙受损害，也不许向他收取利息（neschek）（《出埃及记》22：25）——犹太人对内道德与对外道德之区隔的来源——这在巴比伦的法律里是未曾见到的。此一禁令主要是源自邻人团体（Nachbar-schafts-verband）有义务在危难时提供无息援助的古老的兄弟伦理（Brüder-lichkeitsethik）了"③。

不仅如此，犹太传统思想也不一概反对营利行为本身或追求世俗生活的喜乐，这也促使犹太人保持了入世主义精神。有个流传久远的古老故事：一个名叫西蒙·本·亚海的拉比，为了躲避罗马人的追捕，在山洞里隐身了12年，后来他走出洞穴，却发现人们都在忙于日常生活的俗务，例如买卖、耕种、纺织，却没有人研读经典，他非常失望，指责这些人放弃了永恒的生活，只知道埋头于瞬息万变的世间生活。他的话音刚落，天上便传来霹雳般的断喝："你跑出来就是为了毁灭我的世界吗？回你的洞里去吧！"这则故事告诉人们：弃绝一切正常生活去追求尽善尽美的做法，这并不被神看好。

不过，需要指出的是，古代犹太教总体上是重农贬商的，对商业的肯

---

① 韦伯：《古犹太教》，康乐、简惠美译，广西师范大学出版社，2007，第5页。
② 同上书，第58页。
③ 同上书，第299页。

定只在满足社会交换的层次和个人职业操守的意义上予以有限的肯定，但并没有公开、明确主张大规模的商业活动。"公平价格理论"（just price theory）曾是一种影响甚广的古老学说，一直到18世纪都盛行于西方主要国家，它成为中世纪主导性的商业交易原则。该理论建立在神学基础之上，力图用神学指导商业行为，为商业注入道德戒律，因为它在未严格区分宗教与道德、宗教与法律的情况下解释商业契约。它反对通过契约谋取暴利，主张契约要受到法院的审查，这就意味着市场主体基于合意达成的契约并不具有最终的效力。在这种理论看来，契约当事人无论哪一方通过契约而获得过多的利润都是不道德的，同时也是非法的。根据圣·托马斯的观点，"当双方当事人平等地获得利润时，契约是公平的"①。它用"合理"来限定利润、用"意图"来解释契约，契约的主体被预先设定为"道德人"，法院是实质性的事后参与者，可以对交易过程的价格和契约条款做出实质性审查。犹太教和基督教都曾接受"公平价格理论"，该理论对商业既管制又保护，具有明显的父道主义色彩，这显然与资本主义时代的自由精神格格不入。

之后出现的古典经济学对此做出了深刻的批判。受古典经济学有关"看不见的手"思想的影响，资本主义市场经济是以自由放任为基本特征，鼓励人们追求利润，相信自发的秩序才是最好的市场秩序。理性的自利"经济人"成为市场的主体，这样的经济人具有完全的市场自由，同时将效率作为唯一的价值追求。古典经济学代表人物亚当·斯密指出："我们每天所需的食料和饮料，不是出自屠夫、酿酒家和烙面师的恩惠，而是出于他们自利的打算。"② 可见，犹太教与基督教一样总体上支持的是农业时代的社会观念，必须经过变革、输入新的思想，犹太教和犹太社会才能适应现代市场经济和资本主义文明。近代资产阶级启蒙运动推崇并大肆宣传古典经济学，最终古典经济学取代宗教成为市场社会和工商业活动的指导思想。生活在欧洲的犹太人经受了这场文明洗礼，他们吸收近代新思潮，对犹太教做出改良、革新，最终真正放弃了轻商、贱商的偏见。

建国前，犹太人常被视为"商业民族"，建国后，以色列政府不仅成为商业民族的庇护者，它自身就是高超的"商人"，在推动国家经济发展、

---

① Larry A. Dimatteo, *Equitable Law of Contracts: Standards and Principles*, Transnational Publishers Inc., 2001, p.11.

② 亚当·斯密：《国民财富的性质和原因的研究》（上卷），郭大力、王亚南译，商务印书馆，1972，第14页。

企业市场竞争和国民收入增长等方面都厥功至伟,但这不意味着以色列对经济危机有天然的抗体,总是市场竞争的胜者。最近的一次影响比较大的经济危机发生在20世纪80年代,正是为了解决经济危机,以色列政府决定强化国内的经济底盘和国际竞争力,提出全面提升兵器产业的技术实力、实现高科技化这一新的国家发展目标,到1985年前后达到了兵器产业的顶峰,从业人口超过6.5万人,占当时的工业就业人数的20%。即便在2010年,兵器制造企业仍然有近200家。

由上可知,说"犹太人是天生的商人""犹太人具有经商的基因",不过是以讹传讹的不实之词。在本书中,我们称犹太人是"商业民族",只是借用这个已被广为使用的词语,但正如我们在上文所分析的,多数犹太人从事商业活动是在大流散、失去祖国之后被迫学习到的新生存技能,是在长期历史过程中逐渐习得的,由于识字率较高,多数犹太人可以将经商中的观察、体会、心得记录下来并传授给他的后人,经商的经验得以不断累积和提炼,又成为犹太传统文化的一个部分,受此熏染的犹太人将有机会在经商中少走弯路。放在农业时代和农耕文化的时代背景下就不难发现,买卖活动、市场竞争之类的经商充满了风险,同时获利更大,长久经商而非农作,这自然会对民族思维方式和心理习性等产生难以逆转的深刻影响。正是在这个意义上我们才可以说,今天的犹太人受到了自身文化传统的馈赠,较其他民族得到更多的商业经验的传授。

第二节 以色列企业家精神及其特点

"企业家精神"(entrepreneurship)的概念最早由奥地利的经济学家熊彼特提出。所谓企业家精神是指对市场风险的敏锐判断以及承担可控风险的胆识。熊彼特认为,市场的创新其实就是企业家精神的现实化。然而,企业家精神是一种稀缺资源,对一个社会来说,并非人人都具有企业家精神,因此,那些已经被证明具有市场掌控力的人就应成为这个社会的重要财富。社会经济发展的前提之一就是营造自由且开放的环境,使得具有企业家精神的人脱颖而出。从管理哲学的视角而言,企业家精神这一概念包含了对管理主体性的认可、管理主体对管理环境的不确定性及风险的有效控制以及管理决策过程中理性和直觉等因素的把握等方面的内容,这些内容都深刻再现了管理的可知性与不可知性二者间的张力。

一、以色列企业家精神的培育

以色列是一片适合企业家精神生长的热土,在复国、建国的过程中,许多移民为了生计投身创业和艰辛的劳作之中,诞生了众多本土企业,企业家精神得以高扬。至今以色列的管理者和普通国民都对企业家精神推崇备至,具有企业家精神的人才层出不穷。科技博客(TechCrunch)是一家影响力很大的国际性网站,它在2008年评选出了全球51家最有前途的创业公司,其中以色列公司占了7家。

将经济发展、民生问题的解决与建国大业的政治目标相结合,这既需要远见卓识,更需要脚踏实地的实干,犹太人的企业家精神在其间也得以大放光彩。不只是从事企业经营,在农业生产、政治领域也诞生了众多具有企业家精神的人。一位来自普朗斯克、名叫戴维·格鲁恩的年轻人,受到俄国大屠杀的刺激踏上前往巴勒斯坦的朝圣船,他加入的是第二批阿利亚移民队伍,他很快成为社会主义政党锡安工人党的成员,但他和他的党员同志们并不赞成犹太教的教义,他本人也不是虔诚的犹太教徒。1909年,他们在雅法港附近的沙丘上开辟、建成了一座新城——特拉维夫。1911年,他们成功建立了第一个集体农庄——基布兹。这位年轻人总是穿着俄式的工作罩衫在田间劳作,但他也经常为犹太复国主义报纸撰稿,通常采用"本-古里安"这个笔名,他后来成为以色列建国后的第一任总理。

以色列保持了较高的社会信任度和丰厚的社会资本,这同样有利于企业家精神的培育。"以色列是世界上人口最密集的国家之一,要想隐姓埋名几乎不大可能。……以色列人并不渴望独处。把几个以色列陌生人放在一长条海滩上,几分钟内,他们就会亲密地闲谈起来。……这是一个以群体为中心的社会。人们经常很难理解西方的'私人空间'的概念。从幼儿园起,以色列人就被教导属于一个紧密联系的群体的重要性,学校、军队的朋友可以终身为伴。"[①] 国土狭小和人口稠密当然提供了构建国民凝聚力的条件,但这不是必要条件,更重要的是由政府和民间机构合作有意识地推进的文化传统传承和共同参与的社会事项,这些社会共同体建设的活动都在不断强化"我们"的意识,国民成年后若要从事市场开拓或企业经

---

① 唐娜·罗森塔尔:《以色列人——特殊国土上的普通人》,徐文晓、程为民译,华东师范大学出版社,2009,第49—50页。

营活动，事业伙伴大多是从这些具有共同体意识的人员中寻求和产生。

不能忽视的是，在经济发展和参与国际贸易方面，以色列拥有其他新兴国家完全不可比拟的特殊条件，这些条件使得以色列具有得天独厚的竞争优势。第一，作为唯一的犹太人国家，以色列政府每年都能得到境外巨额的资金援助，具体包括德国的战争赔偿和以美国为中心的海外犹太人社群的捐赠。第二，大量的移民涌入，带来了人口的增加、国内市场的扩大、优秀人才的引进。1948年建国时人口不过70万，2018年4月则超过了880万。第三，与美国的"特殊关系"带来了持续不断的经济援助和巨额投资。美国从20世纪60年代后期开始向以色列政府提供经济援助，据估计1986年到1998年期间美国每年都提供了30亿美元的援助。其中，18亿美元是军事援助，12亿美元是经济援助。1998年以后经济援助逐年削减，到2008年减至零。但军事援助不减反增，每年增加5 000万美元[1]。

在以色列，不仅存在犹太人与非犹太人（如阿拉伯人、贝都因人、德鲁兹人等）的矛盾，而且犹太人内部也存在诸多矛盾，包括东方犹太人（从亚非国家返回的犹太人）与西方犹太人（从欧洲返回的犹太人）、新移民（20世纪90年代以后返回的东欧移民）和老移民（建国前陆续前往定居的移民）、宗教人士和世俗人士等之间的矛盾。在以色列的犹太人中，有12%的人属于极端正统派，10%的人属于正统派，35%的人属于非正统派，还有43%的人属于世俗犹太人[2]。但无论是否信仰犹太教，多数犹太人并不主动挑战犹太教的观念和生活方式的规定。时刻身处纷繁异见之中，这使得以色列人具有极强的适应力，既能够倾听各种不同的乃至对立的声音，又能够在众声喧哗中坚持己见。总之，以色列是一个危机和冲突四伏的国家，同时也是一个充满了活力、创新的国家，国民间的各种异见、多样性得到承认，这就提供了相互学习借鉴以谋求商业发展、社会进步的机会。

正如哈耶克的"自发的秩序"理论所揭示的，有利于社会发展、经济成长和个人权利伸张的社会秩序从来都不是预先人为设计或英明领袖制定出来的，相反，被证明合理且充满活力的社会秩序都是经历了无数次的试

---

[1] 立山良司：イスラエルを知るための62章，明石書店，2018，第222—223页。

[2] http://www.goisrael.com/Tourism_Eng/Tourist＋Information/Discover＋Israel/Population.htm JHJ The_Non-Jewish_Population。

错，由此逐渐沉淀下来某些具有共识性的成果并缓慢建立起对大家都合适的制度。受到过度保护的市场或者完全处于政府的羽翼之下的行业都无法生成企业家精神，从一定意义上说，企业家精神不是刻意培养出来的，相反，它其实只是一个自发的结果。在有了基本的、宽松的制度安排，为人们的行为提供了透明、公正的规则，去除政府的任意干预后，人们就可以在充分开放和自由竞争的市场中经受优胜劣汰的选择，具有企业家精神的人将脱颖而出。

二、以色列企业家精神的特点

管理学家吉姆·柯林斯和杰里·波勒斯在畅销书《基业长青》中分析了很多维持长久成功的企业，这些企业都有一个共同点，那就是拥有一个基本上可以用一两句话表述清楚的核心目标，即企业核心价值观，从而为员工提供赚钱这一直接目标之上对工作意义、公司使命的认同等之类更高的标准和抽象的目标。"以色列不像其他许多国家，事实上它拥有一种经久不衰的使命感，这种使命感让每一个以色列人坚守这样的信念：要在这个地球上为犹太人寻求一片安全之地"①，建设以色列经济，加入属于以色列的集群，把以色列的产品和服务推向这个世界上最辽阔的地方，这就是为人称道的以色列国民中的"营利性爱国主义"。以色列企业家精神不是以市场经济主义为导向，而是用犹太人身份认同和以色列集体归属修正市场本质主义的偏差，在他们身上流露出浓厚的民族主义意识，对绝大多数以色列的企业家而言，他们在日常经营活动中总是会充分考虑自身营利和国家目标之间的关联，他们并非只是逐利主义者，还会努力贯彻"逐利的爱国主义"。

以色列实行的全民义务兵役制很大程度上成为灌输国家意识和国民合作意识的利器，每个国民一生都要经历两至三年的军旅生活，国民由此切实感受到国防安全、国家事务与每一位普通国民的付出之关联，国家不再是抽象物，它在普通国民的日常生活中变得真实起来。国民个体通过参军、服役、备战等具体行动而与看似遥远、抽象的国家发生了实实在在的联系，他们由此知道：国家的强大与自己的付出有关，自己的生命安全也离不开国家的庇护，国家事务不再只是少数政治家的谈资，国家形象也不是社会名流的专利，相反，每个国民都在国家之中。以色列企业家的爱国情怀和营利性爱国主义观念或许正是根植于绝大多数普通以色列人共同分

---

① 吉姆·柯林斯、杰里·波勒斯：《基业长青》，真如译，中信出版社，2006，再版导言。

享的家国一体的意识。退役后以色列人完成了对国家的义务，就可以按个人的人生规划开启自己的生活，他可能选择读书深造、出国游历、受雇就业或自主创业等，无论哪种选择，都是在经历了军营中的思考沉淀后做出的，是当事人主动做出的选择，是最符合个人意愿和特长的选择，因此，日后的生活就少了不谙世事的迷惘、受制于人的不安。

营利性爱国主义有一个显见的后果，那就是，它促使以色列企业家和管理者倾向于跳出国内市场，将竞争对手指向国外，深度参与国际竞争，从国际市场为以色列及其国民努力切割出更大的"馅饼"。以色列在高技术领域实力超群，TELEDATA、PHASECOM、TADIRAN、ECI、METELINK、RADDATA、PHONET 等一大批通信高技术企业在传输、接入网、通信等项目上取得了举世瞩目的技术突破，并成功地打入了美国、欧洲和中国市场。一家名叫"英飞尼迪"的以色列风投公司，是在以色列政府鼓励全民创业政策的指引下发展出来的一家知名企业，它在中国江苏、天津和广东等地的合作创造了很多商业运作的范本。

以色列国土面积狭小，市场的延伸度低，这也逼迫许多以色列企业家面向海外市场，积极投身国际贸易，这自然也离不开盟友——美国的大力支持。美国毫无保留地开放技术、市场、资本、人力资源等各个领域，这加速了以色列经济国际化的深度发展。当然，美国的支持只是外因，根本原因还在于以色列国内高素质的人力资本和较高水平的社会资本、政府推出的各类行之有效的经济政策，现代以色列为那些有想法、敢于冒险、并愿意付出艰苦努力的人提供了各种机会，具有企业家精神的人在以色列大受欢迎，并且有大显身手的舞台。

以色列被誉为"创新的国度"，早在 1985 年，以色列就成立了第一家风险投资公司 Athena Venture Partners，当时主要的风投资金都来自美国，目标是将以色列公司带到纳斯达克上市。1993 年，以色列政府推出了自己的风投计划"YOZMA"（该希伯来语词汇的意思是"创新"），政府为获得国际风险资本投资的企业提供 1∶1 的资金支持。

在以色列，企业界、政府有各种沟通渠道，彼此的合作十分顺畅。在政府的鼓励和一大批成功人士的示范效应带动下，全社会形成了投身创新的舆论氛围。但是，创新总是与风险甚至失败相伴，因此，创新首先要有"愿赌服输"、自负其责的意识。有人将以色列企业家的创新经验归纳为"以色列创新十诫"，具体内容是：（1）你要有创业精神；（2）你要能担负责任；（3）你要会编织自己的人际网络；（4）你要团结同伴；（5）你要创新；(6) 你要重新站起来；(7) 你要迎接下一位移民；(8) 你要将技术转移；(9) 你要将经济私有化；(10) 你要化干戈为犁铧，化长矛为镰刀①。创新绝非个人的一厢情愿或心血来潮，具有经济价值的创新离不开合理的制度安排，这一大背景才能保证个体的创新不会受到人为的政策性因素的扼杀，但更为重要的仍然是无数个体的亲身实践，经受了市场考验的创新才被证明是成功的，这不仅是对那些当事人的试错行为的褒奖，同时也会对潜在的、仍在观望中的其他人产生极大的激励，带动更多人参与创新之中，形成少数人的创新—小成功—更多人的创新—更多的小成功—多得多的人的创新—大的成功……这样的良性循环，最终直接推动了全国范围的经济成就和社会进步。

在第二次世界大战后，东亚多国或多地崛起，以日本为代表，之后又有韩国、中国台湾、中国香港、新加坡，后者被称为"亚洲四小龙"。人们在解释东亚经济奇迹时提出了"亚洲资本主义"概念，学界认为这些国家和地区都属于儒家文化辐射区域，受到了儒家世俗理性主义、人文精神主义和经世致用的实践意识等的深刻影响，这其实是对马克斯·韦伯在20世纪初解释现代资本主义何以在西方产生问题的纠偏。因为他断言儒教、道教、印度教、佛教等东方主要宗教或文化形态都不能为现代资本主义提供精神动力。不仅如此，韦伯在解释新教伦理为最早出现现代资本主义的西欧公众提供了信仰支撑和行为指南时，并未将生活在欧洲、已经高度接受了同化论的广大犹太人列入其中，他仍然将犹太人视为"客居他乡"的异民族，韦伯在他的著作中多次指出，犹太教未能成功地引领犹太人走向新生。今天重读韦伯的著作，目睹以色列建国至今走过的历程、取得的社会综合发展以及巨大的经济成就，我们必须承认，韦伯对犹太人持有当时欧洲盛行的偏见，这妨碍了他客观地认知、深刻地把握犹太人及其历史文化传统。笔者相信，以色列复国、建国的经验，令人深思，值得进一步总结并做出管理哲学的提升。

第三节 律法主义的现代发展

犹太律法主义是相对于基督教"三主德"（信、望、爱）而言的，意

---

① 顾克文、丹尼尔·罗雅区、王辉耀：《以色列谷——科技之盾练就创新的国度》，肖晓梦译，机械工业出版社，2015，第183—187页。

指犹太教以及犹太教徒唯律法为重的倾向，它指明了一个历史事实：正统犹太教强调严格遵守若干经典教义（通常被称为"律法"）。世界上最早的律法出现于公元前 30 世纪，是统一了上下埃及的美尼斯国王颁布的。希伯来法典受到了公元前 18 世纪出现的《汉谟拉比法典》之影响，以摩西提出的"十诫"为基础，历经各代帝王、祭司的修订、完善而最终成形，这就是包括《创世记》《出埃及记》《利未记》《民数记》《申命记》的五卷书（又被称为"摩西五经"），它们于公元前 444 年正式确立为"圣经"。律法书并非现代意义的法律，也比宗教教义的含义更宽泛，它是一系列有关各类生活内容的指导和规定，所以，韦伯认为："'律法书'原先并不是意指——如现今仍时而有人这么翻译的——'法'（Gesetz），而是'教'（Lehre）。当然，此一概念同样是和利未人古老的爻签神谕连结在一起的。"①

一、律法意识

犹太教强调信守律法，因为律法体现的是神的旨意之客观性、绝对性，人在律法面前只能做虔诚的服从者，《塔木德》中有一段非常有名的话："以利泽尔拉比说过：当犹太教徒在理解神谕之前就决心执行时——天上一个声音呼叫：谁向我的子女揭示了天使使用的这一秘密，因为《诗篇》中记载：'强大有力的天使啊，听从他命令，遵行他旨意的使者啊，你们都要颂赞上主。'首先是执行，然后是理解。"②

律法的实质在于它具有无可挑战和不受质疑的权威，对普通社会成员而言，律法已经对许多事项做出了非常明确的规定或要求，这些都应当得到无条件地执行。例如，犹太教《圣经》把动物分成"洁净的"和"非洁净的"。犹太人只被允许吃"洁净的"动物的肉，也就是反刍和有偶蹄的哺乳动物，而且这些动物还必须按照一定的仪式屠宰，肉类被浸泡加盐以去除血。带鳞和有鳍的鱼可以食用，但不包括贝类、爬行类、昆虫类和一些鸟类。这些被称为"犹太教饮食教规"（Kashrut）或"犹太饮食法"，这些教规看似烦琐，其合理性也难以得到现代科学的检验，然而，上述教规和食品禁忌在今天的以色列依然得到了严格的遵守，这意味着宗教信仰的压力、文化价值上的认同和古老饮食习惯的延续对今日的以色列国民仍

---

① 韦伯：《古犹太教》，康乐、简惠美译，广西师范大学出版社，2007，第 237 页。
② 转引自埃马纽埃尔·勒维纳斯：《塔木德四讲》，关宝艳译，商务印书馆，2002，第 40 页。

然发挥着极其重要的作用。

在以色列,劳动者和雇员的权益受到了劳资协议的严格保护。在多数发达国家,工资比率和工作条件通常是由集体谈判而非个人交涉达成的。在以色列,工总是雇员的全权代言人。雇员工资的主体部分包括基本工资、维持生存费用、其他补充费用。基本工资和其他补充费用分别由每个行业和每项职业来决定,通常是雇主协会①和工总的分支工会进行协商确定,维持生存费用则直接由政府的贸易部和雇主协会谈判确定。维持生存费用拉平了雇员的收入差距,这保证了以色列雇员都能够得到体面的收入。

跟其他许多国家不同,以色列的雇员集体协议主要涉及的方面包括:(1)所有新增工人(一些特殊的工种除外)都必须通过政府雇佣服务机构签约受雇。(2)新工人的试用期为三个月(在美国只有30天),但可能因工人委员会的协议而被延长至六个月。(3)除了支付所完成的工作的工资,工人还会收到资历津贴和家庭津贴,这些津贴允许因工种和收入而拉开距离。此时完全忽略了理性评价工作差异的某种工作评价系统。(4)特定的工资结构都留有多个开放的弹性空间,部分由市场条件和当地工厂就业压力来填充。(5)工资每六个月会被调整,依据维持生存费用指数(a cost of living Allowance,C.O.L.),假定每次增加3%。(6)每一份工资协议都会牵涉一个长长的次要事项清单。(7)开除长聘工人,要求必须先跟工会或工人委员会协商。(8)资历是在解雇、换岗和歇业中唯一被考虑的因素。(9)维持生存费用被限定在不能超出工资最大数额,这可以起到缩小工资收入差距的作用。(10)管理者和熟练的专业雇员的奖金不受限,但奖金要缴纳最高至15%的所得税②。在以色列,因工会的压力和完善的法律规定,雇员的权益无端受到侵害的行为较少发生。

假使违背了律法,或者不小心触犯了律法,会怎么样呢?触犯了某人就必须求得被冒犯者的宽恕;触犯上帝同样只能要求得到上帝的宽恕,这就是赎罪。就其实质而言,赎罪是向未犯错前的状态回归,通过悔过、自责来弥补过失。但是,罪恶能不能得到谅解和涤除,取决于两个条件:一是被冒犯者的接受,一是罪恶本身的程度和性质。前一个条件的要点是:

---

① 在以色列,雇主的代言机构有多个,地位最重要的是制造者协会(the Manufacturers' Association)。

② Pierre Uri ed.,*Israel and the Common Market*,Weidenfeld and Nicolson Jerusalem,1971,pp. 637-638.

即便犯错者悔过了，若没有得到被冒犯者的认可，赎罪就没有结束，冒犯者就还必须进一步拿出更真诚、更具有说服力的方式打动对方。一旦犯了错，犯错者就进入向受害者祈求原谅却不知能否得到原谅的不安境地。可见，赎罪的主动权不在犯错者，而在被冒犯者，所以，"宽恕取决于被侵犯者。侵犯者落入了被侵犯者的手中。有罪者不要求，就没有宽恕！犯罪者必须承认他的过错；被侵犯者必须非常愿意接受侵犯者的恳求"①。后一个条件则表明并非所有罪恶都可以被宽恕，若罪大恶极，如不敬神、置人于死地等，都是难以被谅解的。

对于犹太律法主义，人们有许多不同的评价，肯定者认为，犹太律法主义不仅是独特的，而且是具有神圣价值的。"其他民族文化中，也有他们的道德准则，但总是以法律的形式出现（如果你那样做，那么就会有这样的后果）；或是世故的忠告（如果你想过快乐的生活，那么你就必须如此如此，而非这般这般）。因此我认为，'十诫'空前绝后地为人类提供了一个没有理由的生活准则。由于这是上帝的准则，因此不需任何理由，也没有详细的描述。"②

当然，对律法的看法也不乏否定者，例如德国古典哲学的代表人物费尔巴哈，他在《基督教的本质》"犹太教中创造的意义"一节中写道："创世学说来自犹太教；它乃是犹太教之经典学说、基本学说。但它在这里所依据的原则，与其说是主观性原则，还不如说是利己主义原则。创世学说，就其特有的意义而言，只有当人在实践上使自然仅仅服从于他自己的意志和需要，从而在其表象中也把自然贬低为制造品，贬低为意志之产物时，才得以建立起来。"③ 其实，犹太律法主义给出的教导并非只是利己，有时还可以提供智慧般的警醒。《塔木德》讨论了这样一个情境：两个人结伴去远方旅行，走到半路发现水不够了，只有一个人还剩一点水，如果两个人都喝，可能两个人最终都会死，如果只给一个人喝，至少可以救一个人，那么，谁应该喝剩下的水？拉比教导说：有水的人应该喝，得以活命。这样的律法显然不能被简单地斥为"自私"，它其实包含了充分的事先准备之理性思考和冷静处理问题的指引。

犹太律法主义确实有着前现代的方面，例如它暗示了精英主义倾向，

---

① 埃马纽埃尔·勒维纳斯：《塔木德四讲》，关宝艳译，商务印书馆，2002，第23页。
② 汤玛斯·高希尔：《犹太人的礼物——一个游牧民族如何改变历史》，曾晓莺译，台北：究竟出版社股份有限公司，2001，第160页。
③ 费尔巴哈：《基督教的本质》，荣震华译，商务印书馆，1984，第159-160页。

因为律法意味着存在不可置疑的权威，意味着遵守者的谦恭。尽管今日以色列是公认的民主国家，但在社会生活的多个领域，精英主义仍然具有相当的影响力。例如，来自欧洲的犹太移民在社会流动和社会阶层的占位上处于明显更优越的地位；宗教领袖特别是犹太教的拉比依然对社会生活具有不可忽视的发言权；白领阶层及其后代更容易获得晋升的机会；政府的各类奖励计划是以拔尖、选优为前提的，并非普惠式平等主义。在以色列，管理学上的"木桶原理"较少受到关注，经济学的"涓滴效应"却大受追捧。前者强调决策的关注点是最少受惠、最差境遇的人，后者则主张"强者更强"，强者提供了更多的就业机会、更高的税金，就像大水浸漫，弱者也从中自动获得可见的好处。然而，如果强者提供的财富流向了国外，国内的涓滴效应就没有了；如果弱者并不处于浸漫的范围内，就根本得不到可怜的涓滴恩惠。

二、程序正义

在现代，律法主义的世俗化有其重要的积极后果，其中之一就是对程序正义的肯定，这完全契合现代法治理念。

讲到"正义"，以色列人通常使用的是"公义"（tzedaka）一词。从世俗层面上说，公义体现为"相同者相同对待，不同者不同对待"，"如果一个人冒犯另一个人，上帝是不干预的。必须由世俗的法庭在二人之间主持公道！甚至需要比触犯者与被触犯者之间的和解更重要的——即需要公正和裁判"[1]。但从神圣意义上说，公义定要实现善恶相应，给善者以幸福和长寿，给恶者以不幸和早夭。即便在现世有过短暂的不公，有时善者遭殃、恶人得福，但神将保证在来世使他们各归其位，得到长久而公正的对待。西方古代先哲早就注意到了公正秩序对国家的意义，故而在他们的思想体系中反复论证了这一主题。然而，对于无数普通民众来说，他们所能面对的只是一时一事的公正，对公正本身的独立存在，不仅在他们的思考之外，也令他们无能为力，因此，需要人类之外、人力之上的上帝才能确保终极的"公义"。正因为相信公义最终会实现、坚信上帝的公正性，传统的犹太人保持了对现世苦难和不幸生活的极度忍耐。

在犹太人社群中，简单的从众行为或随大流的行事风格很少有市场，在思维方式上，犹太人大多反对"一致同意""全票通过"的现象。"在法

---

[1] 埃马纽埃尔·勒维纳斯：《塔木德四讲》，关宝艳译，商务印书馆，2002，第22页。

庭上，犹太人是这样规定的：如果所有的法官都一致判定某个人犯罪，那么，这个判决是无效的，因为都是一样的观点，说明这个案子大家都只看到了一个方面，而忽略了另一个重要的方面，因而大家的观点都是片面的，不具有客观性；如果一部分法官认为是有罪的，而另一部分法官认为是无罪的，那么，这个判决就被认为是客观的，是有效的判决，因为有不同的观点出来，证明大家是从各个角度看问题的，是比较全面、客观的评价。"①

犹太律法主义之所以未将犹太人或今日以色列引向极端主义或教条主义的歧途，得益于现实人假设重视的是行动的后果、效率，这一倾向弥补了犹太律法主义可能的不足。人们很容易观察到多数犹太人对待法律的态度是：再完美的法律里也有无法防范的漏洞，悉心研究这些法律，钻透这个漏洞，就有无尽的黄金流出来。在必须遵守的时候遵守律法，在不守律法有利可图且被惩罚的概率较低时，人们会想方设法违反或逃避法律的可能便利，甚至玩文字游戏，律法主义并不导致犹太人为律法所累，被律法捆住手脚，否则，我们在上文讲到的创新就难以想象，更无法成为当代以色列随处可见的事实。

在21世纪之初以色列的知识阶层和社会人士中，出现了"后犹太复国主义"思潮，一些人意识到以色列作为一个国家正处在需要重新思考今后应该向何处去这一大方向问题的新时期，例如，标榜民主的犹太人国家，在就业市场上，非犹太人却没有得到跟犹太人同等的权利，这样的现状如何解决？这样的思考其实就是提出了如何将犹太人国家这一立国原则与现代民主主义政治原则进行整合的问题。

程序正义能否得到代际延续？这个问题的答案并非终极性的。对以色列而言，要回答这个问题还受制于国内人口构成的变化。近十几年来，"学龄期儿童的入学比例中，进入极端正统派犹太学校的孩子从4%上升到将近20%，进入阿拉伯学校的学龄期儿童从20%上升到28%。所以现在，所有的学龄期儿童中有48%都在极端正统派犹太学校或者阿拉伯学校。又有另外的14%在现代正统派犹太学校，只有38%的孩子在世俗的学校。这意味着到2030年，以色列原本占大多数的世俗犹太人将缩减为

---

① 佛兰克·赫尔：《塔木德——犹太人的致富圣经》，徐世明译，（香港）明言馆，2006，第195页。

少数派。以色列的文化特性将改变,同样改变的还有它的社会经济概况"①。由于极端正统派信徒不用劳作、不事生产,越来越少的以色列人将承担越来越多的工作,以养活那些不工作的犹太人。这将对现有的经济结构和社会管理模式提出极大的挑战。

还有一个不可否认的事实是:犹太复国带来的以色列建国,其实也存在程序正义方面的疑点,犹太人千余年前流散世界各地,巴勒斯坦地区陆续迁入其他多个民族,这块土地一直呈现出多民族混居的状态,当地的阿拉伯人尽管仍处于松散的政治控制状态,并未建立强有力的统一政治主体,但这些原住民拥有确凿无疑的历史居住权。以色列建国的过程,与其说是犹太人的宗教救赎、民族解放、自由迁徙,毋宁说是对阿拉伯土著的殖民侵略、野蛮占领。在以色列的官方叙述中,极度缺乏基于阿拉伯人视角的表达,阿拉伯人被人为地置于"不存在"的地位。

在现代法治国家,"程序正义"被视为一个基本的标配,在今日以色列,"程序正义"不仅得到了传统文化的支持,有着深厚的历史文化根据,而且因与立国原则相符,也获得了社会各界的广泛赞同,可以说,作为社会理念和共同价值,"程序正义"总体上能获得具有较高程度的信守。然而,在实践上,即具体的政府行政行为或军事行动或社会政策上,却常常出现有悖"程序正义"的现象,特别是当事项涉及巴以冲突、占领地区、阿拉伯人权益时,公权力机关公然违反程序正义的行为就一而再、再而三地发生。阿拉伯人对犹太人的敌意并非空穴来风,而是其来有自,因此,以色列政府和以色列人应当充分认识到自己既是受害者,更是加害者,正视历史欠债,在国民融合、文化建设方面能够更大程度地向拥有以色列国籍的阿拉伯人开放,程序正义的底线应当设置在全体国民的同等对待上,我们期待以色列人在此方面为世人提供可行的样板。

---

① 阿里·沙维特:《我的应许之地》,简扬译,中信出版社,2016,第 357 页。

第十二章 以色列管理者

莎士比亚的名剧《威尼斯商人》勾勒出一个令人印象深刻的反面形象——犹太商人夏洛克，他为人精于算计、唯利是图、老于世故，但又长于经营，他与豁达、体恤、好人缘的本地富人格格不入。这一犹太商人形象折射了前工业时代欧洲主流社会对经商者的普遍蔑视，同时也暗含了对犹太民族的深刻偏见。不过，从一定意义上说，传统犹太商人正是现代以色列管理者的前身。在本书中，我们不泛泛讨论犹太裔在世界各地经营企业成功的经验，考察重点仅仅放在以色列国内各类组织的管理者的行为方式和价值取向。由于国土狭小、时刻处于战争的威胁之中，以色列缺少大规模制造业，全国性连锁经营的企业组织不多，管理者发挥作用的空间主要在军队、政府机关和中小成长型、创新型企业。以色列近几十年的经济成就和在企业竞争中的亮眼表现，通常被视为以色列推出的事先周密的人为计划——国家创新战略所产生的积极后果，但实际上，国家战略只是外部条件，普通国民中蕴藏的潜力和由此表现出的行动才是国家战略得以获胜的基础。

第一节 管理者的救世情怀

以色列管理者有着鲜明的个性特征，他们在商业领域、管理组织和工业世界中的突出成就令世人瞩目。一般而言，以色列管理者大多有从军入伍的经历，也有游历世界各地的阅历，还接受了较系统且专业的高等教育，他们有较强的救世情怀。在管理组织中，他们扮演的是"牧主"和"先行者"的角色。

一、牧主

在犹太历史上，第一个值得大书特书的"牧主"就是摩西。摩西是个集传说和史实于一身的英雄人物，他不仅是耶和华神的忠诚信徒，是虔诚犹太教徒的象征，同时也是卓越的管理者的化身。他率领犹太人的祖先逃离埃及，历经重重艰险，处理了多次内部骚乱，他始终不屈不挠，认准目标，矢志不渝，经过清教运动统一了全民的思想，重新整理队伍，最终回到迦南。借助无数犹太典籍的歌颂，摩西的形象深入人心，家喻户晓。今日的众多以色列管理者也时刻牢记摩西的教导，以摩西为楷模，带领他的团队或员工披荆斩棘，向预期目标奋进。

美国的建国者中的精英大多是WASP（"白种盎格鲁-撒克逊清教男子"的英文缩写），在以色列，也有这样类似的精英，包括土生土长的有家世背景的白种德系犹太人、古老的东欧系犹太家庭的后裔、坚定的欧洲犹太复国主义的先驱及后代，他们之间当然存在政治观点上的分歧、宗教立场上的显著差别，但他们大多分布在社会上层，主要职业身份是医生、诗人、律师、政治家和企业家等。

作为组织的缔造者或领袖，管理者通常被赋予了极重的权力和责任。经典的西方管理理论关注的焦点主要是权力，责任因权力而生，课责不过是对权力直接关联行为及其后果的追究。在日本和印度的管理组织中，对管理者责任的强调要重于权力，因为组织内管理者的责任是多重的，其中的道义责任很难明晰界定，取决于管理者的责任意识觉醒的程度。在以色列，对管理者本身的重视会赋予管理者充足的自由裁量权，因地因事在权力和责任之间做取舍，例如在组织草创、挣扎于生死边缘时，管理者的当机立断、运筹帷幄就十分必要；但当组织进入常规的经营轨道，岗位职责、部门职能就会被清楚划分，责任的日常化落实就成为重中之重。特别是在微型组织中，例如那些高科技、风险创业型组织，通常会采取合伙人制，公司的共同发起人既是管理者又是业务骨干，他们既要为组织的未来走向做决策，又要跑市场见客户，此时支撑管理者的精神信念恐怕就是对成功的渴望，证明自己的同时也为社会做出贡献。总之，以色列的管理者，无论职位高低、责任大小，大多具有浓厚的救世情怀。

古代犹太国王所罗门曾劝告他的下属，"当你的敌人倒下时不要欣喜若狂"，现代以色列管理者对此也同样心领神会，这使得他们可以绅士般地对待竞争者。"我们渴望赢得竞争，但我们不应当试图打败竞争者，如果我们打败了竞争者,我们就可能在给公司带来某些收益的同时,却给社会造成大得多的损害。我们应努力让竞争者得到一个公平的机会和一个合适的竞争平台,这样的竞争才是合理的,也才能真正有利于消费者需求的满足。"① 管理者的成功不在一事一地一企业,而在整个行业生态、社会全局上。

在理解人与他人的关系时,犹太教提倡犹太人内部强者对弱者的保护,并对强者提出了诸多规定和要求,这既反映了强者保护弱者这一朴素的自然正义观念,也构成了现代管理者救世情怀的历史依据。犹太教中的慈善思想也提供了这方面的理由。在希伯来语中,接近或类似"慈善"的词汇通常有两层含义:第一层含义是救济(Tzedakah),即帮助穷人。犹太教主张,救济不仅对穷人有益,对助人者本身也有益处,因为它创造了机会,让人们表达善意,从中获得精神满足,助人者在帮助他人的同时也成就了自身。"人的一切所得只不过是从宇宙的创造者那儿借来的,大地及其大地上的一切都属于他。人施行慈善无非是使上帝赐予人的物产得到了更为平均的分配而已。"② 第二层含义是施善行(Gemiluth Chasadim),即"赠人以爱的行为",包括安慰他人、减轻遭受苦痛者的重负、照料孤儿等行为。《塔木德》非常明确地推崇善行这样的慈善,因为"善行在三个方面超过了救济——救济用钱财实施,善行既可以是提供方便,也可以是提供钱财;救济只限于对穷人,善行则不区分贫富;救济只施予活着的人,善行既可施予活着的人,也可施予死去的人"③。一切人均可行善、向他人示好,这无关乎当事者的财富多少,只与当事者本人是否有施善行的意愿有关,所以,行善不是能不能的问题,而是愿不愿的问题。

然而,慈善,或者说救助他人,尽管对犹太人而言是基本要求,但在希伯来语中并不存在专门指称"慈善"的词汇,用的是跟"正义"相同的单词"公义"。在犹太传统中,"公义"不仅意味着施善者的义务,而且还充分肯定了被施善者的合理诉求,被施善者应被视为一个要求分得应得红利的特惠的股东。这也是犹太教对行正义之举者的特别优待,行义者不仅应受到众人敬仰,更应当被视为与受助者人格平等,也有获得合理要求的权利。

"牧主"是从犹太教借用的词汇,它最初仅指上帝,后来指称那些受

---

① Moid Siddigui, *Corporate Soul: the Monk with the Manager*, Response Books, 2005, p. 212.
② 亚伯拉罕·柯恩:《大众塔木德》,盖逊译,山东大学出版社,1998,第251页。
③ 同上书,第256页。

到上帝指派在世间引领信众的人。古代的牧主包括士师、预言家、拉比,近现代之后也包括世俗社会各类组织的领袖,例如大型跨国公司的创始人、全国性党派的缔造者、世界性非政府组织的总干事、社会各界的意见领袖等。严格来说,"牧主"并非一种职务或岗位,也不是一种特定身份,而是在回应他人道德期待过程中对自我的期许,因此,它是一种内在自觉。不过,这种内在自觉离不开国民或公共的"场":国民有相应期待,占据这一地位或行使这一权力的人对此做出积极回应,有时在国民未表达期待之前预先做出满足国民长远预期或超出国民眼前预期的行为。牧主不仅要具备远见卓识,同时还是高度自律、富有自我精神的。牧主所做出的行为未必被当时的国民所理解,牧主要忍受被误解、被攻击的委屈。与普通的管理者相比,担当牧主角色的管理者具有深层的信仰支撑。

最后,我们仍然要指出,今日以色列管理者的救世情怀并不是普惠式的。在以色列国内,那些拥有以色列国籍的阿拉伯人、未服过兵役的非犹太人都被排除在精英之外,女性总体上也处于劣势地位。有数据显示:在22个存在议会的民主国家中,2000年,女部长的比例低于20%的国家有奥地利、比利时、希腊、爱尔兰、以色列、意大利、日本、葡萄牙、西班牙;2002年,在议会中女性比例低于20%的国家包括英国、法国、希腊、爱尔兰、以色列、意大利、日本、葡萄牙以及美国[1]。同样,在劳动力市场上,以色列也存在严重的歧视,主要是对女性和阿拉伯人的排挤。"在以色列,只有一半多一点的劳动力有效参与劳动生产,而在美国这个比例是65%。以色列的劳动力市场化进入率低主要体现在两个少数派群体:哈勒定(极端正统派犹太教徒)和以色列的阿拉伯人。"[2] 极端正统派犹太教徒是主动放弃就业,宁愿全家领救济金,而绝大多数阿拉伯人则是有意愿、有能力却无岗位、无公司向他们开放,他们属于被动失业。

二、先行者

18世纪中后期至19世纪上半叶,中欧和东欧犹太人知识分子发起了一场声势浩大的启蒙运动(希伯来语称之为haskalah,故又音译为"哈斯卡拉运动"),它是一场受到欧洲近代资产阶级理性主义激励而出现的思想

---

[1] 吉尔特·霍夫斯泰德、格特·扬·霍夫斯泰德:《文化与组织——心理软件的力量》(第2版),李原、孙健敏译,中国人民大学出版社,2010,第158页。

[2] 丹·塞诺、索尔·辛格:《创业的国度——以色列经济奇迹的启示》,王跃红、韩君宜译,中信出版社,2010,第219-220页。

文化运动。该运动的动员者和组织者呼吁犹太人走出隔都，接受西方现代文明的洗礼，完成犹太人的自我觉醒和社会进步，因此，这是欧洲犹太人面向本族群开展的现代启蒙运动。这场运动力图让犹太人摆脱自卑的境地、解放自我，向所在国的主体民族敞开胸怀，成为所在国的忠诚国民，完成精神和价值等各个方面的同化。"哈斯卡拉的目标是要将犹太人培养成体现出犹太教和一般文化的综合，能够按照普通意义上的标准生活，具有宽容精神，具有如普遍主义的人道主义者所阐释的那种理性。"① 这场运动的最主要的发起人和推动者是德国犹太思想家摩西·门德尔松（Moses Mendelssohn, 1729—1786），他和他的弟子们在18世纪六七十年代首先将柏林发展为犹太启蒙运动的中心。19世纪20年代，中心转移至奥地利，40年代以后又在俄国掀起了高潮。犹太知识分子，如医生、律师、教授、记者、拉比等成为这场运动的领导者。该运动还倡导简化犹太教的烦琐规定，革除被认为与现代文明生活方式不适应的传统陋习，包括早婚制、男子的长袍和胡须，等等。

在对现代犹太人观念的改造上，犹太复国主义与上述犹太启蒙运动一样发挥了重要作用，但二者有着完全背道而驰的政治目标和价值预设，不过，第一批犹太复国主义者不仅深度参与了现代欧洲启蒙运动，而且所有的早期犹太复国主义者都受到了这场启蒙运动的深刻影响。犹太复国主义看到启蒙后走向"同化"的犹太人并未被所在国接纳这一残酷事实，他们相信问题的根源不在犹太人解放得不彻底，而是犹太人失去了祖国，像浮萍一样不被尊重。犹太复国主义者大多具有强烈的救世情怀，这使他们保持了崇高的自我牺牲、集体主义精神，同时由于他们大多出身于中产阶级，受到了民主、自由、公民参与等欧洲现代文明的洗礼，他们又具有非常强烈的现实主义精神。今日以色列的管理者大多是犹太复国主义者的后代。

在以色列，管理者绝不是高高在上的控制者，他们身先士卒、身体力行，对工作保持高度的专业精神，他们极其深刻地领会市场风险与收益这一本质属性，既追求高的收益，也愿意承担更大的风险，因此，他们被视为先行者。先行者若在市场竞争中成为获胜者，自然也就成为财富的主人，富裕的商业大亨、企业创始人在以色列比比皆是。

《圣经》有句名言，"将宝剑锻成犁头"（to beat swords into plowshares），它的本义是指化干戈为玉帛、握手言和，教导有分歧、持对立

---

① 罗伯特·M. 塞尔茨：《犹太的思想》，赵立行、冯玮译，上海三联书店，1994，第560页。

立场的各方放弃冲突转向和平建设与发展。以色列管理者活用了这一名言，"宝剑"大多用的是上等的原料、最好的工艺，即便改装成犁头，也会是天底下最好用的犁头。例如，以色列的国防军工业在国际上都处于领先地位，它不仅可以无障碍地采购欧美各国最先进的军工品，而且它也在20世纪80年代以后由国防部主导、财政部支持建立起了众多的国有军工企业，集聚了尖端的开发技术和人才储备，很多军工技术、用品、装备转向民用之后，生产出了世界领先水平的"犁头"，例如医疗器械、通讯设备、生物工程、精密仪器等。将造宝剑的技术、人力用于造犁头，这没有让以色列管理者觉得大材小用，相反，他们相信：只要有市场需求、只要能够跻身国际竞争，都是值得尝试的。

以色列的管理者有着强烈的创新意愿，他们或许基于对社会的责任、对成功的渴望步入创业之列，也受到了以色列政府从国家战略和经济发展动力角度提倡创新政策的鼓励。有许多国情调查结果显示，以色列的许多年轻人的目标是创业，拥有自己的企业，这甚至可以说是他们的"以色列梦"。以色列人均风险投资在世界排名第一，同时也是在美国纳斯达克上市公司数量排名第二的国家。创新不是头脑发热式冲动，而要以科学决策、对现状的充分把握为前提。以色列的管理者十分强调决策的现实依据和广泛吸收社会各界的不同声音，至今以色列的各个部门和普通以色列人在处理问题或做出决策时都会举办不同规模的"研讨会"，这已经成为以色列的常见社会生活形式和基本制度安排。

由于实行全民义务兵役制、全国学区制和定居计划等国民融合政策，在以色列国民间特别是犹太人之间有着较高水平的社会共识和社会资本。"以色列的预备役制度不仅是这个国家创新的一个例证，同时，它还是国家创新的催化剂。当一个出租车司机能指挥百万富翁、23岁的年轻人训练自己的叔叔时，等级制度自然就消失了。预备役制度从本质上强化了这一点，反等级的理念在以色列社会随处可见，从作战室到教室，再到董事会会议室，它无处不在。"这样的预备役制给参与其中的当事人提供了一段难得的人生体验，促成了国民间的相互理解和广泛参与社会事务之中。"在以色列国内为他们创造一个独特的环境，在这个环境里，来自不同文化背景、不同经济形态、不同宗教信仰的同龄人，男孩和女孩，一起合作共事，共渡难关。"[①]

[①] 丹·塞诺、索尔·辛格：《创业的国度——以色列经济奇迹的启示》，王跃红、韩君宜译，中信出版社，2010，第51、76页。

以色列迈向现代化的成就是显著的，已成为公认的富裕社会。早在20世纪90年代初，以色列的人均国内生产总值就超过了1万美元，2009年人均国内生产总值达到27 787美元。在世界各地都有赫赫有名的犹太富翁和国际大亨，例如梅西百货公司的施特劳斯、杜邦公司的欧文·夏皮罗、哥伦比亚广播公司的威廉·佩利、美国西方石油公司董事长哈默、阿迪达斯运动用品公司的阿迪·达斯勒兄弟、希尔顿饭店集团的希尔顿、世界石油大王约翰·洛克菲勒、前联邦储备理事会主席格林斯潘等。但他们留给世人的印象不是土豪、暴发户，而是商业领袖、业界翘楚，因为他们工作的目标不是积聚财富，而是强烈的事业心。

第二节　管理者的锤炼

案例8：

将家族事业推向全球的犹太企业家

伊丹·奥佛尔是2012年度福布斯全球富豪榜上的以色列首富。在以色列建国之际，他的祖父带着家人，从罗马尼亚移民到了以色列，从事石油贸易和运输，他的父辈们主要经营范围是欧洲，但奥佛尔于1982年执掌家族事业后做出了重大调整。他敏锐地意识到亚洲正在崛起，东方世界将出现众多有希望的经济体，他毅然决定，将家族事业的落脚点迁至香港。在香港站稳脚跟后，他于1990年前往新加坡继续开拓航运业务。

之后，他花费6亿美元购买了55%的以色列集团的股份，开始进入以色列国内市场。为此，他对以色列集团的业务进行重新布局，卖掉盈利差、周期长的资产，如今他旗下的公司涉及炼油、半导体、化工、航运等业务，总市值150亿美元。

2005年，奥佛尔与中国奇瑞公司合资成立了新公司——观致汽车（Qoros）公司，总部和研发中心设在上海，工厂设在江苏常熟，全力打造能出口欧美市场的汽车。

管理者的锤炼必须放置在管理现场，积累管理经验，这是德鲁克特别推崇的路径，这一路径可以称为管理经验主义。然而，仅仅依靠直接经验的量变实现质变，这个过程相对耗时，而且结果未必可靠。事实上，通过管理经验的积累成功登上舞台的只是少数，更多的人是被管理经验打败了，他们听凭"路径依赖"、在意沉没成本，最终一败涂地、一事无成。现实主义而非经验主义才是以色列管理者推崇的思想原则。进入管理现场、进行管理实操之前的理性认知，包括必要的知识储备、严谨的推理训练、现代文化素养和市场判断力的养成等，不仅是必要的，而且也是锤炼管理者不可或缺的条件。

一、社会化的制度安排

毫无疑问，在以色列，犹太教规和犹太文化的各种影响提供了培养管理者的传统文化源泉。古老的历史传统之印记在今天的以色列随处可见，时时提醒现代以色列人与祖先、古老文明的紧密关联。七臂蜡烛台（希伯来语读作"米诺拉"）是以色列国家的象征，这是历史久远的文化象征物：七臂中的中间一支代表圣安息日，两边的六支则代表神创造天地的六日。以色列的国旗来自古代犹太人祈祷时披在身上的披巾，中间六角星被称为大卫盾，据说是犹太历史英雄大卫王的符号。以色列通用货币单位"谢克尔"，其实是四千年前古代希伯来人使用的金银重量单位。以色列的国民节日基本上都以犹太教节日为主。犹太历的七月一、二日两天被《圣经》规定为新一年的开始，《塔木德》称这两天分别为"审判日"和"纪念日"，在这两天所有的人都要在上帝面前接受审判，每个人都要做出反省。新年后的第十天为赎罪日，在这天不能吃喝，禁止一切娱乐活动，每个人都要在这天忏悔自己的罪孽。这天通常还要举行赎罪祭仪式：抓住两只活的公山羊，抓阄，一只宰杀后作祭品，另一只则放生旷野，让它替人担当一切罪孽，据说这就是"替罪羊"一词的来历。宗教节日传达了许多讯息，它的许多禁忌、规范、习惯至今得到较完整的遵守，这也培养了犹太人守规矩、重集体共同记忆等社会共识。

以色列管理者人才辈出，管理组织成绩斐然，这与以色列政府做出的合理制度安排有关。1974 年，以色列政府 13 个部先后都设立了首席科学家并配以"首席科学家办公室"（Office of Chief Scientists，OCS），以便为各部的发展规划、重大决策、科研经费划拨、国际技术合作、未来技术发展趋势等问题提供独立的咨询意见和专家建议，定期举办首席科学家论坛。首席科学家必须全职工作，任期四年。20 世纪 90 年代以后，OCS 陆续成立了孵化器，开始资助私人创业。通过认证、进入孵化器的企业，

OCS为其出资85%，OCS还为进驻孵化器的企业提供为期2年的创业辅导计划。若企业创新成功，获得市场资本认可，再逐年将3%到5%的公司营收归还政府。2016年，OCS更名为以色列创新局（Israel Innovation Authority），前苹果公司以色列首席执行官阿哈龙·阿哈龙（Aharon Aharon）被任命为首任以色列创新局主任。

以色列政府于1993年推出的"YOZMA计划"旨在通过引导民间资金设立更多的商业性投资基金，以杠杆效应放大对创新型企业的支持。一家创新型公司如果获得了风投注资，以色列政府将提供1：1的配备资金支持其快速发展。20世纪90年代中期到2000年，以色列的创业公司就从100家猛增到800家，风险投资从5 800万美元迅速增长到33亿美元。以色列的高校也参与鼓励创新的行列。每所以色列大学都有自己的科技成果转化公司，负责对本校科学家的发明成果进行分析、专利注册和知识产权保护，代表发明人与企业界进行谈判，以吸引企业对相关研发进行资助和将科研成果进行商业化转化。例如，希伯来大学成立了技术商业化公司"伊素姆公司"（"伊素姆"一词是希伯来语的音译，本义是"实现"），该公司迄今注册有5 500项专利和1 600项发明，基于这些专利和发明的产品平均每年能为伊素姆公司带来超过10亿美元的销售收入。以色列大学的教授既是科学家，又是创业的指导者，甚至拥有自己的研发团队和公司。这既是政府允许的行为，也是以色列创新的特色之一。

在以色列，一般的高中毕业生都要服役。达到应征年龄的前一年，所有17岁的男孩和女孩都要到以色列国防军的征兵中心去报到。第一天他们会参加各种筛选，包括体能和心理测试、面谈以及初步的医学检查；最后一天，公布健康和心理评定结果。在进行个人面谈时，年轻的候选人会知道自己都有可能服务于哪些部门。达到健康、能力和性格等各项要求的合格的候选人，将有机会参加另外的资格测试，这是他们通向某个国防军精英部门或核心机构的又一道关卡。以色列国防部向士兵宣示的伦理信条是：忠于使命；责任感；可靠；以身作则；生命价值；军队纯洁；专业化；纪律；忠诚；值得代表以色列；同伴友谊。每个入伍的士兵都要牢记在心。年轻人在军队里可以学到很多东西，例如可以结识不同行业、不同阶层的人群，建立起自己的社会关系网络，同时也学会了如何处理问题和应对突发事件，最重要的是获得了团队合作和服从配合他人的协调能力。不难看出，服兵役对以色列人来说就是履行"成年礼"，全面完成了国民的社会化过程。与其他国家不同的是，以色列国民的社会化一方面直接表现为他们的政治社会化，另一方面国民的社会行动能力得到了普遍提升，后者保证了国民的"可行能力"，也成为他们职业生涯的秘密武器。

在成长的各个阶段，在从少年到成年的社会化过程中，以色列各类社会组织提供的机会、社会活动展开的舞台都促使每个人获得了社会参与、个人能力培养的机会，从这个意义上说，以色列管理者是在参与各种社会活动、国家事务中得到锻炼并由此脱颖而出的。以色列是先有社会再有国家、先有企业后有国家的，例如，防卫军、犹太代办处（Jewish Agency）、犹太工总不仅是执行犹太复国主义的具体组织，后来也成为以色列国的各个社会组织、行政权力部门的前身。1920年1月，"犹太自卫队"（Haganah，又译为"防卫军"）在耶路撒冷成立，日后成为建国后以色列国防军的前身。防卫军的任务是支持任何形式的迁往巴勒斯坦的犹太移民活动，保护在巴勒斯坦的犹太移民免遭阿拉伯人的袭击。该组织培养了一大批出色的军事人才，同时也为犹太人摆脱英国统治、建立独立国家立下了汗马功劳。尽管防卫军在英国托管统治时期是非法的，但在独立前它已经发展为拥有10个旅、近35 000人的军事力量。

正如案例8所显示的，以色列国内鲜有百年企业，但驰骋国际舞台、在世界其他国家由犹太人执掌的跨国公司、百年企业却不计其数，特别是在德国、英国、法国、美国这几个国家，是犹太企业家和富商较为集中的地区。我们相信，在不久的将来以色列国内就会诞生一大批基业长青的企业和经济实体，这得益于充分合理、科学的制度安排，包括对私有产权和知识产权的保护，与西方各国的友好且紧密的关系，允许独立思考的教育制度、国家和保险公司兜底的各类基本公民权益保障等，这些都使得无数普通国民愿意放手一搏，尝试抓住市场机会实现更大财富回报，以色列管理者正是在这样的社会氛围、制度激励下获得试错的机会从而不断成长，且能够从容应付各种突发事件，在众说纷纭中发现有价值的突破口，为组织指引正确的方向。

二、开放式竞争后果

尽管我们说到管理者在经受现实管理事务的锤炼之前应有足够多样和充分的知识储备，但是，与其他发达国家相比，以色列并不特别看重MBA教育，系统且专门的商科学习也较少受到推崇，这与日本很相似，日本和以色列都强调管理者的综合素质和实战能力，而非一技之长或学历教育程度。不一味推崇高学历，这并不等于反对专业教育，相反，许多以色列公司的高层管理者都具有各自的专业背景，如医学、工程、机械制造，甚至哲学，他们在学校习得的分析问题的能力，在军队掌握的应对突发事件的敏感性，在各类社会组织中学会的与人沟通、语言表达或团队管理方面的经验等，都构成了他们组织管理的能力源泉，总之，以色列管理者大多具有广泛的适应性和超强的学习能力。

以色列人非常重视经验总结和事后反馈，以检验最初的决策是否合理、是否有瑕疵；分析事件中是否存在人为责任，若有，则必须明确具体的当事人及其相应的责任；对导致不良后果的责任人予以惩处；通过上述检讨环节提出总结意见以便改进原有方案、政策，修订未来的行动决定。这样的完整反馈过程和事后检验的要求，也为管理者提供了非常宝贵的学习机会。即便是涉及国防计划、军事行动也会如此，不仅大战役过后会得到仔细审验，小的战役也同样如此。"即使是胜利之后，同样的事情还是发生了：先是对国防军结构的详细分解，然后是自我评估。事实上，在一场胜利的战争后，许多高级官员都被解雇了。"① 不断经受这样的总结、反馈、改进的思想检验和现实观察，以色列人的管理知识得到积累，管理水平也得到极大提升。

以色列农业部长雅尔·沙米尔的个人经历就能很好地说明这个问题。他是前以色列空军技术军官，后担任以色列航空工业公司和以色列航空总裁，1999—2003年任Catalyst私募基金的管理合伙人，2013年起任以色列农业部部长。他在接受记者采访时提到："作为企业管理者，我发现大量以色列员工在几年后都会离开他们的岗位：不是因为被解雇，而是他们心中不断有满满的、新的抱负。在任意一个欧洲国家，这种行为都会被称为缺乏职业稳定性，但是在以色列却全然不同。一个新员工会毫不犹豫地去向他的老板提出令他不满意的某些事情。Chutzpah（法语的'胆识'这一词，夹杂着勇气甚至一丝放肆）是以色列文化的显著特征。"② 社会舆论鼓励年轻人"犯上"，因为年轻人缺少成见且思维活跃，他们更可能看到年长者熟视无睹的东西背后的问题所在。

以色列是个组织化程度极高的社会，1984年，在时任总理佩雷斯的

---

① 丹·塞诺、索尔·辛格：《创业的国度——以色列经济奇迹的启示》，王跃红、韩君宜译，中信出版社，2010，第95页。
② 顾克文、丹尼尔·罗雅区、王辉耀：《以色列谷——科技之盾练就创新的国度》，肖晓梦译，机械工业出版社，2015，第17页。

推动下，以色列制定了《鼓励产业研究与研发法》，将政府与企业"绑定"，用多种如今看来也是非常先进的手段来推动创新发展。以色列多个政府部门直接参与鼓励创新的计划之中，在多个国家职能部门设立了不同层级与类别的创新奖励和开发体系：在国会下，有科技政策理事会；在内阁，有政府的部际科技委员会；在主要政府部门设立了首席科学家，首席科学家不是公务员，采用的是聘任制，属于以色列政府外挂的人才储备。例如，在经济部的首席科学家办公室下设立了5个小组，分别对信息化、生命科学、环保、传统技术和电子通信等项目进行评估。2012年经济部为首席科学家办公室安排的专项经费高达4亿美元。在具体的类别上，通过设立技术孵化器、技术转移机构、风险基金等形式，调动企业、大学、研究机构以及社会团体、公民个人参与进来，推动技术的扩散，形成了高效的产、学、研合作创新的全国体系。以经济部为例，每年4亿美元的经费中，有权给1000个项目直接拨发经费。基于难易程度和地区平衡的考虑，援助资金从30%至70%不等，平均每个项目的援助金可达40万美元左右。但这种支持并不是无偿的，而是一种借款性质。如果创新成功，企业要在头两年的销售收入中提取3%交给首席科学家办公室，投入资助资金池，借款被循环使用，进而累计滚动支持更多的创新项目，一家企业创新成功后的还款可以帮助其他更多的企业进行类似的研发和投入。

在建国不到20年之际，即20世纪60年代中期，奉行社会主义立国原则的以色列就被认为是西方工业化国家中第二个最为平等的社会，在此方面的成就仅次于瑞典。以色列是中东地区成功实行议会制的国家，在多元制、内阁制、公民选举等政治方面贯彻了民主理念，在男女平等、地区发展、义务教育、世俗化和宗教化的平衡等社会事务上同样体现了实质性的民主治理。然而，在21世纪之后的自由市场经济政策引导下，以色列的平等色彩大为减弱，特别是在互联网时代，创新、竞争得到了充分肯定，组织内的平等观念逐渐为能力、效率所取代，这带来了以色列的高度发展的经济成就和组织管理的进步，与此同时，从社会意义上看，贫富差距、有产者和无产者之间的差异日益突出，阶层间和代际间的冲突开始增加。

以色列人有一个得天独厚的条件：由于历史上的大流散，以色列人的祖先分布到了世界各地，跨国婚姻十分普遍，一个家庭的成员有多个国籍的情况也很常见，因此，多数以色列人都可以流利使用两至三种语言，这就意味着不少以色列管理者是以世界为舞台,全面参与国际化竞争。对企业家、创业者而言,机会、回报、未来前景才是他们念兹在兹的,为此,他们放眼全球寻找各种可能性。健谈、坦率、热情、精明,这些国民性也助推了以色列管理者在世界各国的投资、创业。人们容易看见以色列国内的财富,然而,以色列人在世界各国投资、创业所创造的收益数额更高、体量更大,这样的"隐性财富"才是以色列全面融入全球竞争、在世界贸易中分得巨大红利的底气所在。

2015年联合国发表了全球竞争力报告,在这份拥有180多个国家的排名中,以色列排名第27位,在分项指标中,以色列的创新能力高居全球第三位。2015年联合国的全球幸福指数排行榜显示,以色列排名第11位,是亚洲国家排名最高的,其他指标包括人均实际GDP、寿命、社会环境、自由选择、腐败认知、慷慨度,以色列都有非常不错的表现。这一排名表明:综合衡量,以色列是中东地区最为自由的经济体,也是当地最为符合人类发展目标的国家行为体。

第三节　管理者的担当

管理学在20世纪初被提出,经受了短时间的质疑后开始被广泛普及,迅速在主要发达国家传播,这带动了高等院校商学、经济管理学等学科的兴起,"管理者"开始指接受学校正规教育、具有专业所长的组织目标的执行者。管理者受雇于企业,推动并提升了企业的管理水平,实现了科学理性化的发展。到了20世纪30年代,开始有学者提出"管理资本主义"概念,认为"管理革命"成为技术革命之后又一个推动资本主义发展的新动力,即便在今天,西方主要发达国家的中高层管理者、职业经理人都有显赫的教育背景和从业经历。以色列略有不同,以色列人认为管理者应有综合素质,这些素质是干中学到的,以色列管理组织中的管理者未必有亮眼的学历,但都有在不同行业、不同性质的组织工作过的经历,这也是以色列管理者更具有现场意识、擅长解决棘手问题的原因所在。

一、管理者的角色

一流的管理者在以色列人中有极高的声誉,能够获得组织内全体成员的自愿服从。但是,以色列的管理者大多不是靠组织的行政权威来发号施令或迫使下级追随，相反，他们是以个人的人格魅力和仁厚的行事风格来赢取人心的，这或许得益于传统犹太教经典的教导。因为犹太传统思想通常将组织的领袖视为代人受过、勇于担当的"人质"。"作为所有他者人质之人对全人类都是必要的，因为没有这样的人，道德不会在任何地方发生。世界上产生任何一点宽宏都需要人质之人。"[1] 在第一次黎巴嫩战争期间（1982年6月），40%的牺牲者是长官，而他们在参战人员中仅占14%，因为在执行任务时，长官通常发出这样的明确指令："我在前，士兵在后"，他们身先士卒，而不是把士兵送去打头阵。

在以色列，人们相信：管理者必须具备与其成员类似或一致的现实目标，这样，管理者才会时刻保持与组织成员的高度内在关联。否则，管理者仅仅为着自己的"狂想""意念"做出决策而毫无现实利益关涉，他就可能成为组织的背叛者，将组织引向邪路，组织成员也被迫同归于尽。犹太社会贤达早就指出："在一个惨淡经营的价值体制中，必须有为一笔遗产、一个家庭、一种事业、一种建制冒险的必要，不像那种说得出'我无牵挂'的人。为了所有其他人的复国主义者，不能（或不想）拿子女做赌注的复国主义者——无论如何是坏的复国主义者。"[2] 管理者个人的才干很重要，他的牺牲和忘我精神也很重要，但最重要的是，管理者要与他的组织目标、组织成员有着紧密关联的现实纽带，这才可以防止管理者陷入个人英雄主义冒险而置组织利益于不顾。

管理者的担当在于"吃苦在前，享受在后"，他必须始终以组织目标的代言人为己任，同时具有坚忍不拔的毅力。"勇敢（courageous）、勤勉（courteous）、能干（competent）、坚定（committed）——它们被称为4C法则，是管理者走向成功的钥匙。弱者总是在思考时迷惘，企业发展经常会遭遇各种危机时期，胆小鬼在商业竞争中毫无立身之地。"[3] 管理者应是强者，能够力排众议，当机立断。

犹太复国主义运动之所以取得成功，一个重要原因就是几代复国主义运动的领袖都是具有献身精神的卓越管理者。"1848年欧洲革命的爆发，给犹太人以极大的鼓舞，他们中的更多人不再局限于对救世主来临的内心渴望，而是以巨大的热情投身于资产阶级民族民主革命的洪流之中，在维

---

[1] 埃马纽埃尔·勒斯纳斯：《塔木德四讲》，关宝艳译，商务印书馆，2002，第125页。
[2] 同上书，第89-90页。
[3] Moid Siddigui, *Corporate Soul：The Monk with the Manager*, Response Books, 2005, p. 211.

也纳和柏林的三月战斗中,犹太战士冲杀在前,成为起义先锋。在意大利、罗马尼亚、俄国等国的革命运动中,犹太人也同样表现得十分出色。"[1] 这些犹太人及其后代大多成为犹太复国主义运动的参与者甚至领导者,现代以色列早期各类组织的管理者也主要是他们的后代。

以色列管理者非常注意不断补充新知识,让自己始终保持对变化的敏感和新事物的好奇。重视智慧和教育,可以说是犹太文化的一个突出特点,古老圣典教导人们:"追求智慧的欲望能使你做好准备去统治一个王国。"(《所罗门智训》6:20)很多以色列管理者坚定地相信:社会赖以为基的三个支柱是《托拉》、崇拜和慈善。据说法国大文豪乔治·萧伯纳曾经这样说过,如果你有一个苹果,我有一个苹果,我们交换,你和我仍将各有一个苹果。但是,如果你有一个好主意,我有一个好主意,我们交换这些想法,然后每个人都会有两个好主意。与石油或水等自然资源不同,思想是可以传播的,而且受到激发后会发生裂变,只要有合适的平台可以发挥它的作用,哪个国家都可以受益,不管它的提出者是谁、提出地在哪里。以色列虽然没有丰富的自然资源和令人夸耀的国土物产,但以色列的基本政治制度、社会风气和价值观念等都鼓励开放、创新的思想,特别是在经济领域,各种念头都可以得到被肯定的机会,管理者正是在这样的氛围中不断成长起来。

二、干中学式行动主义

上文讲到以色列年轻人喜欢创业,以色列有非常多的创业公司,但有一个未被人注意到的现象:以色列的创业者很少等到企业首次公开募股(IPO),他们更喜欢在经营几年初具规模、拥有核心技术和一定市场认可度时,就将公司高价出售。这样,以色列很少有本土的大公司,尽管有不少世界一流的跨国公司都在以色列开设了办事处、工作室甚至分支机构。Mobileye 是全球第一家做辅助驾驶的高科技公司,它于 2014 年 8 月 1 日在纳斯达克上市,创下了以色列有史以来近百亿美元 IPO 的记录。2017 年 3 月 13 日,英特尔宣布以 153 亿美元收购 Mobileye,这成为又一起以色列史上金额最高的收购案。"落袋为安"一方面体现了以色列管理者的现实主义意识,另一方面也折射出他们深藏内心的不安全感。以色列知名专栏作家阿里·沙维特对此有过精彩的分析,他说:"我们没有国王,也

---

[1] 张倩红:《困顿与再生——犹太文化的现代化》,江苏人民出版社,2003,第 114 页。

没有父亲。我们没有一致的身份，也没有连续的过去。从某种意义上说，我们没有市民文化。我们的魅力是来自野性的半野蛮的魅力。这是未经束缚的、粗野的年轻魅力。我们不尊重过去，不尊重未来，也不尊重权威。我们是不敬虔的。我们的内心深处是没有秩序的。"①

"现实人"假设在管理者的锤炼上的表现就是"干中学"。只有融入商业竞争、企业管理的实战才能掌握赢得竞争的诀窍、自如管理企业的制胜法宝。在以色列，如果不是立志做科研、走学术道路，通常大学毕业，有时高中毕业就直接就业或入职。尽管以色列的人均大学生比例很高，各类教育的国家财政投入金额非常庞大，但在企业，对管理者的要求并不唯文凭至上，即便是欧美留学回国，也要在一线或基层工作一段时间，工作业绩出色，用实力证明了自己的人，才会得到赏识并被提拔。

在犹太人中有个流行的说法。据说神通过如下五个问题来判断一个人是好人还是坏人，这五个问题是：你在做生意的时候诚实吗？你腾出时间学习了吗？你尽力工作了吗？你渴望得到神的救赎吗？你参与过智慧的争论吗？上述五问不仅事关神人关系，更主要是立足于此世的活动，要求对此世的活动全身心投入，对管理者而言，每日的五问有助于他们检视自身的行为和管理现场发生的事件，事实上，每日都认真地思考这五问，正是不少以色列管理者热衷的日常功课之一。

注重吸收传统智慧并不等于崇古复古，以色列管理者具有良好的现代文明素养和相应的能力训练，他们持有现实主义立场、科学主义方法、怀疑主义的态度，这些都促使他们不会轻信，更不会轻易陷入感情用事之中。事实上，许多在经商中跟现代以色列人打过交道的人都有这样一个印象：以色列人从来不相信上一次的合作伙伴，哪怕自己和他们上一次合作得十分愉快，到了下一次的生意上，他们还是要像第一次合作那样谨慎小心，而且凡事要和对方认真地谈，处处斤斤计较，好像上次从来没有合作过一样。因为"他们习惯把每次生意都看作一次独立的生意，把每次接触的商务伙伴，都看作第一次合作的伙伴"②。

以色列式的"干中学"注重现场，但不唯经验至上，资历和年龄并不具有天然的优势；另外，他们强调抓住机会，敏锐地感知市场变化和行业

---

① 阿里·沙维特：《我的应许之地》，简扬译，中信出版社，2016，第419页。
② 佛兰克·赫尔：《塔木德——犹太人的致富圣经》，徐世明译，（香港）明言馆，2006，第299页。

发展，因此，学到的东西不一定用于继续服务某个企业，也可能自主创业，如果找到了最适合自己的方式的话。以色列管理组织并不特别强调"职业稳定"或者"企业忠诚"，相反，在以色列人中跳槽、辞职、更换工作都十分常见，但总体上并未造成严重的职场人手不足、职业忠诚度低下方面的问题，因此，这显然不属于社会问题，相反，它折射的是以色列人更在乎自身能力的提升和多种工作经验的积累，这与上文讲到的"混搭"就联系起来了。加之以色列管理者具有完备的职业训练和高水平的职业操守，较少做出卖原企业机密、拆原合作伙伴的台、与原老板直接竞争等令业界不齿的事情。他们更换工作单位带来的是更加积极的效应，多数以色列人的一生中至少会做过三种以上的职业或待过不同的单位，正是在不断的转换过程中，以色列人的动手能力、综合素质、快速反应并解决问题的能力等得到了提升，他们的工作成效常常为人称道。

　　以色列是一个年轻的国家，具有移民社会特有的开放和不断生成的特点，但以色列又因标榜"犹太性"，在国内制造了非犹太国民的权利侵害、极端正统派犹太教徒的超国民待遇等方面的社会问题。在现代民族国家分立的时代，"复国"行动本身同时就意味着对原住民的伤害。此外，不断涌入的移民带来的国民多样性也为以色列社会增添了变数和不确定性，这些问题涉及国家、社会和社区等多个层面，并非单个企业或某个管理者，也无法在短时间内解决。这些充满冲突甚至激烈对抗的场景其实正是以色列管理者每日身处其中的生活日常，那么，以色列人持有什么态度呢？是因日常的频繁发生就习以为常、熟视无睹，还是震惊于日常的不正常，奋起有为去努力改进使之向善呢？人们期待有更多的以色列管理者给出充满智慧的可行答案。

参考文献*

导言部分

陈少峰：《企业家的管理哲学》，广东经济出版社，2004。

乔治·恩德勒主编：《国际经济伦理》，锐博慧网译，北京大学出版社，2003。

保罗·格里斯利：《管理学方法论批判——管理理论效用与真实性的哲学探讨》，刘庆林、王群勇译，人民邮电出版社，2006。

弗朗克·戈泰、多米尼克·克萨代尔：《跨文化管理》，陈淑仁、周晓幸译，商务印书馆，2005。

菲利普·R.哈里斯、罗伯特·T.莫兰：《跨文化管理教程》（第5版），关世杰主译，新华出版社，2002。

吉尔特·霍夫斯泰德、格特·扬·霍夫斯泰德：《文化与组织——心理软件的力量》（第二版），李原、孙健敏译，中国人民大学出版社，2010。

金黛如：《地方智慧与全球商业伦理》，静也译，北京大学出版社，2005。

金日坤：《儒教文化圈的伦理秩序与经济》，邢东田、黄汉卿、史少锋译，中国人民大学出版社，1991。

李萍：《东方伦理思想简史》，中国人民大学出版社，1998。

李萍：《企业伦理：理论与实践》，首都经济贸易大学出版社，2008。

李萍：《论东方管理思想研究的可行性》，《北京行政学院学报》2008年第3期。

李萍等：《哲学创新视野中的应用哲学研究》，中国人民大学出版社，2019。

---

* 全部文献按照正文中四个相对独立的内容分别排列，每一部分都以姓氏音序排列。

萨义德：《东方学》，王宇根译，三联书店，1999。
杨敏：《儒家思想与东方型经营管理》，湖北人民出版社，1990。
袁闯：《管理哲学》，复旦大学出版社，2004。
中村元：《东方民族的思维方法》，林太、马小鹤译，浙江人民出版社，1989。

日本部分

巴斯克、艾索思：《日本的管理艺术》，黄明坚译，广西民族出版社，1984。
乔纳森·查卡姆：《公司常青：英美法日德公司治理的比较》，郑江淮、李鹏飞等译校，中国人民大学出版社，2006。
威廉·大内：《Z理论》，朱雁斌译，机械工业出版社，2007。
罗纳德·道尔：《企业为谁而在——献给日本型资本主义的悼词》，宋磊译，北京大学出版社，2009。
富永健一：《日本的现代化与社会变迁》，李国庆、刘畅译，商务印书馆，2004。
福泽谕吉：《文明论概略》，北京编译社译，商务印书馆，1959。
迈克尔·L. 格拉克：《联盟资本主义——日本企业的社会组织》，林德山译，重庆出版社，2003。
西格法德·哈里森：《日本的技术与创新管理——从寻求技术诀窍到寻求合作者》，华宏慈、李鼎新、华宏勋译，北京大学出版社，2004。
黄亚南：《谁能拯救日本——个体社会的启示》，上海辞书出版社，2009。
今井正明：《改善——日本企业成功的奥秘》，周亮、战凤梅译，机械工业出版社，2011。
埃德温·奥·赖肖尔：《当代日本人》，陈文寿译，商务印书馆，1992。
李博：《日本公司治理契约关系变革研究》，经济管理出版社，2011。
李萍：《日本人的公共生活规则》，《道德与文明》2001年第2期。
李萍：《日本现代社会中的共生伦理》，《湘潭师范学院学报》（社会科学版）2002年第5期。
李萍：《日本企业中的员工教育》，《企业文明》2002年第5期。
李萍：《当代日本企业伦理新动向》，《成人高教学刊》2004年第

6期。

李萍:《论日本管理哲学中的"自然人假设"》,《玉溪师范学院学报》2013年第1期。

李萍:《日本经营模式及其内在缺陷批判》,《日本学刊》2014年第3期。

李萍:《日本人为什么是工作狂》,民主与建设出版社,2003。

李萍:《近距离看日本》,东方出版社,2014。

李向阳:《企业信誉、企业行为与市场机制》,经济科学出版社,1999。

林周二:《经营与文化》,杨晓光、李聚会译,三联书店,1992。

卡尔·佩格尔斯:《日本与西方管理比较》,张广仁、张杨译,机械工业出版社,1987。

山本七平:《日本资本主义精神》,莽景石译,三联书店,1995。

涩泽荣一:《论语与算盘》,余见译,九州出版社,2012。

森岛通夫:《日本为什么"成功"——西方的技术和日本的民族精神》,胡国成译,四川人民出版社,1986。

森岛通夫:《透视日本——兴与衰的怪圈》,天津编译中心译,中国财政经济出版社,2000。

升味准之辅:《日本政治史》第四卷,董果良译,商务印书馆,1997。

氏家康二:《公司发展与干部意识》,朱东平译,立信会计出版社,1994。

松下幸之助:《万物和谐——松下幸之助的人生观》,任世宁译,人民邮电出版社,2018。

土居健郎:《日本人的心理结构》,阎小妹译,商务印书馆,2006。

万成博:《日本企业领袖》,袁方译,中国人民大学出版社,1990。

丸山真男:《日本政治思想史研究》,王中江译,三联书店,2000。

王青:《日本近世思想概论》,世界知识出版社,2006。

许烺光:《家元——日本的真髓》,于嘉云译,(台北)南天书局,2000。

源了圆:《日本文化与日本人性格的形成》,郭连友、漆红译,北京出版社,1992。

中村雄二郎:《日本文化中的恶与罪》,孙彬译,北京大学出版社,2005。

中根千枝：《纵向人际关系》，文成峰、王处辉译，云南人民出版社，1989。

中国经济体制改革研究所赴日考察团：《日本模式的启示》，四川人民出版社，1988。

佐藤俊树：《不平等的日本——告别"全民中产"社会》，王奕红译，南京大学出版社，2008。

Greg Austin and Stuart Harris, *Japan and Greater China: Political Economy and Military Power in the Asian Century*, C. Hurst and Co. Ltd., 2001.

Gordon C. K. Cheung, *The Political Economy of Japan: An Analysis of Kokutai and Keizai-kai*, Singapore: Eastern University Press, 2003.

Rodney Clark, *The Japanese Company*, Yale University Press, 1979.

S. N. Eisenstadt and Eyal Ben-Ari (ed.), *Japanese Models of Conflict Resolution*, Kegan Paul International, 1990.

Daniel H. Foote (ed.), *Law in Japan: A Turning Point*, University of Washington Press, 2007.

Norman J. Glickman, *The Growth and Management of the Japanese Urban System*, Academic Press, 1979.

Rene Haak, Markus Pudelko ed., *Japanese Management - the Search for a New Balance between Continuity and Change*, Palgrave Macmillan, 2005.

Jean-Francois Huchet, Thierry Ribault eds., *Japanese Management in the Low Growth Era: Between External Shocks and Internal Evolution*, Springer, 1999.

Keith Jackson and Miyuki Tomioka, *The Changing Face of Japanese Management*, Routledge, 2004.

Jean-Baptiste Lesourd and Steven G. M. Schilizzi, *The Environment in Corporate Management - New Directions and Economic Ingishts*, Edward Elgar Publishing Limited, 2001.

Koji Matsumoto, *The Rise of The Japanese Corporate System: The Inside View of a MITI Official*, trans. Thomas I. Elliott, London: Kegan Paul International, 1991.

Yoshitaka Suzuki, *Japanese Management Structures*, 1920 - 1980, St. Martin's Press, 1991.

Iwao Taka, Wanda D. Foglia, *Ethical Aspects of 'Japanese Leadership Style'*, *Journal of Business Ethics*, 1994, Vol. 13.

Richard Tanner Pascale and Anthony G. Athos, *The Art of Japanese Management*, Sidgwich and Jackson Limited, 1986.

Joe Woronoff, *The Japanese Management Mystique*, Probus Publishing Company, 1992.

相良亨:《日本人的心》,东京大学出版会,1984。

尾渡达雄:《伦理学与道德教育》,以文社,1989。

浜口惠俊:《日本型信赖社会の復権》,东洋经济报社,1996。

平田清明等:《现代市民社会与企业国家》,御茶水书房,1994。

渡边洋三等编:《日本社会と法》,岩波书店,1994。

潜道文子:日本人とCSR:遊戯. フロー体験. ダイバーシテイ,白桃書房,2014。

印度部分

《摩奴法典》,迭朗善译,马香雪转译,商务印书馆,1995。

杜蒙:《阶序人2——卡斯特体系及其衍生现象》,王志明译,台北:远流出版事业公司,1992。

杜赞奇:《从民族国家拯救历史:民族主义话语与中国现代史研究》,王宪明译,社会科学文献出版社,2003。

纳谢德·福布斯、戴维·韦尔德:《从追随者到领先者——管理新兴工业化经济的技术与创新》,沈瑶、叶莉蓓等译,高等教育出版社,2005。

弗朗辛·R. 弗兰克尔:《印度独立后政治经济发展史》,孙培钧等译,中国社会科学出版社,1989。

休·汉密尔顿:《印度哲学祛魅》,王晓凌译,译林出版社,2013。

阿图尔·科利编:《印度民主的成功》,牟效波等译,译林出版社,2013。

李萍:《论印度传统伦理思想的发微及特点》,《湘潭大学学报》(哲学社会科学版)2004年第4期。

林煌洲:《印度思想文化与佛教》,台北历史博物馆,2002。

芭芭拉·D. 梅特卡夫、托马斯·R. 梅特卡夫:《剑桥现代印度史》,

李亚兰等译，新星出版社，2019。

毗耶娑：《薄伽梵歌》，黄宝生译，商务印书馆，2011。

卡迈勒·纳特：《崛起的印度》，张旭译，湖南人民出版社，2012。

尼赫鲁：《印度的发现》，齐文译，世界知识出版社，1956。

尚会鹏：《印度文化传统研究——比较文化的视野》，北京大学出版社，2004。

阿马蒂亚·森：《惯于争鸣的印度人》，刘建译，上海三联书店，2007。

戴维·史密斯：《龙象之争——中国、印度与世界新秩序》，丁德良译，当代中国出版社，2007。

韦伯：《印度的宗教——印度教与佛教》，康乐、简惠美译，广西师范大学出版社，2005。

吴汝钧：《印度佛学的现代诠释》，文津出版社，1994。

吴晓黎：《社群、组织与大众民主——印度喀拉拉邦社会政治的民族志》，北京大学出版社，2009。

萧美惠、林国宾：《印度：下一个经济强权》，财讯出版社，2007。

许烺光：《宗族·种姓·俱乐部》，薛刚译，华夏出版社，1990。

S. Balachandran, K. C. Raja, B. K. Nair, *Ethics, Indian Ethos and Management*, Shroff Publishers and Distributors Pvt. Ltd., 2003.

Bepin Behari, *Mismanagement of Indian Economy*, B. R. Publishing Corporation, 1991.

S. K. Chakpaborty, *Against the Tide—The Philosophical Foundations of Modern Management*, Oxford University Press, 2003.

Niraja Gopal Jayal, Bishnu N. Mohapatra, Sudha Pai ed., *Interrogating Social Capital: the Indian Experience*, Sage Publications, 2004.

Sherif Kamel ed., *Electronic Business in Developing Countries: Opportunities and Challenges*, Idea Group Publishing, 2006.

K. M. Kapp, *Hindu Culture, Economic Development and Economic Planning in India*, New Delhi: Asia Publishing House, 1963.

K. V. Kesavan (ed.), *Economic Liberalization in India: Japanese and Indian Perspectives*, Indian Council of Social Science Research and Manak, 2001.

Atul Kohli ed., *The Success of India's Democracy*, Cambridge University Press, 2001.

Sandeep Krishnamurthy ed. , *Contemporary Research in E-Marketing*, Vol. 2, Idea Group Publishing, 2006.

Rajesh Kuman and Anand Kumar Sethi, *Doing Business in India: A Guide for Western Managers*, Palgrave Macmillan, 2005.

C. B. Kumar, *Development of Industrial Relations in India*, Orient Longmans Limited, 1961.

Debendra Kumar Das ed. , *Indian Economy: After 50 Years of Independence—Experiences and Challenges*, Vol. 1, *Globalisation and Development*, Deep and Deep Publications, 1998.

Krishna Mohan Mathur, Pragya Mathur Kumar, Shiv Shubharg Mathur, Nandita Narayan Mathur eds. , *New Horizons in Indian Management*, Kalpaz Publications, 2010.

A. Chandra Mohan, C. N. Krishna Naik, *The Leadership Style of Indian Managers*, Indian Publishers Distributors, 2005.

Ananya Mukherjee Reed, *Perspectives on the Indian Corporate Economy—Exploring the Paradox of Profit*, Palgrave, 2001.

S. A. Palekar, *Indian Government and Politics*, ABD Publishers, 2008.

Arvind Sharma, *Hindu Scriptural Value System and the Economic Development of India*, Heritage Publishers, 1980.

O. P. Sharma, *Gita-in-Action: Indian Insight into the Management of Self*, University Book House, 2001.

Moid Siddiqui, *Corporate Soul: the Monk within the Manager*, Response Books, 2005.

R. Srinivasan ed. , *The New Indian Industry: Structure and Key Players*, Macmillan India Ltd. , 2005.

Kedar Nath Tiwari, *Classical Indian Ethical Thought*, Motilal Banarsidass Publishers, 1998.

G. L. Tayal, *Management Philosophy and Style in Indian Industries*, Deep and Deep Publications, 1988.

B. R. Virmani, *The Challenges of Indian Management*, Sage Publications Inc. , 2007.

柳澤悠：現代インド経済——発展の淵源. 軌跡. 展望，名古屋大学出版会，2014。

小島真：タタ財閥——躍進インドを牽引する巨大企業グループ，東洋経済新報社，2008。

以色列部分

克洛德·克莱茵：《以色列：寻找身份的国家》，傅勇强译，三联书店（香港）有限公司，2008。

冯基华：《犹太文化与以色列社会政治发展》，社会科学文献出版社，2010。

汤玛斯·高希尔：《犹太人的礼物——一个游牧民族如何改变历史》，曾晓莺译，台北：究竟出版社股份有限公司，2001。

顾骏：《犹太的智慧：创造神迹的人间哲理》，浙江人民出版社，1993。

顾克文、丹尼尔·罗雅区、王辉耀：《以色列谷——科技之盾练就创新的国度》，肖晓梦译，机械工业出版社，2015。

顾晓鸣：《犹太——充满"悖论"的文化》，浙江人民出版社，1990。

佛兰克·赫尔：《塔木德——犹太人的致富圣经》，徐世明译，（香港）智言馆，2006。

亚伯拉罕·柯恩：《大众塔木德》，盖逊译，山东大学出版社，1998。

埃马纽埃尔·勒维纳斯：《塔木德四讲》，关宝艳译，商务印书馆，2002。

李萍：《"他者"视域下的犹太伦理思想》，《西亚非洲》2005年第5期。

唐娜·罗森塔尔：《以色列人——特殊国土上的普通人》，徐文晓、程为民译，华东师范大学出版社，2009。

西蒙·蒙蒂菲奥里：《耶路撒冷三千年》，张倩红、马丹静译，民主与建设出版社，2015。

沐涛、季惠群：《失落的文明：犹太王国》，华东师范大学出版社，2001。

潘光、陈超南、余建华：《犹太文明》，中国社会科学出版社，1999。

西蒙·佩雷斯：《新中东》，辛华译，新华出版社，1994。

阿里·沙维特：《我的应许之地》，简扬译，中信出版社，2016。

罗伯特·M.塞尔茨：《犹太的思想》，赵立行、冯玮译，上海三联书店，1994。

赛妮亚:《犹太文化精神》,甘肃人民美术出版社,2006。

丹·塞诺、索尔·辛格:《创业的国度——以色列经济奇迹的启示》,王跃红、韩君宜译,中信出版社,2010。

韦伯:《古犹太教》,康乐、简惠美译,广西师范大学出版社,2007。

赫尔曼·沃克:《以色列的诞生:荣耀2》,辛涛译,湖南文艺出版社,2016。

杨曼苏主编:《以色列——迷一般的国家》,世界知识出版社,1992。

姚新中:《早期儒家与古以色列智慧传统比较》,陈默译,中国社会科学出版社,2013。

张倩红:《困顿与再生——犹太文化的现代化》,江苏人民出版社,2003。

Hanna Ayalon, Eliezer Ben-Rafael, and Abraham Yogev, *Community in Transition—Mobility, Integration, and Conflict*, Greenwood Press, 1993.

Guy Ben-Porat, *Global Liberalism, Local Populism—Peach and Conflict in Israel/Palestine and Northern Ireland*, Syracuse University Press, 2006.

Guy Ben-Porat, Yagil Levy, Shlomo Mizrahi, Arye Naor, and Erez Tzfadia, *Israel since 1980*, Cambridge University Press, 2008.

Michael S. Berger (ed.), *The Emergence of Ethical Man*, Ktav Publishing House, Inc., 2005.

Eliezer Berkovits, *Major Themes in Modern Philosophies of Judaism*, Ktav Publishing House, Inc., 1974.

Walter Brueggemann, *Israel's Praise—Doxology against Idolatry and Ideology*, Fortress Press, 1988.

Katharine Dell, *Get Wisdom, Get Insight: An Introduction to Israel's Wisdom Literature*, Smyth and Helwys Publishing, Inc., 2000.

Marc H. Ellis, *Toward a Jewish Theology of Liberation*, SCM Press, 2002.

Marvin Fox ed., *Modern Jewish Ethics: Theory and Practice*, Ohio State University Press, 1975.

Daniel H. Frank, Oliver Leaman and Charles H. Manekin eds., *The Jewish Philosophy Reader*, Routledge, 2000.

Walter Homolka, *Jewish Identity in Modern Times—Leo Baeck and German Protestantism*, Berghahn, 1995.

S. M. Katz, N. Menuhin, *Regional Organization and Management of Development—Israel and Galilee Case-Study*, Settlement Study Centre, 1982.

Nicholas de Lange, Miri Freud-Kandel, *Modern Judaism: an Oxford Guide*, Oxford University Press, 2005.

Jerome Lefkowitz, *Public Employee Unionism in Israel*, Institute of Labor and Industrial Relations, 1971.

Yeshayahu Leibowitz, *Judaism, Human Values, and the Jewish State*, trans. Eliezer Goldman and Yoram Navon etc. Harvard University Press, 1995.

A. Kathryn Stout, Richard A. Dello Buono, William J. Chambliss ed., *Social Problems, Law, and Society*, Rowman and Littlefield Publishers, Inc., 2004.

Dan Leon, *The Kibbutz—a New Way of Life*, Pergamon Press, 1969.

Charles H. Manekin ed., *Freedom and Moral Responsibility: General and Jewish Perspectives*, University Press of Maryland, 1997.

Michael A. Meyer, *Response to Modernity: A History of the Reform Movement in Judaism*, Wayne State University Press, 1988.

Bernard Reich, *A Brief History of Israel* (second edition), Checkmark Books, 2008.

Otto M. Schiller, *Cooperation and Integration in Agricultural Production: Concepts and Practical Application, an International Synopsis*, Asia Publishing House, 1969.

Joel Weinberg, trans. Daniel L. Smith-Christopher, *The Citizen-Temple Community*, Sheffield Academic Press, 1992.

Walter S. Wurzburger, *Ethics of Responsibility: Pluralistic Approaches to Covenantal Ethics*, The Jewish Publication Society, 1994.

立山良司：イスラエルを知るための62章，（第二版），明石書店，2018年。

后　记

　　管理学作为一门学科，它的成立历史不过百余年，但管理思想的源流，即人类管理思想的历史却可以追溯至人类成文史的开端，古希腊文明、中国先秦的家国关系、犹太传统的社团组织、印度婆罗门教控制下的社会体系、日本传统乡村治理等，都包含了特定组织行为、社会生活的安排和各种事项分工合作等现代管理学相关的内容。自然地，也有为数不少的思想家对此做出了思考，虽然这些思想还不能构成完整的学科，甚至很多是零碎的，却真实地构成了"管理"这一高度技术化、专业性活动之独立产生的思想准备，构成了地方性知识的组成部分。思想史的梳理可以让我们获得"通古今之变"的可能，深刻领会今日所处的世界格局及其复杂的思想脉络，从而全面把握管理哲学重要议题的诸种形态。

　　为了深化哲学的应用化拓展，回应中国当代社会发展的现实需要，中国人民大学哲学院于2006年成立了"管理哲学教研室"，因是学校自设专业，人大管理哲学专业成为国内唯一的哲学二级学科，该自设专业同时设立了硕士点和博士点。我由此从伦理学教研室调至管理哲学教研室。在与几位同事协商管理哲学专业的硕士培养方案时，我报了一门专业必修课"管理伦理概论"和两门选修课"东方管理哲学""中外管理案例的哲学分析"。之所以开设"东方管理哲学"课程，缘于最初对"管理哲学学科"专业主干课程体系的理解，它应该包括偏重理论的"管理哲学导论"、偏重思想史的"西方管理哲学史""中国管理哲学史"，自己若再开设一门"东方管理哲学"课程，对富有代表性的东方国家之管理理论和实践做出总结，提供东西方比较管理哲学研究的素材，这将加深学生对东方管理文化、管理价值等问题的认识，建立起与全球化时代相符合的多元管理概念和管理知识本土化意识。

　　因为全部都是由我个人承担的新开课程，头三四年的备课工作量非常大，需要广泛涉猎各种有关文献，还要不断修改、补充讲义。"东方管理哲学"课程的主体内容涉及三个完全独立的国家（日本、印度、以色列），这三个国家对国人而言都是比较新的，完全没有现成的中文文献，我不得不经常到国家图书馆外文部、人大图书馆外文库借阅和复印外文资料，也利用在境外访学、交流、开会等机会自行购买了不少日文、英文原著，完全消化、吸收这些文献又费时不少。加之之前的知识积累和感性经验都非常不足，撰写教材的工作一再延滞。

十年之后，即2016年终于有了以讲义为基础的20余万字书稿，于是以"陌生的近邻——东方管理哲学初探"为题，申报当年的国家社科基金后期资助项目，幸运地获批。因手头还有其他许多工作，包括做课题研究、举办学术活动、指导学生、授课等，结项比预期推迟了两年，我充分吸收了多位立项评审专家提出的中肯意见，对原稿做了较大幅度的修改和内容调整。2020年12月正式提交结项稿。2021年8月被告知顺利通过了结项评审，可以正式出版。

中国人民大学出版社承接了后续出版工作。凌金良编辑帮助完成了与国家社科规划办对接的各项事宜，非常感谢他和责编夏贵根为此书的出版所做的全部工作！

自2006年管理哲学专业招收硕士生以来，我就为一届届入学的硕士生开设了"东方管理哲学"课程，其间不少课堂讨论以及学生们提交的课程作业都给了我不少启发。可以说，这本书的完成也得益于十余年来与人大管理哲学专业学生们的教学相长。

在收集文献，尤其是电子资源库的利用方面，我的学生周瑞春博士倾尽全力帮我查找并下载了多篇难找却十分必要的文献。在外文文献方面，在日本留学的小女褚乔给予了我很多帮助，只要给她日文或英文的作者人名、论文篇名或关键词，她大抵都能准确、及时找到，并下载或复印后通过邮件、微信发给我。

在最后成书的过程中，我的几位学生帮我做了引文、注释、外文核查和文献标注等方面的工作，其中特别要感谢的是宋馨、郭毓玮两位博士生和刘雪萌、白佳音两位硕士生。他们花费了许多心力，先后不同程度地承担了上述琐碎的事务性工作，才让我得以集中精力做其他事情，对他们的付出表示诚挚的谢意！

本书只是做了些微理论梳理方面的工作，在国内管理哲学领域尚属第一本，没有任何可资借鉴的类似的前人成果，全靠自己摸索、体会和总结，错误在所难免。最大的遗憾是因本人才疏识浅，仅仅掌握了英文、日文，无法阅读印地语、希伯来语的文献，这在原文文献搜集和整理上就有了硬伤。希望有后来者继续推进，予以弥补。本书不过是抛砖引玉，求教于方家才是内心所愿。

李萍

2021 年 11 月于京城寓所

图书在版编目（CIP）数据

陌生的近邻：东方管理哲学研究/李萍著. ——北京：中国人民大学出版社，2022.6
ISBN 978-7-300-30659-9

Ⅰ. ①陌… Ⅱ. ①李… Ⅲ. ①东方哲学-管理学-研究 Ⅳ. ①B3-05

中国版本图书馆 CIP 数据核字（2022）第 089608 号

国家社科基金后期资助项目
陌生的近邻
——东方管理哲学研究
李萍　著
Mosheng De Jinlin

出版发行	中国人民大学出版社		
社　　址	北京中关村大街 31 号	邮政编码	100080
电　　话	010 - 62511242（总编室）	010 - 62511770（质管部）	
	010 - 82501766（邮购部）	010 - 62514148（门市部）	
	010 - 62515195（发行公司）	010 - 62515275（盗版举报）	
网　　址	http://www.crup.com.cn		
经　　销	新华书店		
印　　刷	唐山玺诚印务有限公司		
规　　格	165 mm×238 mm　16 开本	版　次	2022 年 6 月第 1 版
印　　张	22.75 插页 2	印　次	2022 年 6 月第 1 次印刷
字　　数	371 000	定　价	98.00 元

版权所有　侵权必究　　印装差错　负责调换